"十四五"职业教育国家规划教材

机车总体与走行部

主　编　崔　晶　张省伟　朱亚男

西南交通大学出版社
·成　都·

图书在版编目（CIP）数据

机车总体与走行部 / 崔晶，张省伟，朱亚男主编
. —成都：西南交通大学出版社，2021.7（2025.6 重印）
ISBN 978-7-5643-8076-2

Ⅰ. ①机… Ⅱ. ①崔… ②张… ③朱… Ⅲ. ①电力机车－行驶系－高等职业教育－教材 Ⅳ. ①U264

中国版本图书馆 CIP 数据核字（2021）第 126932 号

Jiche Zongti yu Zouxingbu
机车总体与走行部

主编　崔　晶　张省伟　朱亚男

责任编辑　王　旻
特邀编辑　王玉珂
封面设计　曹天擎

出版发行　西南交通大学出版社
（四川省成都市金牛区二环路北一段 111 号
西南交通大学创新大厦 21 楼）
邮政编码　610031
发行部电话　028-87600564　028-87600533
网址　http://www.xnjdcbs.com
印刷　四川煤田地质制图印务有限责任公司

成品尺寸　185 mm × 260 mm
印张　17.5
字数　436 千
版次　2021 年 7 月第 1 版
印次　2025 年 6 月第 4 次
定价　52.00 元
书号　ISBN 978-7-5643-8076-2

课件咨询电话：028-81435775

前言

“机车总体与走行部”是高职铁道机车运用与维护专业的一门专业核心课。本教材，注重弘扬党的二十大精神，在教学中坚持德育本位思想，贯彻“立德树人”主路线，从国家发展、历史沿革、文化包容、行业创新等角度，增强知识性和人文性，提升引领性、时代性和开放性，致力于树立学习者修德学知、能行并举的学习理念，养成其自信自强、守正创新的意志品质，强化其埋头苦干、使命担当的责任意识。

本教材，是在现场调研的基础上进行的，坚持以够用为度，实用为目的，突出能力培养。根据高等职业教育的特点，选择了目前代表我国国产重载 SS_{4G} 型电力机车和交流传动机车 HXD_3 型电力机车及 DF_{4B}、HXN_5 型内燃机车作为教材的主要介绍对象，对总体及走行部从以下 5 个方面进行了介绍。

（1）机车车体结构，车体设备的布置，通风系统和空气管路系统的组成及原理。

（2）机车转向架各部件的结构、原理和检修方法。

（3）车体与转向架的连接装置和牵引缓冲装置的结构、原理及检修方法。

（4）机车曲线通过和轴重转移的基础知识。

（5）常用工量具的使用。

本教材适合高等职业教学，贴近现场岗位需求的实际，追求“新、简、实”的目标。即在教材中，尽可能反映机车总体和走行部的新技术、新特点、新工艺，适当降低教学内容的深度和难度，尽量多地采用图片和示意图的形式来表达设备的结构，同时，配套了丰富的数字化资源，方便实现线上线下互动教学，提高了教材的实效性，突出了教学内容的实用性。

本书由西安铁路职业技术学院崔晶、张省伟、朱亚男担任主编，西安铁路职业技术学院刘芳璇、王娟担任副主编。具体分工如下：崔晶编写项目四任务一、任务二、任务三、任务四、任务五，任务六；张省伟编写项目三任务一、任务二、任务三、任务五、任务六和项目八；朱亚男编写项目六任务一、任务二、任务三和项目七任务一；刘芳璇编写项目二；王娟编写项目一，项目三任务四、任务七、任务八和项目四任务七、任务八；西安铁路职业技术学院房楠编写项目五；西安局集团公司机车检修段呼自有编写项目六任务四;西安局集团公司机务段王小峰编写项目七任务二；全书由崔晶统稿。北京交通大学都丽杰、宝鸡机车检修厂史晓冬担任主审。数字资源由西安铁路职业技术学院朱亚男、刘宏利负责制作。本书在编写中得到了西安局集团公司机务段、西安局集团公司机车检修段、宝鸡机车检修厂、北京交通大学、武汉铁路职业技术学院的大力支持，在此深表感谢。

由于编者水平有限，书中难免有不当及疏漏处，敬请广大读者和同行批评指正。

《机车总体与走行部》PPT

编者

2022 年 11 月

《机车总体与走行部》数字资源列表

序号	二维码名称	资源类型	书籍页码
1	轴列式	视频与 PPT	004
2	认识车体	视频与 PPT	010
3	车体结构组成	视频与 PPT	021
4	司机室设备	视频与 PPT	038
5	机械室设备	视频与 PPT	040
6	通风冷却系统	视频与 PPT	053
7	HXD_3型电力机车通风冷却系统	视频与 PPT	057
8	空气管路系统	视频与 PPT	067
9	SS_{4G}型电力机车空气管路系统	视频与 PPT	073
10	轮对	视频与 PPT	120
11	弹簧装置	视频与 PPT	141
12	减振器	视频与 PPT	144
13	电机悬挂装置	视频与 PPT	150
14	齿轮传动	视频与 PPT	150
15	HXD_3型电力机车转向架	视频与 PPT	180
16	车体与转向架连接装置	视频与 PPT	183
17	电力机车车钩	视频与 PPT	203

目录

项目八

项目一 机车发展概述

截至 2020 年 12 月底，我国铁路运营里程达 13.9 万 km 以上，其中高铁超过 3.5 万 km，运营里程高居世界第一。中国电力机车等轨道装备的设计和制造水平不断攀升，已经领跑世界。本项目我们将学习铁道机车的发展、组成、特点及相关技术参数。

知识目标：

1. 了解机车的发展历史、发展趋势及优越性；
2. 了解机车机械部分相关技术参数；
3. 掌握机车的组成及各部分的作用；
4. 掌握轴列式的含义。

能力目标：

1. 具备机车机械部分各部件的辨识能力；
2. 具备机车轴列式的识别、列写能力。

素养目标：

1. 养成严谨求真、勤劳务实、奋斗进取的学习态度和价值观念；
2. 养成爱岗敬业、遵章守纪、标准规范的职业道德和业务素养。
3. 养成自信自强、守正创新的意志品质。

【任务导入】

你是一名刚从学校毕业，入职机务段或检修段的职场新人，第一次担当运用或检修任务时，站在库内停放的机车前，想起老师在校时关于电力机车的讲解，“作为主流机车，其历史沿革、组成作用、技术参数和轴列式等相关内容我们应深谙于心，但更应注意的是，无论从事运用岗位和还是检修岗位，不仅要精通业务知识，还要有爱岗敬业、遵章守纪、标准规范的职业道德和业务素养，更要有自信自强、守正创新的意志品质。从入职第一天起，我们就要树立远大的职业志向，用职业生涯践行“对党忠诚、不负人民”的宏伟信念。为我国机车事业的发展增砖添瓦。

此时的你，一定有所感触，在触碰铁道机车蒙皮的刹那，实现了课堂情境向现场实境的转型升级，也实现了学校学生向现场员工的跨越。《老子·道德经》有云：“九层之台，起于垒土；千里之行，始于足下。”现在就让我们一起返璞归真，回到书本，共同领略铁道机车的风采和魅力。为今后成为合格的机务工作者上好“专业第一课”。

【知识储备】

一、铁道机车在现代轨道交通运输中的重要地位

（一）电力机车

电力机车是一种通过外部接触网或轨道供给电能，由牵引电动机驱动的现代化牵引动力设备。它无论在现代铁路运输还是在城市轨道交通运输中都具有不可替代的重要地位。电力机车与其他牵引动力装置相比具有不可比拟的优势：

（1）功率大，速度快。机车的功率大小决定了他的牵引力和运行速度。蒸汽机车和内燃机车由于受结构的限制，功率受到影响，而电力机车的功率相对较大，加之电网容量超过机车功率好多倍，使现代电力机车向重载、高速方向发展成为现实。

（2）热效率高，成本低。采用火力发电的电力机车，其效率可达 30%，若以水力发电时，热效率高达 60% ~ 70%，远高于蒸汽机车，也高于内燃机车，同时无非生产性消耗。运输成本低，经济效益好。

（3）综合利用资源，降低能源消耗。我国有丰富的水利资源可供发电。另外，火力发电厂也可利用一些劣质燃料发电，做到资源综合利用，节约优质燃料。

（4）清洁无污染。电力机车的动力来自电能，无任何有害排放物和污染，作为铁路运输和城市轨道交通的主要动力是十分理想的绿色交通工具。

（5）维修便利，成本低。电力机车上主要是一些电器设备，因此具有保养容易，维修量小，定修周期短等特点。

（6）工作条件舒适。电力机车乘务员的工作条件比蒸汽机车在劳动强度、工作环境、噪声、采光、振动等方面都有很大的改善，也优于内燃机车。

（7）适应能力强。电力机车不同于蒸汽机车和内燃机车，运行中没有水消耗，不影响其在无水区和缺水区运行。

（二）内燃机车

内燃机车相比电力机车也有其优点。

（1）热效率高、能耗低。内燃机车的热效率可达 30% ~ 35.5%。DF_{4B} 型机车的热效率为 33.9%。机车柴油机的耗油仅占全国内燃机耗油总量的 4%左右，与汽车相比，汽车的单位能耗比内燃机车高出 20 倍，内燃机车更为经济地利用了石油资源。

（2）投资少，适应能力强。电力牵引必须修建相配套的电气化铁路，使电力牵引总的投资比内燃牵引高 1.45 ~ 2.55 倍。且内燃牵引，适应能力强，机动灵活性好。

（3）内燃机车新技术运用前景广阔。内燃机车在新技术运用方面有着广阔的前景，如机车交流传动、径向转向架、柴油机节能与强化、代用燃料、微机控制、运行安全保障系统、检测与维修技术等。

内燃机车的缺点是结构复杂，制造修理工艺水平高及运用保养要求较高，对高温、高海拔及长大隧道的适应能力较差，排出的废气对环境造成污染等。

二、铁道机车组成及机械部分的功能

（一）铁道机车的组成

1. 电力机车

电力机车由电气部分，机械部分和空气管路系统 3 大部分组成。

电气部分包括牵引电动机、牵引变压器、整流硅机组、各类电器等。通过它们把来自接触网的电能转变为机械能，同时实现对机车的控制。

机械部分包括车体、转向架、车体与转向架的连接装置和牵引缓冲装置。

空气管路系统包括风源系统、制动机管路系统、控制管路系统和辅助管路系统。

2. 内燃机车

内燃机车由柴油机（机车动力装置）、传动装置（电传动或液力传动）、机械部分（车体及走行部）（包括机车车架、车体、转向架等）、辅助和控制装置（包括机车燃油系统、机油系统、冷却系统、预热系统、制动系统、辅助传动装置）等组成。

（二）机械部分组成和各部分的功能

1. 车　体

车体是机车上部的车厢部分，由车厢体和底架组成，按其功能可分为：

（1）司机室：乘务人员操纵机车的工作场所。现代干线运输电力机车设置两端司机室，可以双向行驶，不必掉头。

（2）机器间：用于安装各种电气和机械设备。一般分为若干个室，各类设备根据不同用途分室安装。

2. 转向架

转向架即机车走行部分，它是机械部分最重要的组成部分，主要包括：

（1）构架：转向架的基础受力体，也是各种部件的安装基础。

（2）轮对：机车在线路上的行驶部件，由车轴，车轮及传动大齿轮组成。

（3）轴箱：用于固定轴距，保持轮对正确位置，安装轴承等。

（4）弹簧悬挂装置：也称一系弹簧，用于缓冲轴箱以上部件的振动，以减轻运行中的动作用力。

（5）齿轮传动装置：通过降低转速，增大转矩，将牵引电动机的功率传给轮对。

（6）牵引电动机：将电能变成机械能转矩，传给轮对。

（7）基础制动装置：机车制动机产生制动力的部分，主要由制动缸、传动装置、闸瓦装置等组成。

3. 车体与转向架的连接装置

车体与转向架的连接装置也称二系弹簧悬挂，设置在车体和转向架之间。它是转向架和车体之间的连接装置，又是活动关节，同时具有传递各个方向的力以及减振的作用。

4. 牵引缓冲装置

牵引缓冲装置包含车钩等装置，它是机车与列车的连接装置，为了缓和连挂和运行中的冲击，还设置了缓冲器。

三、轴列式

走行部是指位于机车或车辆下部起引导机车车辆沿轨道运行作用的部位。一台机车或车辆一般有 2 个或 3 个转向架，走行部其实是指某台车所有的转向架，如图 1.1 所示。

轴列式

图 1.1　走行部

不同的机车或车辆走行部可能会有比较大的差异，如有的机车走行部包括 2 个转向架，有的机车走行部包括 3 个转向架，而转向架和转向架又是不同的，有的转向架是由两个轮对组成的，我们称为 2 轴转向架，有的转向架是由 3 个轮对组成的，我们称为 3 轴转向架。所以对于一台机车来说，它的走行部有可能是两个 2 轴转向架，总共 4 根轴；也可能是两个 3 轴转向架或者 3 个 2 轴转向架，总共 6 根轴；还有一些机车是属于内重联的情况，也就是双节或者三节机车按一台机车编号，那这样的车就有可能还有 8 轴的或者 12 轴。

轴列式就是以一种简洁明了的形式介绍各种走行部结构的表达方式。所谓轴列式，就是用数字或字母表示机车走行部结构特点的一种简单方法。我国原来采用数字表示，现在规定转向架式机车用字母表示。国外有用数字表示的，也有用字母表示的。

1. 机车的轴列式

轴列式的具体表示法为：以英文字母表示动轴数，如 A 即 1，B 即 2，C 即 3，D 即 4 等；动轴就是能提供动力的轴，也就是有电机驱动的轴因为动力是靠电能转化成机械能的。如果一个转向架上的每一个轴都自带一个牵引电机单独驱动，那这个转向架就称为单独驱动转向架，如果一个转向架上几个轴是由同一台电机成组驱动的，那这个转向架就称为组合驱动转向架。我们在轴列式表示法中通过给英文字母加下标“0”来区分单独驱动和组合驱动，即有注脚“0”表示每一动轴为单独驱动，无注脚表示动轴为成组驱动。事实上，我国的电力机用都是采用单独驱动的，所以轴列式中基本都有注脚“0”。

例如，一个转向架有 3 根轴，每个轴上都有一个牵引电机，所以是单独驱动，按照刚才讲的轴列式的表示法可以写为 C_0，这个转向架它所属的这台电力机车总共有两个这样的转向架，那这台电力机车的走行部结构形式就可以表示为“C_0-C_0”，字母中间的“-”表示同一台车的转向架之间并没有直接的机械连接，这台机车就是两个转向架 6 根轴（2 架 6 轴）。同理，2 个 2 轴转向架（2 架 4 轴）轴列式应该为 B_0-B_0。

中国出口乌兹别克斯坦的电力机车有 3 个转向架，每个转向架 2 根轴，它的轴列式应该写为 B_0-B_0-B_0（3 架 6 轴）。

如果出现两节或 3 节机车连挂在一起，按一台机车编号的这种内重联的情况，轴列式该怎么表示呢？如 HXD_1 型电力机车，就是由 A 节车 + B 节车内重联在一起的，A 节车和 B 节车的走行部完全一样，都是 2 个 2 轴转向架，可以写为 B_0-B_0，两节车内重联在一起表示为 $2(B_0$-$B_0)$。

神华号电力机车，整车功率 14 400 kW，是世界上功率最大的电力机车。该车有 12 根轴，由 3 节机车内重联而成，所以被网友亲切地称为“三节棍”机车，它的轴列式表示为 $3(B_0$-$B_0)$。

2. 动车组的轴列式

动车组列车中带动力的车称为动车，不带动力的车称为拖车，有电机驱动的轴称为动轴，没有电机驱动的轴称为拖轴。轴列式表示规则为：以英文字母表示动轴数，如 A 即 1，B 即 2，C 即 3；以数字表示拖轴数，如 1 即一根拖轴，2 即两根拖轴。

例如复兴号动车组，CR400AF，动车和拖车都是两个 2 轴转向架，但动车转向架的轴是动轴，拖车转向架的轴是拖轴，所以其动车的轴列式用字母表示：B-B，拖车的轴列式用数字表示：2-2。

再如长客产的 CRH5A 型动车组，动车和拖车都是两架两轴，但是他的动车上只有一个牵引电机只驱动一个轴，所以动车的两根轴一根是动轴一根是拖轴，轴列式表示为 1A-A1，A 表示动轴，1 表示拖轴。拖车的轴列式依然是 2-2。

四、机械部分的主要技术参数

表 1.1 中列出了 5 种机车机械部分的主要技术参数。

表 1.1　几种国产机车机械部分的主要技术参数

项　目		车　型				
		SS_4	SS_8	HXD_1	HXD_3	DF_{4D}
制造年代		1993	1997	2007	2007	1996
轴列式		$2(B_0-B_0)$	B_0-B_0	$2(B_0-B_0)$	C_0-C_0	C_0-C_0
机车总质量/kN		1 840	880	1 840	1 380	1 380
轴重/kN		230	220	230	230	230
转向架质量/t		21.2	13.0	20.06	30.193	
机车宽度/mm		3 100	3 100	3 094	3 100	3 100
机车落弓高度/mm		4 778	4 628	5 200	4 770	4 755（最大）
车钩中心线距/mm		2×16 416	17 516	35 222	20 846	21 100
车钩中心线高度/mm		880±10	880±10	880±10	880±10	880±10
固定轴距/mm		2 900	2 900	2 800	2 250＋2 000	1 800+1 800
轴距/mm		2 900	2 900	2 800	2 250＋2 000	1 800+1 800
转向架中心距/mm		8 200	9 000	8 900	20 846	15 900
牵引点高度/mm		12	1 250	240	240	725
车轮直径/mm		1 250	1 250	1 250	1 250	1 050
机车功率（持续制）/kW		6 400	3 600	9 600	7 200	3 240
机车牵引力/kN	持续	120	169	370	514	341.15（货运）
	起动	210	286	520	≥700	480.48（货运）
机车速度/(km/h)	持续	100	99	70	70	24.5（货运）
	最大	170	170	120	120	100（货运）
传动方式		双侧刚性斜齿轮传动	单边直齿六连杆空心轴弹性传动	单边斜齿传动	单侧斜齿传动	单侧齿轮传动
牵引电机悬挂方式		抱轴式半悬挂	全悬挂	抱轴式半悬挂	抱轴式半悬挂	滚动轴承抱轴式半悬挂
齿轮传动比		4.19	2.484	106/17	4.81	4.5（货运） 2.83（客运）
一系弹簧悬挂静挠度/mm		139	54	38	43.5＋5.6	123
二系弹簧悬挂静挠度/mm		6	110	103	90.3＋1.43	16
牵引方式		中间斜拉杆推挽式	中间推挽式牵引拉杆	中间斜拉杆推挽式	中间推挽式牵引拉杆	低位平行四杆牵引拉杆
基础制动装置		独立作用式闸瓦间隙自调	独立作用式闸，瓦间隙自调	轮盘制动单元（带蓄能）	轮装式盘型制动	独立作用式闸瓦踏面制动

五、我国铁道机车的发展史和展望

（一）电力机车发展概况

从 1958 年研制成第一台国产单相工频电力机车至今，我国电力机车走过了 60 多年的历程。

60 年来，我国电力机车走的是一条自力更生、艰苦奋斗，引进、消化、创新的发展之路，实现了从仿制到自主研制再到整车出口，从普通载重到重载，从常速到高速，从交直传动到交流传动的历史性飞跃。

60 多年艰难曲折的历程体现了我国铁路工作者自强不息的奋斗精神，特别是进入 20 世纪 80 年代后，随着国家改革开放和经济的快速发展，电力机车也获得了长足发展，以 SS_1 型、SS_3 型机车为基础，先后研制成功了 SS_4 型、SS_7 型、SS_8 型和 SS_9 型等系列机车。其中以 SS_4 型重载和 SS_8 型、SS_9 型客运为代表的电力机车技术，已完成了从级间调速到相控无级调速的技术升级换代，全面采用微机控制和故障检测、诊断技术，使我国交直流电力机车达到国际同类产品的先进水平。进入 20 世纪 90 年代后期，电力机车最高运行速度实现了由 100 km/h 到 160 km/h 准高速的飞跃。1999 年，我国首次设计速度为 200 km/h 的高速动车诞生并投入广深高速铁路运营，标志着我国铁路电力牵引技术开始步入了国际高速行列。

和谐型大功率交流传动机车项目从 2004 年开始启动，2006 年通过试验，2007 年实现了大批量生产并投入运用，标志着我国铁路机车行业成功实现了由直流传动向交流传动的转化，机车装备现代化和机车装备制造业现代化发展迈入了新的历史阶段。

和谐型大功率交流传动机车具有牵引性能优越、功率大、黏着利用率高、启动加速性能好、可靠性高、节能减排好等特点，代表了世界先进铁路机车技术的发展方向。

和谐型大功率交流传动机车主要包括：

株洲电力机车有限公司生产的 HXD_1、HXD_{1B}、HXD_{1C}、HXD_{1D} 型电力机车；

大同电力机车有限责任公司生产的 HXD_2、HXD_{2B}、HXD_{2C} 型电力机车；

大连机车车辆有限公司和北京二七轨道交通装备有限责任公司生产的 HXD_3 型电力机车；

大连机车车辆有限公司生产的 HXD_{3B}、HXD_{3C}、HXD_{3D} 和 HXN_3 型内燃机车；

戚墅堰机车有限公司生产的 HXN_5 型内燃机车。

其中 HXD_3 型电力机车已在武汉、上海、济南、北京等铁路局替代了 SS_4 和 SS_3 型电力机车，担当主要牵引任务。HXD_3 型电力机车是目前世界上批量投入商业运行的 6 轴电力机车中功率最大的交流传动电力机车。机车单机功率 7 200 kW，牵引 5 000 t 列车运行最高速度为 132 km/h。

（二）内燃机车发展概况

1958 年 9 月 9 日，中国第一台内燃机车“巨龙”号于北京长辛店机车车辆厂研制成功，该机自重为 60 t，牵引力为 441 kW，最高速度为 85 km/h。

1. 我国第一代内燃机车设计生产的 5 年（1964—1968 年）

代表作品：DF、DF_2、DF_3、DF_2 增、DF 增、DFH_1 等机型。

2. 第二代内燃机车开发生产的 23 年（1966—1988 年）

代表产品：$DF_{4A、B、C}$、DF_5、DF_7、DF_8、DFH_3、北京等（北京型和东方红型都是液力传动内燃机车）。DF_{4B} 机车于 1999 年停产，DF_{4B} 型机车共生产了 4 000 台左右。最大运用速度为 120 km/h，柴油机装车功率为 2 430 kW。

3. 我国第三代内燃机车开发生产的 10 年（1989—1998 年）

技术特征：中速柴油机匹配交直流电传动；采用微机控制；准高速机车采用牵引电动机架悬式转向架。

代表产品：DF_6、DF_{11}、DF_{8B}、DF_{4D}、DF_{10F} 等。其中 DF_{4D} 为满足 1997 年 4 月 1 日开始的铁路提速的迫切需要，1996 年 12 月大连机车车辆厂成功开发出的提速客运内燃机车，机车最高运行速度为 145 km/h，后来提高到 170 km/h。

4. 我国第四代内燃机车开发生产的起步（1999 至今）

技术特征：采用交直交电传动（直接采用第三代逆变器 IGBT）；辅机交流电传动；机车微机控制；柴油机电子喷射（喷油量和时间由微机控制）；客运机车牵引电动机架悬、货运机车径向转向架。

代表产品：捷力号（日本三菱公司 IPM），DF_{8CJ}、DF_{8DJ}（西门子 IGBT 功率模块），HXN_5（原南车戚墅堰机车厂通过从美国通用电气公司技术转移方式进行国产化）；HXN_3（原北车大连机车及美国 EMD 共同研制），出口澳大利亚内燃机车（SDA1）和 4400HP 机车等。

我们坚信机车的发展将会迎来前所未有的挑战和机遇。在满足国内市场的同时，我国机车的设计、制造企业面临着与有各种精良技术和制造手段的国外著名公司的竞争。打造著名品牌，贴近国际前沿技术，赢得用户，占领市场，已成为我国机车生存发展的必然选择，也将为我国铁路干线运输和城市轨道交通发展做出新贡献。

【任务实施】

提出问题：本章我们共同学习了铁道机车的历史沿革、组成作用、技术参数和轴列式。请同学们思考一下，目前国内机车的车型及其机械部分的组成、参数和各主型机车的轴列式。

具体方案：就主型机车轴列式开展头脑风暴和小组研讨。建议采取组间 PK 的方式加深理解记忆。可分为以 SS_4，SS_8，HXD_1，HXD_2，HXD_3，HXN_5，DF_{4B} 命名的小组，构建积分卡与课堂奖励加分互通的激励模式，增强学习兴趣。

【任务拓展】

线下反思，两人一组互相提问，完成课后作业，查漏补缺，复习巩固；线上互动，与老师在线交流，完成线上考核，师生互促，共同提高。

复习思考题

1. 简述电力机车与内燃机车在现代轨道交通运输中的地位。
2. 简述机车机械部分组成及其各部分的功能。
3. 轴列式的含义是什么？如何用轴列式来表示机车走行部的结构特点？
4. 现有主要的国产机车车型有哪些？

项目二

车体和设备布置

车体是机车的重要组成部分，是司乘人员的作业场所，也是机车设备的安装地。

车体和设备布置是机车总体结构、总体设计的重要组成部分。车体是由底架、侧墙、车顶和车顶盖及司机室构成的壳形结构。设备布置主要指车体内及车顶的设备和车体外的辅助设备的布置。

本项目我们将学习机车车体的功能、类型、结构及车内设备布置情况。

认识车体

知识目标：

1. 掌握机车车体的功能、类型；
2. 掌握机车车体各部分结构组成；
3. 掌握机车设备布置的一般原则和特点；
4. 掌握机车车体设备布置位置及其基本功能和各设备检修的一般要求。

能力目标：

1. 具备对 SS_4 型电力机车车体各部分结构组成图及设备布置图的辨识能力；
2. 具备对 HXD_3 型电力机车车体各部分结构组成图及设备布置图的辨识能力；
3. 具备对 HXN_5 型内燃机车车体各部分结构组成图及设备布置图的辨识能力；
4. 具备对 DF_{4B} 型内燃机车车体各部分结构组成图及设备布置图的辨识能力。

素养目标：

1 养成勤奋好学、一丝不苟、勇于开拓的学习态度和工作作风；

2 养成谦虚谨慎、诚实守信、务实团结的职业道德和业务素养。

3. 养成踔厉奋发、勇毅前行的意志品质。

任务一　车体结构的认识与解析

【任务导入】

站在库内停放的电力机车前，眼见手触之处的机车蒙皮，给初入职场的我们带来了心灵触动，此刻，我们意识到，转型升级并非偶然之举，恰是“积跬步而至千里”的真实写照。

触动之余，我们不禁探寻，“蒙皮虽可见，其下还有啥”。在领略主流机车历史沿革、组成作用、技术参数和轴列式等相关内容后，让我们怀抱爱岗敬业、遵章守纪、标准规范的职业道德和业务素养的“岗位心”，进入车体功能、类型和各部分结构组成的学习。

【知识储备】

一、车体的功能

车体是指电力机车上部车厢部分，其功能有：

（1）车体是乘务人员操纵、保养和维修机车的场所。车体内设有司机室和机器间，机器间一般又分为几个室。

（2）安装各种电气、机械设备，并保护车内设备不受外界风霜雨雪的侵蚀。

（3）传递垂直力。将车体内外各种设备的质量经车体和车体支承装置传给转向架。

（4）传递纵向力。将转向架传来的牵引力、制动力经车体传给缓冲器，再传给车钩。

（5）传递横向力。在运行中，车体要承受各种横向作用力，如离心力、风力等。

二、对车体的要求

由于车体的功能要求和工作时的受力复杂性、严重性，因此车体必须满足：

（1）有足够的强度和刚度。要求机车在允许的设计结构速度内，保证车体骨架结构不发生破坏和较大变形，以确保运行安全和正常使用。

（2）为了提高机车的速度，必须适当减轻车体的自重，而且要求在各个方向上做到质量匀称、重心低。

（3）车体结构必须保证设备安装、检查、保养以及检修更换的便利。

（4）作为现代化的牵引动力，车体设计必须充分考虑改善乘务人员的工作条件，完善通风、采光、取暖、瞭望、隔音、隔热等措施。

（5）车体必须纳入国家规定的机车车辆限界尺寸中。

（6）在满足车体基本功能和空气动力学外形的基础上，应使车体外形设计美观、大方，富有时代气息。

三、车体的类型

（一）电力机车的分类

电力机车的车体可谓形式多样，下面分类说明。

1. 按不同用途分类

根据车体不同用途，其结构可分为下列几种：

（1）工业电力机车。该机车是在工矿运输或调车作业中使用的电力机车。由于速度较低，且经常调换运行方向，其司机室往往设在中央。特点是车体结构简单，但不便于设备安装、检查、保养，也不便于作业时的瞭望，如图 2.1 所示。

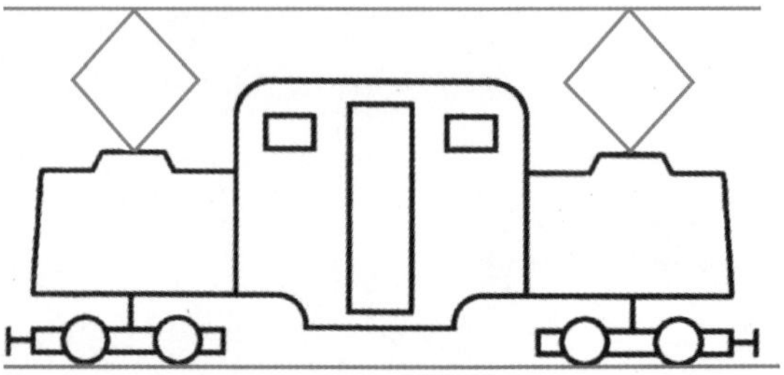

图 2.1　工业电力机车

（2）干线运输大功率电力机车。该机车是一种在铁路主干线承担运输任务的电力机车，其特点是两端设有司机室，中间为机器间，设备安装、检修方便，司机瞭望视线开阔，其形状类似客车车厢，如图 2.2 所示。

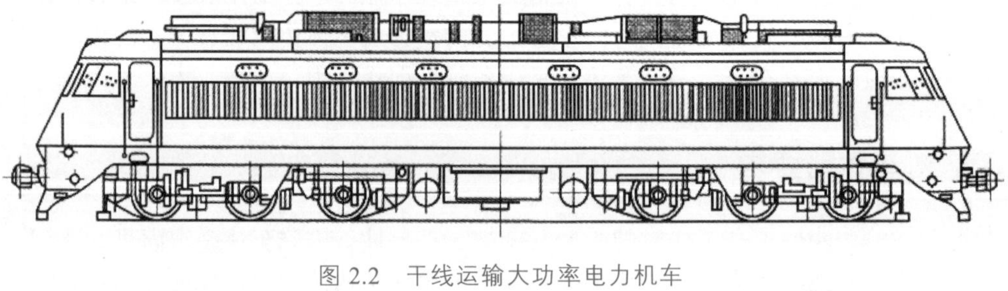

图 2.2　干线运输大功率电力机车

2. 按车体车载结构分类

根据车体不同的承载需要，其结构可分为下列几种：

（1）底架承载式车体。车体底架承担所有载荷，而侧墙、车顶均不需参与承载。因此侧墙结构较为轻便。由于底架承受全部上部载荷，必须保证有足够的强度和刚度，底架较为笨重。此种车体多用于工业用电力机车车体或客车车厢。

（2）底架和侧墙共同承载式车体（又称侧壁承载车体）。车体由于侧墙参与承载，侧墙骨架较为坚固，外蒙皮钢板也比较厚，与车体底架焊成一个牢固的整体。侧墙骨架采用型钢材或压型钢板制成桁架式或框架式两种结构形式，如图 2.3 所示。

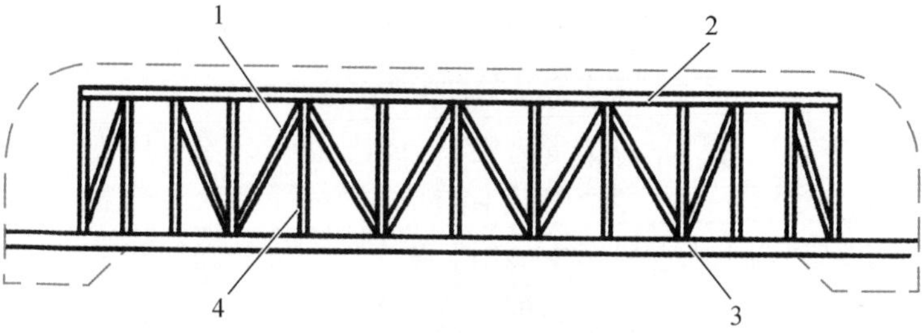

（a）桁架式承载侧壁

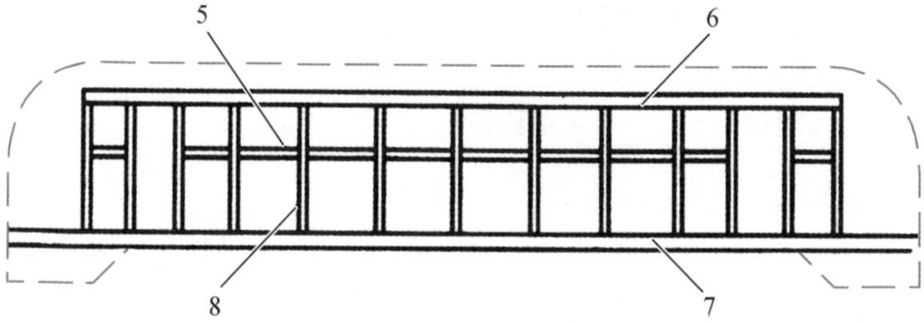

（b）框架式承载侧壁

1—斜拉杆；2，6—上弦杆；3，7—下弦杆；4，8—立柱；5—中间杆。

图 2.3　侧壁承载式车体的侧壁结构示意图

桁架式侧墙骨架有斜拉杆，强度、刚度都高于框架式侧墙骨架，但桁架式门窗开设不便，故一般多用于货车车体。机车车体或客车车厢骨架多采用框架式侧墙结构。

由于侧墙与底架结合成一个较坚强整体，使底架重量大大减轻，从根本上降低了车体的自重，使机车的设计速度得以提高。

（3）整体承载车体。车体将底架、侧墙、车顶组成一个坚固轻巧的承载结构，使整个车体的强度、刚度更大，而自重较小。

整体式承载车体过去在客货车辆中应用较多，电力机车应用较少。但随着电力机车向大功率重载和高速方向发展，现已广泛应用于电力机车车体中。目前，代表重载货运的 SS_{4G} 型、HXD_3 型电力机车和代表准高速客运的 SS_8、SS_9 型电力机车，以及后期生产的机型均采用整体承载车体结构。

3. 高速机车车体

机车在运行中所受空气阻力在中低速时往往并不明显，但当速度达到一定值时，空气阻力就成为阻碍机车速度提高的重要制约因素。

为了使机车在高速运行中的气流和压力分布达到最佳，以减小运行阻力，各国在机车车体外形设计上均采用了流线型车体。例如，采用抛物线形车体外形，子弹头形车体外形等。

另外，减轻车体自重，保持较轻的轴重也是高速机车必须具备的。目前，国内外高速机车车体在减轻其自重时除采用整体式承载结构减轻其结构重量外，还选用轻型材料，如铝合金、纤维增强复合材料等来减轻自重，以满足高速机车低重心、轻量化的要求。国产和谐客运系列均采用流线型车体外形。

（二）内燃机车的分类

内燃机车种类较多，一般按用途和传动方式分类。

1. 按用途分类

（1）干线内燃机车。干线机车包括货运机车和客运机车，主要用于承担铁路干线运输任务，主要型号有 DF_{4B}、DF_{4D}、DF_{11}、DF_{8B}、HXN_5。

（2）调车内燃机车。调车内燃机车主要用于列车的解体、编组和牵出、转线，车辆的取送、转场、整理、出入段等工作，此外也可用于工矿企业内部，担任场内运输任务。其特点是频繁地起动和停车。因此这种机车要求瞭望方便，具有足够的黏着重量和必要的功率。调车机车有 DF_2 型、DF_7 型和 HXN_{3B} 型等。

（3）内燃动车组。内燃动车组是指具有内燃机动力装置的动车和客车编成的车组，一般适宜于市郊或邻近城市间的短途客运，如和谐长城号动车组等。

2. 按传动方式分类

（1）机械传动内燃机车。特点是结构简单、传动效率高、但功率利用系数低，换挡时功率中断，易引起冲动，仅适用于小型机车。

（2）电力传动内燃机车。特点是牵引特性好、效率高、运用可靠，其缺点是质量大，耗铜多。电力传动又可分为直-直流、交-直流、交-直-交流和交-交流等。

（3）液力传动内燃机车。特点是质量小、耗铜少、牵引性能好，但在整个运用范围内平均效率较低、制造工艺要求较高。

四、SS_{4G} 型电力机车车体结构

1. SS_{4G} 型机车车体结构特点

SS_{4G} 型电力机车是我国自行设计制造的大功率重载货运机车，由两节完全相同的 B_0 - B_0 机车组成。分离后单节机车可独立运行。其车体结构具有下列特点：

（1）SS_{4G} 型电力机车车体首次采用 16Mn 低合金高强度钢板压型梁与钢板焊成整体承载式车体结构，既满足了强度和刚度的要求，又达到了轻量化的目的。

（2）吸收了国外电力机车的先进技术，在车体设计中采用了大顶盖预布线预布管结构和推挽式牵引方式及横移式密封侧窗结构等。

（3）为便于制造和检修，SS_{4G} 型机车车体较多地进行了标准化、系列化和通用化设计，使车体的一些主要参数和零件结构尽量与 SS_4 型、SS_5 型和 SS_6 型车体通用。

（4）采用单端司机室和两侧多通式走廊，尾端有一横走廊相通，后端设有中间后端门及连挂风挡，把两节机车连接起来。

2. 车体各部分主要结构

SS_{4G} 型机车车体主要由底架、侧墙、后端墙、车顶盖、司机室、台架、排障器等组成，如图 2.4 所示。

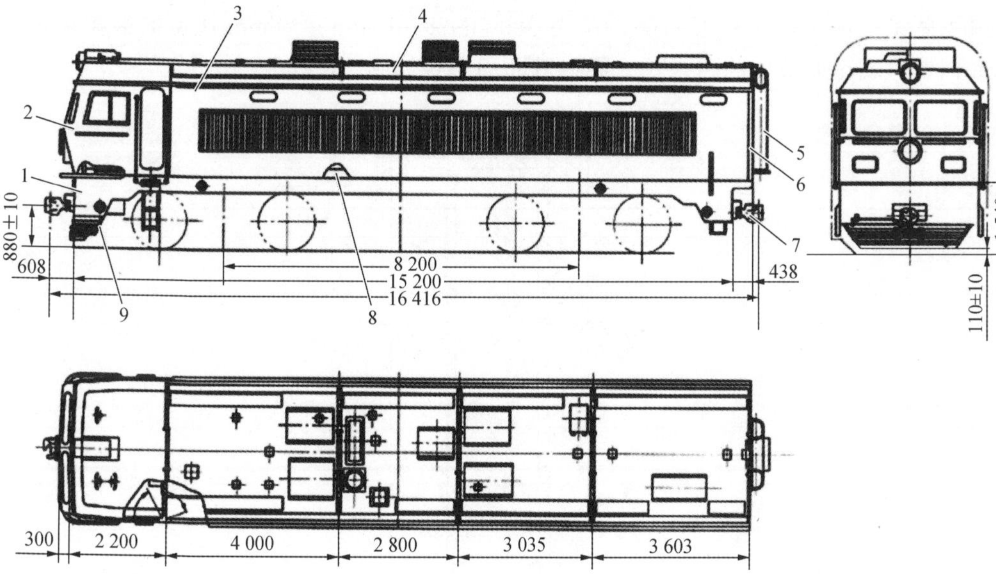

1—底架；2—司机室；3—侧墙；4—车顶盖；5—连挂装置；6—后端墙；
7—牵引缓冲装置；8—台架；9—排障器。

图 2.4　SS_{4G}型电力机车车体

1）底　架

底架主要由两根侧梁、两根枕梁、两根牵引梁、两根变压器横梁、两根变压器纵梁、一根台架横梁、一根隔墙梁和一些辅助梁焊接而成，底架结构如图 2.5 所示。

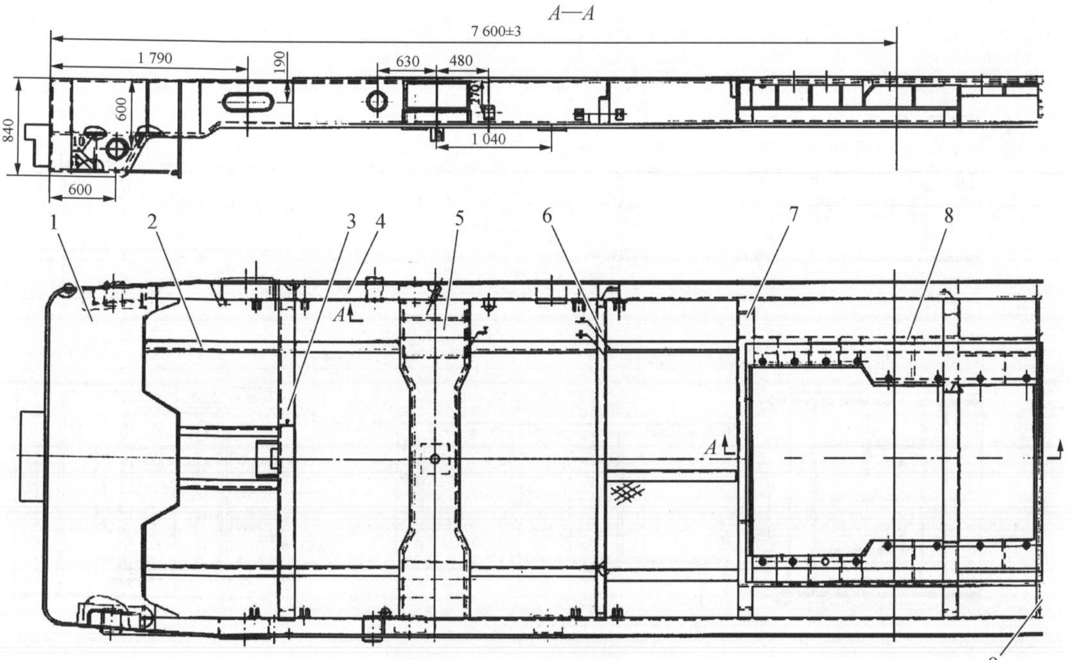

1—牵引梁；2—辅助纵梁；3—隔墙梁；4—侧梁；5—枕梁；
6，9—横梁；7—变压器横梁；8—变压器纵梁。

图 2.5　底　架

（1）侧梁。侧梁位于底架两侧，是由 380 mm × 140 mm × 10 mm 压型槽钢和 420 mm × 10 mm 钢板焊成箱形结构的两根长大梁，其断面形式如图 2.6 所示。

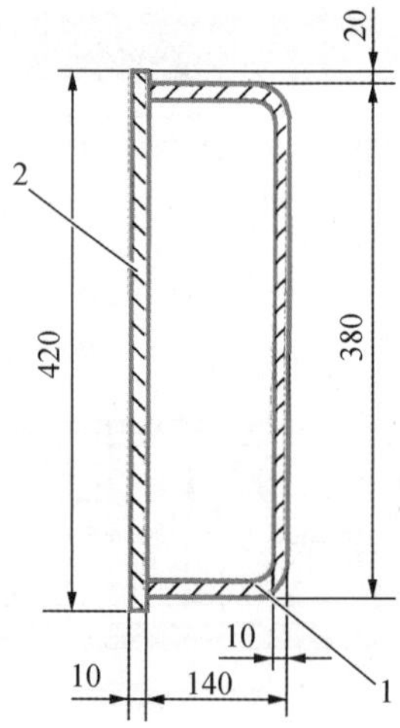

1—压型槽钢；2—立板。

图 2.6　侧　梁

（2）枕梁。枕梁是传递垂直载荷的主要部件。枕梁断面为钢板焊接成的箱形结构。枕梁坐于转向架 4 个橡胶弹簧上，由于橡胶弹簧顶面高于两根枕梁下盖板 140 mm，且并列的两个橡胶弹簧支承面较宽，故将枕梁设计成底部挖空的藏入式结构，在宽度方向做成两端宽中间窄的变截面梁，其两端宽为 630 mm，中间宽为 430 mm，高为 260 mm，钢板厚度为 10 mm，其结构如图 2.7 所示。

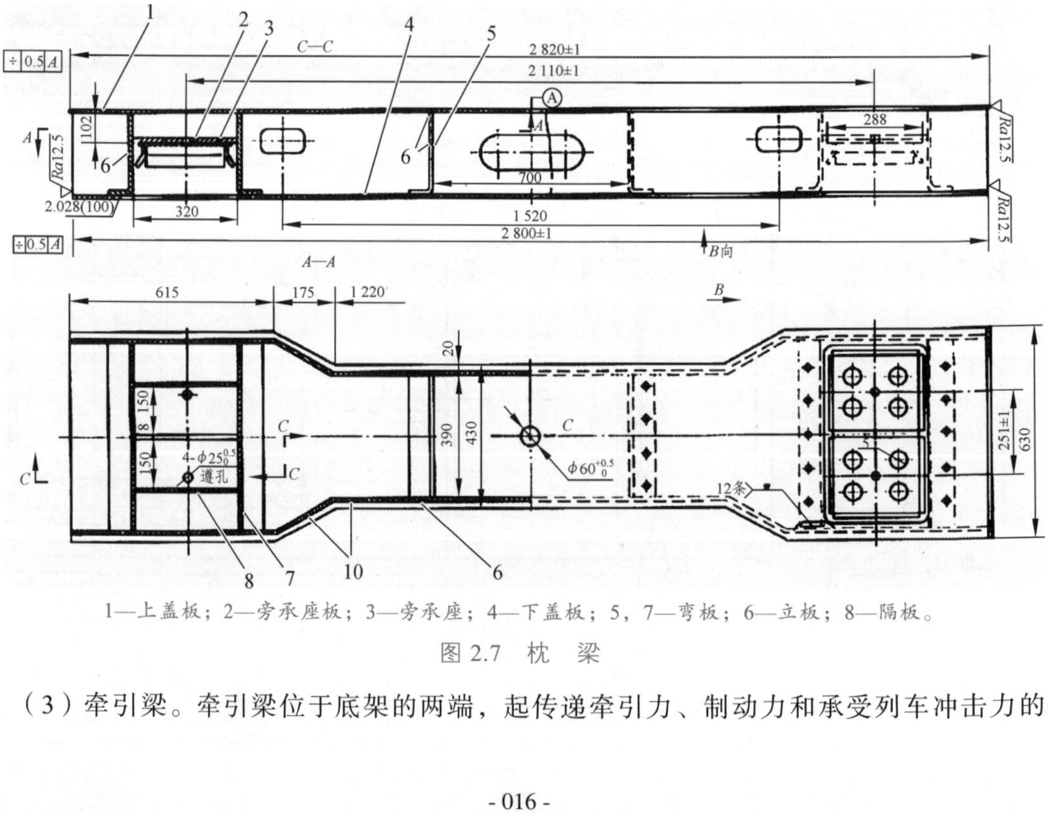

1—上盖板；2—旁承座板；3—旁承座；4—下盖板；5，7—弯板；6—立板；8—隔板。

图 2.7　枕　梁

（3）牵引梁。牵引梁位于底架的两端，起传递牵引力、制动力和承受列车冲击力的作用，如图 2.8 所示。牵引梁呈 T 形，上部由钢板焊成空腹箱形梁，下部车钩箱悬于空腹梁下。

（4）纵横变压器梁。该梁用于支撑变压器的梁体。均采用 10 mm 厚的钢板压型槽钢，梁的尺寸为 240 mm × 140 mm × 10 mm，纵变压器梁上焊有变压器安装座板及加强筋板。

（5）隔墙梁和纵横辅助梁。隔墙梁为 8 mm 厚钢板的压型槽钢，尺寸为 200 mm × 140 mm × 8 mm。

纵横辅助梁起到加强底架的稳定性的作用，主要用作台架、走廊及各室骨架、铁地板等处的连接件。纵横辅助梁均采用钢板压型槽钢。

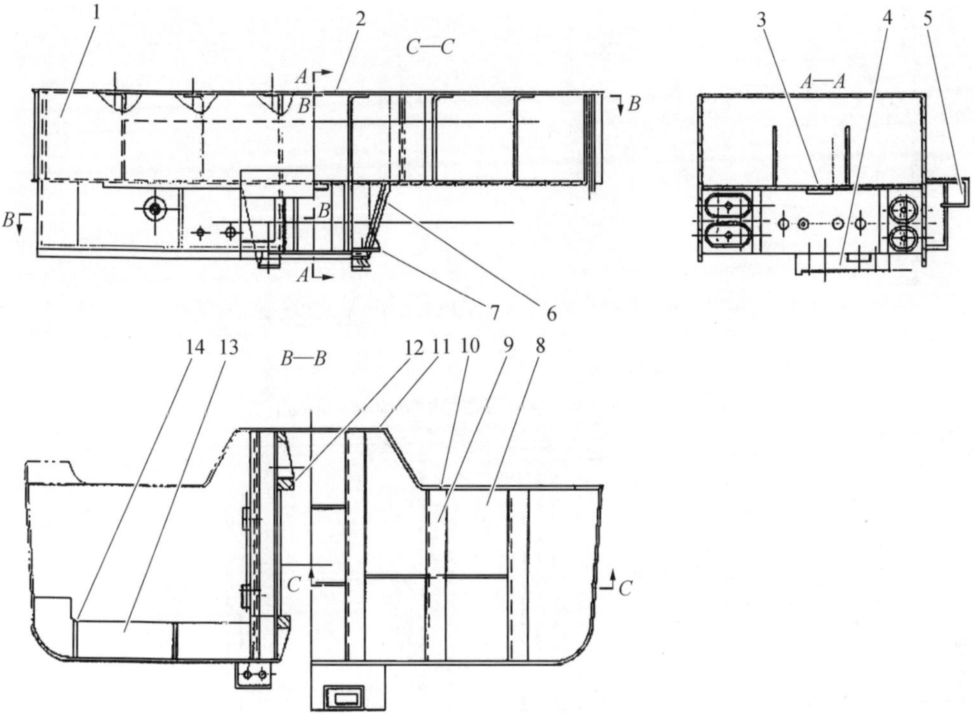

1—前端板；2—上盖板；3—限位板；4—拉杆座；5—冲击板；6—加强撑板；8—加强板；9—立板；10—后端板；11—后端板（左）；12—车钩箱组成；13—前下板；14—下前撑板。

图 2.8　牵引梁

2）侧　墙

侧墙在车体两侧，作为整体承载式车体，侧墙是 SS_{4G} 型机车车体的主要承载结构之一。SS_{4G} 型机车侧墙采用传统框架结构，如图 2.9 所示。为减轻自重，侧墙立柱，横梁及外墙板均采用 3 mm 厚的 16Mn 钢板及压型体焊接而成的。在侧墙中间部分设有侧墙进风口，用于安装侧墙百叶窗和滤尘器，侧墙上部开设 6 个采光用椭圆窗孔。

3）后端墙

如图 2.10 所示，后端墙支承在底架Ⅱ端牵引梁端部，两侧与两侧墙连接，角立柱插入侧墙内部，以便连接牢固。后端墙的端板、顶板与侧墙外板和顶板对接组焊，与车体其他部件共同组焊成整体承载结构。中间是后端门门框，两侧为钢板压型角立柱和 Z 形横梁组成的骨架，外侧铺上薄钢板。骨架和蒙皮均为厚度 3 mm 的 16Mn 钢板。

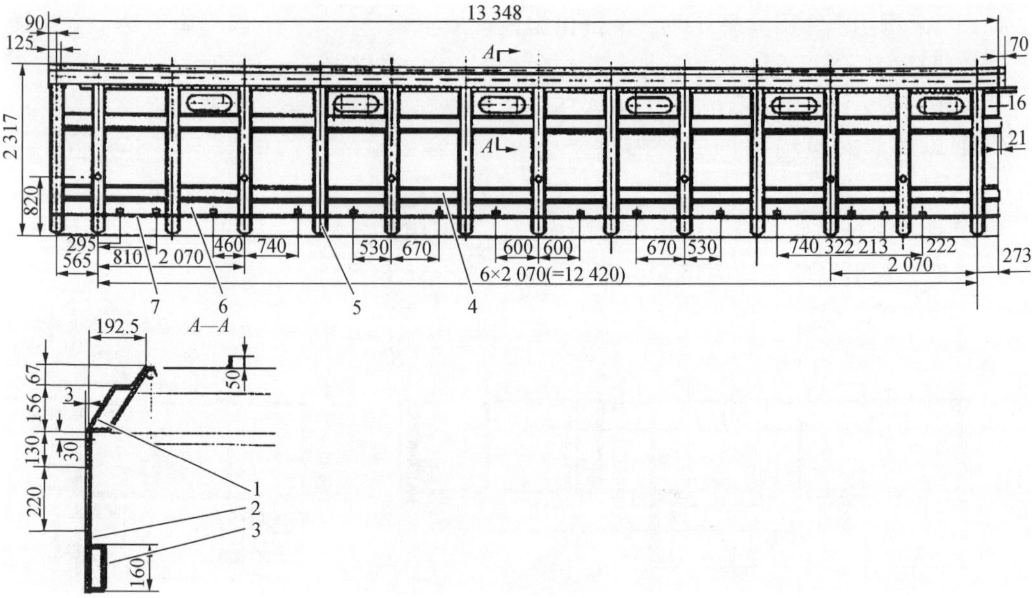

1—右侧梁组成；2—窗上板；3—上横梁；4—下横梁；5—纵立板；6—窗下板；7—板梁。

图 2.9 侧 墙

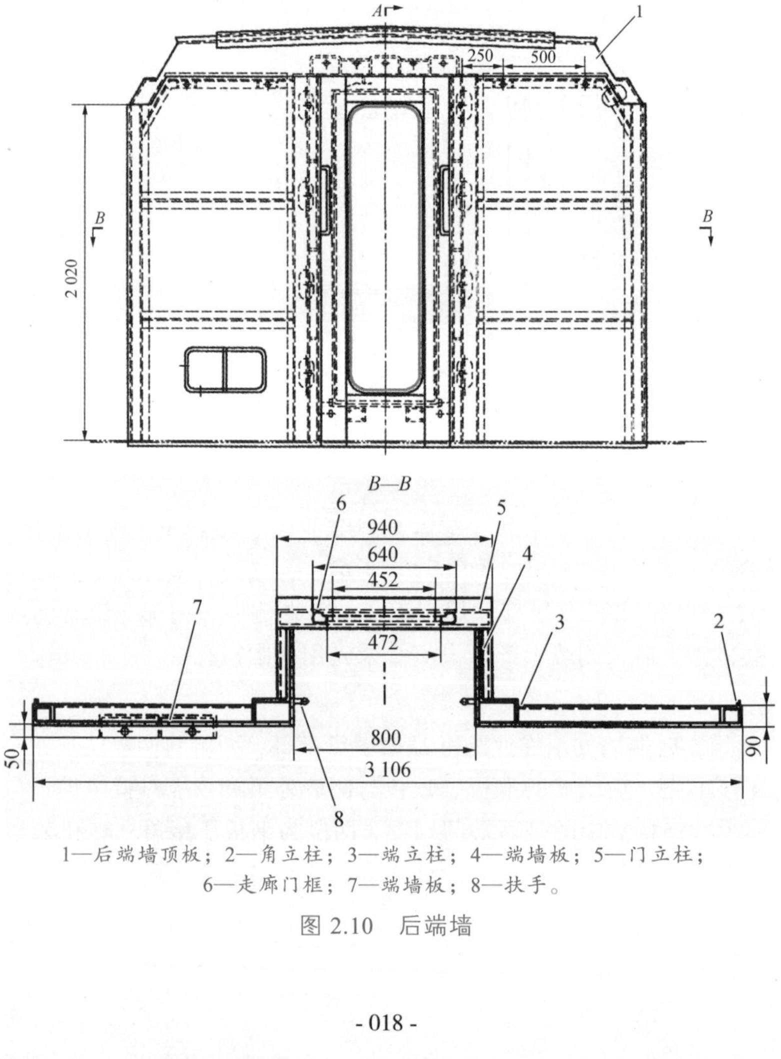

1—后端墙顶板；2—角立柱；3—端立柱；4—端墙板；5—门立柱；
6—走廊门框；7—端墙板；8—扶手。

图 2.10 后端墙

4）**车顶盖**

车顶盖由 4 个顶盖和 3 根活动横梁组成。4 个顶盖由前至后依次为第一高压室顶盖，变压器室顶盖，第二高压室顶盖，机械室顶盖，车顶盖上装有车顶电气设备，为了便于车内设备的拆装和预布线的需要，各车顶盖和活动横梁做成活动可拆式。并且各车顶盖都做成宽度较大的大顶盖，为了结构通用化，各车顶盖形状、尺寸和结构形式基本相同，如图 2.11 所示。

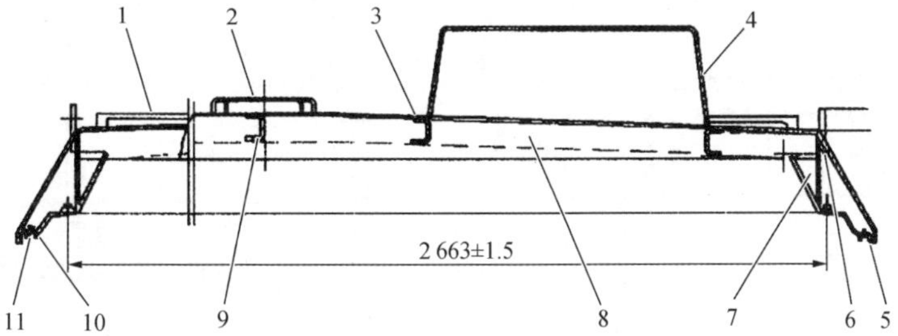

1—走道板；2—瓷瓶室；3—盖板；4—罩盖组成；5—密封槽；6—吊环；7—筋板；8—横梁；9—纵向梁；10—边梁组成；11—抽芯铆钉。

图 2.11 顶 盖

5）**司机室**

由于司机室对外形、强度和安全性的特殊要求，SS_{4G} 型机车司机室的骨架是在充分考虑了通用化、标准化和系列化的基础上，综合了 SS_3、SS_4、SS_5 和 8K 机车的优点设计而成。

司机室外形制成多平面组成的菱形多面体，既美观又使风阻小。为减轻自重，司机室外墙板和骨架的主要梁柱全部采用 16Mn 钢板压制体。司机室两侧外蒙皮和顶盖蒙皮分别用 3 mm 和 2.5 mm 厚钢板。司机室骨架如图 2.12 所示。

6）**台 架**

台架是为安装车内除变压器以外的其他电气和机械设备而设置。

SS_{4G} 型机车车体设有Ⅰ、Ⅱ端台架。台架面板和骨架全部采用 16Mn 钢板。为便于安装和连接各种电气和机械设备，在骨架内装有活动螺母，台架上设置通风机安装座和通风管道，骨架内设有电缆线槽。台架如图 2.13 所示。

7）**排障器**

排障器距轨面的高度为(110 ± 10) mm，其主要作用是排除线路上的障碍物。在排障器主体下部装有可调节高度的小排障器。在排障器上设有脚踏板，可供调车作业人员使用。

8）**其 他**

司机室前端及两侧距轨面 1 540 mm 高度上设有前踏板，在司机室前窗和侧窗下侧的外壳上焊有扶手。沿车顶前端和两侧焊有雨檐，司机室入口门两侧装有上车扶手。

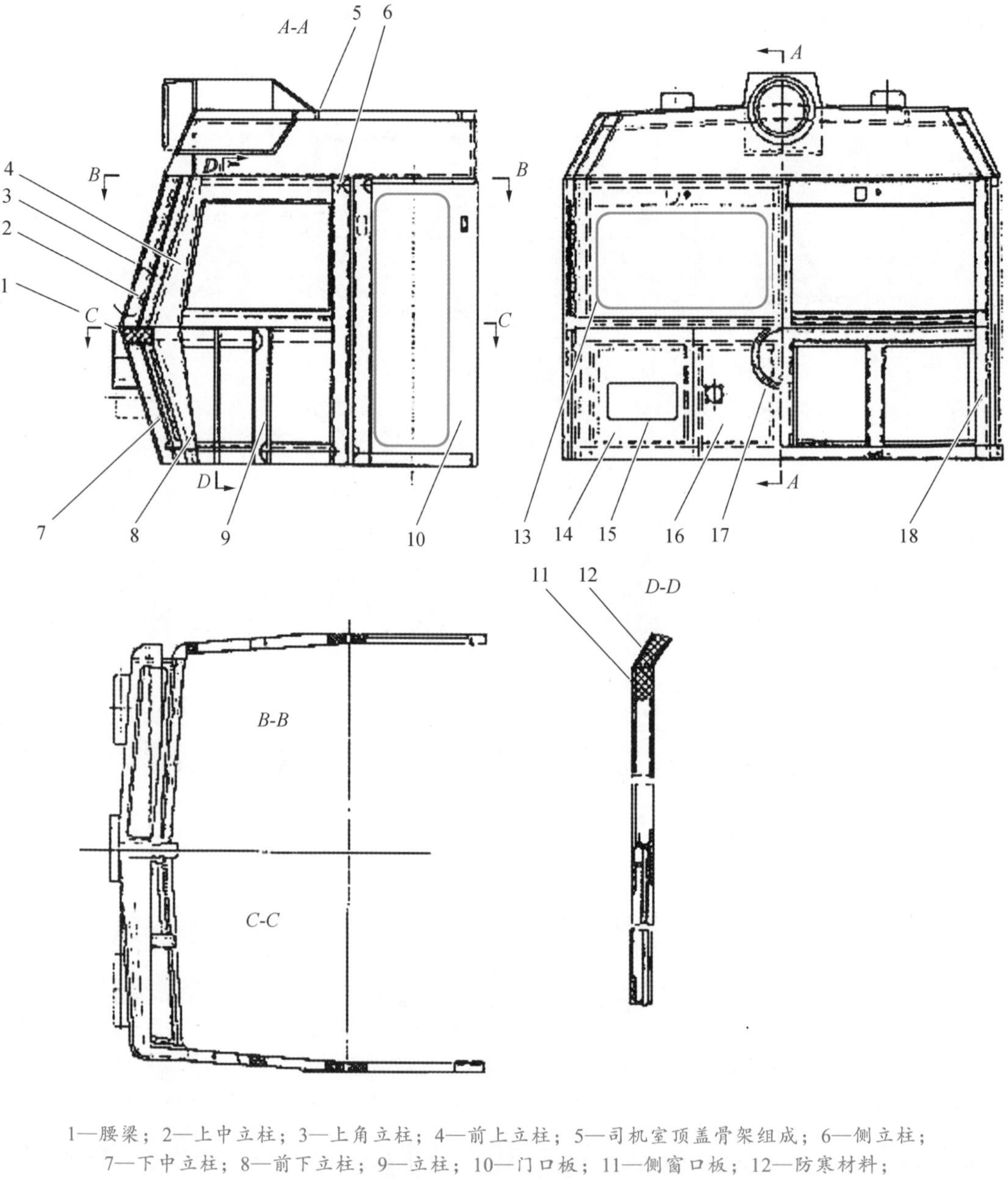

1—腰梁；2—上中立柱；3—上角立柱；4—前上立柱；5—司机室顶盖骨架组成；6—侧立柱；
7—下中立柱；8—前下立柱；9—立柱；10—门口板；11—侧窗口板；12—防寒材料；
13—前窗口板；14—前围板；15—标志灯体；16—中央围板；
17—路徽安装座；18—下角立柱。

图 2.12　司机室骨架

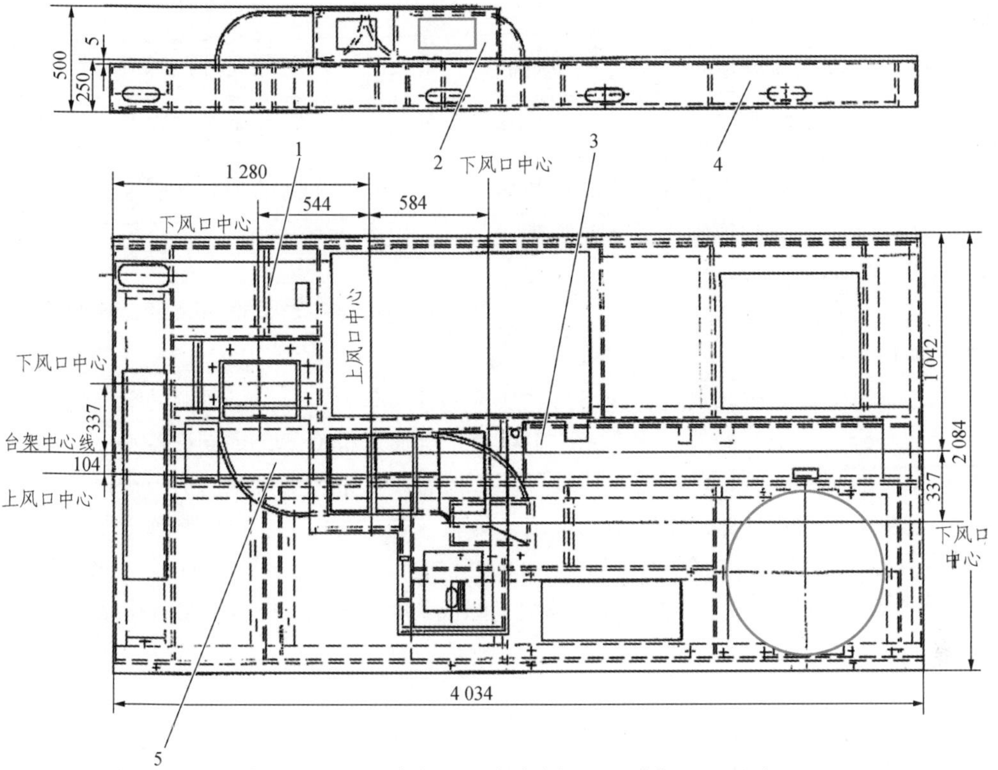

1—台架面板；2—安装座；3—线槽盖板；4—骨架；5—风道。

图 2.13　台　架

五、HXD_3 型电力机车车体结构

车体结构组成

1. 概　述

HXD_3 型电力机车车体的设计是为满足铁路运输日益增长的需要而研制开发的大功率交流传动、轴功率 1 200 kW、最高运用速度 120 km/h 的 6 轴重载货运机车车体。机车采用大功率绝缘栅双极型晶体管（IGB）T 水冷变流器，单轴控制技术，框架式承载车体，设备布置采用中央走廊设备布置方式，高压电器布置在机械间内部的高压柜内，并充分考虑了使用中的其他自然环境条件，提高了机车的防寒性能。该机车是具有单机功率大、技术水平高、性能指标先进等特点的交流传动电力机车。

2. 机车主要特点

（1）采用 C_0-C_0 轴式安装，电传动系统为交直交传动，采用 3 组 IGBT 水冷变流器，1 632 kW 大转矩异步牵引电动机，具有起动（持续）牵引力大、恒功率速度范围宽、黏着性能好、功率因数高等特点。

（2）每组牵引变流器内集成一台由中间直流回路供电的辅助变流器，分别提供 2 组变压变频（VVVF）和 1 组恒压恒频（CVCF）三相辅助电源，对辅助机组进行分类供电，该系统冗余性强，在机车通过分相区时辅助系统可以维持供电。

（3）采用分布式微机网络控制系统，实现了逻辑控制、自诊断功能，而且实现了机车的

网络重联功能。

（4）机械间内设有高压柜，真空主断路器、接地开关、高压隔离开关、避雷器、高压电压互感器、高压电流传感器等集成在高压柜内，极大地降低了雾、雪、粉尘等条件下的高压设备的故障率，提高了机车的可靠性。

（5）车体采用整体承载的框架式焊接结构，有利于提高车体的强度和刚度。

（6）转向架采用滚动抱轴承半悬挂结构，二系采用高圆螺旋弹簧，低位斜牵引杆技术，小齿轮双端支撑驱动装置。

（7）采用下悬式一体化多绕组牵引主变压器，内部集成 3 台谐振电抗器，冷却方式为强迫导向油循环风冷。

（8）机车顶盖设有密闭风腔，冷却风源从风腔进入车内，保证了风源的清洁性，提高了冷却风机的寿命。每个转向架的 3 台牵引电机由 1 台通风机冷却；主变流器水冷和主变压器油冷采用水、油复合式冷却塔；另外还设置了车体通风机来保证机械间的微正压通风。

（9）采用了集成化气路的空气制动系统，具有空电制动功能。机械制动采用轮盘制动。

（10）采用预布线、预布管技术，车内中间走廊的下层排列制动管路，中间层和上层排列动力电缆，控制导线及光缆排布在侧墙的线槽内，降低了电磁干扰，提高了控制系统的可靠性。

3. 机车车体结构

HXD_3 型大功率交流传动货运机车车体为整体承载结构，主要由司机室装配、底架装配、侧墙装配、顶盖以及连接横梁等结构组成，车体如图 2.14 所示。

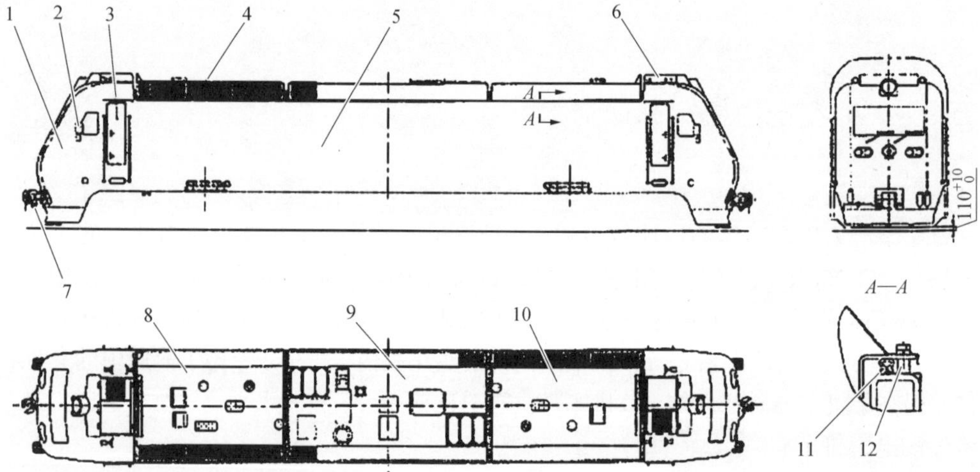

1—司机室装配；2—后视镜；3—司机室入口门；4—牵引电机进风口百叶窗；5—侧墙；6—空调；7—车钩；8—顶盖（Ⅰ端侧）；9—顶盖（中央）；10—顶盖（Ⅱ端侧）；11—顶盖密封胶条；12—顶盖安装螺座。

图 2.14　车体总图

主要技术参数如下：

车体宽度：	2 950 mm
车体总长（两端面间距离）：	21 565 mm
车体总长（车钩衔接线间距离）：	22 761 mm
车体总长（两司机室端面距离）：	21 985 mm
车钩中心线距轨面高度：	(880 ± 10) mm

车体顶盖距轨面高度：	4 249 mm
前后旁承座中心距离：	13 280 mm
排障器距轨面高度：	(110 + 10) mm

为满足车体强度、刚度、工艺、寿命等性能的要求，承载结构选用普通碳素结构钢 Q235，普通低合金结构钢 Q345B，高耐候性结构钢 09CuPCrNi 等材料。车体的非承载部分，一般采用普通碳素结构钢 Q235A 和高耐候性结构钢 09CuPCrNi；司机室门、侧提窗等采用铝合金复合材料。

1）底架装配

底架是机车的主要承载部件，它不但承受车体本身的重力和车内所有设备的重力，同时还传递牵引力和制动力以及复杂的动应力。HXD_3 车体底架主要分端梁、旁承梁、中梁（变压器梁）、边梁等。其中端梁安装有钩缓装置用以牵引；中梁下面吊挂着主变压器；旁承梁则通过旁承座连接转向架支撑整个车体。对于重载机车，底架钢结构的强度和刚性尤其重要，底架装配结构如图 2.15 所示。

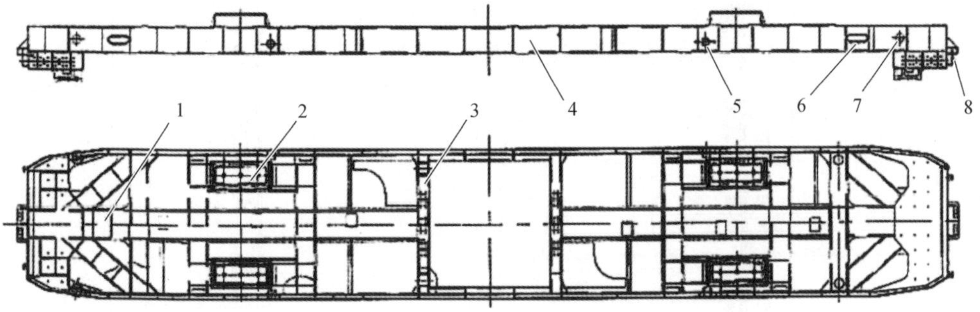

1—端梁；2—旁承梁；3—中梁；4—边梁；5—吊车筒；6—脚蹬；7—救援吊座；8—冲击座。

图 2.15　底架装配结构

（1）端梁。底架前后端梁直接传递机车的纵向牵引力及纵向冲击载荷，其下部结构为车钩箱，用于安装车钩及缓冲装置。车钩箱与端牵引梁上、下盖板及前、后端板等主要板件组焊成一较为复杂的箱形体。端梁结构如图 2.16 所示。图中件 10 八字形箱形斜撑与侧边梁和端部横梁连接，将力传到边梁上，很好地将牵引及冲击载荷分散到侧边梁处。前、后端牵引梁两侧与底架边梁相连接。由于该车为低位牵引，牵引拉杆座位于端部下方，因而后端板与端部中梁之间落差较大，极易造成应力集中。为改善连接结构处的受力状况，在此位置加一带圆滑过渡连接加强板的中梁，如图中件 13，使受力结构件组成的横截面平缓过渡，很好地消除了应力集中，将牵引载荷顺利地过渡到中间梁进而传递到两侧边梁。端部上、下盖板的厚度为 16 mm，前后端板厚度均为 20 mm。在端部

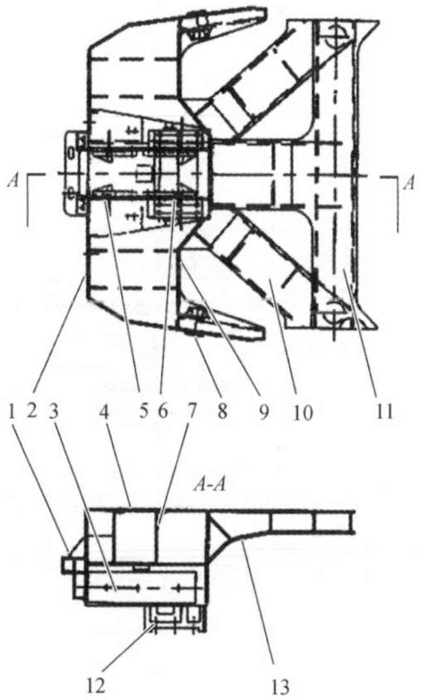

1—冲击座；2—前端板；3—车钩箱；4—上盖板；5—前从板座；6—后从板座；7—隔板；8—救援吊座；9—后端板；10—斜撑装配；11—横梁；12—牵引拉杆座；13—过渡加强板。

图 2.16　端　梁

牵引梁两侧边梁上安装有救援吊座，图中件 8，采用 ZG230-450 整体铸造。

（2）旁承梁。旁承梁（二系簧座梁）通过二系簧座与转向架二系弹簧连接，主要承受机车的垂向载荷，纵向连接着端部牵引梁与中梁，横向箱形梁跨连着两侧边梁，使整个底架大的网格框架有机组合起来，对于从前、后端牵引梁和侧梁传递过来的力进行分散，旁承梁结构如图 2.17 所示。旁承梁主要由两组横梁加盆形中梁以及侧边梁组成。横梁是箱形结构，上盖板和腹板的厚度是 16 mm，下盖板的厚度是 20 mm，高度是 210 mm，材质都是 Q345B。图中件 2 旁承座为转向架支撑车体的支点，对强度和刚性有很高的要求，采用 ZG230-450 铸造，组焊后整体加工。在旁承座四周为压型弯梁，连接旁承座及横梁和侧边梁，组成网格结构。

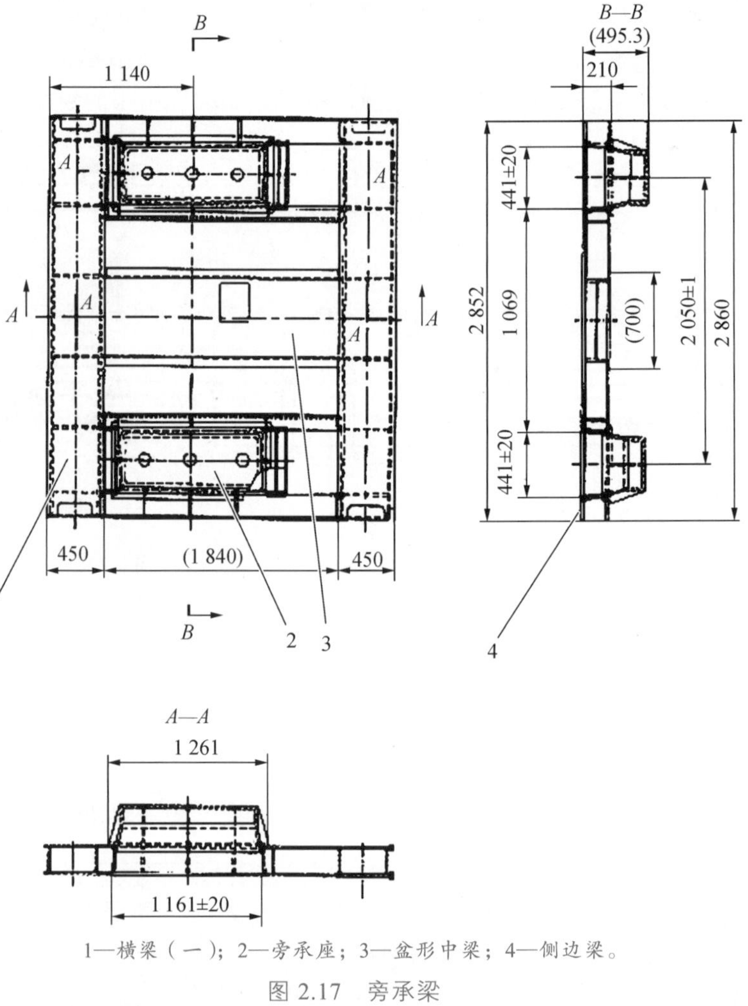

1—横梁（一）；2—旁承座；3—盆形中梁；4—侧边梁。

图 2.17　旁承梁

（3）中梁。中梁也叫变压器梁，是由两根横梁加侧边梁组成。中梁主要承载变压器的垂向载荷及其产生的惯性力。HXD_3 型电力机车采用吊挂式安装变压器，主要由两组相同的变压器横向安装梁组成，两端与底架侧梁连接，变压器通过安装螺栓穿过吊挂孔，吊挂在变压器梁下方。横梁是箱形结构，为增加刚度和强度，中间均布有立板，上、下盖板的厚度是 20 mm，腹板的厚度是 16 mm，材质是 Q345B。横梁下侧有 3 块开 4 个吊孔的安装座板，横梁侧腹板开有 4 个方便安装的工艺孔，中梁结构如图 2.18 所示。

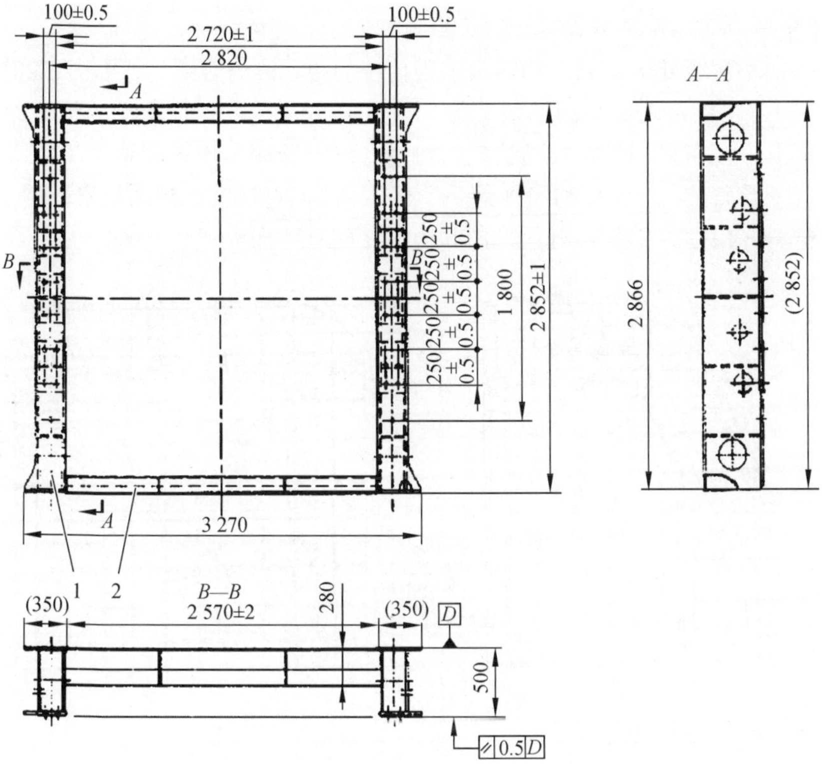

1—横梁；2—侧梁。

图 2.18　中　梁

（4）边梁。边梁是狭长的箱形结构，由压型槽钢与厚 16 mm 的外板组焊而成。侧墙就固定在边梁上面，箱形梁内部布置有加强筋板，边梁结构如图 2.19 所示。

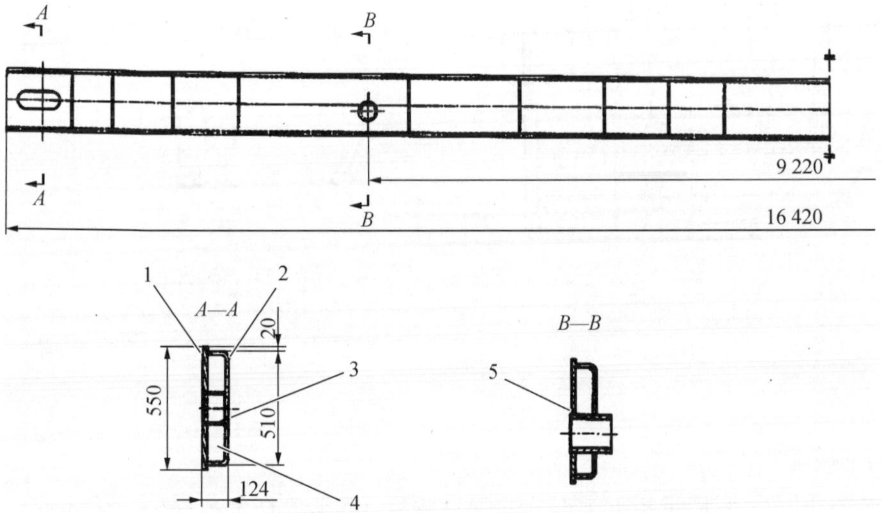

1—外板；2—压型梁；3—司机室入口门脚蹬；4—加强板；5—吊车筒。

图 2.19　边　梁

2）**司机室**

根据司机室小流线外形特点，钢结构采用传统的板、梁组合结构，如图 2.20 所示，板梁厚度均为 8 mm，司机室内部采用铝板装修。前窗玻璃为一块柱面玻璃，直接黏结于司机室的风挡玻璃框上，侧窗采用提拉式结构。司机室各墙、顶棚、地板都添加防寒隔音材料。司机室门采用气密封整体门，即门和门框是一个整体，门框直接安装到司机室门洞口钢结构上。门为铝蜂窝材料，门框为铝合金材料，门和门框之间有一层充气密封条。

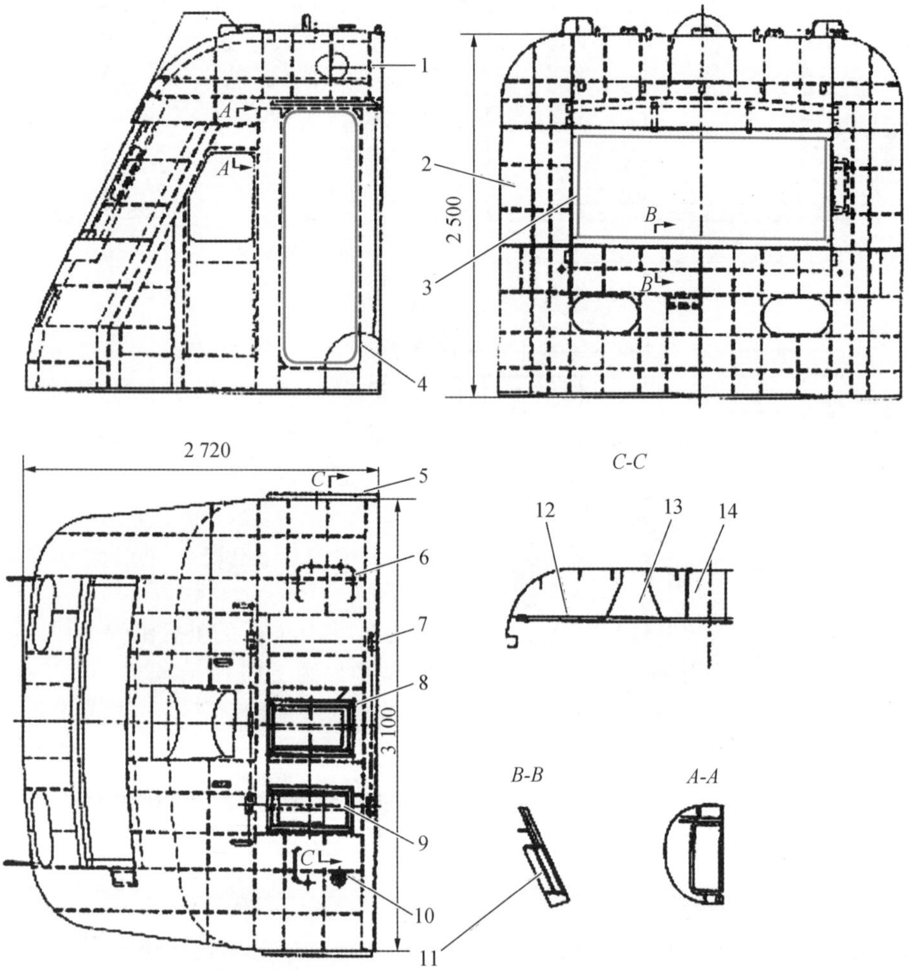

1—司机室梁组成；2—司机室蒙皮组成；3—前风挡玻璃框；4—司机室侧墙装配；5—雨檐；6—喇叭安装座；7—空调安装座；8—回风口密封条；9—出风口密封条；10—天线座安装；11—补强板；12—顶盖装饰骨架；13—出风风道；14—回风风道。

图 2.20　司机室钢结构

3）**侧　墙**

如图 2.21 所示，侧墙承担了大部分的垂直载荷，侧墙立柱都与底架边梁相连。为了将底架的力有效地传递到蒙皮，使整个蒙皮能均匀地承受载荷，配置了由立柱和横梁组成的骨架网格，网格梁全部采用 120 mm × 80 mm × 8 mm 的方管制成。

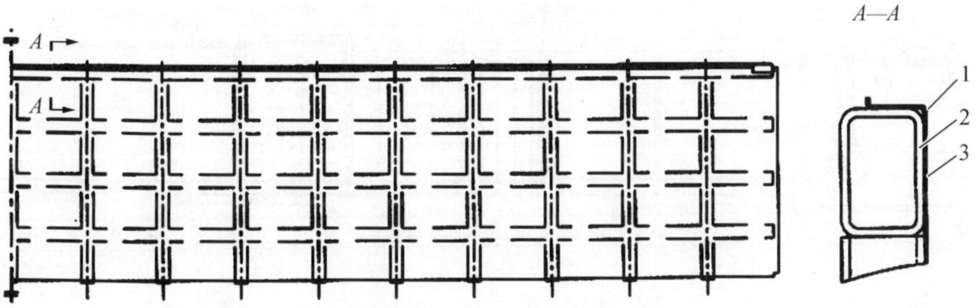

1—上蒙皮；2—方管；3—侧墙蒙皮。

图 2.21 侧 墙

4）顶 盖

HXD_3 型电力机车有 3 个可拆卸的活动顶盖，分别为Ⅰ端侧顶盖、中央顶盖、Ⅱ端侧顶盖。虽然顶盖不作为车体整体的承载部分，但其上面有车顶电气设备，对提高车体的自振频率有很大的作用，因此结构设计也要考虑到足够的强度和刚度。同时，牵引电机通风也从顶盖部分进入，在Ⅰ、Ⅱ端侧顶盖上设有独立结构通风风道，风道成为顶盖的主要构架。中央顶盖蒙皮内侧分布有立板梁，作为支撑，板梁之间用压型梁连接，作为网格骨架。各顶盖上根据车顶电气设备安装需要，设有相关的安装支座。在车内设备相对应位置设有进风口，装有百叶窗供电器件通风冷却。为能够通过车内梯子到达车顶作业，还设有活动天窗。

5）其 他

排障器安装在机车车体前端下部，主要用于排除机车运行前方的障碍物，对机车的安全运行起保护作用。排障器设有脚踏板。排障器与前围板外表面均随司机室外形方案采用流线型圆滑过渡，骨架也采用板梁结构。排障器采用可拆卸安装方式，与轨面距离可调，以保证与轨道面高度不小于 110 mm。

前围板位于车体底架前端下部排障器上方，为底架、司机室与排障器的过渡部件，它主要由 2.5 mm 厚的蒙皮和 8 mm 厚的纵横板梁骨架组焊而成。

六、HXN_5 型内燃机车车体结构

1. 概 述

HXN_5 型内燃机车是大功率交-直-交电传动，干线客、货两用内燃机车，最大轮周牵引功率 4 003 kW，最大电阻制动功率 4 004 kW，最高试验速度 132 km/h，运营速度 120 km/h，采用 GEV016 型柴油机，柴油机的额定功率为 4 660 kW。

HXN_5 型内燃机车车体采用单司机室外走廊罩式结构，车架承载方式，整体承载式燃油箱设计。车架采用双箱形梁结构，车体承载能力满足：纵向压缩载荷 3 788 kN，纵向拉伸载荷 3 100 kN。机车运用模块化设计，各部分分开设计制造，方便机器设备的安装和维修，同时也方便了车体的制造。

2. 车体结构

HXN_5 型内燃机车车体由车架、司机室（电气柜，厕所设置在内）、辅助室、主发室、柴油机室、冷却室等组成，两端各设二扶手梯和侧梯，供司乘人员上下机车，车体结构如图 2.22 所示。

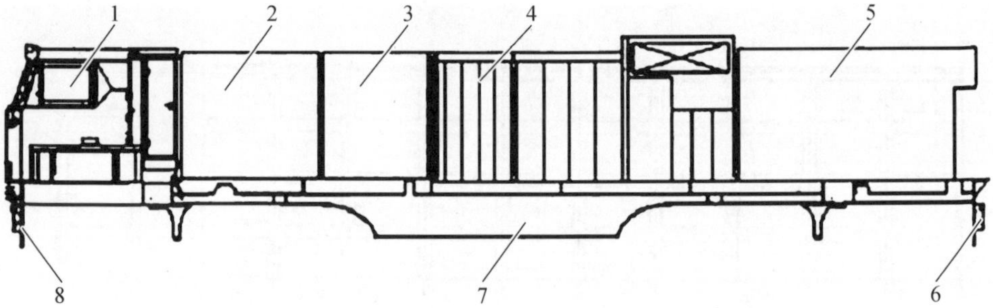

1—司机室；2—辅助室；3—主发室；4—柴油机室；5—冷却室；6—排障器；7—车架。

图 2.22　车体结构

（1）车架。车架是机车承载的主要部分，几乎所有的力都通过车架传递，因此机车对车架的强度和刚度要求极高。HXN_5 型内燃机车车架采用双箱形梁结构，由排障器、车架端部一、车架端部二、整体承载式燃油箱、侧脚蹬以及扶手等组成，车架结构如图 2.23 所示。

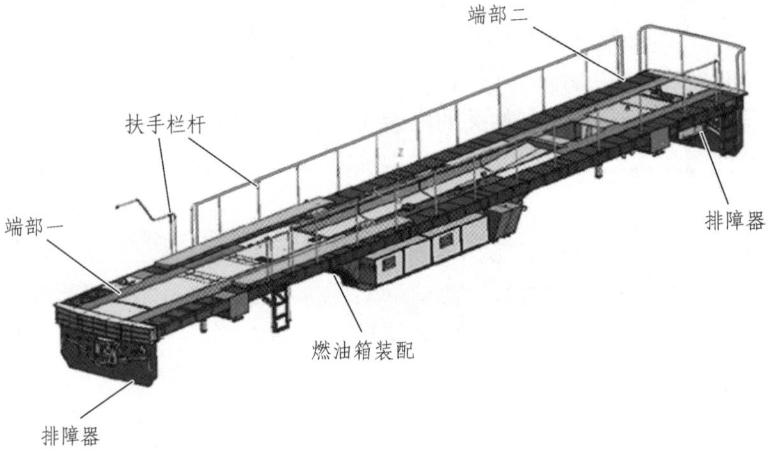

图 2.23　车架结构

（2）司机室。HXN_5 型内燃机车司机室钢结构由顶盖、左右侧壁、前脸、前鼻端、后墙等组成，司机室钢结构如图 2.24 所示。

（3）辅助室。辅助室分为上辅助室和下辅助室。上辅助室分为风机室和电阻制动室，下辅助室是逆变室。3 个室单独为块制造，然后组焊而成。风机室由端板一、端板二、电缆侧端板和管侧端板围成一个方框。端板均为 3 mm 厚的钢板，并开有很多安装孔和穿线孔。电缆侧端板上开两个窗口，内壁安装两框架，其下面是一段风道；管侧端板也开了一个窗口，内壁安装一框架，下部同样是一段风道。端板一和端板二内壁有风道，四周风道相连通风。

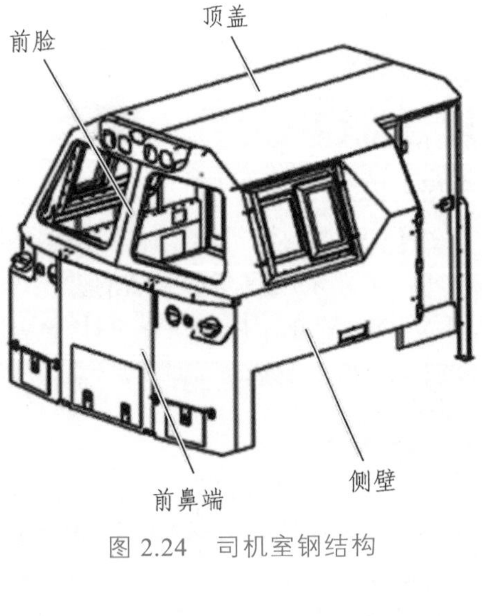

图 2.24　司机室钢结构

下辅助室是安装逆变器的一个室，故也称逆变室。逆变室为一封闭的室，每个壁都设计有许多穿线孔和安装孔，可与上辅助室方便地完成通风冷却的作用，辅助室钢结构如图 2.25 所示。

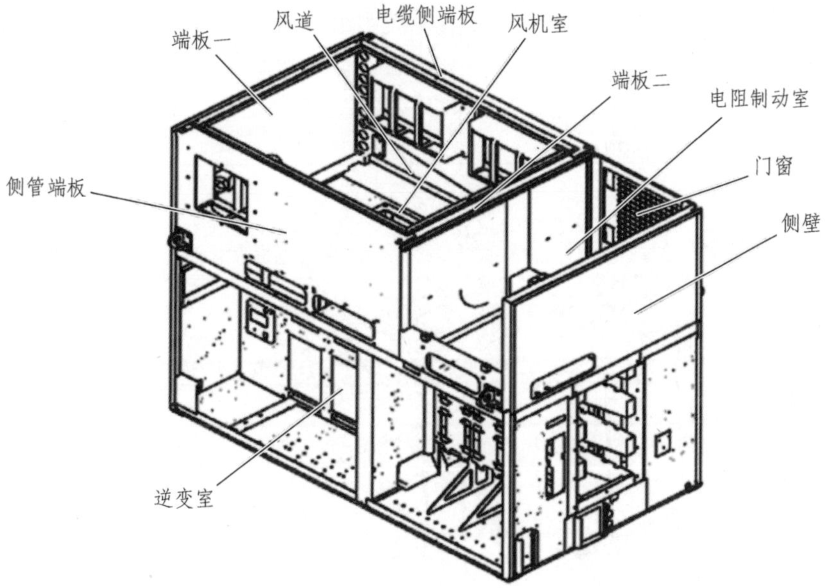

图 2.25 辅助室钢结构

（4）主发室。主发室两侧与辅助室和柴油机室相连，其中一端与辅助室相连，二端与柴油机室相连，其余两侧壁分为 A 侧墙和 B 侧墙。整个主发室被一隔板分成上下两层，上层安装电阻制动装置，下层安装为主发电机空间；板前后开一个线缆入口和安装孔，隔板下面安装了一个安装架和一个支架。A 侧墙是由横梁、竖梁和斜撑梁焊接而成的框架结构，B 侧墙上层是两扇网状的窗，四周立柱焊接有吊座，方便于吊装。下层是一框架钢结构并有两套门，其中一套门由 3 个小门组成，另一套门由两小门组成，可随时开启，主发室钢结构如图 2.26 所示。

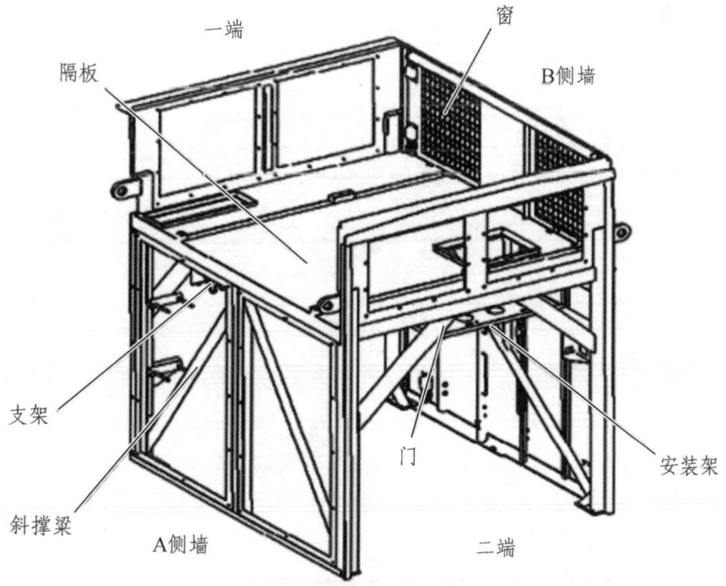

图 2.26 主发室钢结构

（5）柴油机室。柴油机室为棚式 U 形结构，由管路侧墙（A 侧墙）和电缆侧墙（B 侧墙）以及顶盖构成。左右两侧墙对称，侧墙是由各横梁组成的框架结构和几扇大小门构成。顶盖为可拆卸式并有一可拆卸消声器盖，方便于柴油机等设备的吊装；顶盖内侧是安装框架钢结构和一些空气弹簧装置。框架和侧墙是承载顶盖的基础，空气弹簧装置也起到一定的支撑作用，柴油机室钢结构如图 2.27 所示。

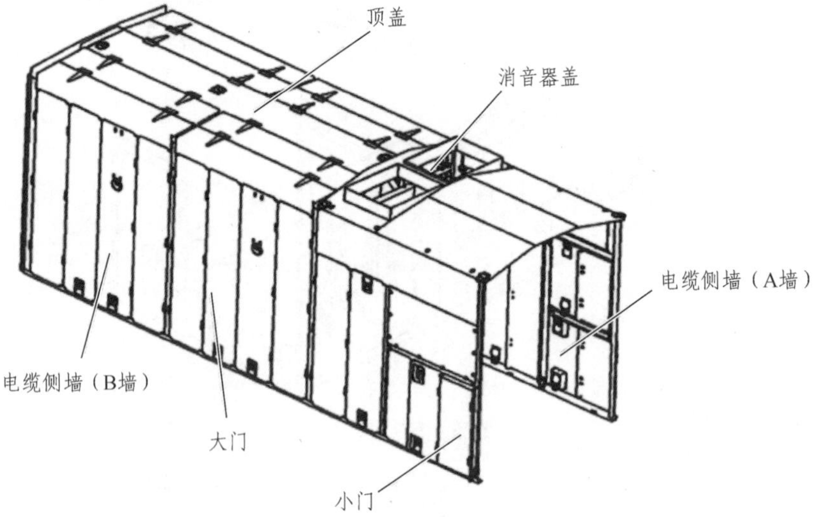

图 2.27　柴油机室钢结构

（6）冷却室。冷却室钢结构由冷却室上部框架、空滤器门、侧面滤网、冷却室下部框架、灭火器门、砂箱、风扇支撑架、导风筒、前部框架装配、可拆卸间壁等组成，冷却室钢结构如图 2.28 所示。

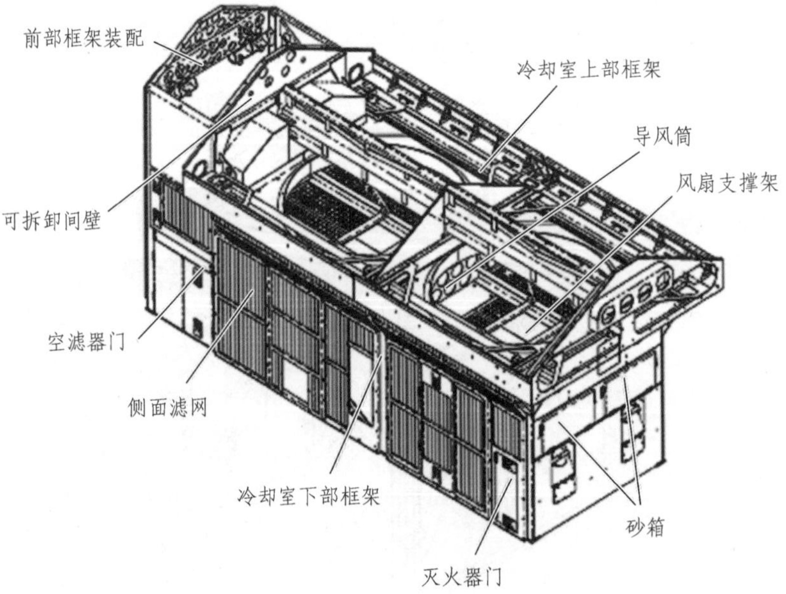

图 2.28　冷却室钢结构

七、DF_{4B}型内燃机车车体结构

1. 概　述

DF_{4B} 型内燃机车是交-直流电力传动，干线客、货两用内燃机车，机车的标称功率为 1 990 kW，柴油机的最大运用（装车）功率为 2 430 kW。由 GEVO 16 型柴油机、交流电传动和控制系统、车体、转向架、机油润滑系统、冷却系统、燃油系统、空气滤清系统、设备通风系统等部件及系统所组成。

车体为框架式侧壁承载车体，车体由左、右侧壁，隔墙，车顶，前、后司机室及底架组焊而成。车体钢结构的主要承载件采用 16Mn 钢，它具有良好的可焊性，机械强度优于一般钢材，从而大大减轻了车体自身的重量。经过车体强度计算和静强度试验，证明车体能够承受 1 960 kN 的纵向静压力和上部载荷，具有较强的刚度和强度。

2. 车体结构

（1）隔墙。车体上部用 4 道隔墙将车体分隔为 5 个工作间，依次为 I 端司机室、电气室、动力室、冷却室和Ⅱ端司机室。各隔墙两侧共设有 8 个隔门，沿车内两侧走廊可接近各设备。在冷却室和动力室隔墙上设有 2 个 160 mm 的孔，打开方盖，可供抽换凸轮轴。

（2）车顶。车顶和两端司机室、左右侧壁及 4 道隔墙共同组焊在一起。为了装拆动力机组、电器设备和冷却装置等大型部件，在车顶的中部开设有贯通的宽为 2 350 mm 的开口，开口中间设有 3 根弯梁。开口上面装有 2 个电气室顶盖，顶盖四周用树脂胶粘结橡胶海绵密封，以防漏雨。顶盖用角钢组成边框，用槽钢形成肋梁，外敷 2.5 mm 厚的钢板。

在冷却室两侧上梁上，均焊有 5 个冷却器钢结构的安装座，通过安装座可将冷却器钢结构、散热器、静液压马达和冷却风扇等部件的重量均匀地传给整个车体。

（3）司机室。司机室两端设有两个侧门，前部设有宽大的玻璃窗，瞭望方便。司机室的骨架采用角钢和扁钢制成，并焊在底架上，起部分承载作用。外蒙皮为 2.5 mm 厚的钢板。

（4）侧壁。车体侧壁由上弦梁、立柱、横梁、辅助杆件和地板梁组焊而成。在电气室、动力室的左右侧壁上，各设有上、下两排窗口和中门。柴油机的空气滤清通道分别焊接在左右两个中门的一侧。在冷却室的侧壁上，设有较大的开口，以便安装侧百叶窗。

（5）底架。DF_{4B} 型内燃机车车体底架由 2 根斜撑式牵引梁、4 根旁承梁、2 根柴油机横梁、2 根侧及底架盖板等组焊而成。

底架侧梁为 360 mm × 10 mm × 8.5 mm 的槽钢与 10 mm 厚的 16Mn 钢板组焊成箱形结构。侧壁与端梁焊在一起，形成了底架的边框。在侧梁的前后下端面上，均焊有牵引杆座。机车纵向力通过牵引杆座传至侧梁，再传向整个车体，因此，侧梁是车体的主要承载体。

在每根旁承梁的下侧均焊有凹入的 2 个上旁承座，用来安装二系橡胶弹簧，这样既可以充分利用空间，又可避免机车高度的过量增加。

风道梁与旁承梁结合起来形成了牵引电动机的冷却风道。

柴油机安装梁为箱形结构，以便于安装柴油机。

相应于每道隔墙位置的底架处均设有横梁，4 道横梁加强了底架的横向刚度。

车体底架组焊后，在整个底架上敷设 6 mm 厚的钢板作为安装各种设备的基础，同时，也使车体下方得到密封，并加强了底架的刚度。

【任务实施】

提出问题：在本任务中，我们共同学习了机车车体的功能和类型，并选取典型机车 SS_{4G}、HXD_3、HXN_5 和 DF_{4B} 的车体各部分结构组成进行了讲解，现在请同学们回顾本任务，思考车体的功能和类型，对 SS_{4G}、HXD_3、HXN_5 和 DF_{4B} 几种车型的车体各部分结构组成进行对比学习。

具体方案：就对比学习环节开展竞赛。可随机抽选 10～20 人，分别以 SS_{4G}、HXD_3、HXN_5 和 DF_{4B} 命名，进行分组模拟，角色扮演，构建积分卡与课堂奖励加分互通的激励模式，增强学习兴趣。

【任务拓展】

线下反思，两人一组互相提问，完成课后作业，查漏补缺，复习巩固；线上互动，与老师在线交流，完成线上考核，师生互促，共同提高。

任务二 车内设备认识与解析

【任务导入】

“打破砂锅问到底”。蒙皮之下，车体结构是机车结构速度的主要设计依据，更是行车安全的机械化保障。但是，仅有车体机械结构，机车在轨道上难以前行，还需要动力装置及其辅助电气化设备才能构成整车电气-机械一体化系统。

在掌握机车车体的功能、类型及典型车型车体结构组成后，依托于组成图的辨识能力，让我们怀抱谦虚谨慎、诚实守信、务实团结的职业道德和业务素养的“岗位心”，进入到车体设备布置的学习。

【知识储备】

一、概　述

机车上的设备众多，重量大小不一，有些设备因通高压电会危及人身安全。为了保证运行中各种设备的可靠和安全，在设备布置时要充分利用有限的车体空间，既要考虑便于设备的检查、维修和拆装，又要使重量保持均衡，使设备布置合理，一般应兼顾以下原则：

（1）必须保证重量分配均匀。目的在于使机车轴重保持均衡，以利于牵引力的充分发挥。为此，在设备布置时要进行重量分配计算：根据各种设备的位置、轻重、机车车体、转向架的支承情况，计算出各设备的重力臂，按力矩平衡原理进行配置，计算结果要保证各转向架载荷前后左右相等，各轴重在规定的偏差之内。如计算结果不符合要求，要对设备进行调整，重新计算。

（2）要充分满足设备的安装、拆卸、检查和检修的方便，特别是易损的设备要易于拆装。司机室设备布置要求作业范围合适、操纵方便、视线合理，易于观察各种仪器、仪表和信号灯指示。要有必要的隔热、隔音设施。各机器间的设备要便于检查、维修和保养，要注意设备布置的规律化，便于乘务员熟记各设备位置，对危及人身安全的电器设备，要有严格的安全联锁防护装置等。

（3）应注意节约导线、电缆和压缩空气、冷却空气管路。合理地布置电器线路的导线、电缆和空气管路，不仅可以节约大量材料、降低成本，还可使布置简捷、集中，便于查找故障，减少空间占用和减少风阻。

总之，机车的设备布置是总体设计的重要组成部分，必须综合考虑，选择最佳方案。

二、SS_{4G}型电力机车设备布置

1. 设备布置的特点

SS_{4G}型电力机车的设备布置具有下列特点：

（1）除牵引电机外，所有的电气设备都布置在车体上，其中绝大部分布置在车体内，安全可靠，运行中便于检查。

（2）机车为单节单端司机室，两节完全相同，单节机车共分 5 个室。依次为：司机室、Ⅰ端电器室、变压器室、Ⅱ端电器室、辅助室。

（3）继承了韶山系列电力机车的传统特点，采用双边走廊，分室斜对称布置。设备屏柜化、成套化，便于车下组装、车上吊装，结构紧凑，维修方便。

（4）除轴流式通风机组外，其他设备为平面单层布置，设备拆装，互不影响。

（5）根据单端司机室的特点，将噪声较大的劈相机、主压缩机等辅助机组安装在远离司机室的Ⅱ端辅助室内，使司机室的噪声大大低于 SS_1 和 SS_3 型机车。

（6）在布线和布管结构设计上，首次采用控制电路的预布线和机车管路的预布管机构新工艺。

（7）平波电抗器采用油冷方式，且与主变压器共用油箱和油散热器风冷系统，提高了平波电抗器在冷却系统故障时的可靠性，是国产电力机车在总体布置上的一大进步。电力机车设备布置如图 2.29 所示。

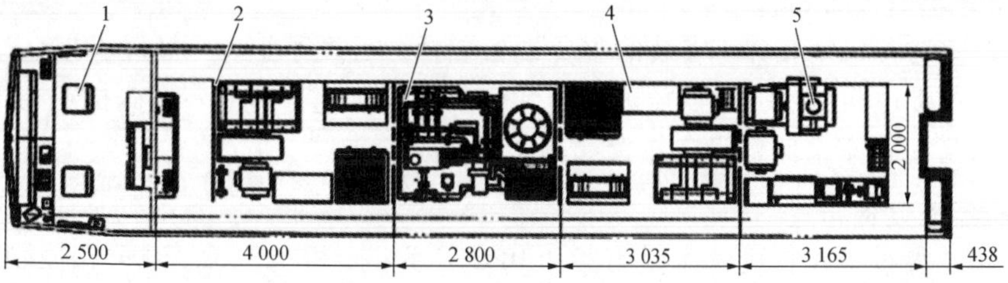

1—司机室；2—Ⅰ端电器室；3—变压器室；4—Ⅱ端电器室；5—辅助室。

图 2.29　SS_{4G}型电力机车设备布置

2. 各室及设备布置

1）司机室设备布置

司机室左侧为正司机工作区域，设有正司机操纵台和调车控制器等；司机室右侧为学习司机工作区域，设置有学习司机操纵台和紧急放风阀，司机室设备布置如图 2.30 所示。

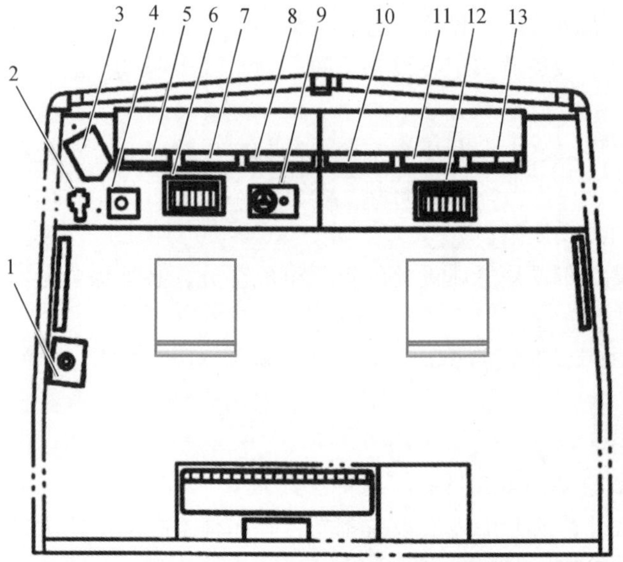

1—调车司机控制器；2—空气制动阀；3—速度表；4—电空制动控制器；5—主台气表；
6—主司机按键开关；7—主台电表；8—主台显示屏及开关；
9—主司机控制器；10—副台电表；11—副台显示屏；
12—学习司机按键开关；13—副台开关。

图 2.30 司机室设备布置

（1）正司机操纵台。正司机操纵台设有司机控制器、按键开关器、电空制动控制器、空气制动阀、速度表、汽笛、记点灯等。操纵台正面设主台气表、主台电表和主台显示屏及开关。

（2）学习司机操纵台。学习司机操纵台设置按键开关盒和汽笛，操纵台的正面设置有副台电表、副台显示屏及开关。

副台开关安装辅助压缩机控制开关按钮、紧急制动按钮、自动撒砂控制开关、空调开关、取暖开关和加热开关。

2）Ⅰ端电器室设备布置

Ⅰ端电器室与司机室相邻。安装的主要设备包括一号端子柜、一号硅机组、PFC 电容柜、一号高压柜、制动电阻柜、一号低压电器柜和牵引通风机组，其中一号硅机组与 PFC 电容柜重叠放置，节省了机车空间，设备布置如图 2.31 所示。

3）变压器室设备布置

变压器室主要设备包括机车主变压器和 PFC 开关柜，机车保护、测量和控制用的 3 种交流电流互感器等，设备布置如图 2.32 所示。

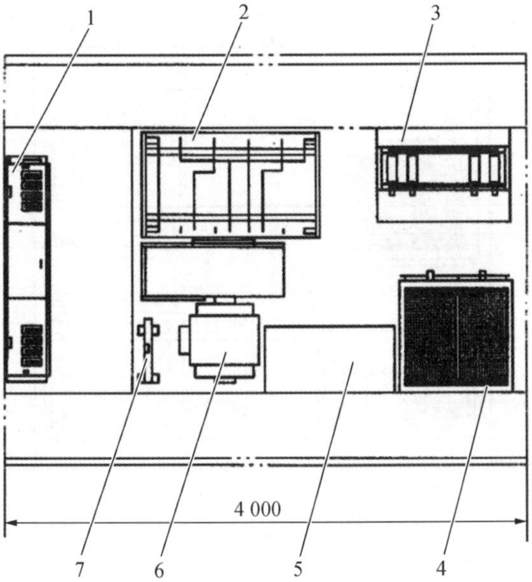

1—一号端子柜；2—一号硅机组（上）和 PFC 电容柜（下）；3—一号高压电器柜；4—制动电阻柜；5—一号低压电器柜；6—牵引通风机组；7—复轨器。

图 2.31　Ⅰ端电器室

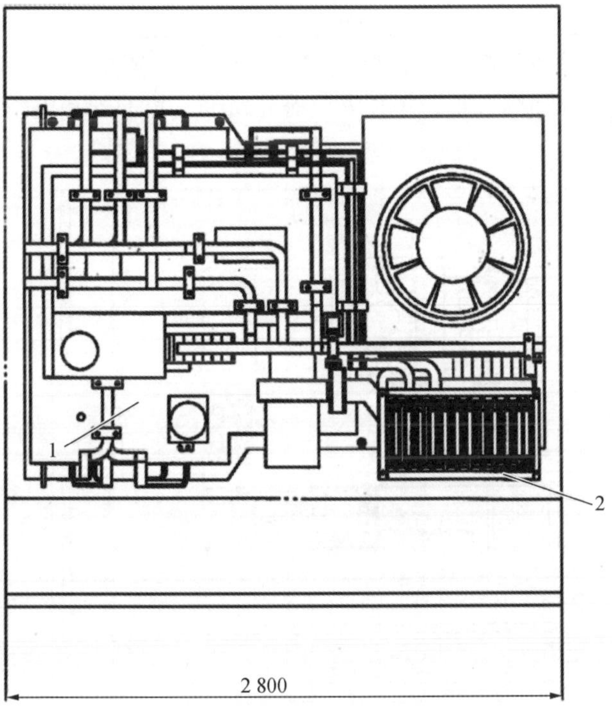

1—主变压器；2—PFC 开关柜。

图 2.32　变压器室

4）Ⅱ端电器室设备布置

Ⅱ端电器室布置的主要设备包括上车顶梯、二号硅机组、PFC 电容柜、二号高压电器柜、制动电阻柜、二号低压电器柜和牵引通风机组，设备布置如图 2.33 所示。

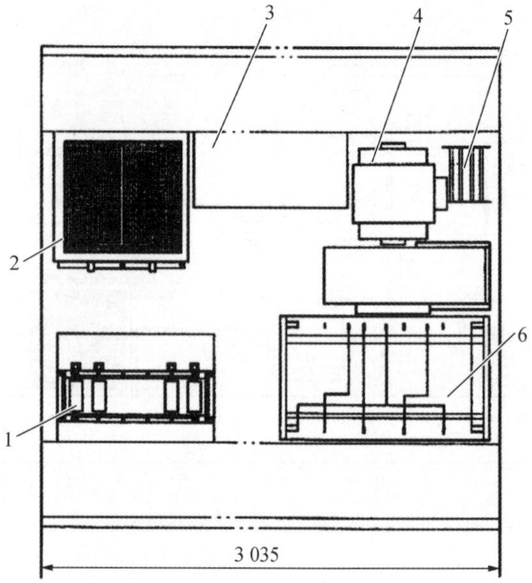

1—二号高压电器柜；2—制动电阻柜；3—二号低压电器柜；4—牵引通风机组；
5—上车顶梯；6—二号硅机组（上）和 PFC 电容柜（下）。

图 2.33　Ⅱ端电器室

5）辅助室设备布置

辅助室布置的主要设备包括电子电源柜、空气制动柜、劈相机、压缩机组、空气干燥器、起动电容柜、二号端子柜和综合柜，柜顶安装有轮滑润滑控制器和电阻制动记录仪，设备布置如图 2.34 所示。

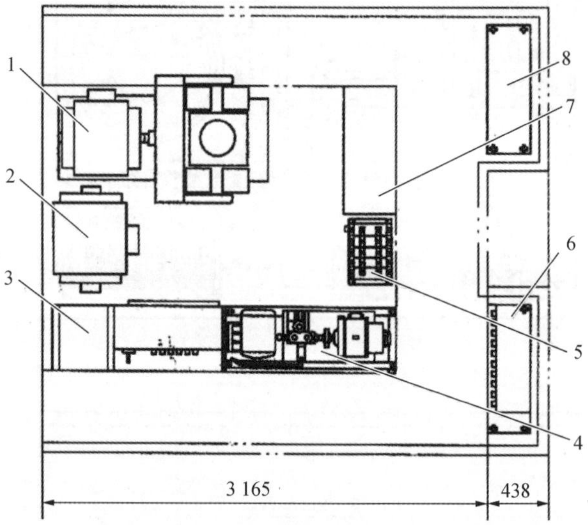

1—空气压缩机；2—劈相机；3—电子电源柜；4—空气管路柜；5—起动电容柜；
6—二号端子柜；7—空气干燥器；8—综合柜。

图 2.34　辅助室

6）车顶设备布置

车顶主要设备包括：受电弓、主断路器、金属氧化物避雷器、高压电流互感器、高压电压互感器、高压连接器及车顶母线与支持瓷瓶等，车顶设备如图 2.35 所示。

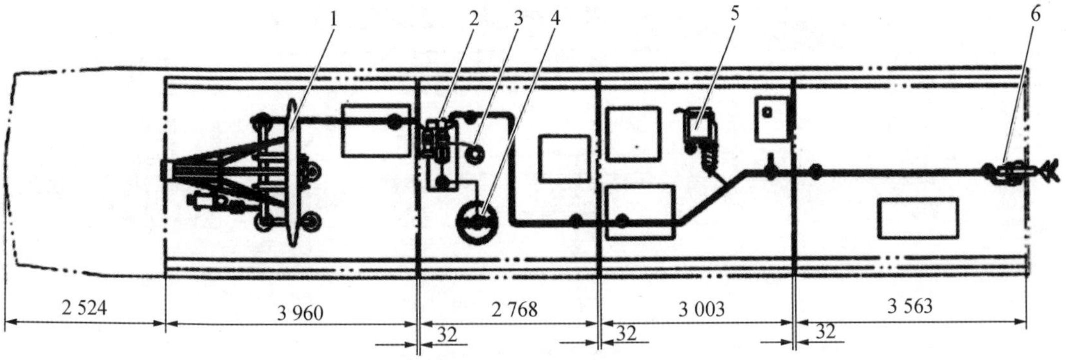

1—受电弓；2—主断路器；3—避雷器；4—高压电流互感器；
5—高压电压互感器；6—高压连接器。

图 2.35 车顶设备

Ⅱ端电器室顶盖设有人孔天窗，天窗设有电气联锁装置，当打开天窗时，顶盖将与车顶母线的接地装置相连，使车顶上的高压设备全部接地，以保护机车乘务人员的安全，同时切断受电弓控制电路，无法升弓。只有当高压室、变压器室门都锁好，车顶门盖好后，保护电空阀才能得电，使门联锁阀气路动作，锁紧各门，受电弓方能升起。

车顶盖上还设有电阻制动的百叶窗出风口。司机室顶上设有 3 个风喇叭。

7）车底设备布置

车底辅助设备包括主电路库用插座 2 个、辅助电路库用插座 1 个、控制电路库用插座 1 个、行灯插座 2 个、重联插座、自动信号装置的接收线圈、蓄电池柜、总风缸、接地棒、照明灯和标志灯等。

8）机车布线

SS_{4G} 型电力机车布线，按不同电压等级分各自线槽布线，分为 3 部分。

（1）主电路布线，是指主电路中 1 000 V 电压以上的电缆和电线沿机车车体Ⅰ、Ⅱ端台架下的纵向主线槽和两侧走廊线槽布线。

（2）辅助电路布线，是指辅助电路 220 ~ 380 V 电压的电缆和电线沿机车走廊线槽布线（与主电路交叉时，进行加强绝缘处理）。

（3）控制电路布线，是指控制电路电线沿机车两侧走廊天花板上的专用线槽布线。

三、HXD_3 型电力机车设备布置

HXD_3 型电力机车的两端各设一个司机室，中间为机械室。机械室内设备沿车内中间走廊两侧平行布置，采用导轨安装方式固定，中间走廊宽度为 600 mm。在中间走廊左右两侧设有变流器、冷却塔、空气压缩机、空调机组等。在车体下设有两台三轴转向架及主变压器，在顶盖上设有两架受电弓和两个车顶避雷器。车内设备布置以平面斜对称布置为主，设备成套安装，有利于机车的质量分配、机车的制造、检修和部件的互换，机车设备布置及外形如图 2.36 所示，其主要设备布置如图 2.37 所示。

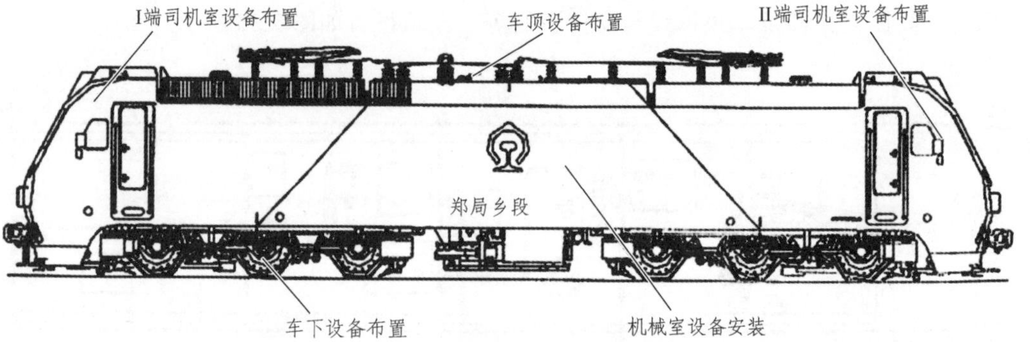

图 2.36　机车设备布置及外形

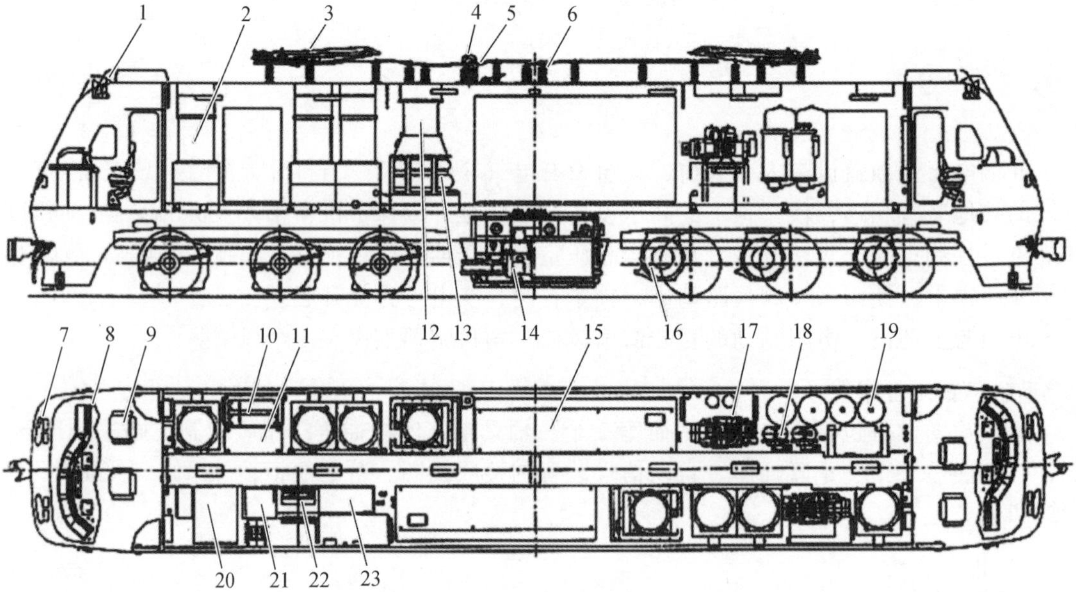

1—前照灯；2—牵引电机通风机组；3—受电弓；4—主断路器；5—高压电压互感器；6—高压隔离开关；7—标志灯；8—操纵台；9—司机室座椅；10—滤波柜；11—蓄电池充电器；12—复合冷却器通风机组；13—复合冷却器；14—主变压器；15—变流器；16—牵引电机；17—空气压缩机；18—空气干燥器；19—总风缸；20—卫生间；21—综合通信柜；22—微机及监控柜；23—控制电器柜。

图 2.37　机车主要设备布置

1. 司机室设备布置

司机室设备

司机室的结构和设备布置按规范化司机室要求设计，按照人机工程学理论设计司机的座椅位置、腿部空间及司机的瞭望视野。主司机座椅尽量靠近司机室中间，保证司机两侧的视野。司机室大量采用降噪材料，保证司机室的噪声降到 75 dB 以下。司机室采用隔热材料进行防寒处理，采用空调和风扇等进行通风和防暑。司机室设置有冰箱、饮水机、微波炉、电水壶、灭火器等各种用品。

（1）司机室设备布置。司机室内设有操纵台、八灯显示器、司机座椅、端子柜、饮水机、紧急放风阀、灭火器、暖风机等设备。司机室顶部设有空调装置（冷热）、风扇、头灯、司机室照明等设备。司机室前窗采用电加热玻璃，窗外设有电动刮雨器，窗内设有电动遮阳帘，侧窗外设有机车后视镜。司机室设备布置如图 2.38 所示。

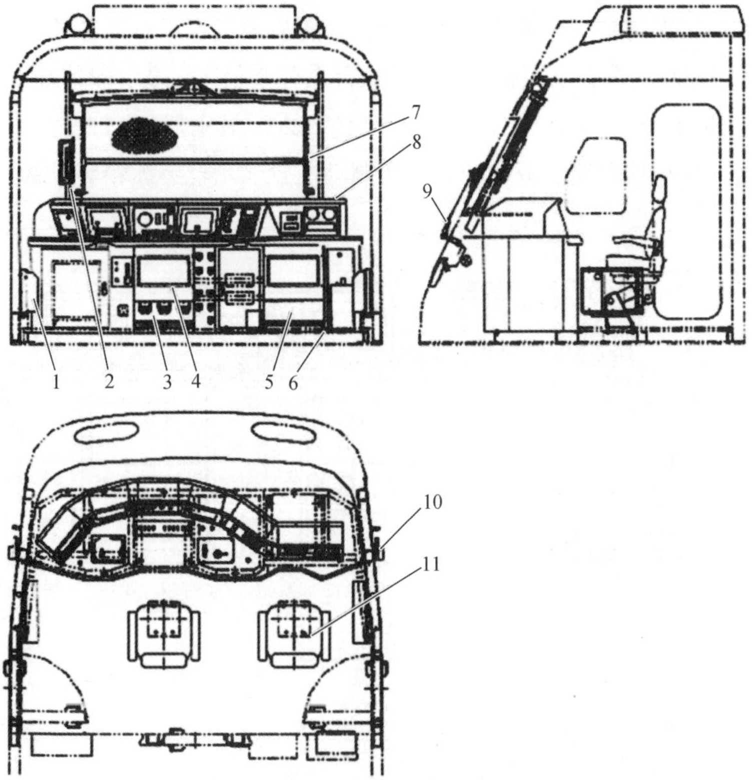

1—壁炉；2—八灯显示器；3—脚炉；4—主台膝炉；5—副台脚炉；6—刮雨器水箱；
7—遮阳帘；8—操纵台；9—刮雨器；10—后视镜；11—司机室座椅。

图 2.38　司机室设备布置

在司机室后墙上设置有司机生活必要设备，这些设备在机车的运行中一般不参与机车的运行控制，只是更好地为司机提供服务。在后墙上设置有饮水机、暖风机、空调控制箱、灭火器等。此外，后墙上装有一个紧急制动阀。具体各设备布置如图 2.39 所示。

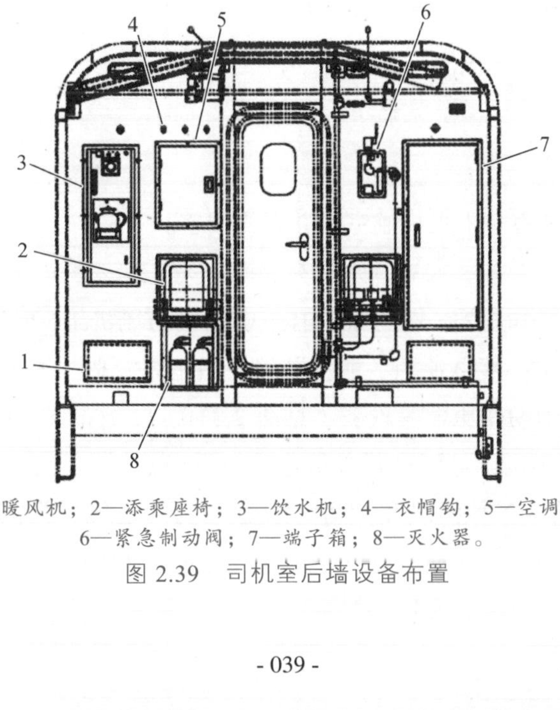

1—后墙暖风机；2—添乘座椅；3—饮水机；4—衣帽钩；5—空调控制箱；
6—紧急制动阀；7—端子箱；8—灭火器。

图 2.39　司机室后墙设备布置

（2）操纵台。操纵台是机车人机交互的设备，司机通过操纵台上各装置发出控制机车指令，完成机车牵引、制动等各项工作，通过操纵台上各个仪表、显示器等观测机车运用状态。操纵台设备布置如图 2.40 所示，在操纵台上设有 TCMS 显示器、ATP 显示器、压力组合模块、司机控制器、制动控制器、扳键开关组、制动装置显示器、冰箱等设备。

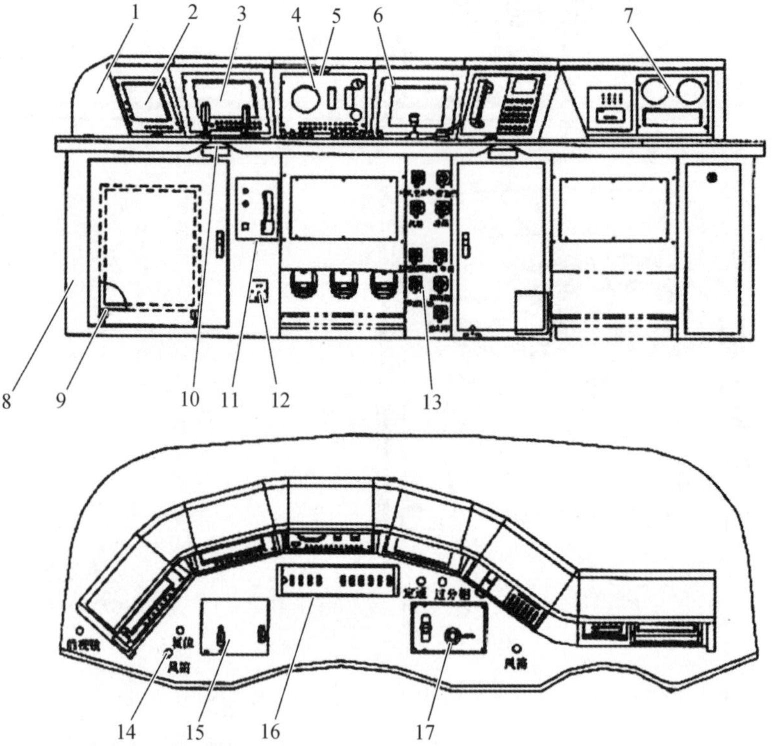

1—面板；2—制动显示屏；3—监控显示屏；4—多功能状态组合模块；5—记点灯；6—微机显示屏；7—压力仪表模块；8—柜体；9—冰箱；10—烟灰缸；11—重联电话；12—电源插座；13—万转开关；14—按钮；15—电空制动控制器；16—扳键开关组；17—司机控制器。

图 2.40　操纵台设备布置

2. 机械室设备布置

机械室分为 I 端机械室、中央机械室和 II 端机械室。

1）I 端机械室

机械室设备

I 端机械室紧邻 I 端司机室，室内布置有牵引电机通风机组、更衣箱、卫生间、蓄电池充电装置、蓄电池柜、滤波装置、微机以及监控柜、控制电器柜、综合通信柜、辅助变压器等设备（见图 2.37）。设备布置以电气系统设备为主，各装置和机械设备按功能和电压等级进行分区集中布置，这样布置有利于布置特别高压、高压、低压、传送信号类等各种配线和减短各装置之间的连线，提高系统可靠性，降低故障率。

2）Ⅱ端机械室

Ⅱ端机械室紧邻Ⅱ端司机室，室内布置有牵引电机通风机组、空气压缩机、总风缸、辅助风缸、干燥器、制动屏柜等设备（见图 2.37）。设备布置以空气系统设备为主，这样布置有利于布管作业和尽量减短空气管路；尽量减少不必要的交叉配管；尽量组合成单元，以提高作业效率。

3）中央机械室

在Ⅰ端机械室和Ⅱ端机械室之间设有中央机械室，室内布置有主变流装置、复合冷却器及复合冷却器通风机组等设备，具体见图 2.37。为了保证机车的质量分配，机车安装有两套完全一样的牵引变流器和两台用于冷却牵引变流器和主变压器的复合冷却器。中央机械室内设备按斜对称布置，为了保证牵引变流器冷却系统的可靠性，应尽量减短冷却管路。在室内将牵引变流器和复合冷却器作为整体单元布置在机车中心位置，与复合冷却器和牵引变流器相连接的牵引控制系统也按左右配置。因牵引变流器的输入端子部位直接连接在主变压器的 2 次端子上，主变压器的 2 次端子的排列顺序和牵引变流装置的主回路端子的排列顺序一致，并且尽量缩短与复合冷却器的连接管路。主变压器的 2 次线圈侧的端子互相隔开，配置在主变压器的中央部位，即将主变压器的 2 次端子设置在牵引变流器端子正下方。

3. 车顶设备布置

机车顶盖设计成大顶盖结构，有利于机车设备的安装。机车顶盖由 3 个顶盖组成，车顶设备布置分为Ⅱ端顶盖设备布置和中央顶盖设备布置，车顶设备布置如图 2.41 所示。

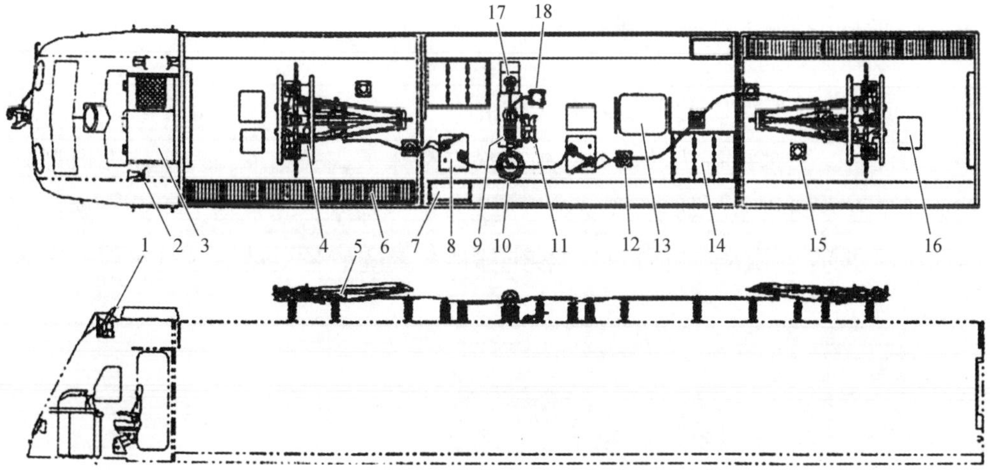

1—前照灯；2—风笛；3—空调；4—受电弓；5—受电弓绝缘子；6—牵引风道过滤器；7—辅变流器风道过滤器；8—高压隔离开关；9—真空断路器；10—高压电压互感器；11—接地开关；12—支持绝缘子；13—车顶天窗；14—复合冷却器通风过滤器；15—绝缘子；16—车顶通风口；17—高压电缆；18—避雷器。

图 2.41　车顶设备布置

1）Ⅰ、Ⅱ端顶盖设备布置

Ⅰ端顶盖设备布置与Ⅱ端顶盖设备布置完全一样，顶盖上布置有受电弓和空气绝缘子。两个顶盖的结构和安装尺寸也完全相同，但在端顶盖上开有卫生间通风口，因此两个顶盖不可以互换安装。顶盖上设置有牵引电机冷却风进风口，顶盖通风道横向贯通顶盖，通风口开在通风机相对侧，车体侧墙不设通风口，有利于提高车体强度。通风道与顶盖在车下整体焊装，有利于提高机车组装的工作效率。顶盖设有与外界交换空气的换气孔，有利于夏季车内降温。

2）中央顶盖设备布置

机车上的主要高压设备大部分都布置在中央顶盖上。中央顶盖上设有检修用天窗，由此上车顶对高压电器件进行检修和维护作业。为确保安全，天窗与接地开关设置了钥匙联锁装置。

中央顶盖上布置的高压电器设备有受电弓高压隔离开关、高压电压互感器、真空断路器、接地开关、避雷器、高压电缆及连接母线等，同时设置有辅助变流器通风口和过滤网。

4. 车下与车端设备布置

主变压器悬挂在机车车下中部，以主变压器为中心对称布置了两台转向架。在转向架上配置有牵引电机等设备。另外在车下还配置了动车用插座、AC 380 V 和 DC 110 V 库用插座、辅助/控制电路外接电源、行灯插座、机车电子标签、过分相装置感应器、速度传感器等设备。

四、HXN_5型内燃机车设备布置

HXN_5 型内燃机车为外走廊底架承载式结构。机车分上下两部分，上部为车体及安装在其上的设备，下部两端为转向架，中部设有整体承载式燃油箱。车体上面部分为相对独立的 4 个室：司机室、辅助/逆变室、动力室和冷却室；其中动力室分为两间，即发电机间和柴油机间，HXN_5 型内燃机车各组部件及系统的各项设备在机车内的布置情况如图 2.42 所示。

1. 司机室设备布置

司机室布置有窗户、正副操纵台、顶置控制台、座椅、添乘座椅、取暖器、空调、通风装置、电炉、热水器和冰箱等设备，司机室内部布置如图 2.43 所示。

司机室正操纵台是司机的主要工作台面，其上安装有机车运行期间对机车进行控制和监视所需的开关、断路器、通信装置、控制器以及计算机显示屏，如图 2.44 所示。

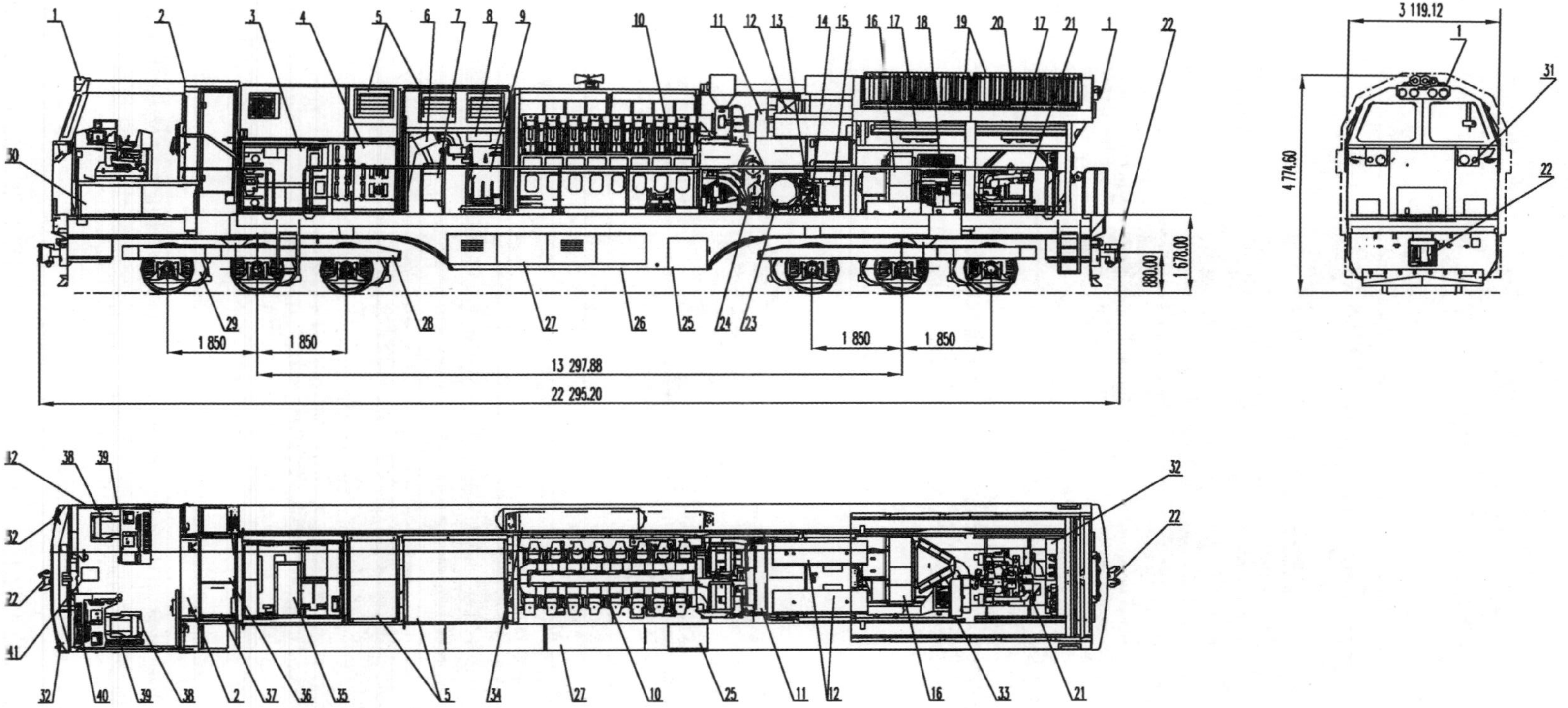

1—头灯；2—控制设备柜；3—牵引逆变器；4—功率装置柜；5—电阻制动装置；6—主发通风道；7—辅助发电机；8—CTS 起机转换开关；9—主发电机；10—柴油机；11—空滤器；12—冷却水箱；13—低压燃油泵；14—起动机油泵；15—机油热交换器；16—牵引电机通风机；17—冷却风扇；18—电机通风滤清器；19—散热器百叶窗；20—散热器；21—空压机；22—车钩；23—机油滤清器；24—燃油滤清器；25—污油箱；26；燃油箱；27；蓄电池箱；28；转向架；29；牵引电机；30—空调；31—标志灯；32—砂箱；33—排尘风机；34—总风缸；35—逆变/主发通风机；36—卫生间；37—行车安全设备柜；38—座椅；39—取暖器；40—操纵台；41—冰箱；42—制动柜。

图 2.42　HXN_5 型内燃机车总体布置图

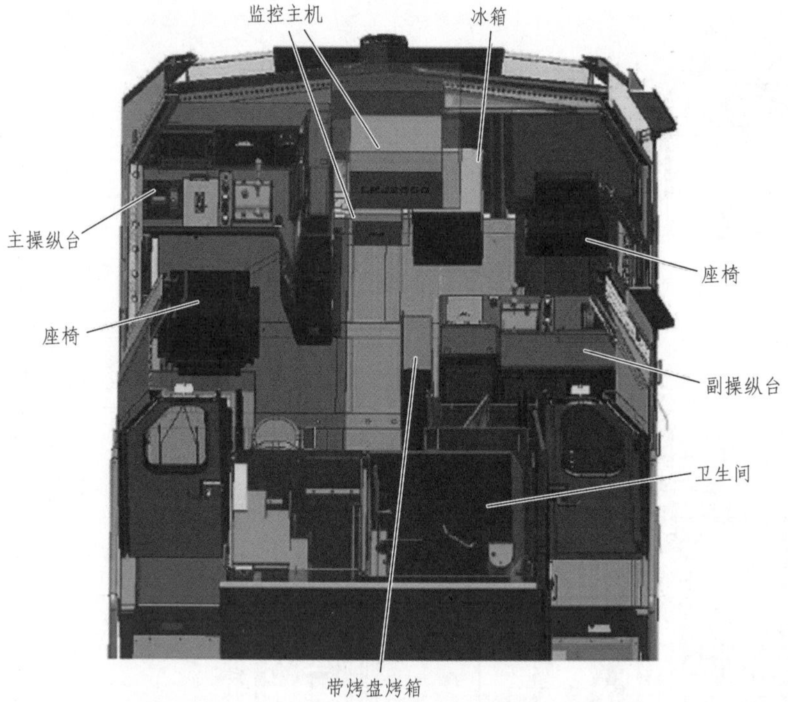

图 2.43　HXN5 型内燃机车司机室内部布置

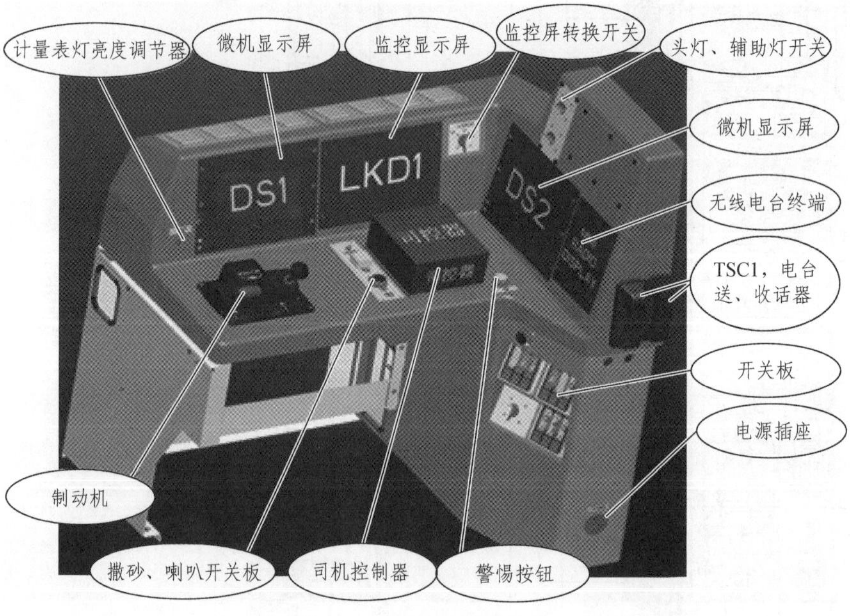

图 2.44　司机室正操纵台

副操纵台上面的设备与正操纵台相比除少一微机显示屏、总控制开关、楼梯灯开关、监控屏开关、加热器空调控制开关外，其余均相同，如图 2.45 所示。

2. 辅助/逆变室

逆变室内部以车顶底板将其分隔为上、下两部分：下部安装 HXN_5 型内燃机车多个辅助、牵引和变流器控制设备的电气柜。牵引系统的主要部件有主整流器、驱动牵引电机的变流器、变流器专用电源等。电气柜内还安装有一些电子控制板、传感器、接触器、继电器。低压电气柜内还设有变流器、主发电机通风机的通风道。上部前端为辅助通风机、主发电机通风机的进风区间，其车顶两侧设有 V 形滤网和离心式空气滤清器（空滤器栅），车顶前端中间设有排尘出风口；内部设置辅助通风机（35）和排尘风机；后端为机车最前面一组电阻制动装置工作区间，两侧都装有制动电阻进风（下部）和排风（上部）百叶窗，内部安装有一组电阻制动装置（5）。

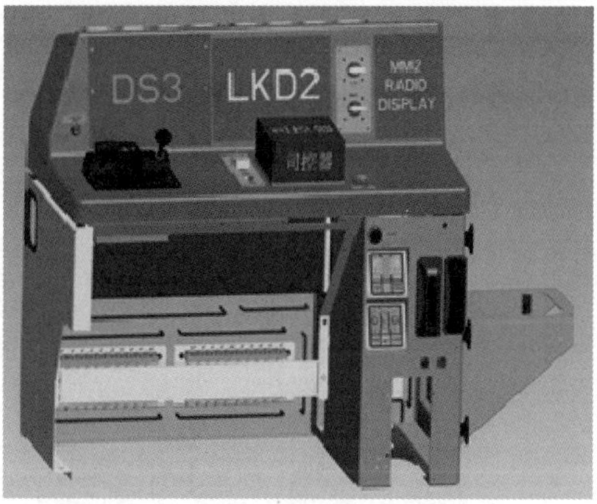

图 2.45　司机室副操纵台

在辅助/逆变室与发电机间交界区设有变流器冷却用风出风管（6）。

3. 发电机间

发电机间分为上、下两部分，上部为机车后面两组电阻制动装置工作区间，两侧都装有制动电阻进风（下部）和排风（上部）百叶窗，内部安装有两组电阻制动装置（5）。下部安装有主发电机[牵引发电机（TA）（9）和辅助发电机（AA）（7）串联连接]以及用于起动柴油机的 CTS 起机转换开关（8）。

4. 柴油机间

柴油机间内安装有 GEVO 16 型柴油机（10）。柴油机输出端左侧设有盘车机构的接口。柴油机排气烟囱（消声器）安装于柴油机自由端增压器出口与后顶盖相关联。柴油机间中部顶盖外端安装有风喇叭。

5. 冷却室

冷却室可分为前、后两部分：前半部分上方装有冷却水箱（12）、空滤器（柴油机空气滤清箱组件）（11）；下方为集成的柴油机支持系统，其中包括机油滤清器（23）、机油热交换器（15）、燃油加热器、燃油滤清器（24）、起动机油泵（14）和低压燃油泵（13）。后半部分上部为冷却系统冷却装置封闭作业区，冷却装置上方设有由压缩空气驱动的散热器百叶窗（19），百叶窗下方为散热器，散热器下部装有冷却风扇（17）；其左右两侧安装有供散热器进风的 V 形滤网。在冷却装置封闭作业区下部空间内，前端为牵引电机通风机（16）、通风机滤清器（18）及排尘风机（33）；后端为空压机（21）及供空压机冷却用的翅片管式冷却器。

五、DF_{4B} 型内燃机车设备布置

DF_{4B} 型内燃机车采用框架式侧壁承载车体，内走廊式。4 组内部隔墙将车体分为第Ⅰ司机室、电气室、动力室、冷却室和第Ⅱ司机室 5 个部分，机械室总体布置如图 2.46 所示。为便于乘务人员和检修人员工作，除了司机室有侧门外，在动力室的两侧也设有侧门，各室间隔墙均设有内门。为便于装拆部件，电气室、动力室和冷却室的顶棚均有活动顶盖。车体结构中还设置了防寒、灭火、通风以及良好的采光和照明设施。

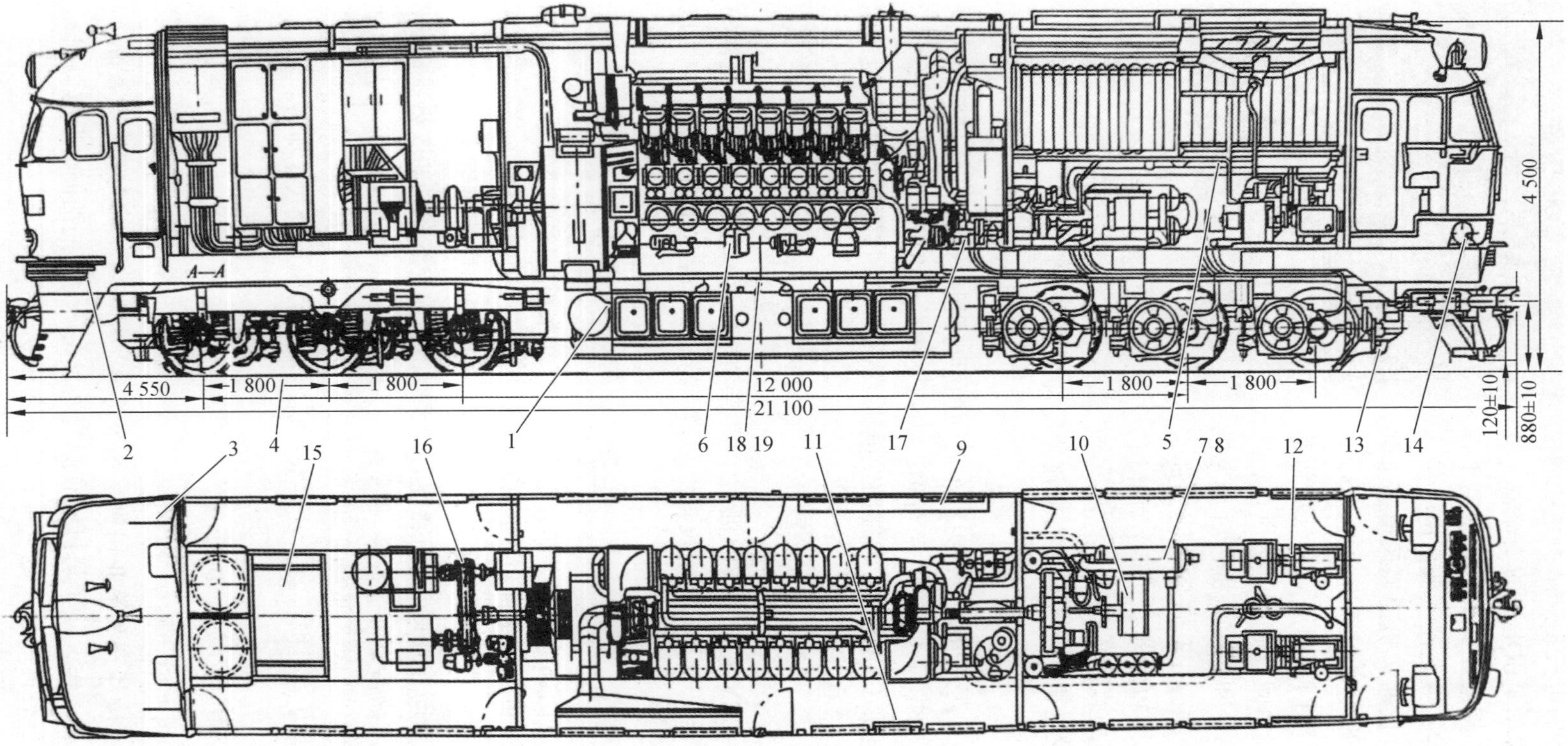

1—柴油发电机组；2—装饰带；3—车体；4—转向架；5—冷却装置；6—燃油系统；7—机油系统；8—冷却水系统；9—空气滤清器；10—通风机；11—测量仪表；12—空气制动系统；13—撒砂系统；14—自动控制系统；15—电器设备；16—传动机构；17—预热系统；18—防寒装置；19—蓄电池箱。

图 2.46　DF_{4B} 型内燃机车机械室总体布置

1. 司机室设备布置

DF_{4B}型内燃机车两端司机室具有同等操纵功能。司机室内设有操纵台，操纵台上安装有司机控制器、制动装置的自阀和单阀、各种操纵按钮、仪表等。司机室内还设有司机和副司机座椅、暖风机、电风扇、电炉等设备。司机室前方和两侧均有玻璃窗，视野宽阔、瞭望方便。前窗玻璃外设有刮雨器，侧窗可以手动升降。司机室后壁中部安装有手制动装置手柄，上部设有行李架。在第Ⅱ司机室后壁手制动装置手柄上方还设有圆形玻璃窗，供观察冷却风扇工作状态用。在司机室操纵台上还设有保证行车安全的信号显示装置、列车运行监控记录装置、无线调度电话等。

2. 电气室设备布置

电气室内安装有制动电阻柜、电器柜、硅整流柜及工具箱。辅助传动机构的启动变速箱与启动发电机、励磁机、测速发电机和前转向架牵引电动机通风机相连，坐落在电气室后端。励磁整流柜、电阻制动控制箱和直流变换器以及空气制动系统的分配阀、作用阀和空气制动与电阻制动联锁的电磁阀等均设在电气室后隔墙上。电气室还设有通往车体顶部的人孔和梯子，在电气化线路区段，人孔盖应加锁，并在墙上刷有“严禁攀登”字样，以防在电气化区段发生触电伤亡事故。

3. 动力室设备布置

动力室内主要安装柴油发电机组及为它工作服务的空气滤清器、燃油滤清器、燃油输送泵、启动机油泵、冷却水系统的管路和阀类、膨胀水箱等。动力室的后部安装有预热锅炉及其控制柜、预热系统循环水泵、辅助机油泵等。动力室的侧墙上装有车体通风机，可以及时排出动力室内的烟气并散发热量。

4. 冷却室设备布置

冷却室内装有散热器组、冷却风扇、静液压马达等。散热器组下部安装有静液压变速箱后转向架牵引电动机通风机、机油滤清器、机油热交换器、空气压缩机组等。

车架下部中央吊装着燃油箱，燃油箱两侧每侧有 6 个蓄电池箱，前后端装有总风缸。

5. 车顶设备布置

DF_{4B}型内燃机车车顶没有电力机车的高压电气设备，其车顶和两端司机室、左右侧壁及四道隔墙共同组焊在一起。为了装拆动力机组、电器设备和冷却装置等大型部件，在车顶的中部开设有贯通的宽为 2 350 mm 的开口，开口中间设有 3 根弯梁。开口上面装有两个电气室顶盖，顶盖四周用树脂胶粘结橡胶海绵密封，以防漏雨。顶盖用角钢组成边框，用槽钢形成肋梁，外敷 2.5 mm 厚的钢板。在冷却室两侧上弦梁上，均焊有 5 个冷却器钢结构的安装座，通过安装座可将冷却器钢结构、散热器、静液压马达和冷却风扇等部件的重量均匀地传给整个车体。

车架下部中央吊装有燃油箱，燃油箱两侧每侧有 6 个蓄电池箱，前后端装有总风缸。机车设有蓄电池外充电插座和预热锅炉外电源插座。

六、车体及部件检修

1. 车　体

（1）外表面清洁、平整、无开裂或掉漆，必要时修整补漆。

（2）车顶盖螺栓齐全、紧固，密封良好，不许有漏雨。

（3）车顶雨檐齐全完好、排水畅通，不许有破损、变形，安装牢固。

（4）顶盖支撑面密封条和顶盖密封条更新。

（5）各安装座、接地座完好齐全，安装焊接牢固，不许有裂损。

（6）各线道、风道、过滤器清洁，安装牢固，不许有破损。

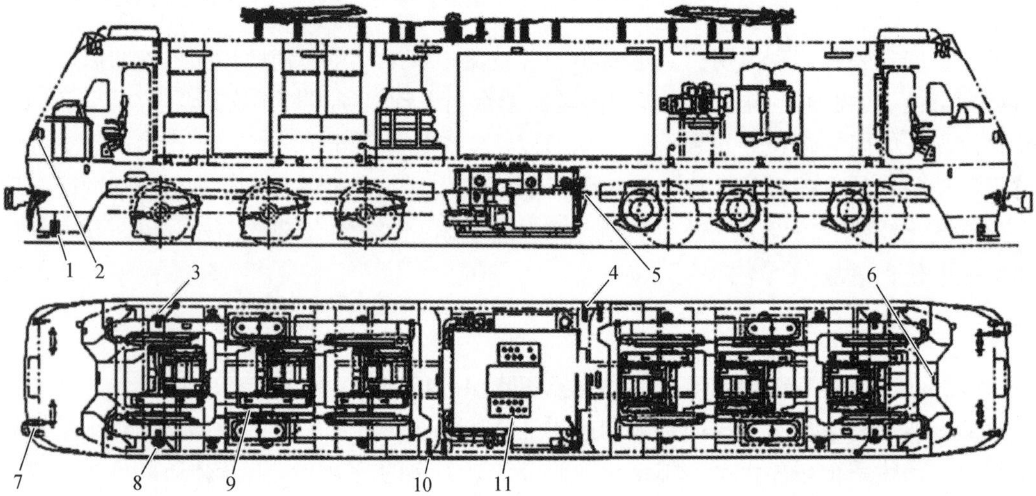

1—信号互感器；2—标志灯；3—速度传感器；4—110 V 充电插座；5—电子标签；6—车底灯；7—重联插座；8—接地装置；9—转向架；10—动车插座；11—主变压器。

图 2.47　车下与车端设备布置

（7）过滤器清洁。

（8）车体底架下部清洁，牵引销安装座、牵引缓冲装置安装座、各减振器安装座、旁承座与清洁盆焊缝不许有裂纹。

（9）车体配重块安装牢固。

（10）脚踏不许有裂损，安装牢固；扶手、门窗、门锁、地板、标识件等车体附件清洁、完好，安装正确，作用可靠；司机操纵台面板安装螺栓紧固齐全，不许有损坏；司机室门、走廊门、侧窗外框密封条更新。

（11）司机室排水孔畅通。

（12）前窗玻璃清洁，不许有裂损，正司机主视区内不许有影响瞭望的划痕、胶泡，功能良好，其他区域内允许存在少量胶泡。

（13）玻璃四周密封状态良好。

（14）侧窗不许有裂损，与车体侧墙安装牢固，密封胶条状态良好。

2. 司机室

内顶、侧墙、后墙装饰板不许有松动、变形，内装饰附件不许有缺损。司机室座椅清洁，不许有损伤，部件齐全，安装牢固，功能良好。

3. 刮雨器、喇叭体、卫生间

（1）刮片、车外的防水胶套、喷水软管更新。

（2）刮雨器电机电刷、刷握更新，轴承和润滑脂更新，刷杆不许有弯曲，传动机构状态良好。

（3）刮雨器动作灵活，各挡功能正常；喷淋水箱不许泄漏，洗涤液液面位置符合要求，喷淋功能正常。

（4）遮阳帘清洁，紧固到位，不许有损坏，功能良好；清洁喇叭筒、喇叭体、膜片，喇叭体不许有裂纹，喇叭筒不许有变形，螺栓齐全、紧固。

（5）膜片破损须更换。

（6）脚踏开关作用良好。

（7）喇叭声响正常。

（8）司机室及走廊地板开裂须修复，地板面破损须更新。

（9）卫生间清洁，并进行消毒处理；设备安装牢固；管道和接头密封良好，不许有漏泄；各部件功能良好，动作可靠。

（10）清理污物箱、便盆和喷嘴，卫生间照明、冲洗、排空功能正常。

4. 附属部件

（1）排障器不许有变形和破损，排障器固定螺栓紧固、完好。

（2）支撑座板焊装牢固，不许有裂纹、变形。

（3）落成后排障器距轨面高度符合限度要求。

（4）牵引风道、辅变流风道过滤器结构不许有变形、开焊、裂损，清洗过滤装置。

（5）车窗不许有变形，天窗开角符合技术要求，天窗密封胶条更新。

（6）登顶梯及其附件不许有变形、裂纹，梯子不许有扭曲和固定不稳现象。

（7）蓄电池安装箱、柜清洁，紧固件状态良好。

（8）电池托盘、导轨和滚轮状态良好，不许有破裂。

（9）箱盖密封条不许有破损。

（10）蓄电池箱门锁闭装置作用良好。

（11）维修门开闭转动灵活，安装紧固到位，门锁作用良好、锁闭可靠。

（12）前端踏板不许有明显变形、开焊、裂损。

（13）复轨器及安装架安装良好。

（14）风笛音响正常，脚踏开关作用良好。

（15）后视镜镜面、外罩壳不许有破损，动作灵活可靠。

（16）停车制动指示器完好不许有破损，动作灵活，指示正常。

5. 油漆及标识

（1）车体内部及机车各部件油漆不许有剥落、起泡、刮擦及锈蚀，允许局部补漆。

（2）补漆后，漆面须平滑、均匀、光亮，与原漆部分过渡一致。

（3）车体外部重新喷涂油漆。

（4）路徽、机车铭牌不许有损坏，各机组、部件铭牌齐全、牢固、清晰，机车及各部件标识完整。

【任务导入】

提出问题：在本任务中，我们共同学习了机车设备布置的原则和特点，并对各设备的基本功能进行了简要的介绍。对所选典型机车的设备布置进行了讲解，现在请同学们回顾本任务，思考设备布置的原则和特点，对几种车型的设备布置进行对比学习。

具体方案：就对比学习环节开展竞赛。可随机抽选 10～20 人，分别以 SS_{4G}、HXD_3、HXN_5 和 DF_{4B} 命名，进行分组模拟，角色扮演，构建积分卡与课堂奖励加分互通的激励模式，增强学习兴趣。

【任务拓展】

线下反思，两人一组互相提问，完成课后作业，查漏补缺，复习巩固；线上互动，与老师在线交流，完成线上考核，师生互促，共同提高。

小　结

1. SS_{4G} 型电力机车是大功率重载货运机车，轴列式为 $2(B_0\text{-}B_0)$，车体主要由底架、侧墙、车顶盖、司机室、台架、排障器等组成。

SS_{4G} 型电力机车采用单节单端司机室，其设备布置主要分为 6 大区域：司机室、Ⅰ端电器室、变压器室、Ⅱ端电器室、辅助室、车顶。

2. HXD_3 型电力机车为交流传动货运机车，轴列式为 $C_0\text{-}C_0$，车体主要由司机室装配、底架装配、侧墙装配、顶盖以及连接横梁等结构组成。

HXD_3 型电力机车采用双端司机室，其设备布置主要分为 4 大区域：Ⅰ、Ⅱ端司机室，机械室，车顶。

3. HXN_5 型内燃机车机车为外走廊底架承载式结构。机车分上、下两部分，车体上面部分为相对独立的 4 个室：司机室、辅助/逆变室、动力室和冷却室。

4. DF_{4B} 型内燃机车采用框架式侧壁承载车体，内走廊式。车体分为第Ⅰ司机室、电气室、动力室、冷却室和第Ⅱ司机室 5 个部分。

复习思考题

1. 车体有哪些功能？对车体的要求有哪些？
2. 按车体的用途分类，有哪几类车体？

3. 按车体承载方式分类，有哪几类车体？
4. 高速机车车体有哪些特点？
5. SS_{4G} 型电力机车车体有哪些特点？
6. SS_{4G} 型电力机车车体由哪几部分组成？
7. HXD_3 型电力机车车体有哪些特点？
8. HXD_3 型电力机车车体由哪几部分组成？
9. DF_{4B} 型内燃机车车体由哪几部分组成？
10. HXN_5 型内燃机车车体由哪几部分组成？
11. 机车设备布置应遵循哪些原则？
12. SS_{4G} 型电力机车设备布置有哪些特点？
13. 简述 SS_{4G} 型电力机车各室的位置和名称。
14. 画出 SS_{4G} 型电力机车主要设备的平面简图。
15. HXD_3 型电力机车设备布置有哪些特点？
16. 简述 HXD_3 型电力机车各室的位置和名称。
17. 简述 DF_{4B} 型内燃机车各室的位置和主要设备。
18. 简述 HXN_5 型内燃机各室的位置和主要设备。
19. 画出 HXD_3 型电力机车主要设备的平面简图。
20. 简述 HXD_3 型电力机车车体及附属部件的检修要求。

项目三

机车通风系统与空气管路系统

机车上有很多电气设备，如牵引电动机、主变流器、硅整流装置以及制动电阻柜等重要部件，在工作时会产生大量的热量，如不能及时散发出去，就会使电气设备的温度超出允许的范围，影响各电气设备的正常工作，甚至会烧毁设备。然而仅凭自然通风远不能满足散热要求，为保证这些设备的正常工作，必须采用通风系统对电气设备进行强制通风。空气管路系统直接关系到机车的运行安全，是机车的重要组成部分。

本项目主要介绍 SS_{4G} 型、HXD_3 型电力机车和 HXN_5 型、DF_{4B} 型内燃机车常用通风机的类型、结构特点和通风机在电力机车中的具体应用，以及机车风源系统、控制管路系统、辅助管路和相关风动器械的结构原理。

通风系统是机车内众多电气设备的重要冷却方式，空气管路系统是机车核心组成之一，本项目我们学习机车通风系统和空气管路系统的组成、主要部件及工作原理。

知识目标：

1. 掌握机车通风系统的组成及特点；
2. 掌握机车的通风通路；
3. 掌握机车空气管路系统的组成及其工作原理；
4. 掌握空气压缩机、干燥器等空气管路系统主要部件的结构及其工作原理。

能力目标：

1. 具备不同通风机结构组成图的辨识能力；
2. SS_{4G}、HXD_3 型电力机车通风系统结构组成及冷却通路的辨识能力；
3. 具备对 HXN_5、DF_{4B} 型内燃机车通风系统结构组成及冷却通路的辨识能力；
4. 具备对 SS_{4G}、HXD_3 型电力机车空气管路系统结构组成及风源管路系统通路的辨识能力；
5. 具备对 HXN_5、DF_{4B} 型内燃机车空气管路系统结构组成及风源管路系统通路的辨识能力。

素养目标：

1. 养成勤奋好学、一丝不苟、勇于开拓的学习态度和工作作风；
2. 养成兢兢业业、锐意进取、诚信友爱的职业道德和业务素养。
3. 强化埋头苦干、使命担当的责任意识。

任务一 认识通风系统

通风冷却系统

【任务导入】

“过江千尺浪，入竹万竿斜”，古人用诗情画意揭示了自然之力——风的特点。作为铁道机车通风系统，其使用的空气绝非自然压力的风，而是受到压缩机压缩的高压风源。

回首我国空气压缩机行业百年发展简史，从国外进口到新世纪我国压缩机制造业跃居世界前列。这样的奋斗过程无不充分体现着我们一代代科技工作者埋头苦干、使命担当的责任意识，正因他们不间断的革故鼎新的技术进步，我国的空气压缩机制造才能达到现在的水平，这样守正创新的过程值得我们每一位同学倾心学习。

在掌握机车车体结构组成和设备布置的相关内容后，欲知风源是如何产生、分布和使用的，就让我们依托图文辨识能力，怀抱兢兢业业、锐意进取、诚信友爱的职业道德和业务素养的“敬业情”，进入到通风系统和空气管路系统的学习。

【知识储备】

机车上电气设备很多，机车空间又十分有限，因此机车通风装置通常数量较少，要充分利用有限的风源，还要求进风速度低，减少沙尘侵入；同时要求风道短、弯道少且圆滑过渡，减少风压损失。机车通风方式通常有两种：一种是独立通风，即设置专用风道，便于集中去尘；另一种是车体通风，即风由侧墙吸入车体内，再自行分配进入各风道，这两种通风方式也可以混合采用。对于分布在车体内不同部位的需要强制冷却的电气设备通常需要将它们就近分为若干组，根据不同部件和冷却要求，采用合适的通风机和冷却风道，共同构成一个布置合理、适应要求的通风冷却系统。

机车的设备布置往往需要统筹考虑，做到兼顾各方、科学合理。

一、通风机的类型和特点

按工作原理，通风机可分为两大类型。

1. 离心式通风机

离心式通风机又称鼓风机，是工业上广泛采用的一种通风机，其结构如图 3.1 所示。

离心式通风机有一个蜗壳状的壳体。在壳体内装有叶轮，叶轮轴由电动机驱动。当叶轮在蜗壳内做高速旋转时，叶片间的空气也被迫高速旋转，在离心力的作用下，沿叶轮甩出来，以一定的速度沿蜗壳经出风口进入风道，由于叶轮间形成真空，外界空气不断从叶轮轴流向进风口被吸入，而流进截面渐扩的蜗壳通道，把空气的流速转变为压强，使风道的风压得到升高。

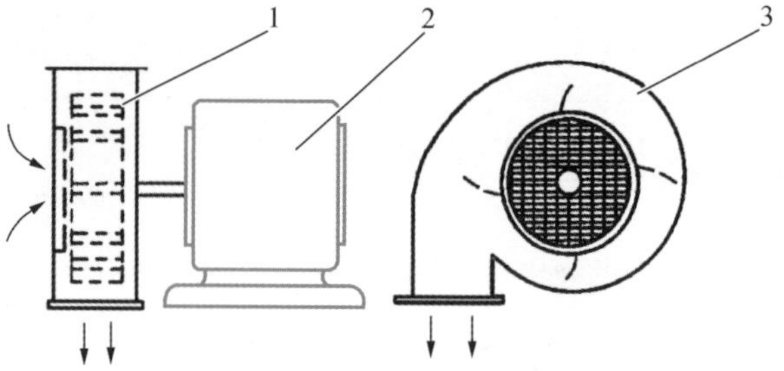

1—叶轮；2—电动机；3—蜗壳。

图 3.1　离心式通风机示意图

离心式通风机具有以下特点：

风压较大，风力比较集中，适应于较远距离通风，出风体积大；但转速较低（受叶轮形状和强度的影响），效率也较低。

2. 轴流式通风机

轴流式通风机通常称风扇，其结构如图 3.2 所示。叶轮轴与风道平行（也可不设风道），叶轮在电动机驱动下高速旋转，由于叶片有一定的斜度，形成空气的轴向流动，叶轮背面形成真空，外界空气不断补入。

轴流式通风机具有以下特点：风压小，风力较分散（因此不适宜远距离送风），体积小，但转速高，效率较高。

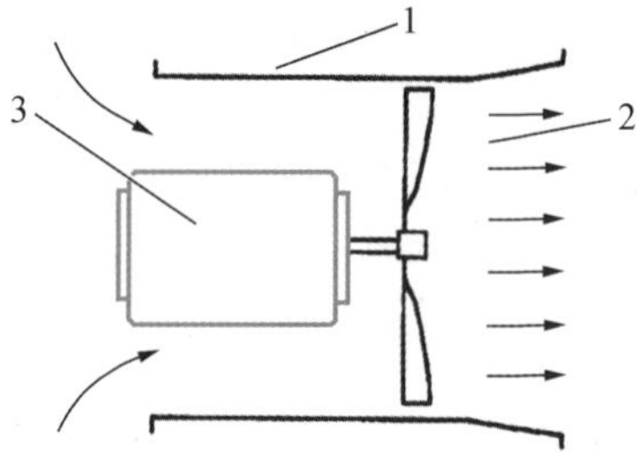

1—风道；2—叶片；3—电动机。

图 3.2　轴流式通风机

二、通风机在机车上的应用

离心式通风机和轴流式通风机在电力机车通风系统中均被采用。对于一些距离车体较远的设备，如牵引电机，通常用离心式通风机冷却；一些设备因位置局限，如制动电阻柜，通常用轴流式通风机冷却。

为了解决机车车体受空间限制的问题，使一台通风机能冷却多台设备，通常采用通风支路的方式，或将冷却设备分别布置于通风机的进风口和出风口的一侧。如图 3.3（a）、（b）所示，可以得到同样的冷却效果。

不论采用何种方式，都必须计算风道的流通阻力和冷却空气的流量，以保证冷却效果。以上两种冷却方式可以单独使用，也可混合使用。

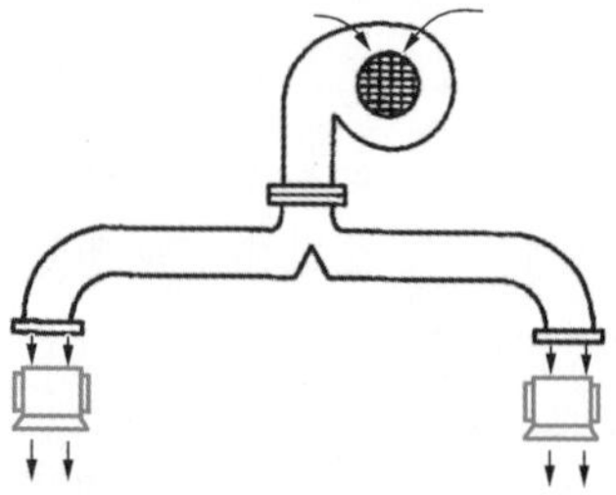

（a）利用通风支路

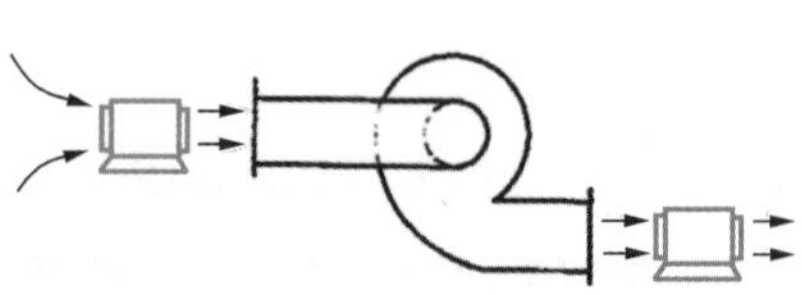

（b）利用进、出口通风

图 3.3　通风机同时冷却多台设备

【任务实施】

提出问题：在本任务中，我们共同学习了轴流式和离心式通风机的结构组成、工作原理和使用方法，现在请同学们回顾本任务，思考车体的功能和类型，对轴流式和离心式通风机进行对比学习。

具体方案：就对比学习环节开展竞赛。可随机抽选 10～20 人，分别以“轴流组”和“离心组”分别命名，进行分组模拟，角色扮演，构建积分卡与课堂奖励加分互通的激励模式，增强学习兴趣。

【任务拓展】

线下反思，两人一组互相提问，完成课后作业，查漏补缺，复习巩固；线上互动，与老师在线交流，完成线上考核，师生互促，共同提高。

任务二　探秘 SS_{4G} 型电力机车通风系统

【任务导入】

就通风系统而言，SS_{4G} 和 HXD_3 各具特色。在掌握轴流式和离心式通风机的结构组成、工作原理和使用方法的相关内容后，欲知 SS_{4G} 型电力机车通风系统的组成特点，就让我们依托图文辨识能力，怀抱兢兢业业、锐意进取、诚信友爱的职业道德和业务素养的“敬业情”，进入到 SS_{4G} 型电力机车通风系统的学习。

【任务储备】

SS_{4G} 型电力机车采用传统的车体通风方式，每节车分为 3 大通风系统：牵引通风系统、主变压器通风系统和制动通风系统，共设置 2 台离心式风机 、3 台轴流式风机。其通风系统如图 3.4 所示。

一、车体侧墙百叶窗和滤尘器

SS_{4G} 型电力机车采用双侧走廊侧墙大面积双层 V 形百叶窗进风，为了减小质量，百叶窗采用铝合金材料，过滤器采用与 SS_1、SS_3 型机车相同的通风件，过滤器过滤材料由原来的天然棕丝胶合物全部改为无纺合成棉新材料，增强了耐冲洗度。过滤器每单元进风面积为 0.65 m^2，每节车设 22 块过滤器，总进风面积为 14.3 m^2。

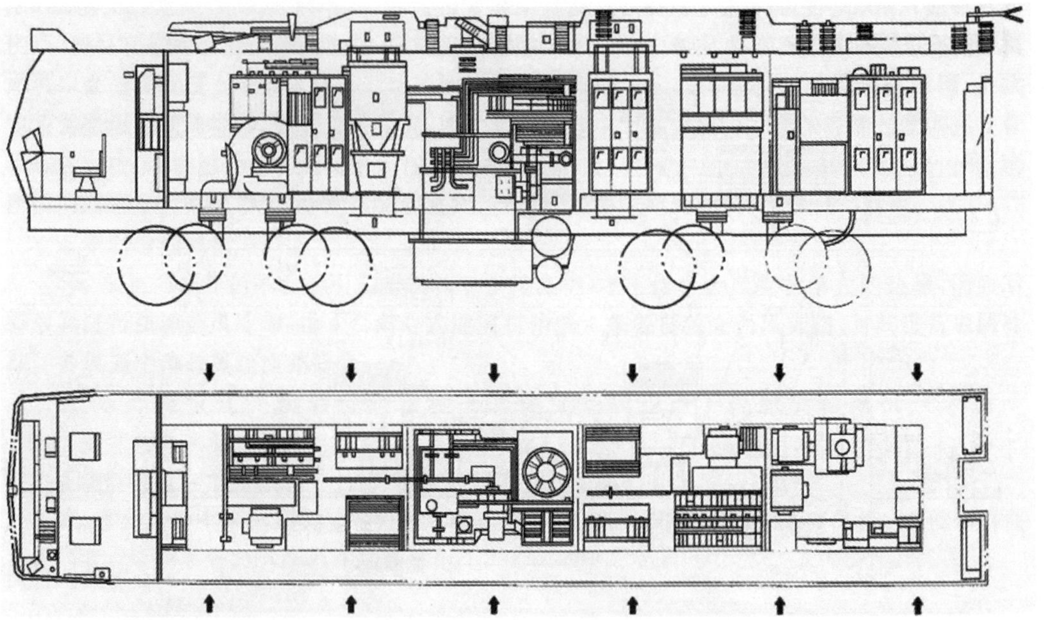

图 3.4　SS_{4G} 型电力机车通风系统

二、三大通风系统

1. 牵引通风系统

每节机车的牵引通风系统由两个独立且完全相同的通风支路组成，冷却对象为牵引电机、整流硅机组和 PFC 电容柜（功补电容），采用离心式通风机，每节机车共 2 台，其冷却通路为：

车外冷空气 → 侧墙百叶窗 → 滤尘网 → 1号硅机组 → 1号PFC电容柜 → 1号牵引通风机 → 1、2位牵引电动机 → 车底大气

车外冷空气 → 侧墙百叶窗 → 滤尘网 → 2号硅机组 → 2号PFC电容柜 → 2号牵引通风机 → 3、4位牵引电动机 → 车底大气

2. 主变压器通风系统

主变压器通风系统仅有一个通风支路，冷却对象为主变压器和平波电抗器（两者共用同一油箱），采用轴流式通风机，每节机车 1 台，其冷却通路为：

车外冷空气 → 侧墙百叶窗 → 滤尘网 → 主变压器油散热器 → 变压器通风机 → 车顶百叶窗 → 车顶大气

3. 制动通风系统

制动通风系统每节机车有两个独立的且完全相同的通风支路，冷却对象为制动电阻柜，采用轴流式通风机，每节机车共 2 台，其冷却通路为：

车底冷空气 → 进风口（不过滤）→ Ⅰ（Ⅱ）端制动通风机 → 风道 → Ⅰ（Ⅱ）端制动电阻柜 → 车顶百叶窗 → 车顶大气

【任务实施】

提出问题：在本任务中，我们共同学习了 SS4G 型电力机车通风系统的组成，现在请同学们回顾本任务，思考通风系统的组成。

具体方案：可随机抽选 10～20 人，或分组模拟，或点名问答。构建积分卡与课堂奖励加分互通的激励模式，增强学习兴趣。

【任务拓展】

线下反思，两人一组互相提问，完成课后作业，查漏补缺，复习巩固；线上互动，与老师在线交流，完成线上考核，师生互促，共同提高。

任务三　探秘 HXD_3 型电力机车通风系统

HXD_3 型电力机车通风冷却系统

【任务导入】

就通风系统而言，SS_{4G} 和 HXD_3 各具特色。在掌握 SS_{4G} 型电力机车通风系统的组成特点后，欲知 HXD_3 型电力机车通风系统的组成特点，就让我们依托图文辨识能力，怀抱兢兢业业、锐意进取、诚信友爱的职业道德和业务素养的“敬业情”，进入到 HXD_3 型电力机车通风系统的学习。

【知识储备】

一、概　述

HXD_3 型电力机车的冷却系统是一个重要的系统，它的主要作用是对机车上一些需要进行强迫冷却的电气设备进行通风冷却。HXD_3 型电力机车上的强电设备的工作电流都较大，如主变压器、牵引变流器、牵引电动机等都需要采用强迫冷却，使这些强电设备工作中产生的大量热量经空气强制循环，散发到大气中，使工作温升不超过允许值，从而保证机车正常可靠地工作。

另外，冷却系统还包括机车司机室空气换气装置，以给司乘人员提供一个舒适的工作环境。

HXD_3 型电力机车冷却系统的主要特点如下：

（1）冷却系统设计采用高度集成化、模块化的设计思路。根据机车总体对称布置的被冷却装置的要求，采用独立通风冷却技术，具有结构简单、进风面积大、风阻小、各通风支路风量分配均匀等特点。

（2）净化通风冷却系统的冷却空气。如牵引电动机通风冷却系统采用惯性过滤器，并有自动排尘功能。冷却空气净化较好，电气部件少积灰尘，提高了工作的可靠性。并且它的部分净化空气排入机车机械室内使机械间成为正压。

（3）主变压器油冷却和牵引变流器水冷却使用油、水复合冷却器，采用这种复合冷却器技术，使机车主要部件减少，缩减了油、水连接管路，减少了流阻，提高了冷却性能，减轻了质量，使得机车总体设计更加合理。

（4）冷却系统采用性能较好的轴流通风机组。它们所采用的滚动轴承是进口单列深沟球轴承，为双面非接触橡胶密封圈式，具有较高密封性，防尘性能好，平时勿需加润滑脂，日常维护方便，运用寿命长。

二、机车通风冷却系统与风量分配

1. 通风冷却系统

HXD_3 型电力机车通风冷却系统主要包括：牵引电动机（M1 ~ M6）通风、主变压器（MT1）与牵引变流器（UM1、UM2）复合冷却通风、辅助变流器（UA11、UA12）通风、司机室通风（EV11、EV12）、空气压缩机通风和车内通风（包括卫生间）等通风系统。

机车的通风系统采用独立通风系统，按机车纵向中心线斜对称布置在机车中间走廊两侧。司机室通风系统布置在两端司机室顶部。各通风系统有各自相对独立的通风部件和管道，各风路系统相互不影响，进风量均匀，不需进行风量再分配。机车通风冷却系统如图 3.5（a）、（b）所示。

1）复合冷却通风系统

为减少体积和质量，简化机车冷却系统，将主变压器的冷却油和牵引变流器的冷却水（纯水加乙二醇混合液）共用一套具有强制通风冷却的复合冷却系统。

每台机车安装有两台复合冷却系统，斜对称布置在机车中心线两侧，每台复合冷却系统负责对一台牵引变流器的水和主变压器的油（1/2 油）进行冷却。

两台复合冷却风机组（MA17 ~ MA18）等部件组成的复合冷却通风系统分别对两台复合冷却器进行冷却。每台复合冷却器通风系统如图 3.6 所示。

HXD_3 型电力机车复合冷却系统（一个油路）如图 3.7 所示。各循环回路如下：

（1）油循环回路。主变压器的两个油路，被隔板分隔成两个区，一端为进油区，另一端为出油区。进出油区均有管路连接，保持两端油压平衡。出油部热油被油泵抽出，经油流继电器、蝶阀、$\phi100$ 联管，波纹管送入复合冷却器油散热器，经吹风冷却后再经波纹管 $\phi100$ 联管、蝶阀，由油箱进油侧进入线圈，通过挡油圈、撑条、垫块、围屏导向在线圈内部流动冷却发热件，然后由线圈排油侧流出，形成油循环回路。通过变压器油反复的循环，来冷却主变压器发热件。

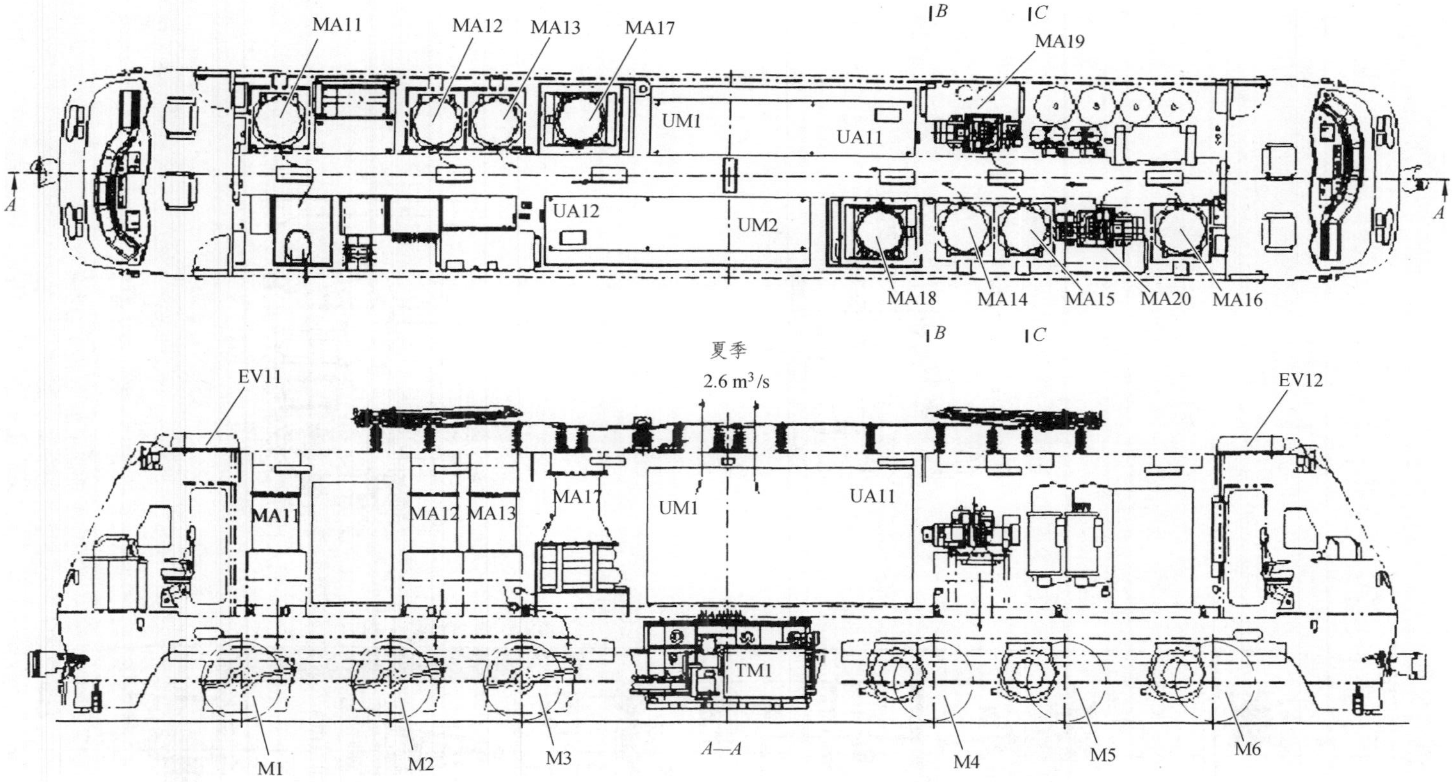

图 3.5　机车通风冷却系统（a）

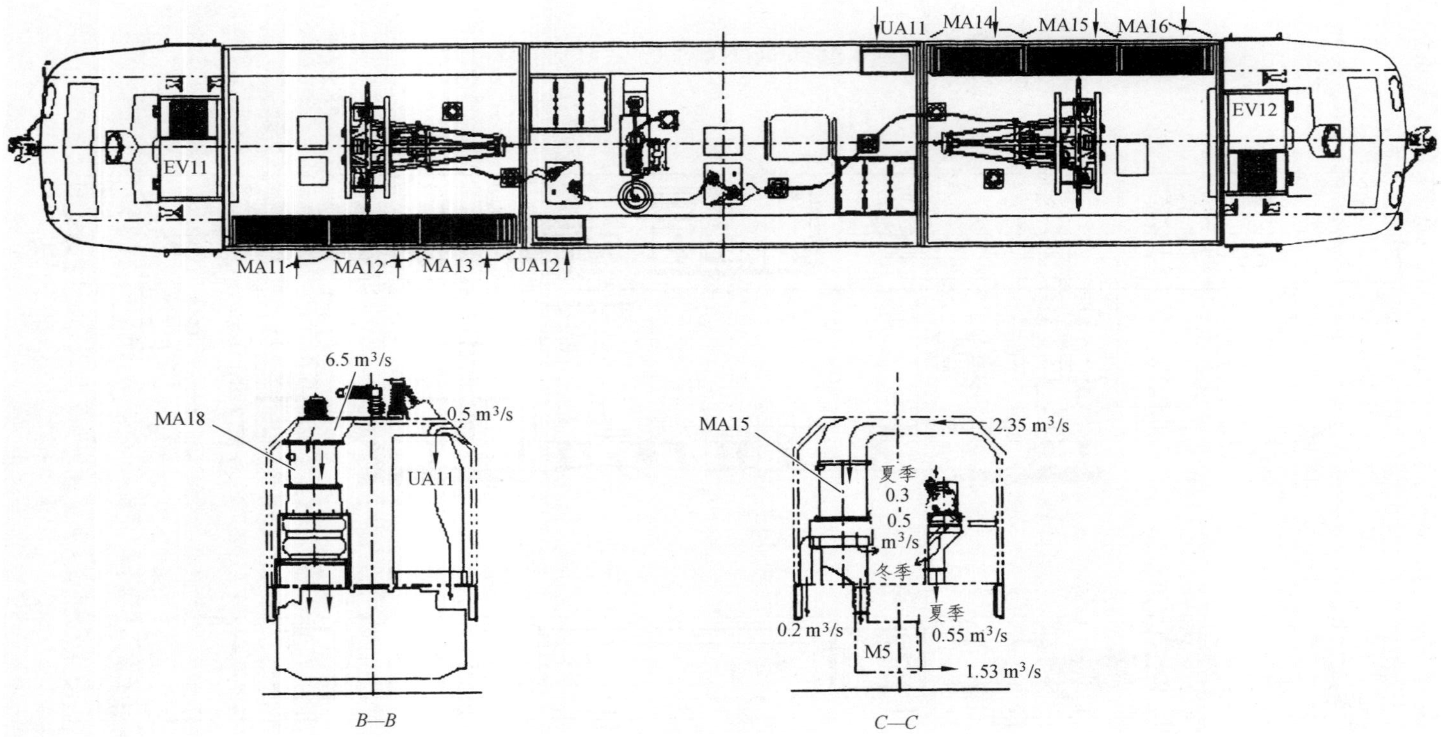

图 3.5 机车通风冷却系统（b）

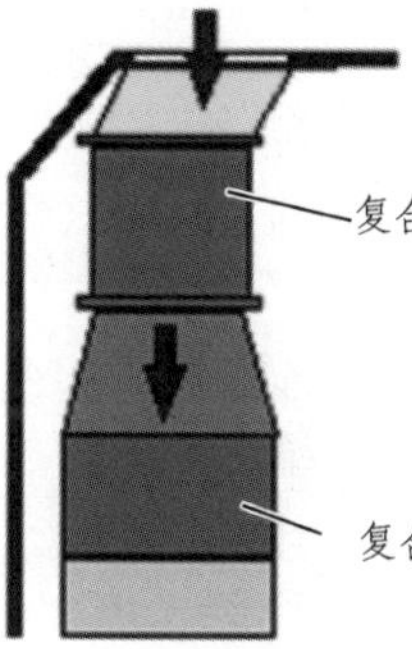

图 3.6　复合冷却器通风冷却系统

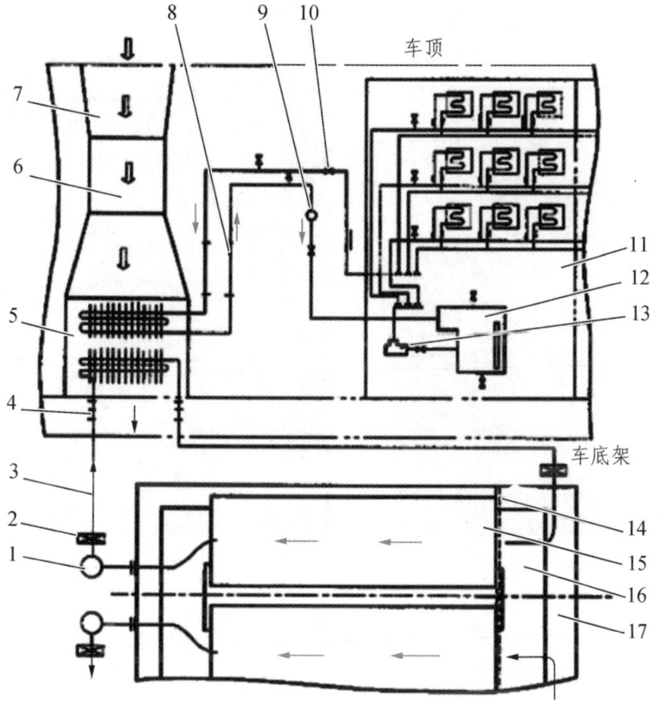

1—油泵；2—蝶阀；3—连接管；4—波纹管；5—复合冷却器；6—复合冷却器通风机组；7—风道；
8—波纹管；9—流量计；10—闸阀；11—牵引变流器；12—水箱；13—水泵；
14—止油隔板；15—线圈；16—铁心；17—主变压器。

图 3.7　机车复合冷却系统（一个油路）

（2）水循环回路。冷却水通过设置在牵引变流器装置内的水泵进行循环。由水箱被水泵抽出来的冷却水，分成为 3 路，分别流入各分路，通过与散热片交换热量来冷却半导体元件。3 路冷却半导体元件的冷却水在一根总管内汇集，从装置左侧面的出水口流出，经过闸阀 ϕ80 波纹管复合冷却器入口到水散热器，经吹风冷却后再经 ϕ80 波纹管、流量计、闸阀返回水箱，形成水循环回路。通过冷却水反复的循环，来冷却主变流器中半导体元件。

（3）风循环回路。复合冷却通风机组内的通风机，从车顶吸入冷却空气，先进入通风机，经过异径风道，进入复合冷却器，先冷却复合冷却器上层牵引变流器的冷却水，然后冷却下层的主变压器的冷却油，最后空气从车底排出。复合冷却器通风支路的冷却空气走向如下：

车外空气 → 滤网 → 复合冷却器风机组 → 异径风道 → 复合冷却器 → 车底大气

2）牵引通风冷却系统

HXD_3 型电力机车的 6 台牵引电动机采用 6 台牵引通风机组进行独立冷却。牵引通风机组电机采用鼠笼式三相异步电动机，由机车辅助变流装置（APU）供电。

牵引通风机组特点如下：

（1）采用离心涡轮式叶轮，平衡修正为两面修正，以提高风机性能和效率。

（2）风机叶轮与壳体间气隙较大，以防止结冻。

（3）风机电机为三相鼠笼型异步电动机，其滚动轴承采用 NSK 生产的单列深沟球轴承，型号为 6309VVC3。

（4）风机噪声小。

牵引通风机组及牵引通风冷却系统如图 3.8 所示。

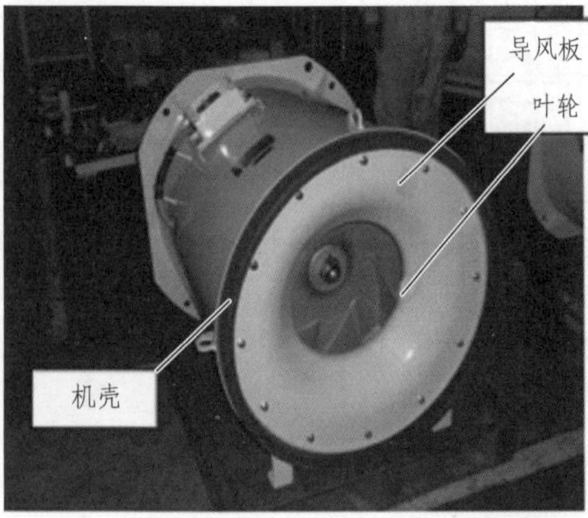

（a）牵引通风机组外形（进风侧）

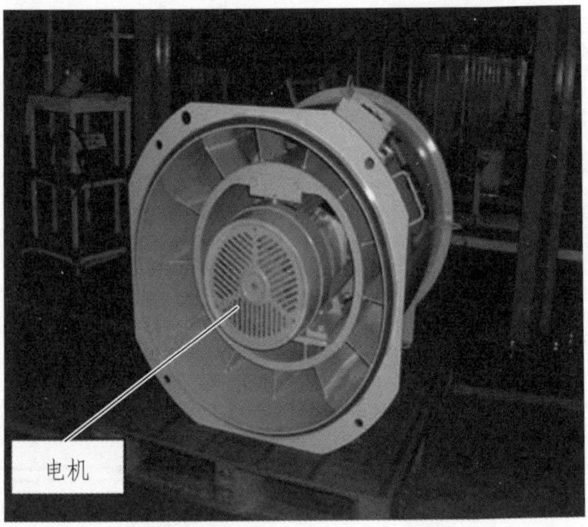

（b）牵引通风机组外形（出风侧）

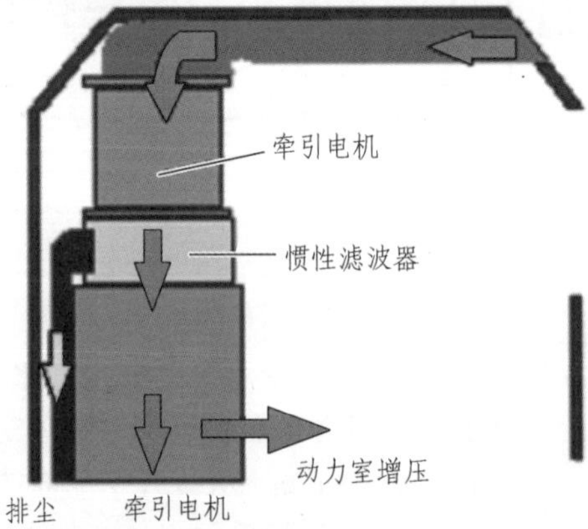

（c）牵引通风冷却系统

图 3.8　牵引通风机组及牵引通风冷却系统

机车可拆卸顶盖的夹层作为进风道，大气通过百叶窗、顶盖夹层进入牵引通风机组，再经风道内的惯性过滤器进入牵引电动机，对电机进行冷却，然后排向车外大气。通过惯性过滤器的冷却空气还有两个分支路，一个支路是经过自动排尘装置排入大气，另一个支路是经过牵引通风机底座的风道侧旁风口，通过金属过滤网向车内排风，以确保机械间内空气的清洁，并在机械间内形成对流，及时带走机械间各电气部件散发的热量，有效地降低机械间温度。

牵引通风支路的冷却空气走向如下：

车外空气⟶百叶窗⟶夹层风道⟶弯管⟶牵引通风机组⟶惯性过滤器⟶牵引风机底座⟶车体风道⟶牵引电动机⟶车底大气

惯性过滤器↓排尘器⟶车外

牵引风机底座↓旁风口⟶过滤网⟶机车内⟶车体出风口⟶车外

3）辅助变流器通风冷却系统

机车具有两台辅助变流器装置，分别安装在两台牵引变流装置柜内，具有各自独立的通风冷却系统。每台辅助变流器通风系统如图 3.9 所示。

冷却空气由车顶测滤网进入辅助变流器装置柜进风口后，经柜内通道、离心通风机、散热原件到柜排风口然后从车底排入大气。

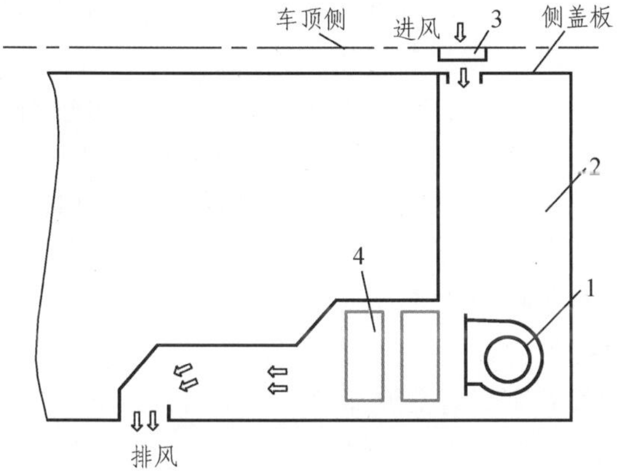

1—通风机；2—通道；3—滤网；4—散热片。

图 3.9　辅助变流器通风系统

辅助变流器通风支路的冷却空气走向如下：

车外空气⟶车顶滤网⟶辅助变流器装置柜进风口⟶通道⟶离心通风机⟶各散热元件⟶风道⟶柜出风口⟶车底大气。

4）司机室通风系统

HXD_3 型电力机车室通风系统采用顶置单元式空调机组，安装在机车Ⅰ、Ⅱ端司机室顶部，用于处理司机室内的空气，达到降温、采暖或通风的目的。与之配套的空调控制箱安装在机车司机室后墙上。司机室操纵台上设置“强冷（COOLING HI）”“制冷（COOLING LOW）”“通风（VENTILATION）”“停止（OFF）”“加热（HEATING）”控制开关。

（1）降温过程。

司机室内的空气经过回风栅上的滤尘网，由通风机引入，并与外界的新鲜空气混合，经过蒸发器得到冷却，再由机组底部出风口送回司机室内。制冷系统连续工作。使室内温度逐渐降低，从而达到制冷、除湿的目的，司机室内空气温度由控制器自动进行控制。

（2）升温过程。

在外温较低时，选用本空调机组的加热功能，可将司机室内循环空气和外界的新鲜空气由本装置的电加热器加热，然后送入司机室。司机室内空气温度由控制器进行自动控制。

使用电加热器的注意事项：

电加热器的工作可靠性，将直接影响到机车的行车安全。电加热器工作不可靠或操作不当，将有可能引起机车的火灾事故。在加热运转的操作过程中，必须注意以下几点：

① 通电前需对下列各项确认无误后，才允许继续操作。

a. 电加热器回路中各处接线完好。

b. 温度继电器、温度熔断器等保护元件正常，其他保护装置正常。

c. 通风机的接触器、热继电器动作可靠，风机运转良好。

d. 回风滤尘网无脏堵，出风栅叶片排风通畅。

e. 电热管上及其周围的附着物及其他杂物已清理干净。

② 开机后的检查。

a. 检查通风机工作是否正常。通风机故障或不运转时，不允许继续给电加热器供电。

b. 注意观察电加热器的工作情况及工作电流。

c. 电加热器温度熔断器断开后，必须找出故障原因。待故障排除后，更换新的温度熔断器。故障排除前，不允许将温度熔断器短接，否则可能会造成火灾事故。

d. 关机时，电加热器断电后，让通风机继续运转 3 min，以保证电加热器余热散出。

（3）工作模式及温度控制。

司机室空调系统有五种工作模式“强冷”“制冷”“通风”“停止”“加热”，可用司机室操纵台上的转换开关（SA73、SA74）进行工况选择。

①“通风”模式。此模式下只有蒸发器通风机运行。

②“制冷”模式。空调装置根据冷却回风温度传感器弱温度控制的数据（起始温度 24.8 °C，停止温度 23.8 °C）自动保持司机室的条件舒适。

③“强冷”模式。空调装置根据冷却同风温度传感器的强温度控制的数据（起始温度 22.8 °C，停止温度 21.8 °C）自动控制。

④“停止”模式。司机室空调系统停止运行。

⑤“加热”模式。司机室空调装置的高空加热器根据加热回风温度传感器的数据（控制起始温度 18 °C，停止温度 20 °C）自动控制。在“加热”模式下，空调机组的电加热器、蒸发器通风机均运行。

（4）指示灯。

司机室空调控制箱有 5 种指示灯，分别为“通风（VENT）”“冷却（COOL）”“加热（HEAT）”“通风故障（VENT FAULT）”和“故障（FAULT）”。

① 模式开关转为“通风”时，“通风（VENT）”灯会点亮。

② 模式开关转为“冷却”时，“冷却（COOL）”灯会点亮。

③ 模式开关转为“加热”时，“加热（HEAT）”灯会点亮。

④ 蒸发器风机的过电流继电器“EFOCR”动作时，“通风故障（VENT FAULT）”灯会点亮。

⑤ 压缩机的过流继电器（CPOCR）动作时，“故障（FAULT）”灯会点亮。

5）**卫生间通风系统**

机车内设有一个卫生间，它的通风系统是车内空气经过卫生间门下的透气口进入卫生间内，再经过卫生间顶棚电动风扇将空气从车顶排风口排入大气。

6）**机车机械间通风系统**

平时由牵引通风系统排入机械间的空气使机车车内形成正压，部分空气通过空气压缩机工作后排除车体外，而在夏季，车内部分空气则通过车顶排气口排出车外。

2. 通风冷却系统风量分配

机车通风冷却系统风量分配如图 3.10 所示。其中每台机车有 6 个牵引通风冷却系统，而复合通风冷却系统、辅助变流器通风冷却系统、空压机通风冷却系统、司机室通风系统每台机车各 2 个。

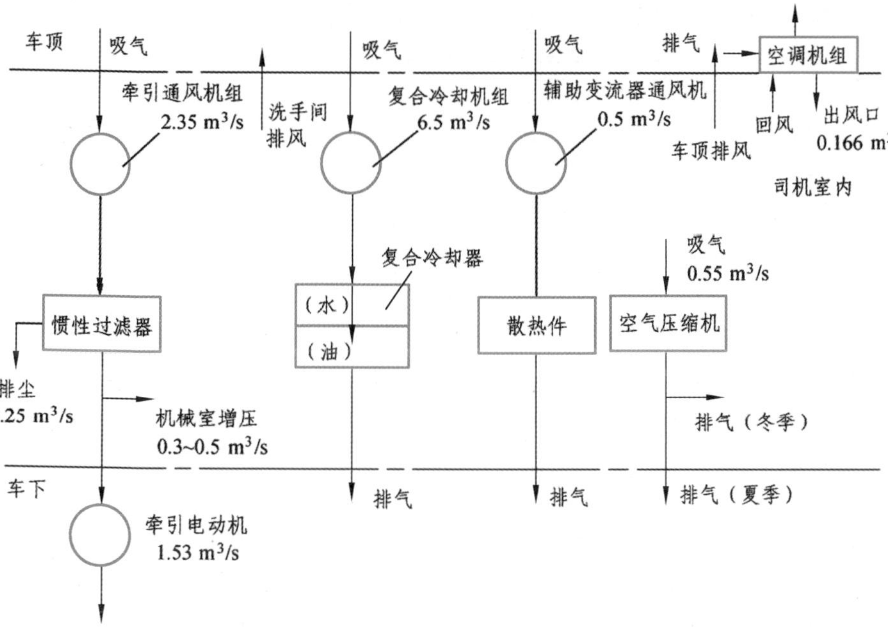

图 3.10　机车通风冷却系统风量分配

三、空气过滤装置

1. 概　要

空气过滤装置的设计原则，随冷却部件所要求的空气洁净度和所需风量而定，并力求减少系统的空气阻力。由于牵引电动机要求空气洁净度较高，故采用双 V 形百叶窗加过滤效果较好的惯性过滤器，以提高过滤效率和降低系统阻力，增强防雨性能。而在辅助变流器通风冷却系统中采用离心沉降式百叶窗，在复合通风冷却系统中采用 V 形进气网。

2. 惯性过滤器

每台牵引电动机通风冷却系统风道中安装一块惯性过滤器，每块惯性过滤器上有 262 个管滤芯，惯性过滤器具有自动排尘功能，其外形如图 3.11 所示。

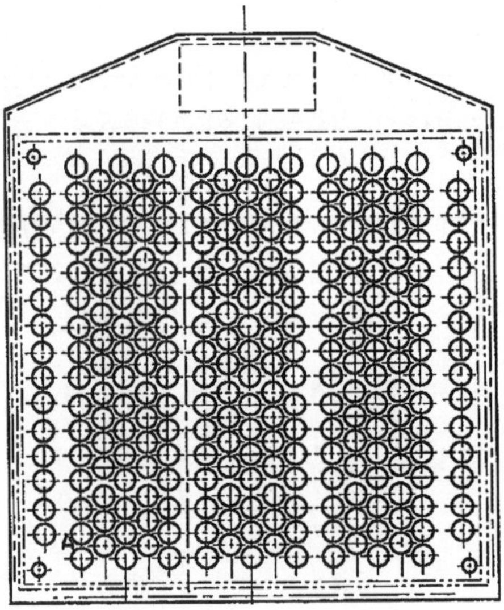

图 3.11　惯性过滤器外形

惯性过滤器性能参数如下：

额定空气量：145 m^3/min；

排尘风量：15 m^3/min；

通风阻力：(0.28 ± 0.05) kPa；

分离效率：80% 以上。

惯性过滤器的过滤原理是：外界压力空气经过并联的管滤芯，气流阻挡、离心，空气中的大部分粉尘和雨水因重力作用而沉降落在沉积室，随后通过排尘风道被排出车外。采用惯性过滤器的优点如下：

（1）有效防止沙尘、煤粉进入牵引电动机。

（2）防止因给机械室正压时，粉尘进入车内装置，造成污染。

（3）简化风道结构。

（4）无须保养。

3. 过滤器

每台辅助变流器通风冷却系统车顶进风口安装有离心沉降过滤器，在机车左右侧共设有两组，过滤器断面结构如图 3.12 所示。

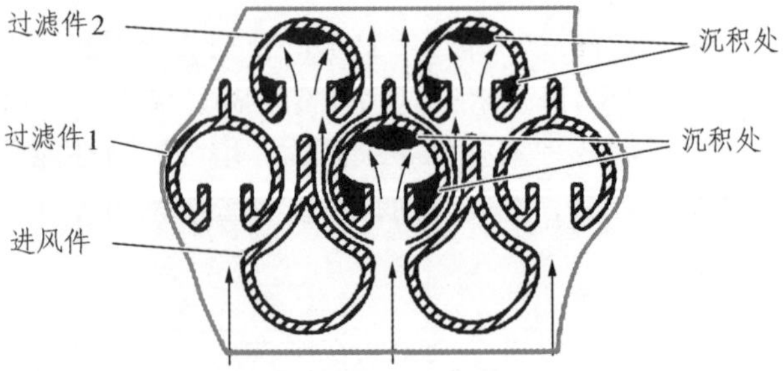

图 3.12　离心沉降过滤器断面结构

离心沉降过滤器的过滤原理是进入风道的空气在进风件的风口处加速，加速后的灰尘和水滴因含有较高的冲量而进入过滤件 1 和过滤件 2 并减速，由于本身的重力而下坠至沉积室，排到车顶侧墙外侧。离心沉降过滤器的优点是，低压降、低噪声、免维修、质量小。

离心沉降过滤器性能：

（1）风速为 4 m/s 时：平均水滴直径 20 μm 过滤效率为 90% 以上；尘埃直径 60 μm 以上的过滤效率 80% 以上。

（2）额定风量：0.5 m^3/s。

4. 百叶窗、进风网

为防止煤粉等大颗粒尘埃进入，在牵引通风系统车顶侧进气口部安装了双 V 形百叶窗，每台机车共安装 6 组。在复合冷却通风系统车顶进气口部安装 V 形孔板式百叶窗。

【任务实施】

提出问题：在本任务中，我们共同学习了 HXD_3 型电力机车通风系统的组成，现在请同学们回顾本任务，思考通风系统的组成。

具体方案：可随机抽选 10～20 人，或分组模拟，或点名问答。构建积分卡与课堂奖励加分互通的激励模式，增强学习兴趣。

【任务拓展】

线下反思，两人一组互相提问，完成课后作业，查漏补缺，复习巩固；线上互动，与老师在线交流，完成线上考核，师生互促，共同提高。

任务四　探秘内燃机车通风系统

空气管路系统

【任务导入】

就通风系统而言，电力机车通风系统与内燃机车通风系统作用相同，但结构存在差异。在掌握电力机车通风系统的组成的特点后，欲知内燃机车通风系统的组成特点，就让我们依托图文辨识能力，怀抱兢兢业业、锐意进取、诚信友爱的职业道德和业务素养的“敬业情”，进入到内燃机车通风系统的学习，这里以 HXN_5 型与 DF_{4B} 型内燃机车为例。

【知识储备】

内燃机车通风系统的作用一方面是为关键部件提供冷却空气，如交流电机、逆变器和牵引电动机等；一方面是给机车的关键区域增压，使污染物不能进入。

一、HXN_5型内燃机车通风系统

HXN_5型内燃机车通风系统由牵引电动机冷却系统和辅助室/交流发电机冷却系统组成。设备通风系统的布置如图 3.13 所示。

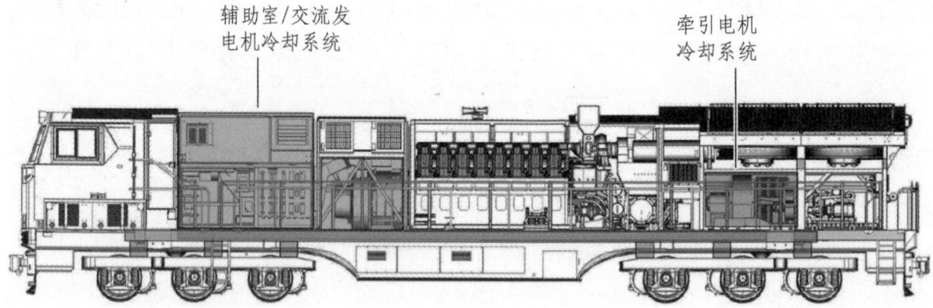

图 3.13 设备通风系统的布置

1. 牵引电动机冷却系统

（1）牵引电动机通风回路。

牵引电动机通风机通过冷却室两侧的 V 形滤网从车外经冷却室内吸进空气。V 形滤网可阻止大尺寸的杂物（如树叶、植物纤维等）进入系统。与牵引电动机通风机进口相连的空气滤清器箱内的 12 个惯性式滤清器组先滤清空气，经过滤清的空气再进入牵引电动机通风机。牵引电动机通风机把空气吹入压力风道。压力风道设在主车架内，它延伸至整个机车长度。6 台牵引电动机的每一台与机车主车架间都联有挠性空气管道，用来引导空气流过牵引电动机。空气为电动机内部零件提供冷却，通过设在每台牵引电动机端部内的通气口排走。在牵引电动机回路中，也通过橡胶软管为空气压缩机提供空气。牵引电动机通风回路如图 3.14 所示。

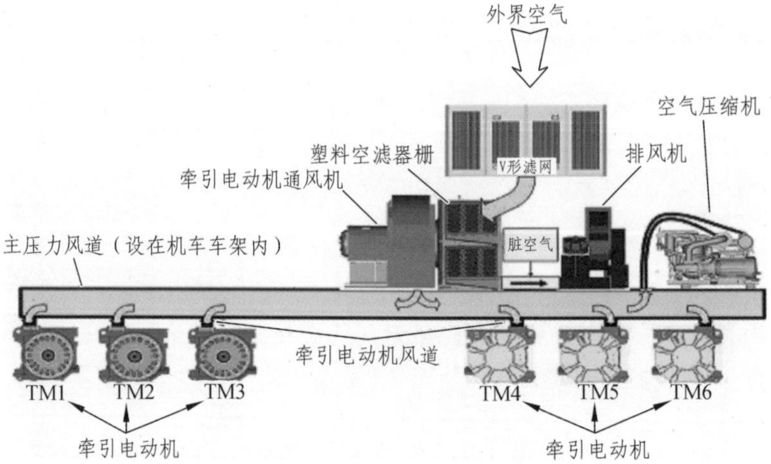

图 3.14 牵引电动机通风回路

（2）2 号端排尘回路。

被冷却室通风机前 V 形架上安装的惯性式滤清器分离出去的灰尘被排尘风机抽到冷却室的外面。

2. 辅助/交流发电机冷却系统

辅助/交流发电机冷却系统由逆变器/交流发电机通风回路，辅助/电气室通风回路及牵引电动机通风回路和 1 号端排尘回路组成。交流发电机及辅助室通风机通过上辅助室每侧的 V 形滤网把空气吸入系统。V 形滤网能防止大的杂物（如树叶、植物纤维等）进入系统。从辅助室通风机出来的空气流过两侧的 8 个惯性式滤清器（机车 A 侧 2 个，B 侧 6 个）。这些滤清器能滤除空气中细小的污物颗粒，经滤清的洁净空气进入风机室。

交流发电机风机接收清洁空气后，将其分成两路，分别进入逆变器/交流发电机及辅助/电气室，交流发电机及辅助室通风回路如图 3.15 所示。

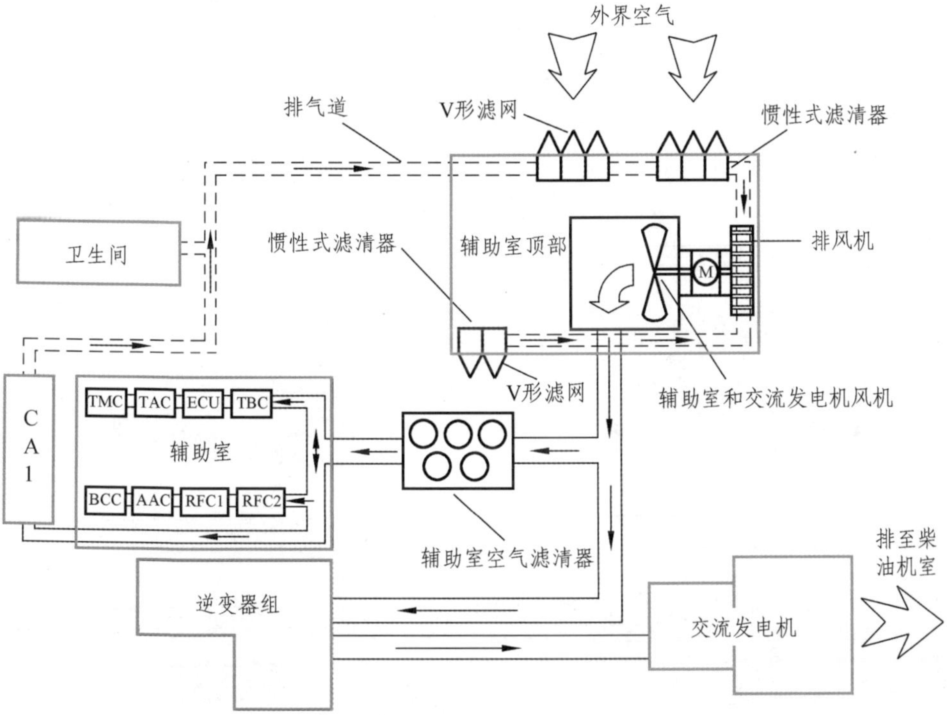

图 3.15　交流发电机及辅助室通风回路

（1）逆变器/交流发电机通风回路。

来自通风机经滤清的洁净空气穿过风道进入逆变器，经过牵引逆变器背面和整流装置背面的散热片。当空气绕过时，热量就从散热片传给了空气。空气从逆变器后面流出，经过另一个空气道进入交流发电机。空气经过交流发电机流出后进入柴油机室并加压，把污物排出。

（2）辅助/电气室通风回路。

来自通风机经滤清的另一股洁净空气穿过辅助室 5 个罐状纸质滤清器进入辅助室，这些滤清元件能除掉空气中大于 6 μm 的颗粒。从纸质滤清器出来的清洁空气在辅助室又分成两路。一路进入控制区 1（CA1），该控制区包含一个称为集成式输入/输出（CIO）板的计算机模块。计算机模块下面设有一组通风孔，提供冷却空气，直接的管道系统可以使该计算机模块得到最充分的冷却。另一路经过辅助室内进入电子设备，从电子设备出来的空气流入辅助室。空气给辅助室加压，使污物排出去，并提供冷却。

（3）1 号端排尘回路。

由辅助通风机轴头驱动的排风机有两个基本进气回路。一个从惯性式滤清器吸入脏空气，从辅助室棚顶排出。排风机也从控制区 1（CA1）顶部吸气，从棚顶排出（原理见图 3.15）。

3. 牵引电动机通风回路主要部件

（1）V 形滤网。

位于冷却室两侧的 V 形滤网（见图 3.16）为多孔型，形成“V”状可以增大空气进入的流通面积，而且能阻挡废纸、树叶等进入空气系统。

（2）滤清器箱装配。

牵引电动机通风回路上采用了 12 个惯性式空气滤清器，安装在一个直接与通风机本身相连的 V 形安装架里（见图 3.17）。

该安装架为钢材焊接结构，呈 V 字形，主要为惯性式空气滤清器提供安装空间，每侧各布置 6 个惯性式空气滤清器，同时还为滤清器提供了集尘、水的空腔。安装时，钢结构的圆形接口与通风机的进风口连接在一起。

图 3.16　V 形滤网

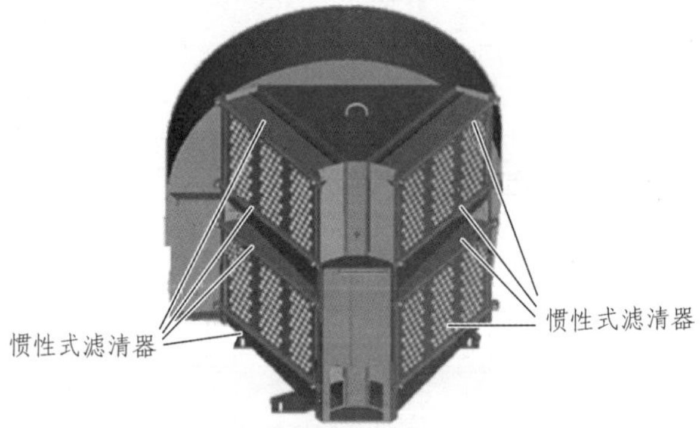

图 3.17　V 形安装架中的惯性式空气滤清器

（3）牵引电动机通风机。

牵引电动机通风机型号为 5GDY91A6（见图 3.18），由一台 60 kW（80HP）交流电动机驱动，它为机车上全部牵引电动机提供冷却空气。有部分冷却空气也流过牵引电动机通风机上的交流电动机以用于自身冷却。当柴油机在运转和辅助交流发电机在工作时，牵引电动机通风机能使牵引电动机内保持正压，这能防止脏物和湿气对牵引电动机的污染。牵引电动机通风机控制器（TBC）可根据电动机的周围条件控制两种转速。牵引电动机通风机位于冷却室内。

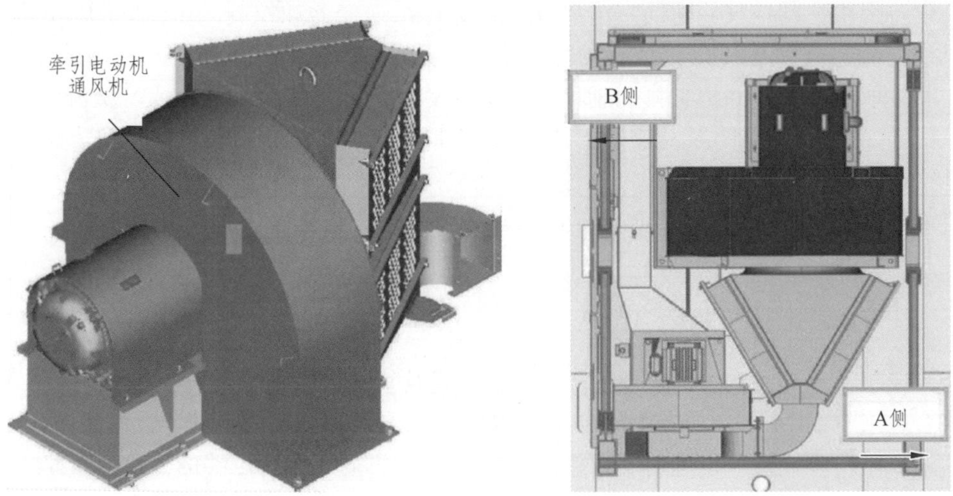

图 3.18　牵引电机通风机装配

4. 逆变器/交流发电机及辅助室通风回路主要部件

（1）V 形滤网。

V 形滤网是一种多孔筛网。滤网做成折褶状以形成足够的流通面积并能承受诸如树叶、植物纤维等大直径杂物的阻塞。

在上辅助室有三个 V 形滤网（机车 A 侧一个，B 侧两个）。逆变器/交流发电机通风回路和辅助室通风回路均采用这些 V 形滤网（见图 3.19）。

（2）惯性式空气滤清器。

空气经 V 形滤网后，进入惯性式空气滤清器。交流发电机和辅助冷却空气系统采用 8 个惯性式空气滤清器，6 个位于辅助室上部的通风机室的 B 侧，2 个位于通风机室的 A 侧。惯性式空气滤清器就安装在 V 形滤网的后面。

图 3.19　V 形滤网

图 3.20　交流发电机通风机/排风机

（3）交流发电机通风机/排风机。

型号为 5GDY89A2 的交流发电机通风机（见图 3.20）的主要作用是为交流发电机和下列

区域的设备提供冷却空气：辅助室，牵引交流发电机/逆变器和控制区 1（CA1）。由于自带排尘风机，交流发电机通风机/排风机的另一个作用是从惯性式空气滤清器、控制区 1（CA1）和卫生间抽取脏空气，并把它排出辅助室。交流发电机通风机由一台 60 kW 交流电动机，一台通风机和一台排风机组成。交流电动机驱动在同一根轴上的通风机和排风机，交流电动机与辅助交流发电机连接，只要辅助交流发电机工作，交流发电机通风机就工作。交流发电机通风机安装辅助室的上方。

二、DF_{4B} 型内燃机车通风系统

在内燃机车机器间内，由于柴油机、传动装置及某些辅助装置连续工作，若无通风设施，温度就会越来越高。因此，在车体侧壁和底架上设有各种通风口和通道，以满足车内各机组、设备的通风。在设置通风设施时，应使进入车体内部的空气保持足够的清洁，因此，DF_{4B} 型内燃机车各进风口设有带滤网的自动或手动百叶窗。机车在运用中，应将各门关闭，动力室顶部的 4 个天窗也应关闭，促使大量空气由侧壁百叶窗经过滤网进入车体内部。为排除动力室内的油气烟雾，动力室顶部装有两台车体通风机。

DF_{4B} 型内燃机车各室的空气分配如下：

（1）电气室。

空气由侧壁的 4 个手动百叶窗经过滤网进入室内，部分空气经硅整流柜冷却硅元件后，由前转向架牵引电动机通风机吸入，经过底架风道进入前转向架，分别冷却 3 台牵引电动机后排入大气。装有电阻制动的机车，空气又经底架下部过滤网，被制动电阻的风机吸入，冷却制动电阻后，吹开顶部活动百叶窗排出车外。

（2）动力室。

一部分空气经侧壁上的旋风除尘器及空气滤清器进入柴油机增压器。另一部分空气经动力室侧壁的手动百叶窗进入动力室内，由底架下部过滤网被主发电机吸入。冷却主发电机后，一部分空气由主发电机下排风口排至车外，另一部分空气由主发电机上排风口排入动力室内，促使动力室内有一定的正压。动力室内的气体由车体通风机排至车外。

（3）冷却室。

空气由侧壁上、下百叶窗进入室内，大部分空气冷却散热器后，经车顶活动百叶窗排至大气。另一部分空气被后转向架牵引电动机通风机吸入，经底架风道冷却后转向架的 3 台牵引电动机后排入大气，还有一部分空气供空气压缩机使用。

为改善司机的工作条件，提高舒适度，DF_{4B} 型机车两端司机室内各装有一台 ZK4.5 型空调器组，可使司机室温度保持在 20 ~ 29 °C。

【任务实施】

提出问题：在本任务中，我们共同学习了 HXN_5 型与 DF_{4B} 型内燃机车通风系统的组成，现在请同学们回顾本任务，思考这两种车型通风系统的组成及通风系统的冷却对象。

具体方案：可随机抽选10～20人，或分组模拟，或点名问答。构建积分卡与课堂奖励加分互通的激励模式，增强学习兴趣。

【任务拓展】

线下反思，两人一组互相提问，完成课后作业，查漏补缺，复习巩固；线上互动，与老师在线交流，完成线上考核，师生互促，共同提高。

任务五　探秘SS$_{4G}$型电力机车空气管路系统

SS$_{4G}$型电力机车空气管路系统

【任务导入】

就空气管路系统而言，在掌握HXD$_3$型电力机车通风系统的组成特点后，欲知SS$_{4G}$型电力机车空气管路系统的组成和特点，就让我们依托图文辨识能力，怀抱兢兢业业、锐意进取、诚信友爱的职业道德和业务素养的“敬业情”，进入到SS$_{4G}$型电力机车空气管路系统的学习。

【知识储备】

电力机车空气管路系统直接关系到机车的运行安全，是机车的重要组成部分。

机车空气管路系统按其功能可划分为风源系统、控制管路系统、辅助管路系统和制动机管路系统4大部分。其中制动机管路系统是机车压缩空气用量最大，结构原理较为复杂的系统，将在“制动机”相关课程中详细讲述。本任务主要介绍机车风源系统、控制管路系统和辅助管路系统。

SS$_{4G}$型机车由两节完全相同的机车组成，每节机车的空气管路系统是完全相同的，可以单独运用，也可通过重联环节实现两节或多台机车空气管路系统的重联。SS$_{4G}$型机车和SS$_9$型机车用空气干燥器取代原来SS$_4$型机车使用的油水分离器对压缩空气进行干燥处理，使压缩空气的质量得到提高；另外，控制管路系统取消了传统的换向阀，均改用止回阀进行风源转换，工作可靠性得到了提高。

一、风源管路系统

机车风源系统是机车空气管路系统的基础，负责生产、贮备、调节控制压缩空气，并向全车各气路系统、气动器械提供所需的高质量、洁净、干燥和稳定的压缩空气的系统。

SS$_{4G}$型机车风源系统主要由空气压缩机组、压力控制器、总风缸、止回阀、逆流止回阀、高压空气阀、空气干燥器、起动电空阀、塞门和连接管等组成。单节机车风源系统的组成及管路原理如图 3.21 所示。

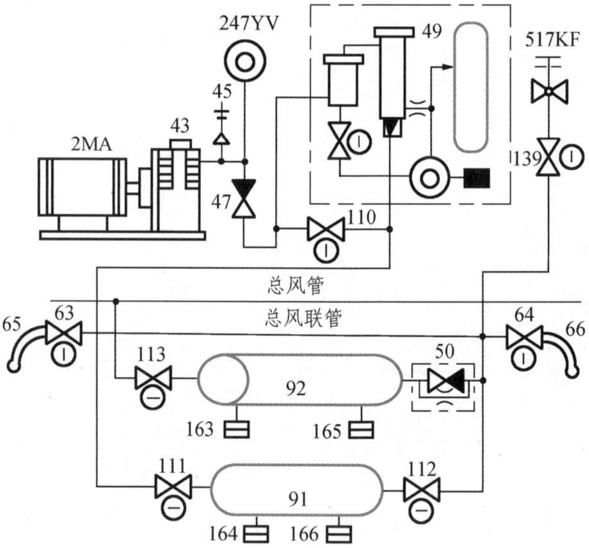

43—空气压缩机；44—高压安全阀；47—止回阀；49—空气干燥器；50—止流逆回阀；63，64—总风折角塞门；65，66—总风软管连接器；91—第一总风缸；92—第二总风缸；110，111，112，113，139—塞门；163～166—排水阀；247YV—起动电空阀；517KF—压力控制器；2MA—压缩机电机。

图 3.21　SS_{4G} 型机车风源系统原理

SS_{4G} 型电力机车风源系统正常工作时通路如下：

空气压缩机 43 → 高压安全阀 45［调整动作压力为（950±20）kPa］

空气压缩机 43 → 止回阀47 → 冷却管 → 空气干燥器 49 → 塞门 111 → 第一总风缸 91 → 塞门 112 →

冷却管 → 塞门 110（关闭）

空气压缩机 43 → 起动电空阀 247YV

塞门 112 → 塞门 19 → 压力控制器 517KF［开断（900±20kPa），闭合（750±20kPa）］

塞门 112 → 逆流止回阀 50 → 第二总风缸 92 → 塞门113 → 总风管 → 制动机、风动器械

塞门 112 → 总风联管 → 总风折角塞门 63或 64 → 总风软管连接器65或 66 → 重联机车风源系统

1. 压缩空气的制备

每节 SS_{4G} 型机车的压缩空气，由一台 VF3/9 型空气压缩机来制备。该压缩机为 4 缸 V 形排列两级压缩活塞式压缩机。由一台功率为 37 kW 的三相交流电机驱动。在运行中，如果压缩机出现故障，另一节机车上的压缩机组可继续维持运行。

2. 压缩空气的净化和贮存

压缩空气在贮存前必须经过净化处理，将压缩空气中的油水、杂质、尘埃去掉。SS_{4G} 型机车采用具有再生作用的空气干燥器，来完成上述过程。经干燥净化处理后的压缩空气进入两个串联的总风缸内贮存。

3. 空气的压力调整干燥器

为了保证安全和将具有稳定压力的压缩空气供给各个系统工作使用，必须使总风缸的压

力空气保持在一个规定的范围之内。风源系统由压力控制器 515KF 来自动控制空气压缩机电动机电路的闭合和断开，通过控制空气压缩机的工作来调节总风缸内空气压力，使其保持在一定范围之内。SS_{4G} 型机车由 YWK-50-C 型压力控制器对压力空气进行调整。

二、控制管路系统

1. 受控电气设备

SS_{4G} 型机车控制管路系统主要向下列设备提供压缩空气：

（1）主断路器：主断路器的分合闸动作由压缩空气控制。

（2）受电弓：受电弓的升起和保持状态，需要压缩空气来完成。

（3）门联锁阀：在机车接电状态下，依靠压缩空气推动门联锁阀把各带有高压电的机器间门插住，以防止乘务人员误进入而危及人身安全。

（4）高压电器柜：向高压柜中的转换开关、电空接触器等提供压缩空气，以实现转换。

2. 控制管路系统的工作原理

SS_{4G} 型机车控制管路系统分为下列 3 种工作状况分别加以说明。其系统原理如图 3.22 所示。

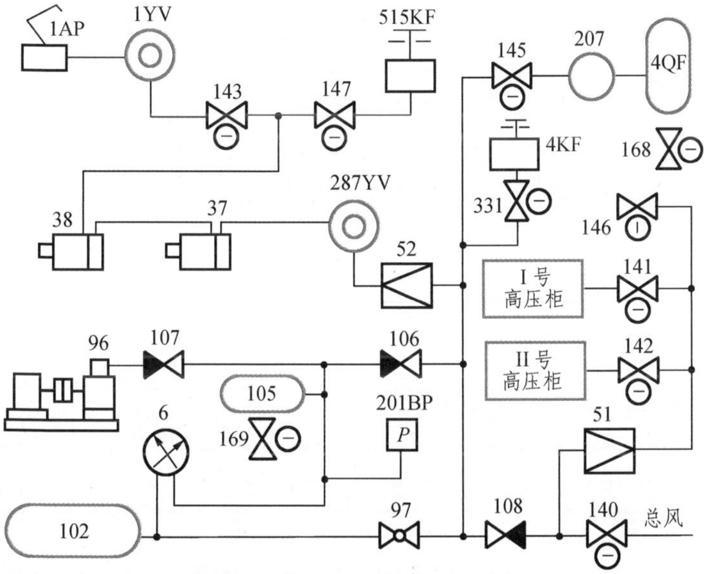

1AP—受电弓；1YV—升弓电空阀；4QF—主断路器；6—双针风压表；37、38—门联锁阀；51，52—调压阀；96—辅助压缩机；97—膜板塞门；102—控制风缸；105—辅助风缸；106，107，108—止回阀；140～143、145～147—塞门；168、169—排水塞门；207—分水滤气器；287YV—保护电空阀；515KF—风压继电器；201BP—压力传感器；4KF—风压继电器；331—塞门。

注：4KF 与 331 只在部分机车上安装使用。

图 3.22　SS_{4G} 型机车控制管路系统原理

（1）正常运用时的总风缸供风。机车正常运用时，由总风缸向控制管路系统供风，工作通路如下.

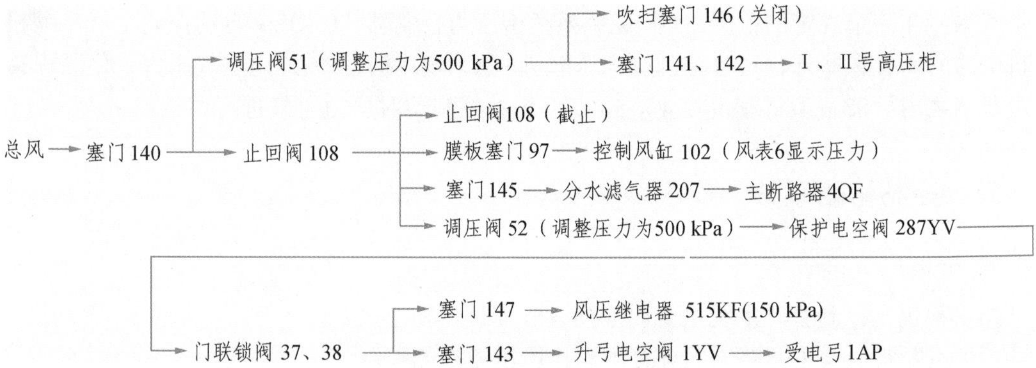

机车总风缸压缩空气经塞门140，一路经调压阀51将总风压力调至500 kPa后，经塞门141、142供给Ⅰ、Ⅱ号高压柜，并经塞门146供给机车吹扫用；另一路经止回阀108分为四路：一路经止回阀106截止；一路经膜板塞门97进入控制风缸102内储存；一路经塞门145后，经分水滤气器 207 再次净化后向主断路器4QF风缸供风，第四路经调压阀52调整至500 kPa经保护电空阀287YV和门联锁阀37、38后，再经塞门143进入升弓电空阀1YV，在升弓电空阀得电后，受电弓升起。

若在升弓时，任一高压室或变压器室门没有关好，则门联锁阀37、38不能开放升弓通路，压缩空气不能进入受电弓。同时若非操纵节门没有关好，由于压缩空气不能进入，安装在门联锁阀38后的风压继电器515KF将切断本务机车的升弓控制电路。当受电弓升起后，保护电空阀287YV将保持得电，门联锁阀37、38内压缩空气不能排出，高压室及变压器室隔门均不能打开，必须降弓并使保护电空阀287YV失电后，才能打开这些门，这样就保证了人与高压区的隔离。如果风压继电器515KF故障，可通过塞门147切除。

设置控制风缸102的目的是在分合闸操作而引起的压力波动时，稳定控制系统管路内的风压。

止回阀 108、107、106，是为了防止控制系统压缩空气逆流，同时替代换向阀实现风源转换而设置的。

在机车停放前，应将控制风缸内的压缩空气充气至大于900 kPa，然后关闭膜板塞门97，以备机车再次使用时的升弓、合闸操作。

使用中还应定期开放主断路器风缸下方的排水阀168，排除风缸内积水。

（2）库停后的控制风缸供风。机车停放后重新运行时，如果总风缸风压因泄漏而低于主断路器分合闸所需的最低工作压力450 kPa，而控制风缸102内压大于700 kPa，可打开膜板塞门97，利用控制风缸内贮存的压缩空气进行升弓及合闸操作。但此时高压柜内没有压缩空气。升弓合闸后，应立即启动压缩机组打风，尽快恢复正常运用工况，由总风缸供风（控制风缸内的风压可以通过管路柜上双针风压表6观察）。

控制风缸供风时的工作通路如下：

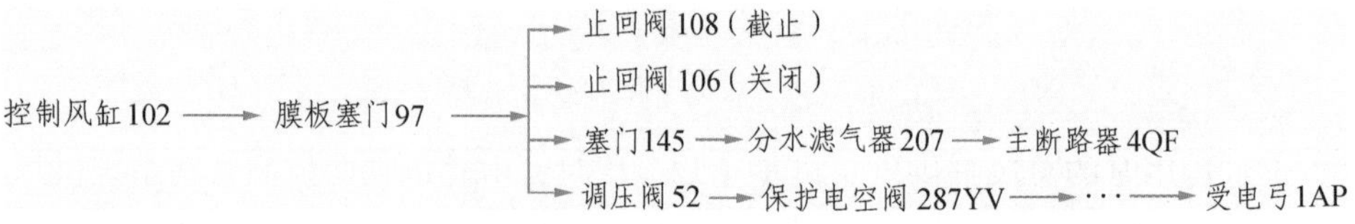

控制风缸 102 内储存的压缩空气，经开放的膜板塞门 97 后分四路：一路被止回阀 108 截止，不能进入总风缸；一路被止回阀 106 截止，不能进入辅助风缸；另一路经塞门 145、分水滤气器 207 进入主断路器 4QF 风缸，供机车分、合闸使用；最后一路经调压阀 52、保护电空阀 287YV，去往受电弓，与前面所述相同。

（3）库停后的辅助压缩机供风。机车库停放后，再次投入使用时，如果总风缸和控制风缸的风压均低于主断路器合闸所需要的最低工作压力 450 kPa，则需要启动辅助压缩机组打风进行升弓以及合闸操作。

辅助压缩机是由机车蓄电池供电，小型直流电动机驱动。为了减轻辅助压缩机 96 的工作负担，应在启动辅助压缩机组前，关闭膜板塞门 97，切除控制风缸 102。当辅助压缩机打风使辅助风缸 105 内压力大于 600 kPa，可边打风边升弓，合闸。完毕后，应立即启动主压缩机组打风，在总风缸压力大于 450 kPa 后，停止辅助压缩机工作。

辅助压缩机供风时的工作通路为：

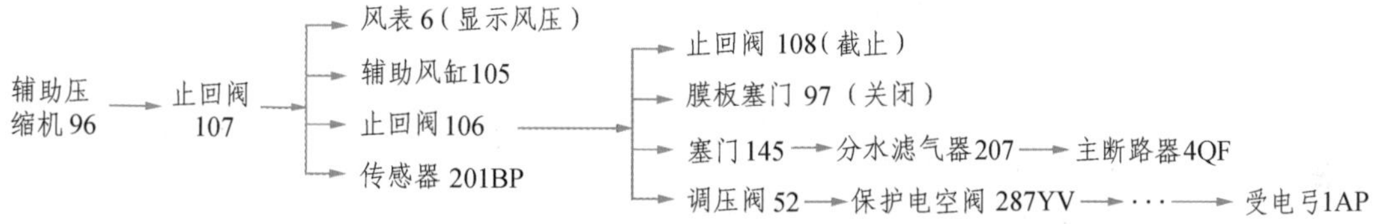

辅助压缩机 96 产生的压缩空气首先经止回阀 107 后，一路进入辅助风缸 105，辅助风缸内的风压可以通过管路柜上的双针风压表 6 显示，同时也可以通过压力传感器 201BP 和司机室内电测压力表 21SP 显示；另一路再经止回阀 106 后，一路被止回阀 108 截止，一路被关闭的膜板塞门 97 截止，另一路经塞门 145 进入主断路器 4QF 风缸，最后一路经调压阀 52 进入升弓通路，去往受电弓。原理如前所述。

辅助风缸在此工况下，一方面起稳定、储存压缩空气的作用，另一方面对辅助压缩机产生的压缩空气进行冷却，故每次使用辅助压缩机后，应打开辅助风缸下方排水塞门 169 排放积水。

在操作中应注意关闭辅助压缩机的时机，在主压缩机组打风，总风缸压力低于 450 kPa 时，不可停止辅助压缩机工作，否则将使已经升起的受电弓降下，主断路器跳闸。另外，由于两节机车辅助压缩机技术指标的差异，并且管路的泄漏量不同，使用中打风速度不一致。在运用中应注意时刻观察，以防止其中一节机车辅助风缸压力超高。

三、辅助管路系统

辅助管路系统用以改善机车运行条件，确保行车安全。主要由撒砂器、风喇叭和刮雨器等辅助受控装置及其控制部件组成。如图 3.23 所示是 SS_{4G} 型机车单节机车辅助管路系统管路原理。由图可见，各辅助装置直接使用总风缸压缩空气，各辅助装置前均设有塞门。在某个辅助装置发生故障时，可将相应的塞门关闭，切除风源。

1. 风喇叭

风喇叭是机车运行中利用压缩空气产生鸣响、发出警告和进行联络的必备设施。SS_{4G} 型机车单节机车共设置了 3 个风喇叭，一个为向前高音喇叭 27，一个为向后高音喇叭 29，另一个前低音喇叭 31。它们安装在司机室顶盖左右两侧，分别由正、学习司机台上的手动喇叭控制阀 13、15 和正司机台面下的脚踏开关 33SA 控制。高低音风喇叭的结构基本相同，所不同的是高音喇叭比低音喇叭的喇叭筒短一些，因此它所发出的声音频率不同。

当正司机台手动喇叭控制阀 13 向前推时，向前高音喇叭 27 发出声音；向后拉时，向后高音喇叭 29 发出声音。同样，学习司机台手动喇叭控制阀 15 向前推时，向前高音喇叭 27 发出声音；向后拉时，向前低音喇叭 31 发出声音。如果踏下脚踏开关 33SA，喇叭电空阀 17YV 电源接通，总风经电空阀 17YV 下阀口进入低音喇叭 31，向前低音喇叭 31 发出声音。

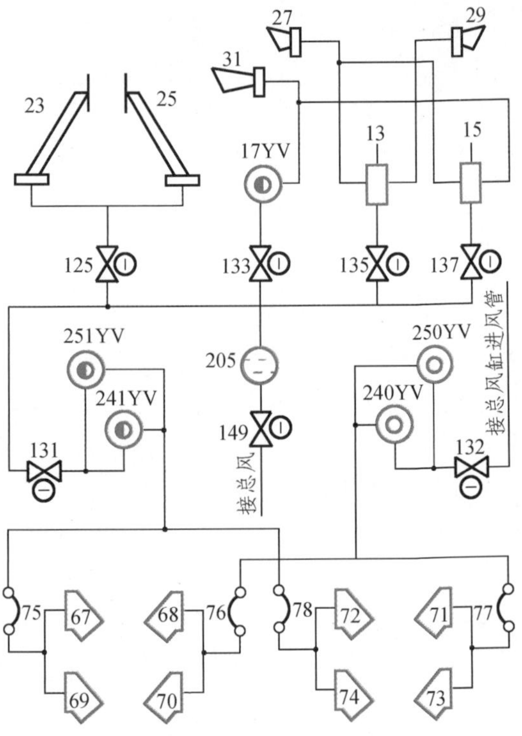

13，15—手动喇叭控制阀；17YV—喇叭电空阀；23，25—刮雨器；27，29—高音喇叭；31—低音喇叭；75～78—撒砂连接软管；67～74—撒砂器；125，131～133，135，137，149—塞门；205—分水滤气器；240YV，241YV，250YV，251YV—撒砂电空阀。

图 3.23 SS_{4G} 型机车辅助管路系统原理

2. 刮雨器

刮雨器是为了刮去司机室前窗玻璃上的雨、雪、水珠，便于司机瞭望，确保行车安全而设置。在司机室两侧前窗各装有一套风动双杆刮雨器 23 和 25。通过调节进气阀口的供气量大小，从而启动或停止刮雨器的摆动，同时也能调节刮雨器雨刷的摆动速度。

3. 撒砂装置

撒砂装置是为向轨面撒砂，增加轮轨间的黏着力，改善机车牵引和制动性能而设置。SS_{4G} 型机车每个转向架前、后轮对侧都装有砂箱和撒砂器，每节机车共有 8 个砂箱和 8 个撒砂器。

撒砂装置主要由撒砂器、砂箱和司机室控制的撒砂阀组成。SS_{4G} 型电力机车采用脚踏开关替代脚踏阀控制撒砂。

撒砂装置不仅能受司机的控制，也能与制动机、防空转滑行及断钩保护装置配合作用。当司机踩下脚踏开关 35SA，或空转滑行、断钩保护及大闸紧急制动时，通过相关电路，使撒砂（Ⅰ）电空阀 251YV、241YV，或撒砂（Ⅱ）电空阀 250YV、240YV 得电，总风缸内压缩空气通过电空阀下阀口到达与机车运行方向一致的撒砂器，将砂子吹撒到轨面。SS_{4G} 型机车通过有关导线的重联，可以向非操纵节机车、重联机车的撒砂器送风。

【任务实施】

提出问题：在本任务中，我们共同学习了 SS_{4G} 型电力机车空气管路系统的组成，现在请同学们回顾本任务，思考空气管路系统的组成。

具体方案：可随机抽选 10～20 人，或分组模拟，或点名问答。构建积分卡与课堂奖励加分互通的激励模式，增强学习兴趣。

【任务拓展】

线下反思，两人一组互相提问，完成课后作业，查漏补缺，复习巩固；线上互动，与老师在线交流，完成线上考核，师生互促，共同提高。

任务六 探秘 HXD_3 型电力机车空气管路系统

【任务导入】

就空气管路系统而言，SS_{4G} 和 HXD_3 各具特色。在掌握 SS_{4G} 型电力机车空气管路系统的组成和特点后，欲知 HXD_3 型电力机车空气管路系统的组成特点，就让我们依托图文辨识能力，怀抱兢兢业业、锐意进取、诚信友爱的职业道德和业务素养的“敬业情”，进入到 HXD_3 型电力机车空气管路系统的学习。

【知识储备】

一、风源系统的组成

风源系统的作用是为机车及车辆的制动系统提供符合要求的干燥、洁净的压缩空气。HXD_3 型电力机车采用两台 SL22-47 型螺杆式空气压缩机组作为系统风源。配套使用两个 LTZ3.2-H 型双塔干燥器和两个 OEF2 型微油过滤器作为风源滤水、滤油的处理装置。另外机车采用 4 个容积均为 400 L 的风缸串联作为压缩空气的储存容器，风缸采用车内立式安装。为了满足机车重联功能在机车端部安装了总风重联管软管和平均管软管，如图 3.24 所示。

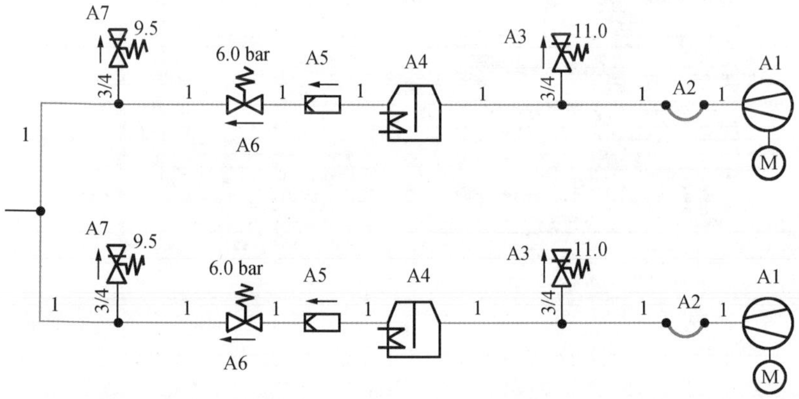

A1—空气压缩机；A2—空气压缩机出风软管；A3—安全阀（11 bar*）；A4—空气干燥器；A5—微油过滤器；A6—最小压力阀；A7—安全阀（9.5 bar）；M—压缩机电机。

图 3.24 风源管路系统

* bar（巴）非法定单位，1 bar = 0.1 MPa。

1. 螺杆式压缩机

机车空气压缩机组型号是 SL22-47，为螺杆式压缩机组，如图 3.25 所示。排风量为每台 2 750 L/min，其驱动电机为 KB/26-180LB 型交流电机。此空气压缩机组具有温度、压力控制装置，可以实现无负荷启动。冷却器排风口向下向车内排风。空气压缩机组的开停状态由总风压力开关进行自动控制，也可以通过手动按钮强行控制开停。

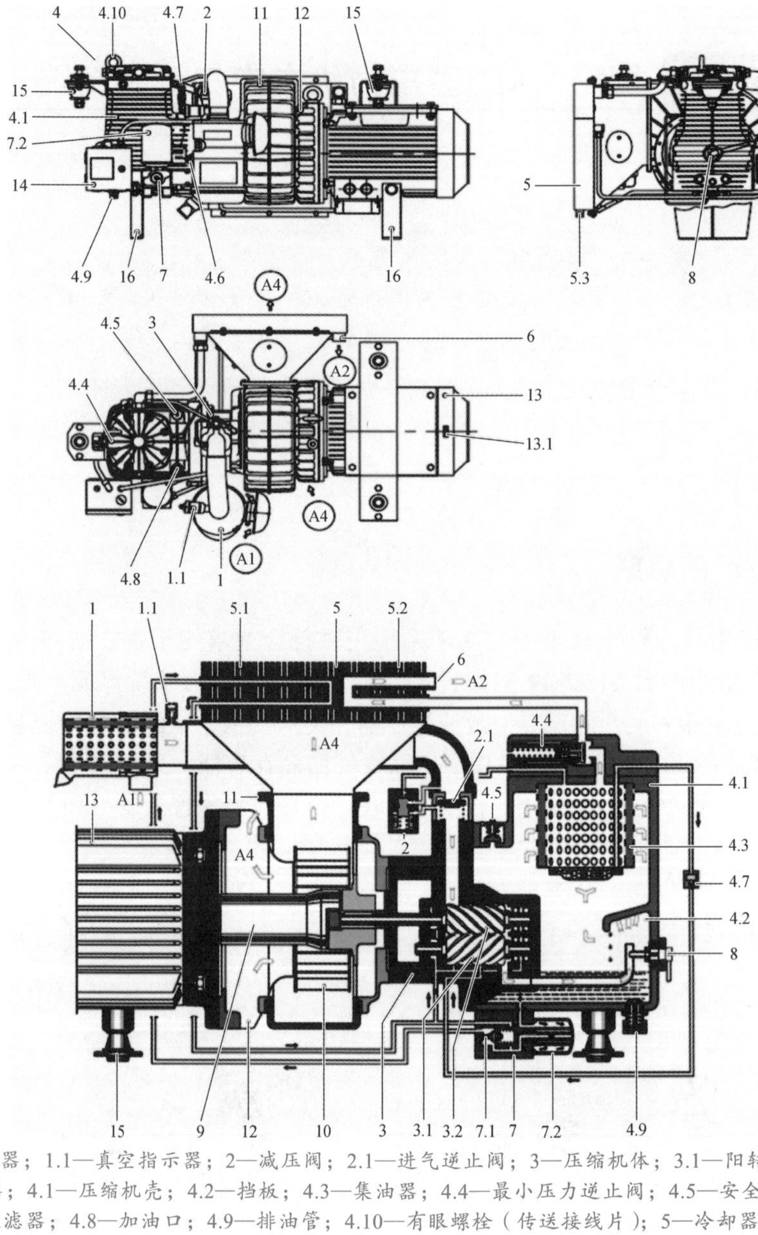

1—进气过滤器；1.1—真空指示器；2—减压阀；2.1—进气逆止阀；3—压缩机体；3.1—阳转子；3.2—阴转子；4—油分离器；4.1—压缩机壳；4.2—挡板；4.3—集油器；4.4—最小压力逆止阀；4.5—安全阀；4.6—油位表；4.7—回油过滤器；4.8—加油口；4.9—排油管；4.10—有眼螺栓（传送接线片）；5—冷却器；5.1—油冷却器；5.2—空气冷却器；5.3—排油管；6—排气口；7—油控制单元；7.1—恒温器；7.2—油过滤器筒；8—温度开关；9—联轴器；10—离心风扇；11—蜗壳；12—适配器壳；13—驱动电机；13.1—方向指示箭头；14—电气系统（外部盒）；15—弹性支撑；16—支柱；A1—压缩机进气；A2—系统出气口；A4—冷却空气。

图 3.25　空气压缩机组 SL22-47

克诺尔螺杆压缩机按启动和停止（间断）原理工作。动作阈值通常为 8.5 bar 打开，10 bar 关闭。螺杆压缩机是位移型机器，有两个像螺杆的转子。空气输送几乎没有振动，10 bar 出口压力是一级压缩产生的。

（1）空气循环（见图 3.26）。

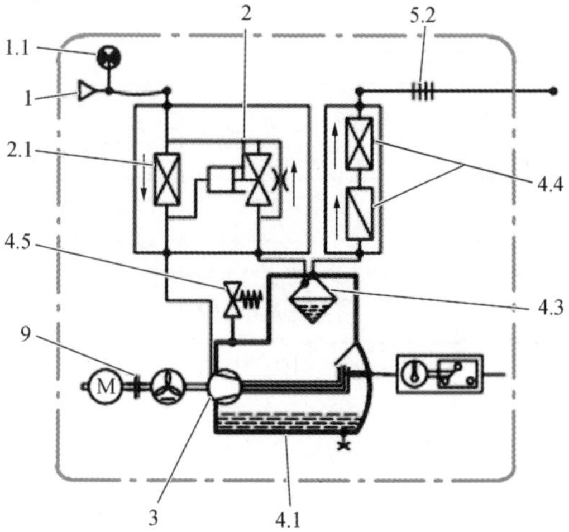

1—空气过滤器；1.1—真空指示器；2—减压阀；2.1—进气逆止阀；3—压缩机体；4.1—压缩机壳；4.3—集油器；4.4—最小压力逆止阀；4.5—安全阀；5.2—空气冷却器；9—联轴器。

图 3.26 空气循环

空气通过压缩机体 3、吸气端的空气过滤器 1 和进气逆止阀 2.1 吸入。被压缩后，空气通过与转子体连接的输送口被推进压缩机壳 4.1。

如果压缩机从压缩机壳里无负载启动，最小压力逆止阀 4.4 将保持关闭并帮助快速在壳里建立起压力。由于该动作，油循环运动马上建立起来。

当压缩机壳内压力达到大约 6.5 bar 时，最小压力逆止阀打开并输送到车辆压缩空气系统的通道。

如果当螺杆压缩机达到系统的规定压力后停机，最小压力逆止阀将关闭。

如果外壳压力通过减压阀随后排出，系统压力将是保持不变。

每次压缩机被切除，根据气动控制，压力被自动从压缩机壳卸载。压缩机停机后，最小压力逆止阀 4.4 和进气逆止阀 2.1 关闭。在进气口，由于压缩机体逆流空气压力提升，导致减压阀 2 打开。压缩机壳 4.1 里压缩空气现在可通过阀开口横断面流进空气过滤器，快速降低压缩机壳里压力大约到 1.8 bar。剩余的压力通过减压阀上的堵塞被排放到 0 bar。该精确协调过程极大抑制了油发泡倾向。在不少于 6 s 后，在低离心力时再启动是可能的。

（2）油循环。

当压缩机运转时在压缩机壳 4.1 里建立起的压力是用于通过油过滤器输送油到轴承、传动装置和压缩机体内油喷射点。这些油用于润滑机器，密封转子凸轮尖部，带走压缩产生的热量。由压缩机传送的空气/油混合物通过输送口并打在壳上挡板上；这一过程提供粗油过滤。完成这一步骤后，空气又被集油器 4.3 再处理一次进行精滤。在这一过程去除的油被收集在集油器底部，被压缩机壳内压力通过进气管、下游回油过滤器和堵塞 4.7 返回到压缩机体。

注意：

当压缩机运转时，如果在压缩机壳内没有建立压力（由于安全阀开，或者油尺丢失或没有拧紧），压缩机将不被充分润滑和冷却。在这种情况下，转子有快速损坏的危险。

温度控制：

当油温度达到大约 75 °C，油控制单元 7 中恒温阀 7.1 打开到油冷却器 5.1 的通道。在这温度以下，油冷却器的通道保持关闭，油反被直接传送到压缩机体。以这种方式达到最佳操作温度，冷凝被避免。

温度监测：

压缩机壳里空气/油混合物的温度由输送口的温度开关 8 控制。本动作的目的是防止压缩机超过其卸载温度。如果温度没有达到该切除阈值，温度开关必须关闭压缩机，并且只要开关被正确接线就会这样做。

加热器：

为在低环境温度操作（0 °C 以下），压缩机可以有一个油加热器（可选项）。该单元包括一个筒式加热器和恒温器，并被安装在压缩机壳 4.1 上。

2. 空气干燥器

（1）结构组成。

压缩空气在储存前必须经过净化处理，HXD_3 型交流传动机车上采用干燥器的型号为 LTZ3.2-H，属于双塔吸附式干燥器，如图 3.27、图 3.28 所示。双塔干燥器的空气处理量为每个 4.8 m^3/min。处理后的压缩空气可以满足 ISO8573-1 固体颗粒 2 级，油 2 级，水 2 级的标准。该干燥器具有低温加热功能，位于空气压缩机组和总风缸之间，具有过滤压缩空气中油、水，降低压缩空气露点的功能，保证空气系统在正常使用时，不会出现液态水。

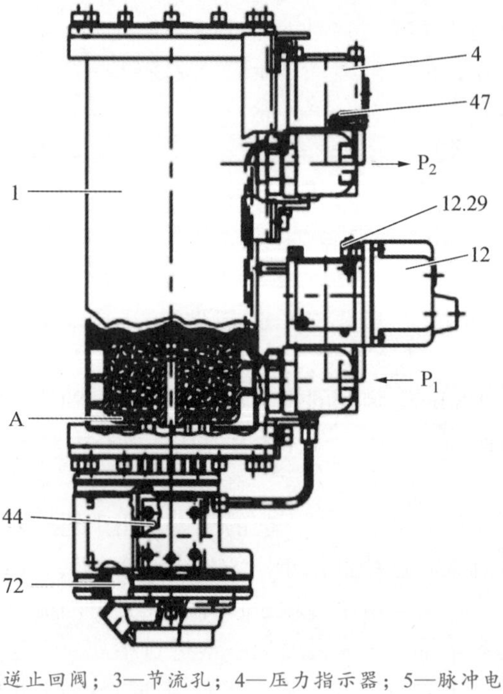

1—干燥剂塔；2—双逆止回阀；3—节流孔；4—压力指示器；5—脉冲电磁阀；6—消声器；7—排放阀；A—油分离器；P_1—压缩空气入口；P_2—压缩空气出口。

图 3.27　空气干燥器结构

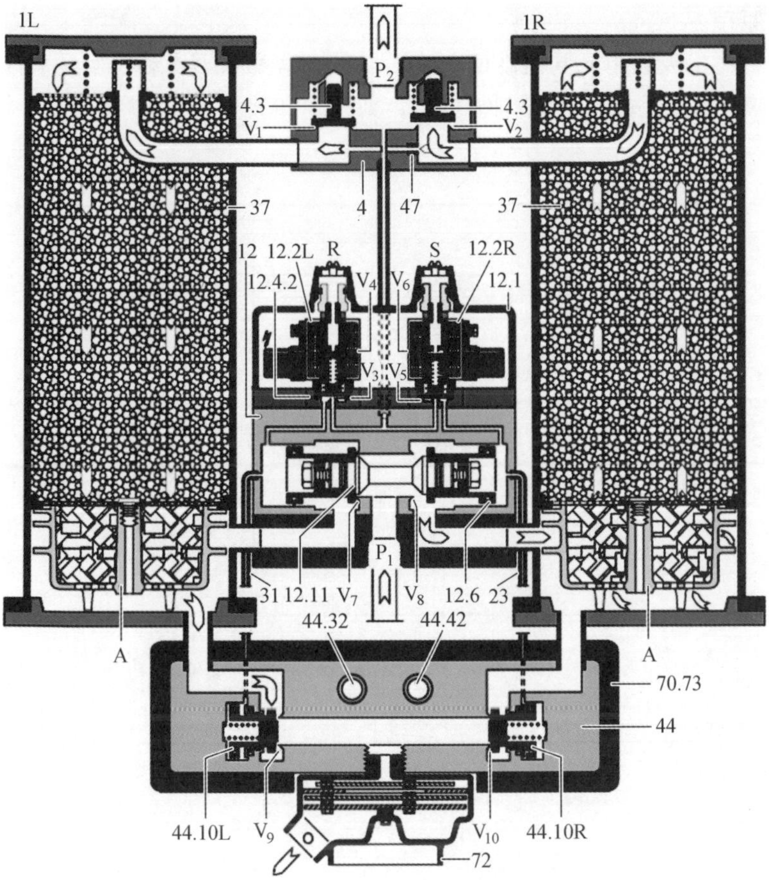

1—塔（左/右）；4—双逆止阀；4.3—阀锥体；12—脉冲电磁阀；12.1—盖；12.2—阀磁铁（左/右）；
12.4.2—衬套；12.6—克诺尔 K 环；12.11—活塞；23、31—控制管路；37—干燥剂；44—排放阀；
44.10—阀芯（左/右）；44.32—加热器筒；44.42—恒温器；47—节流孔；
70—绝缘体；72—消声器；A—油分离器；P_1—从压缩机来空气；
P_2—到主风缸空气；O—排放和再生空气排放口；
R—阀磁铁排放口（12.2L）；
S—阀磁铁排放口（12.2R）；
V—阀座。

图 3.28　双塔空气干燥器单元

空气干燥器单元主要包括：

- 两个干燥剂塔 1，每个有一个集成的油分离器 A。
- 带周期定时电子线路板的脉冲电磁阀 12。
- 带可更换再生节流孔 47 的双逆止阀 4。
- 装在一个体内的两个排放阀 44。LTZ-H 型单元的排放阀还配备了一个恒温器控制加热器筒。
- 消声器 72 和冷凝排放盖。
- 脉冲电磁阀 12 的两个阀磁铁交替被集成电子定时器驱动。

每个磁铁的操作状态用一个气动压力指示器显示。当压力加到排放阀即排放阀打开，一个红色销子出现。

（2）工作原理。

无热双塔型再生吸收单元同时在两个阶段操作，这意味干燥和再生是平行的。当主气流在一个塔内干燥时，另一塔内干燥剂被再生，如图 3.29 所示。

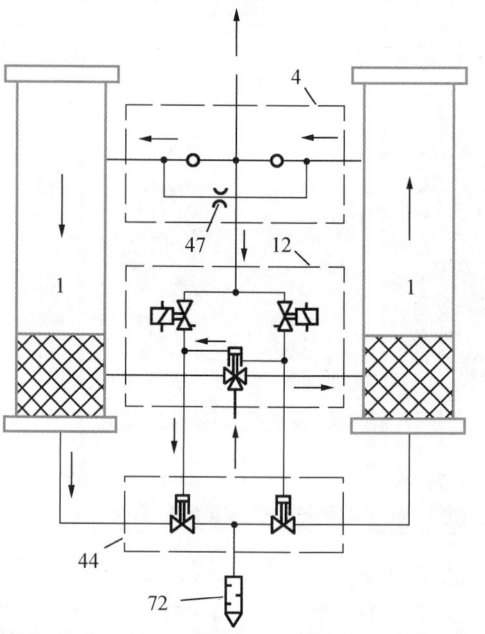

1—干燥塔；4—双逆止阀；12—脉冲电磁阀；44—排放阀；47—节流孔；72—消声器。

图 3.29　双塔型干燥器原理

首先，在油分离器里沉淀的油和冷凝物从压缩机到达干燥器的潮湿压缩空气里被提取出来。空气接着被通过含有吸收干燥剂的塔。当空气流过吸附物，空气里水被提取到主气流相对湿度在空气干燥器出口为 35% 的程度。

部分被干燥的空气被从主气流分流掉，通过一再生节流孔膨胀并通过在第二个塔饱和干燥剂排放到大气。通过膨胀被极大程度干燥后，空气从需要再生的干燥剂床吸取在上一个干燥阶段吸收的湿气。

图 3.29 显示空气干燥器单元在操作状态，其中塔（1R）是在其干燥阶段，塔（1L）是在再生阶段。

脉冲电磁阀 12 的阀磁铁（12.2 L）由来自控制器的电输入信号激活。阀座 V_3 打开，V_4 关闭。阀磁铁（12.2R）没有得电，阀座 V_5 是关闭的。

从双逆止 4 阀干燥主气流分流的控制空气保持排放阀 44 的活塞（44.10L）在排放位置。

压缩机输送的压缩空气经口 P_1 和打开的阀座 V_8 流到塔（1R），在那里正切偏离，并在油分离器叶片作用下旋转。该动作的离心力把油和水滴的重粒子甩出压缩空气并甩向塔的内壁。从那里，它们流到收集腔并进到排放阀 44。

在空气进入干燥剂 37 之前，要通过堆积在油分离器 A 的 Raschig 环。空气重复地被偏离和旋转，并来回这样反弹。结果，留在压缩空气里微小的油滴和水滴被沉积在 Raschig 环相对大的表面。结合成大滴后，它们在重力作用下滴进收集腔。

当空气随后通过干燥剂，空气包含的水被提取，直至离开塔时空气的相对湿度小于 35% 的程度。

在主气流通过双逆止阀里阀座 V_2 和口 P_2 从空气干燥器排出之前，部分干燥空气被分流掉，通过再生阻气门膨胀，并通过塔（1L）中干燥剂和打开的排放阀 44 排放到大气。膨胀空气，也叫再生空气，从需要再生的干燥剂里吸取湿气。

阀磁铁 t（12.2L）在半个周期 T/2 之前失电，阀座 V_3 关闭，而控制管路通过打开的阀座 V4 排放到大气。活塞（44.10L）关闭阀座 V_9。通过阻气门 47，塔（1L）中压力可调节成塔（1R）中压力。

空气干燥器单元在 1/2 周期是往复的。阀磁铁（12.2R）通过电输入信号得电，随后，脉冲电磁阀 12 的活塞 12.11 是往复的，阀座 V_{10} 打开。在这个阶段，主气流（P_1，P_2）在塔（1L）中干燥，而干燥剂在塔（1R）中再生。

当压缩机被关闭，两个阀磁铁都失电；这允许控制管路 23 和 31 被排放，两个排放阀芯（44.10）关闭。活塞 12.11 被留在其最后恢复的位置，干燥和再生阶段被中断。

（3）周期定时。

定时器和空气压缩机同时被打开，根据固定程序，定时器控制阀磁铁开和关时间。

当压缩机被关闭或惰转，定时器记忆当前状态，当压缩机又被打开时，其恢复记数。这样，该单元保证需要再生的干燥剂确实被彻底干燥，并保证任何操作周期更改不能使干燥剂过饱和。

空气干燥器单元被如此控制，如果在转换单元发生误动作，压缩空气的供应仍能由一个干燥器塔保证。

（4）维护。

只有专业人员才允许维护和检修空气干燥器单元。必须遵守适用的事故预防规则。

脉冲电磁阀 12 必须以规定的间隔交替可听到。每次这样做时，空气必须从排气 R 或 S 短暂排放。

在寒冷的天气里，每班前都必须检查空气干燥单元排出阀上的加热器是否操作正确。

二、辅助管路系统

HXD_3 型交流传动机车辅助管路系统主要由停放制动装置、踏面清扫装置、撒砂和鸣笛装置以及空气防滑器组成。

1. 停放制动装置

司机通过位于操作台的旋转开关可以对停放制动进行控制。当旋到制动位，脉冲电磁阀的作用电磁阀得电，于是停放制动缸制动；当旋到缓解位，脉冲电磁阀的缓解电磁阀得电，于是停放制动缓解。同时设置了停放制动和空气制动的连锁，即当制动缸充分制动时，自动缓解停放制动缸。

停放制动装置的控制关系如下：

总风管 → 脉冲电磁阀 → 双向止回阀 → 减压阀 → 停放制动缸

↑（双向止回阀）

制动缸压力

在发生供电障碍的情况下，也可以使用脉冲电磁阀的手动装置对停放制动装置进行手动操作。在系统无风的情况下，可以使用停放制动单元的手动缓解装置（位于制动缸夹钳上）缓解停放制动。手动缓解后，不能再次实施停放制动。如果需要重新实施停放制动，必须使用系统总风压力达到 550 kPa 以上，方可实施停放制动。

2. 踏面清扫装置

为了清扫车轮圆周表面的杂物及油污，增加机车和钢轨的黏着系数，每个车轮配有踏面清扫器来配合制动单元的动作。当制动缸压力高于 100 kPa 时，通过压力开关使清扫电磁阀得电，总风进入踏面清扫风缸，踏面清扫器动作；当机车制动缸压力低于 50 kPa 时，踏面清扫解除。

3. 撒砂和鸣笛装置

机车设有 8 个砂箱和撒砂装置，每个走行部上设有 4 个砂箱，容积为 100 L/个，撒砂量可在 0.5 ~ 1 L/min 调节。撒砂动作与司机脚踏开关、紧急制动、防空转、防滑行等功能配合使用，撒砂方向与机车实际运行方向一致。

机车两端均设有两个高音喇叭、一个低音喇叭，通过电空阀由司机操纵台面板上的喇叭按钮、操纵台下的喇叭脚踏开关分别控制。

4. 空气防滑器

防滑器，顾名思义是防止车轮在滚动过程中轮轨之间纵向发生相对滑动的装置。

轮轨间纵向滑动有两种情况：一种是牵引状态下发生的，轮周牵引力超过了黏着限制，车轮飞快地转动而车速很慢、甚至根本不动，这叫“空转”或“大飞轮”；另一种情况是制动状态下发生的，制动力超过了黏着限制，车轮转速急剧下降甚至停转而车速降得很慢，这叫“滑行”或“抱死轮”。制动系统中的防滑器主要是防止车轮“滑行”的。

防滑器就是将速度传感器的脉冲信号传送到防滑处理器进行处理，当数据判断达到有关标准时，防滑处理器发出防滑控制指令，控制相应的制动缸进行阶段排风或一次排风，从而达到防止轮对滑行，并根据轮轨黏着系数调节制动力的目的。

三、辅助风源系统

HXD_3 型交流传动机车辅助风源系统采用 LP115 型辅助压缩机组作为辅助风源，如图 3.30 所示。将其和升弓控制模块、升弓风缸及风表相连。辅助压缩机组的控制开关位于电器控制柜上，点动开关后，辅助空压机开始工作，当风达到（735+20）kPa 时，自动切断辅助压缩机的电源。为保证压缩空气和管路的清洁，辅助压缩机配有小型的单塔干燥器和再生风缸。

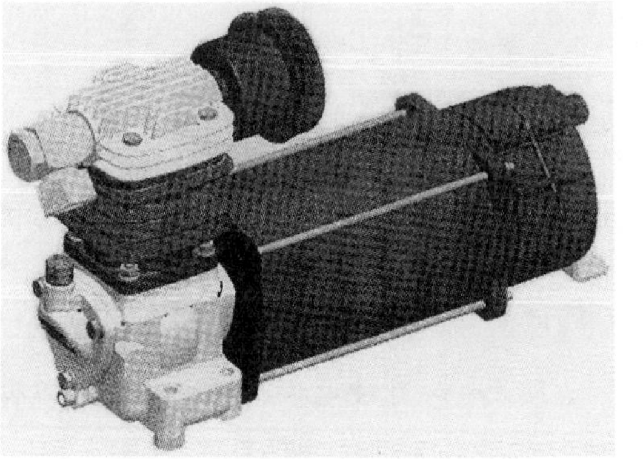

图 3.30　辅助压缩机 LP115

【任务实施】

提出问题：在本任务中，我们共同学习了 HXD_3 型电力机车空气管路系统的组成，现在请同学们回顾本任务，思考空气管路系统的组成。

具体方案：可随机抽选 10～20 人，或分组模拟，或点名问答。构建积分卡与课堂奖励加分互通的激励模式，增强学习兴趣。

【任务拓展】

线下反思，两人一组互相提问，完成课后作业，查漏补缺，复习巩固；线上互动，与老师在线交流，完成线上考核，师生互促，共同提高。

任务七 探秘内燃机车空气管路系统

【任务导入】

就空气管路系统而言，电力机车与内燃机车空气管路系统作用相似，但结构存在差异，在掌握电力机车空气管路系统的组成和特点后，欲知内燃机车空气管路系统的组成特点，就让我们依托对图文辨识的能力，怀抱兢兢业业、锐意进取、诚信友爱的职业道德和业务素养的“敬业情”，进入到内燃机车空气管路系统的学习，这里以 HXN_5 与 DF_{4B} 型内燃机车空气管路系统的主要组成部分——风源系统为例。

【知识储备】

一、HXN_5 型内燃机车风源系统

HXN_5 型内燃机车风源系统由空气压缩机、压力传感器、后冷却装置、总风缸及自动排水阀、J1 安全阀、空气干燥器、单向阀及空气滤清器等组成，如图 3.31 所示。

1. 空气压缩机

HXN_5 型机车上采用 Gardner Denver 旋转式螺杆空气压缩机（简称空压机）。Gardner Denver 螺杆空压机利用啮合螺旋转子来实现空气压缩。每一对转子由安装在压缩室外侧的高容量耐磨耗轴承支撑。主动转子与从动转子并排安装。

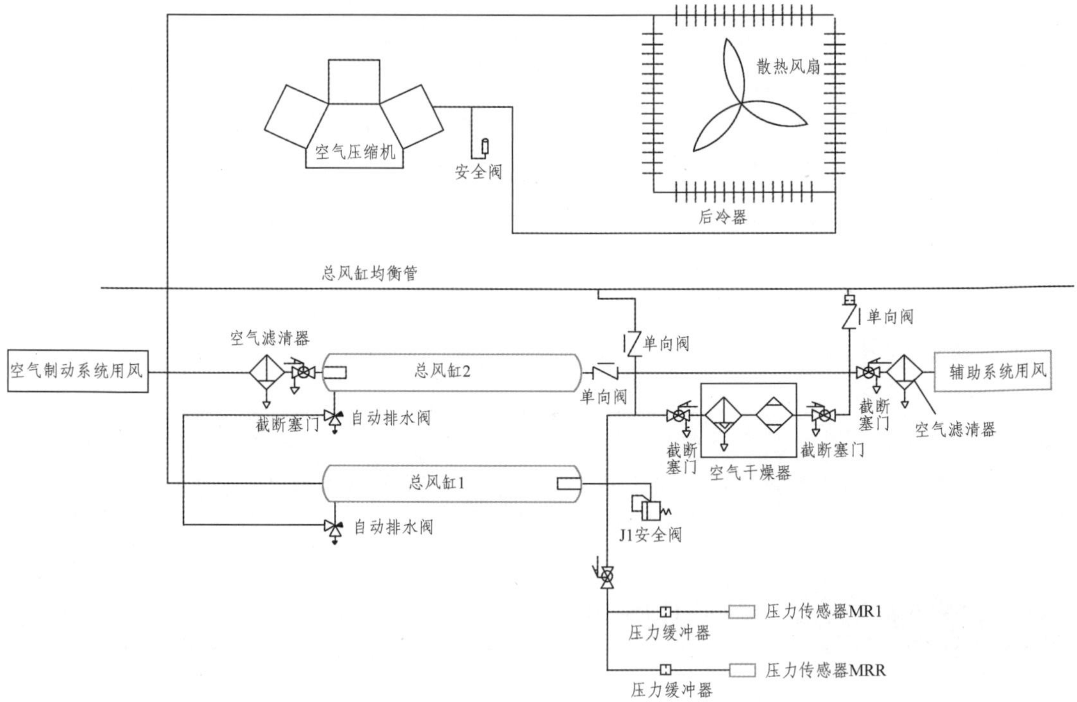

图 3.31　风源系统

1）基本机构

（1）2 个交流电动机。电动机按其磁极（或绕组）的不同可以以 2 极或 4 极运转。机车控制系统通过选择功率接触器确定特殊操作。电动机可以以两倍柴油机速度或柴油机速度运转。两倍柴油机速度工作能够在柴油机空转时允许空气压缩机为空气系统输送空气，从而节约燃油。

（2）空气滤清器。两个纸质滤芯空气滤清器在空气送往空气压缩机的两个螺旋泵之前对出口空气进行过滤，并在靠近滤清器壳体处设节流显示器用作自检。空气压缩机的电动机布置图、空气滤清器布置如图 3.32 所示。

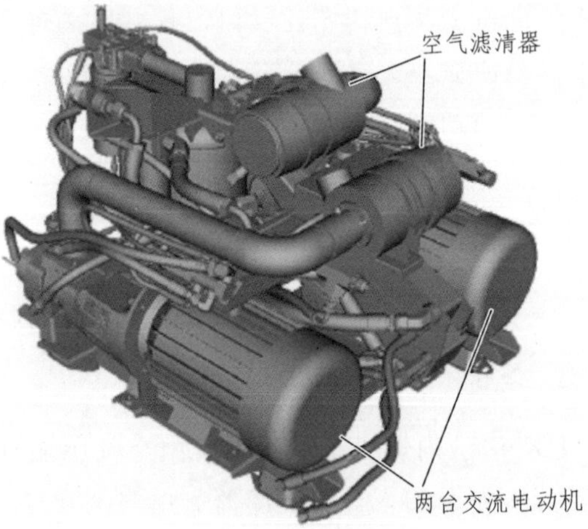

图 3.32　空气压缩机布置图（一）

（3）空气压缩机前、后端的油气分离器。每台空气压缩机前、后端均有 1 个由相互啮合的两个螺旋齿轮组成的油气分离器。它将机油/空气混合物经螺杆压缩，使机油从压缩空气中分离出来。

（4）机油盒。空气压缩机机油盒有两个重要的用途：

① 储存一定量的干净润滑用机油和使空气压缩机能有效工作所需的压缩机油；

② 在压缩空气进入机车空气系统前，扮演从压缩空气中分离机油的重要角色。

（5）机油检查孔。位于机油盒上的机油检查孔可以从机车的左侧看到，并可直接观察机油油面的高低。

（6）机油采样阀。机油采样阀靠近机油检查孔，必要时用来采样。

空气压缩机中机油盒、机油检查孔、机油采样阀的布置如图 3.33 所示。

图 3.33　空气压缩机布置图（二）

（7）机油滤清器。空气压缩机的机油滤清器用于将机油中微粒直径大于 27 μm 的杂粒滤出。螺旋形滤清器位于机油盒之前。空气压缩机中机油滤清器的布置如图 3.34 所示。

图 3.34　空气压缩机布置图（三）

2）基本原理

通过主动转子与从动转子在一个风筒里同步啮合实现空气压缩。主动转子有 4 个螺旋凸型齿（每 90°一个）与从动转子的 5 个螺旋凹型齿（每 72°一个）啮合。

进气口位于空压机风筒的顶端驱动轴端边上，排气口位于空压机风筒底部边上。压缩循环开始时两转子在进气口未啮合，空气进入主动转子的凸型齿和从动转子的凹型齿组成的空腔内[见图 3.35（a）]。当两转子继续转动，进风口关闭，空气聚集在齿片空腔内并随着转子的转动沿轴向流动[见图 3.35（b）]。转子继续啮合，更多的主动转子齿进入从动转子齿沟，容积减小，压力升高。

润滑油进入风筒可以带走压缩热量并密封腔体缝隙，使容积减小，压力持续升高直到聚集在转子形成的腔体中的气油混和物经排风口排出[见图 3.35（c）]。每一个转子空腔都在高速连续地进行着同样的吸气、压缩、排气循环，释放出来的空气流持续、平稳且无冲击。

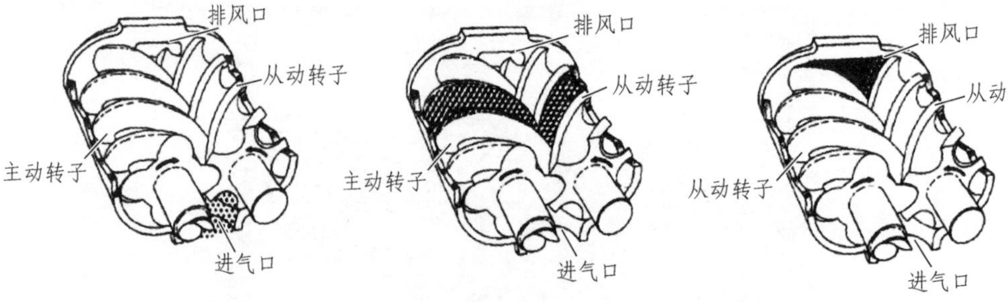

（a）（b）（c）

图 3.35 风筒

2. 空气干燥器

空气干燥器的主要作用是清除压缩空气中的水分，避免机车车辆的后续空气部件及空气管系发生冻结和锈蚀。HXN_5型机车采用 GW994 型空气干燥器，布置在第一总风缸出口后，第二总风缸入口前。

1）基本结构

GW994 型空气干燥器采用模块化设计，由一个凝聚式空气过滤器、一个遥控液体排放和自动调节排污阀、一个进口分流/排气阀、一个出口往复/排污单向阀、一个控制箱和一对干燥塔等组成，如图 3.36 所示。空气干燥器还带有一个湿度指示器以了解空气干燥器的运行状况。蓝色表示干燥器工作正常。其他颜色，如淡紫色、白色、黄色或棕色，表示干燥器需要进一步检查。

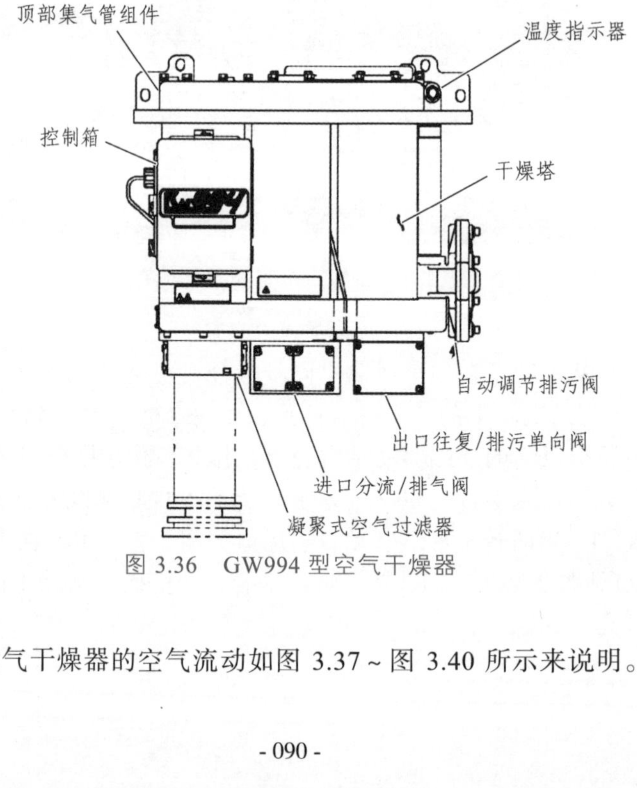

图 3.36 GW994 型空气干燥器

2）工作原理

GW994 型系列空气干燥器的空气流动如图 3.37 ~ 图 3.40 所示来说明。干燥器有两种周期：非记忆周期和记忆周期。两种周期的时间都为 130 s。每个完整的周期有 4 个阶段，如表 3.1 所示。半个完整周期先是 17 s 的干燥再增压过程，接下来是 48 s 的干燥和再生过程。从表中可知整个完整循环的第一个阶段是 A 塔再增压过程，持续 17 s。这个过程在循环时间开始通电的时候就已经完成。

表 3.1　GW994 型空气干燥器循环周期 4 阶段

循环阶段	1	2	3	4
A 塔	再增压	干燥	干燥	再生
B 塔	干燥	再生	再增压	干燥
阶段时间/s	17	48	17	48

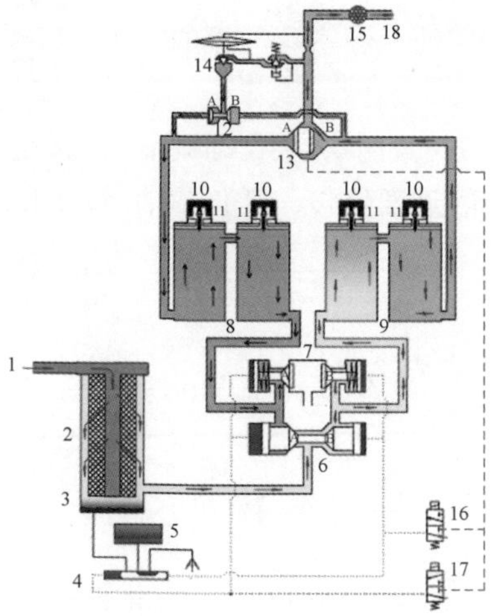

图 3.37　阶段 1：A 塔再增压—B 塔干燥

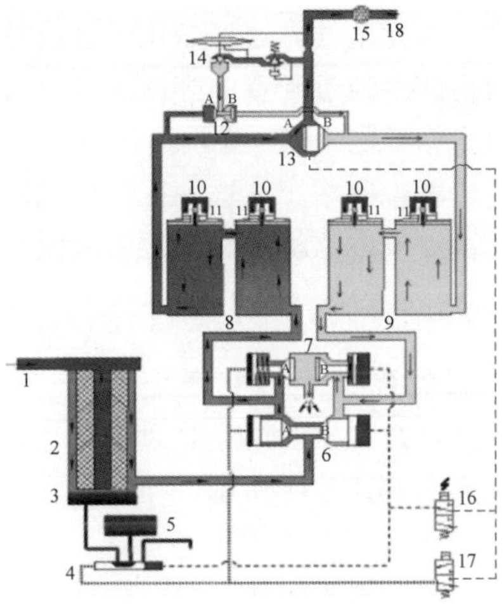

图 3.38　阶段 2：A 塔干燥—B 塔再生

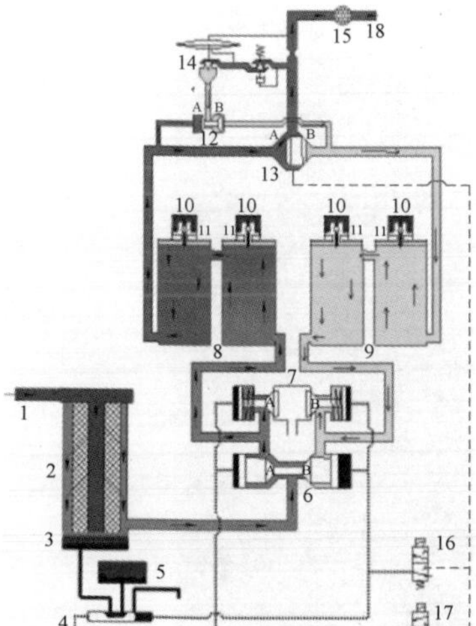

图 3.39　阶段 3：A 塔干燥—B 塔增压

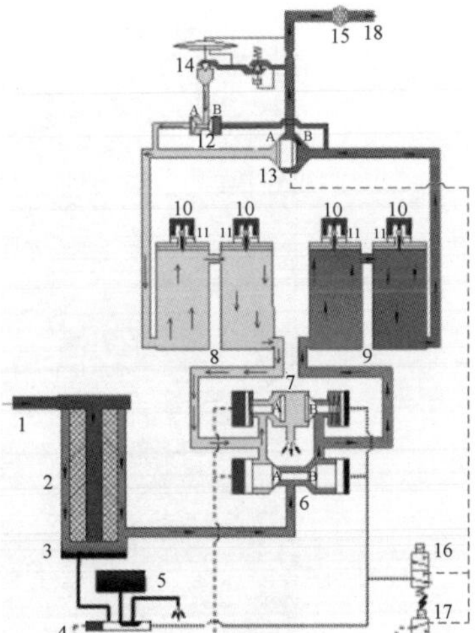

图 3.40　阶段 4：A 塔再生—B 塔干燥

1—进口空气；2—过滤器；3—过滤槽；4—过滤器排水阀；5—中介槽；6—进口分流阀；7—排气阀；8—干燥塔 A；9—干燥塔 B；10—增压器；11—增压器单向阀；12—净化往复阀；13—出口往复阀；14—自动调节净化阀；15—湿度指示器；16—控制阀 SV1；17—控制阀 SV2；18—空气出口。

过滤器已经除去了空气中大部分的油、水和杂质，通过干燥器的压缩空气只含有水蒸气。水蒸气在压缩空气通过干燥后被除去。“湿”空气通过进口分流阀直接进入两个干燥剂室。空气向上经过第一干燥室，向下经过第二干燥室。干燥剂装在布袋内置于干燥塔中，方便更换。干燥剂被紧紧地固定在一个气动活塞上，活塞装在每个干燥室顶部的一个可移动的圆盘上。从第二干燥室出来的干燥空气经过出口往复阀后向机车和客车空气系统提供干燥无油且洁净的压缩空气。

当压缩空气经过干燥床时，水蒸气被干燥床吸收。在一个干燥周期内，进口分流阀控制空气进入两个相对的干燥室。已经吸附水气的干燥剂可以再生，吸附的水汽被排出干燥器。压缩空气在经过分流器和出口往复阀时是和再生室隔开的。打开连接到再生室的排气阀，降低室内压力。基于出口空气流动和压力，自动调节净化阀会精确测量一定量的出口干燥空气用于再生。净化空气先通过净化阀再通过两个位置相反的干燥室。干燥的净化空气通过干燥床带走吸附的水通过开着的排污阀进入大气。

在再生循环的末尾，先接通进口分流阀（此时排污阀关闭），从自动调节净化阀出来的空气渐渐地给再生室增压。这种缓慢增压限制了干燥床的过度位移，延长了干燥床的寿命。干燥器开关由一块电路板和两个常闭电磁阀组成。

3. 总风缸与自动排水阀

总风缸的作用是储存压缩空气。HXN_5 型机车有两个直径为 406.50 mm 和长度为 3 952.5 mm 的总风缸。第一总风缸装在机车的左侧上方，靠近管路端。第二总风缸装在第一总风缸下侧，如图 3.41 所示。两个总风缸总容积为 965.58 L。机车总风缸安装时均稍微倾斜，以使水气集聚在风缸的一端。

每个风缸倾斜的较低端均安装有一个自动排水阀，用于排出水气，自动排水阀装有加热、消音和过滤装置。

图 3.41　总风缸与自动排水阀

4. 压力传感器

总风缸空气压力传感器（MR1 和 MRR）测量第一总风缸出口处的压缩空气压力，工作压力范围 101 ~ 1 480 kPa（0 ~ 200 磅力/英寸 ^{2}），机车控制系统利用该压力信号来开或关空气压缩机电动机，同时对空气压缩机加载或卸载时进行控制。最终结果是调节系统内的空气压力。总风缸空气压力传感器安装在空气压缩机控制板上，控制板位于冷却室右侧。

5. 空气压缩机后冷却系统

在风源系统中，一个独立的后冷却系统（见图 3.42）用以冷却空气压缩机产出的压缩空气。空气压缩机后冷却系统由后冷却器（见图 3.43）、低压安全阀（见图 3.43）、进气软管、翅片管（见图 3.44）、出气管、风缸（见图 3.45）等组成。4 根翅片管大约连成 1 676.4 mm × 1 371.6 mm 的矩形结构，布置在机车冷却室内，冷却风扇下方，形成空气冷却。排污阀用来排除风缸中所收集的水汽。当来自排水阀电磁阀的压缩空气流经排污阀时，水汽会被排出。排水阀电磁阀由计算机控制。

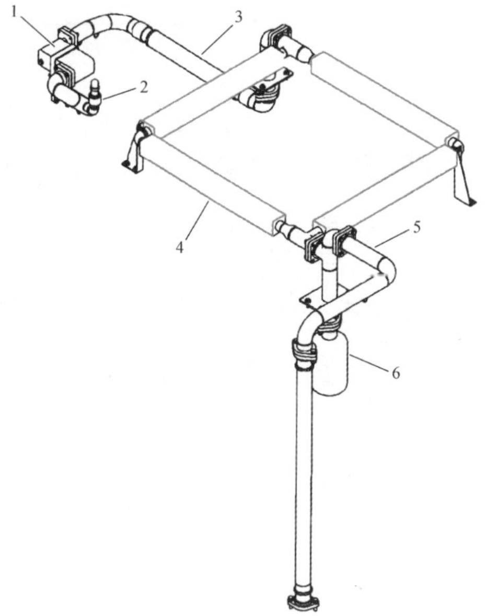

1—后冷却器；2—低压安全阀；3—进气软管；
4—翅片管（4 根）；5—出气管；6—风缸。

图 3.42 空气压缩机后冷却系统

图 3.43 水冷式后冷却器和安全阀

图 3.44 翅片管的位置

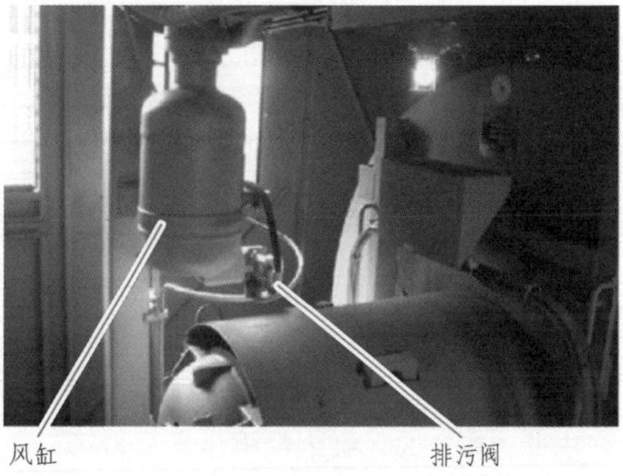

图 3.45 风缸和排污阀

6. 安全阀

J1 安全阀安装在总风缸 1 和空气干燥器之间的管路上，是防止总风缸空气压力超压的安全装置。此安全阀监视总风缸压力，如果总风缸空气压力超过 1 034 kPa，安全阀将会开启，使空气压力降至规定压力以下。HXN_5 型机车 J1 安全阀的下方管路上还安装有一截止阀，当 J1 安全阀故障，不能及时排出过高的压力空气时，可以打开此截止阀排出压力空气。

7. 空气滤清器

空气滤清器的主要作用是清除压缩空气中的油雾、尘埃及水分。HXN_5 型机车装有 SALEM975-075 型空气精滤器。如图 3.46 所示，空气精滤器主要由安装座、滤芯、底盖、座圈、适配器及排放阀组件等组成。当尘粒 ＞1 μm 时，精滤器过滤效率为 99.9%。

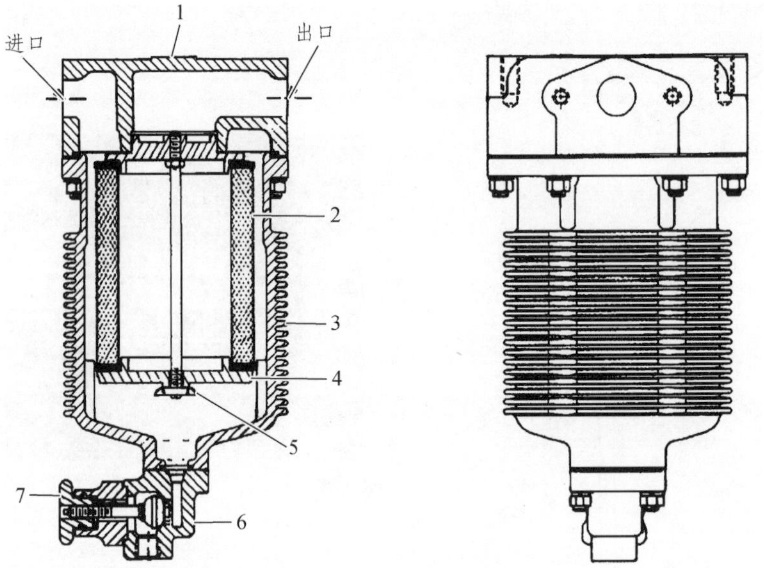

1—安装座；2—滤芯；3—底盖；4—座圈；5—碟型螺母；6—适配器；7—排放阀组件。

图 3.46　SALEM975-075 型空气精滤器

8. 单向止回阀

单向止回阀又称单向阀或逆止阀，是只允许空气朝一个方向流通的阀。

在风源系统中装有 3 个单向止回阀。第一个安装在第一总风缸出风口至机车总风均衡管的管路上；第二个安装在空气干燥器出风口至机车总风均衡管的管路上；第三个安装在第二总风缸的进风口处。3 个止回阀的作用分别为：

第一个止回阀：如果本机的空气压缩机不起作用，则列车编组中的其他机车的总风均衡管内的压缩空气可以流经该止回阀进入本机的空气系统。

第二个止回阀：通过该止回阀，本机的压缩空气向机车总风均衡管充风。止回阀安装于空气干燥器之后，可以保证压缩空气经机车总风均衡管供给其他机车之前经过干燥。

第三个止回阀：压缩空气通过该止回阀导入第二总风缸。可阻止压缩空气返回第一总风缸。因此，第一总风缸因故障排气后，第二总风缸仍可保持空气压力，为制动系统提供压缩空气。

二、DF_{4B}型内燃机车风源系统

DF_{4B}型内燃机车的风源系统最初主要由两台 NPT5 型空气压缩机、NT1 型油水分离器、两级总风缸、集尘器及其他附件组成，其工作原理如图 3.47 所示。

DF_{4B}型内燃机车设有两个容量都为 625 L 的总风缸，用于储存空气压缩机所产生的压缩空气，通过相应的空气管路输往各用风装置。

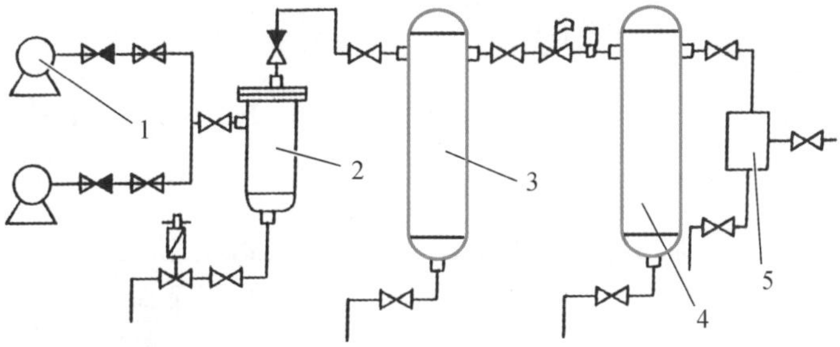

1—空气压缩机；2—油水分离器；3—总风缸 1；4—总风缸 2；5—集尘器。

图 3.47　DF_{4B}型内燃机车的风源系统工作原理图

1. 空气压缩机

NPT5 型空气压缩机是一种常用的空气压缩机，目前为止，它也是机车中使用较多的一种空气压缩机。它是由 110 V 直流电动机驱动，在 1 000 r/min 额定转速下供风量为 2 400 L/min，最大排气压力为 900 kPa，主风缸压力范围 750 ~ 900 kPa，即当主风缸压力低至 750 kPa 时两台空气压缩机同时启动向主风缸供风，当主风缸压力达到定压 900 kPa 时两台空气压缩机同时关闭，停止打风。空气压缩机除向空气制动系统供风外，还向自动控制系统和撒砂系统供风。当环境温度小于 30 °C 时，它仍能够连续稳定运转。NPT5 型空气压缩机是三缸、立式、风冷、两级压缩的活塞式空气压缩机。NPT5 型空气压缩机主要由运动部件、空气压缩系统、润滑系统和冷却系统组成，其结构如图 3.48 所示。

图 3.48　NPT5 型空气压缩机实物及安装位置图

NPT5 型空气压缩机的工作原理：电动机通过联轴器将动力输入，然后带动空压机的曲轴按指定的方向做旋转运动。由于连杆的作用，带动装在连杆小端的活塞在气缸内做活塞运动。在活塞的不停运动中，活塞的顶部与气缸之间形成进气和排气的空气压缩过程。

NPT5 型空气压缩机技术参数如下。

容积流量（m^3/min）：2.4；进气压力（kPa）：101.325；额定排气压力（kPa）：900；

额定转速（r/min）：1 000：轴功率（kW）：≈22；旋转方向（从油泵端观察）：逆时针；

滑油温度（°C）：≤80；滑油压力（kPa）：440（1 ± 10%）；气缸数：一级气缸（2 个），二级气缸（1 个）；

活塞直径 × 行程（mm）：低压（125 × 130），高压（101.6 × 130）；冷却方式：风冷。

2. 油水分离器

空气压缩机至空气干燥器之间的管路上设有油水分离器，用以消除空气压缩机出来的压缩空气中的液态（油、水）粒子及尘埃等，以减轻干燥剂的吸附负荷及油粒子对干燥剂的污染。

油水分离器结构主要由上体、下体装配、滤芯、导向器、挡罩及弹簧等组成。其结构如图 3.49 所示。

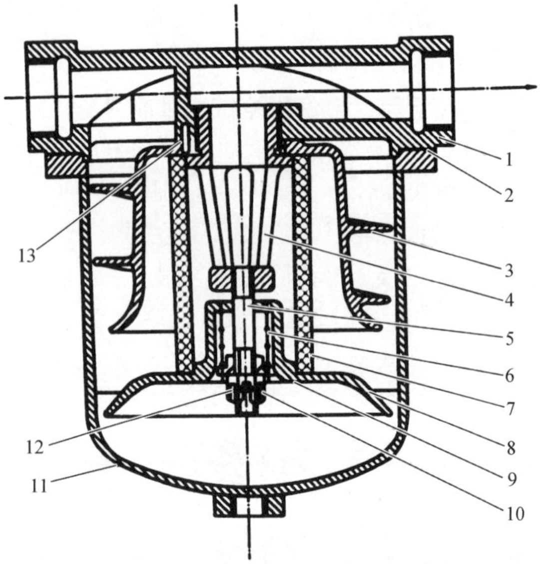

1—上体；2—垫；3—导向器；4—心柱；5—螺栓；6—弹簧；7—滤芯；8—挡罩；9—弹簧座；10—螺母；11—下体装配；12—开口销；13—定位销。

图 3.49　内燃机车油水分离器

油水分离器的作用原理是由空气压缩机输送来的压缩空气，从进风端进入油水分离器的外侧空间，由于导向器外部具有螺旋形的导向片，使空气形成旋流状态，在离心力的作用下，将一部分油、水和机械杂质分离出来并沿筒体内壁落入挡罩的下部空间，提高空气质量，减少空气系统在机车运用中的故障。为了使油、水和机械杂质等能够及时排出，在总风缸和油水分离器的下方装有排污塞门，用于排除总风缸和油水分离器内的油、水和机械杂质。

3. 干燥器

目前机车上所使用的压缩空气直接来源于大气，大气中除了气体外还含有大量的水蒸气、尘埃等杂质，而且空气压缩机在工作过程中有一部分雾状润滑油混入。在列车运行当中，这些杂质极易加速制动系统运动件的磨损，并对一些橡胶件形成腐蚀，造成漏气或因机械杂质堵塞而引发垫住阀口、堵塞气路、卡死柱塞等故障，导致机车制动失灵。因此通常在油水分离之后增加空气干燥环节，以起到去除压缩空气中的水蒸气的作用，对保证行车安全、延长制动机检修周期和使用寿命有良好的效果。

JKG1 型空气干燥器是一种无热再生双塔式可连续工作的压缩空气除湿装置，其由干燥塔、电控器、进气阀、排气阀、电控阀等组成，它是风源净化系统的重要部件，用以消除压缩空气中的油分、水分、沙尘、飘尘等杂质，其工作原理如图 3.50 所示。

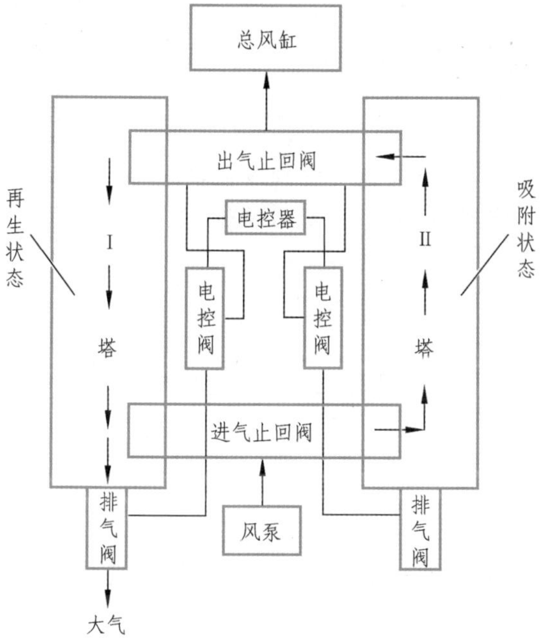

图 3.50　内燃机车空气干燥器工作原理图

【任务实施】

提出问题：在本任务中，我们共同学习了内燃机车空气管路系统的组成，现在请同学们回顾本任务，思考空气管路系统的组成。

具体方案：可随机抽选 10～20 人，或分组模拟，或点名问答。构建积分卡与课堂奖励加分互通的激励模式，增强学生学习兴趣。

【任务拓展】

线下反思，两人一组互相提问，完成课后作业，查漏补缺，复习巩固；线上互动，与老师在线交流，完成线上考核，师生互促，共同提高。

任务八 认识风动器械

【任务导入】

风动器械可以有效降低机车用电能耗，因此在机车上应用广泛。在掌握机车空气管路系统的组成和特点后，欲知机车各风动器械的组成特点和功能原理，就让我们依托图文辨识能力，怀抱兢兢业业、锐意进取、诚信友爱的职业道德和业务素养的"敬业情"，进入到风动器械的组成特点和功能原理的学习。

【知识储备】

风动器械是机车的重要组成部分。在本任务中，我们将围绕撒砂器、风喇叭、电空阀和刮雨器等风动器械的组成特点和功能原理进行讲解。

一、撒砂装置

撒砂装置主要由撒砂器、砂箱和司机室控制的撒砂阀组成。SS_{4G}型机车和 SS_9型机车采用脚踏开关替代脚踏阀控制撒砂。

1．撒砂器

撒砂器结构如图 3.51 所示。

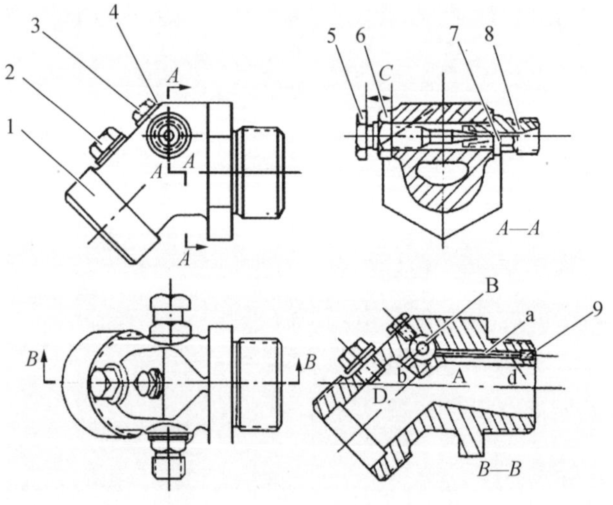

1—撒砂器体；2，3—螺塞；4—垫圈；5—调整螺丝；6—半光扁螺母；7—垫圈；8—风管接头；9—螺钉。

图 3.51　撒砂器结构

压缩空气经风管接头 8 进入 B 室后，一部分压缩空气沿孔 a 从小孔 d 吹出（见 *B—B* 剖面图），将进入 A 室的砂子吹散；而大部分压缩空气则从孔 b 吹出，将从 A 室进入 D 室的砂子顺着撒砂管吹到车轮前方的轨面上。压缩空气量可以通过调整螺丝 5 改变 *C* 尺寸来调节，压缩空气通路的大小由针阀来控制调节。螺塞 2 和 3 的孔，用来清扫和检查撒砂器。

2. 脚踏开关

撒砂脚踏开关和低音风喇叭脚踏开关的结构完全相同。其结构如图 3.52 所示。脚踏开关的踏板 5 在没有施加外力时所处位置如图所示，踏板 5 仅与行程开关 7 的拨臂接触。当踏下脚踏板 5 时，踏板 5 克服扭簧 4 的作用，将绕轴销 3 转动，从而压动行程开关 7 的拨臂转动，使行程开关的触点改变，撒砂电空阀或风喇叭电空阀将得电，控制撒砂器或低音喇叭。

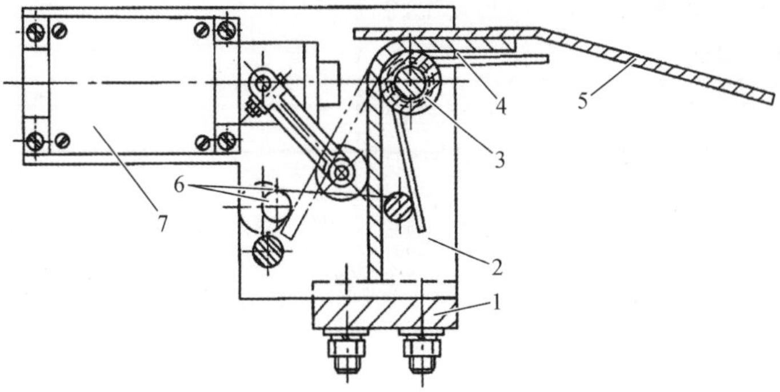

1—安装板；2—侧板；3—轴销；4—扭簧；5—踏板；6—挡销；7—行程开关。

图 3.52　脚踏开关结构图

二、风喇叭和后视镜

1. 手动喇叭控制阀

手动喇叭控制阀是一种柱塞阀，结构如图 3.53 所示。它安装在司机台面板下方，主要由

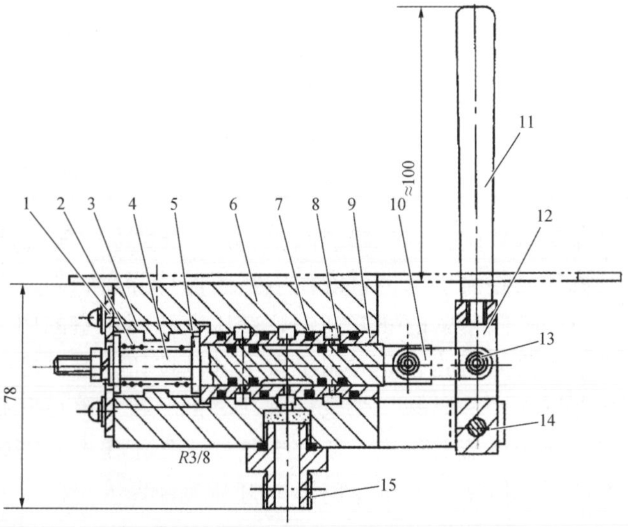

1—挡板；2—弹簧；3—定位套；4—柱塞；5—挡圈；6—阀体；7，8—O 形圈；9—柱塞套；10—连接板；11—手把；12—活动杆；13—圆柱销；14—轴销；15—管接头。

图 3.53　手动喇叭控制阀结构

手把、连接板、柱塞、定位套、挡板、阀体、销轴、圆柱销等组成。仅露出手把 11 于台面上。左右两边凹槽为两个输出口。柱塞 4 的向左或向右移动，经凹槽可使输入口分别与左端或右端输出口连通，从而实现一个阀分别控制两个风喇叭。

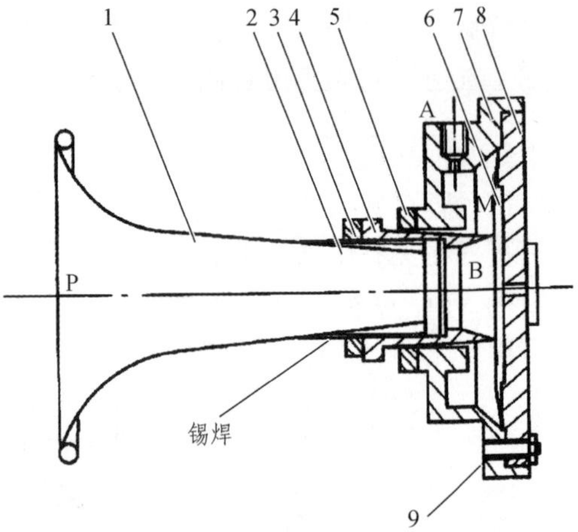

1—喇叭筒；2，4—筒套；3，5—锁紧螺母；6—膜片；7—喇叭体；8—盖板；9—螺钉。

图 3.54　高音风喇叭结构

2. 高、低音风喇叭

高、低音风喇叭的结构基本相同，只是高音喇叭比低音喇叭的喇叭筒短一些，因此它们发出的音调不同。风喇叭的结构如图 3.54 所示。总风由 A 孔进入 M 室腔内，使膜板右凹，到 B 室和喇叭筒 P 的通路此时开通，压缩空气排入大气后，M 室压力降低，膜片反弹复位，M 室内压力再次升高，膜片再次鼓起，令膜片不断地左右振动，使喇叭筒产生共振而发出声响。筒套 2 和 4 用来调节喇叭音响，调到最佳声响后，用锁紧螺母 3 和 5 将筒套 2、4 锁紧。

三、保护电空阀和门联锁阀

在机车受电弓升起时，为了保证与高压区的隔离，在升弓通路中设置了保护电空阀和门联锁阀，起到联锁保护作用，其工作原理如图 3.55 所示。

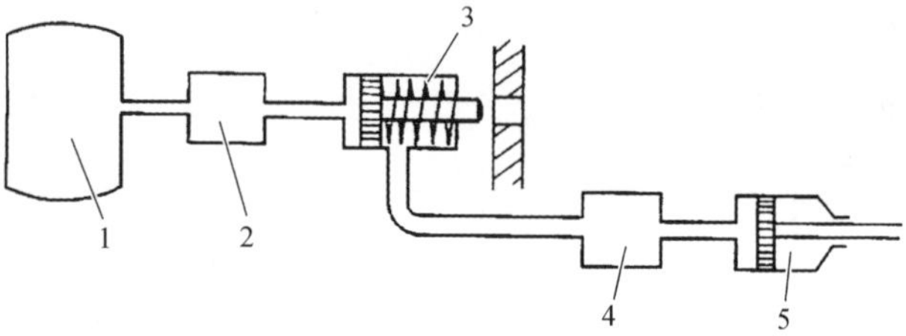

1—风缸；2—保护电空阀；3—门联锁阀；4—升弓电空阀；5—升弓风缸。

图 3.55　门联锁阀和保护电空阀配合工作原理

压缩空气由风缸经保护电空阀送到门联锁阀时，由于保护电空阀就是一个闭式电空阀，只要线圈有电（无论交流还是直流供电）就能使电空阀保持开启状态，保证供给门联锁阀压缩空气。由于有风压，门联锁阀紧紧的插好插销，变压室和高压室的门就不能被打开。同时开启了压缩空气去升弓电空阀的通路，此时司机按下升弓按钮，升弓电空阀线圈有电，升弓电空阀开启，压缩空气即进入升弓风缸，受电弓升起。机车在受电弓升状态由于保护电空阀线圈的交流线圈通过零压保护整流器整流，使电空阀始终处于得电状态，门联锁阀通路保持开通闭锁状态，从而保证了高压室和变压室门不能打开，确保人身安全。

四、刮雨器

为在雨雪天刮去司机室前玻璃上的水珠，使瞭望视线清晰，以确保行车安全，SS_{4G} 型、

SS_9 型、SS_{7E} 型机车均在两端司机室两侧各装有一套气动双杆刮雨器。刮雨器的全套装置包括刷杆机构、风动传动装置和进风阀。雨刷受风动传动装置的驱动而进行摆动。进入传动装置的风量大小由进风阀调节，从而控制刮雨器的摆动频率。有时可根据需要手动操纵雨刷。

1．刷杆机构

刷杆机构由橡胶刮板 10、连杆 9、摆杆 8、摆杆撑 4、摆杆头 1 和弹簧 5 等组成，如图 3.56 所示。

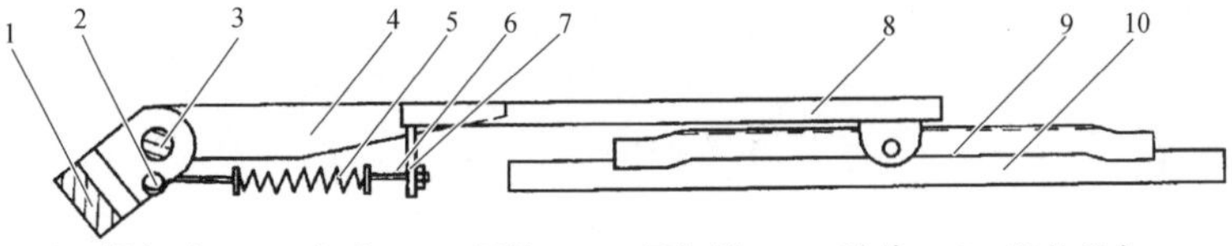

1—摆杆头；2—销子；3—螺栓；4—摆杆撑；5—弹簧；6—调整螺杆；
7—支撑；8—摆杆；9—连杆；10—刮板。

图 3.56　刷杆机构

刷杆机构装设在玻璃窗外面，由传动装置驱动而往复摆动，刮板就会把玻璃上的雨雪刮去。弹簧机构可使刮板紧压在玻璃上，用调整螺杆可调整其压力的大小。

2．风动传动装置

风动传动装置，是刷杆机构实现摆动的驱动机构，是刮雨器装置的核心组件，构造很复杂，如图 3.57 所示。

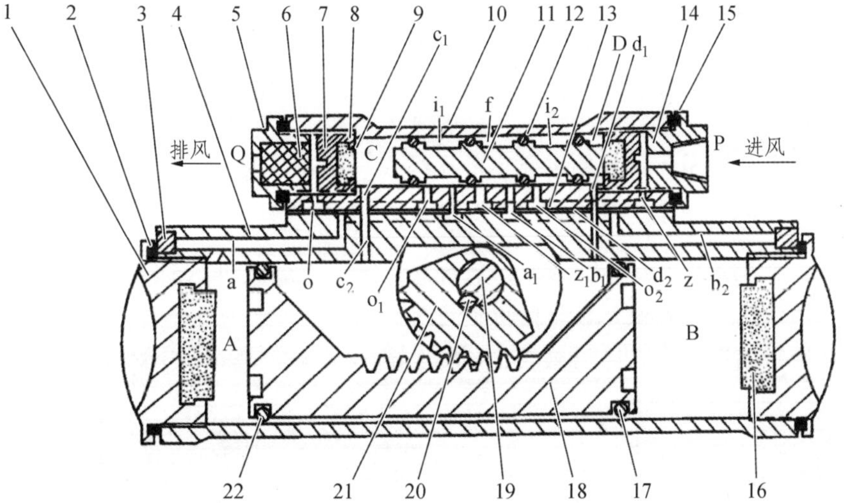

1—风缸堵；2，8—橡胶垫；3，7—堵；4—风缸体；5—排水堵；6—毛毡；9，16—止挡；
10—换向体阀；11—换向活塞；12，17，22—O 形橡胶密封圈；13，15—胶垫；
14—进风堵；18—齿条；19—轴；20—键；21—扇形齿轮。

图 3.57　刮雨器风动传动装置结构

（1）风动传动装置的构造。

风缸体 4 由两端的风缸堵 1 将其封闭，风缸体内安装有活塞齿条 18，齿条两端分别装有 O 形橡胶密封圈 17 和 22，从而把左、右侧密封空间分为 A、B 两室。齿条与装在轴 19 上的扇形齿轮 21 相啮合。轴 19 的一端穿过窗框伸出窗外，端部安装刷杆机构。当齿条往复运动时，与其啮合的扇形齿轮则往复转动，带动刷杆机构紧贴玻璃往返摆动。轴 19 的另一端装有手柄，可用手扳动转动刷杆机构刮板。两端的风缸堵 1 上设有橡胶止挡 16，用来缓和齿条往复运动时产生的冲击。在风缸体上面，装设换向阀体 10，在换向阀体两端分别设有进风堵 14 及排风堵 5，进风堵 14 上有进风孔 P，排风堵 5 上有排风孔 Q。同时，在进排风堵 14 里面，还装有密封堵 7，堵上装有橡胶止挡 9，起缓冲作用。在换向阀体内，装有换向活塞 11，换向活塞上有 4 圈 O 形橡胶密封圈 12。因此，在换向活塞与换向阀体之间形成 5 个互相密封的室，从左端向右分别为 C，i1，f，i2 与 D 室。

另外，在风缸缸体和换向阀体之间，还设有以下空气通道：

① 排风通道 o、o_1 和 o_2，有暗道相通；

② 进风通道 z、z_1，有暗道相通；

③ a、a_1 通 A 室，有暗道相通；

④ b_1、b_2 通 B 室，有暗道相通；

⑤ c_1、c_2 通 C 室，为贯通孔；

⑥ d_1、d_2 通 D 室，为贯通孔。

（2）风动传动装置的作用原理。

当风动传动装置接通风源时，压缩空气进入风口 P，先后经过通路 z、z_1、f、b_1、b_2 后进入 B 室，从而推动齿条 18 左移。同时 A 室内的压缩空气经过通路 a、a_1、t_1、o_1、o、Q 后向外排出；当齿条 18 上的 O 形橡胶密封圈 17 移动到 d_2 通路左侧时，B 室内的压缩空气经通路 d_2、d_1 进入 D 室，推动换向活塞 11 移至最左端位置，此时 b_1 与 o_2 连通 i_2 室，z_1 与 a_1 连通 f 室，B 室内的压缩空气经过通路 b_2、b_1、i_2、o_2、o→Q 向外排出；此时压缩空气由进风口 P 经通道 z、z_1、f、a_1、a 后进入 A 室，推动齿条右移，当齿条上的 O 形橡胶密封圈 22 移到 c_2 通路右侧时，A 室压缩空气经过通路 c_2、c_1 后进入 C 室，推动换向活塞移至最右端位置。传动装置开始进行下一次循环。只要进风口的压缩空气不断，就一直循环下去。

3. 电动刮水器

HXD_3 型交流传动货运电力机车电动刮水器，固定在电力机车前风挡玻璃上，用来清除玻璃上的雨雪、污垢，以确保驾驶员的可见度。

电动刮水器由电机总成、传动总成、刮臂总成、刮刷总成 4 部分组成，如图 3.58 所示。

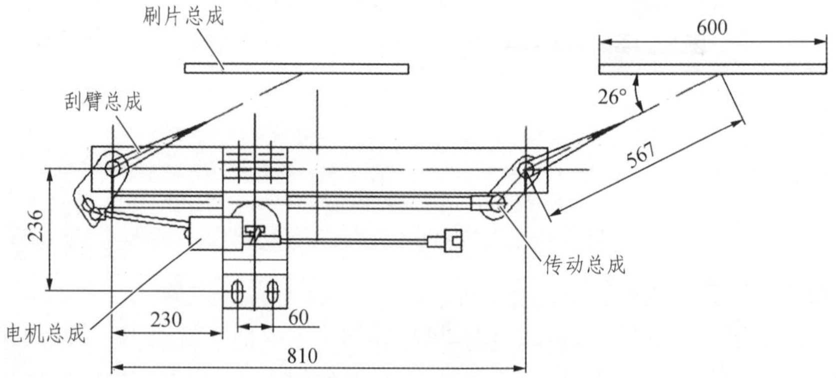

图 3.58 刮水器总成

（1）电机总成：电机有双速、自动回位功能。工作电压为 110 V，输出功率 120 W，插接件为六线。

（2）传动总成由从动杆、从动臂、固定架、传动连杆、轴承、固定套、雨刮轴等部件组成。轴承采用铜基含油轴承。

（3）刮臂总成由刮杆、刮杆臂接头、拉簧等组成。表面采用塑料喷涂防腐。

（4）刮刷总成由胶条、刮架、连接头等组成。胶条采用丁腈橡胶，表面氯化处理。

接通电源，开关“0”位为刮刷回位位置，即平行风挡玻璃右下沿 20 mm 处，开关“1”位为慢速，开关“2”位为快速。当小雨时可用低速，大雨时可用高速。

电压：100 V 直流。

电机：120 W 双速，高速 45 ~ 65 次/min，低速 30 ~ 45 次/min，高低速相差 15 次/min 以上。

【任务实施】

提出问题：在本任务中，我们共同学习了风动器械的组成特点和功能原理，现在请同学们回顾本任务，思考各风动器械的组成特点和功能原理。

具体方案：可随机抽选 10 ~ 20 人，或分组模拟，或点名问答。构建积分卡与课堂奖励加分互通的激励模式，增强学习兴趣。

【任务拓展】

线下反思，两人一组互相提问，完成课后作业，查漏补缺，复习巩固；线上互动，与老师在线交流，完成线上考核，师生互促，共同提高。

小 结

机车空气管路系统由风源系统、制动机管路系统、控制管路系统和辅助管路系统 4 大部分组成。风源系统是负责生产、储存、调节控制压缩空气，并向车上管路系统提供所需要的高质量、洁净、干燥和稳定的压缩空气的系统。控制管路系统分为 3 种工况：正常运用时的总风缸供风，库停后的控制风缸供风和库停后的辅助压缩机供风。辅助管路系统主要由撒砂器、风喇叭和刮雨器等辅助受控装置组成。

通风机根据其结构原理和风压的差别可分为离心式通风机和轴流式通风机两大类。它们均在机车通风系统中得到应用。为了使一台通风机能冷却多台设备，通常采用支路通风和进出口通风的方式。SS_{4G} 型电力机车通风系统由牵引通风系统、主变压器油散热器通风系统和制动电阻柜通风系统 3 大通风系统组成。HXD_3 型电力机车通风系统主要包括牵引电动机（M1 ~ M6）通风、主变压器（MT1）与牵引变流器（UM1、UM2）冷却的复合冷却通风、辅助变流器（UA11、UA12）通风、司机室通风（EV11、EV12）、空气压缩机通风和车内通风（包括卫生间）等通风系统。HXN_5 型内燃机车通风系统由牵引电动机冷却系统和辅助室/交流发电机冷却系统组成。DF_{4B}型内燃机车由电气室通风系统、动力室通风系统，冷却室通风系统组成。

复习思考题

1. 电力机车空气管路系统由哪几部分组成？
2. 电力机车风源系统主要由哪些部件组成？各部分有何功能？
3. SS_{4G}型电力机车控制管路系统向哪些电气设备提供压缩空气？
4. 绘图说明 SS_{4G}型电力机车控制管路系统工作情况。
5. 简述 SS_{4G}型电力机车辅助管路系统的组成。
6. HXD_3型电力机车风源系统主要由哪些部件组成？
7. 简述 HXD_3型电力机车辅助管路系统由哪些部件组成。
8. 撒砂器的构造作用和调整方法是什么？脚踏开关的结构和工作原理是什么？
9. 画出保护电空阀和门联锁阀的结构示意图，说明其设置目的和工作原理。
10. 试述刮雨器的组成、工作原理和使用方法。
11. 机车设置通风系统有什么作用？
12. 通风机的类型有哪些？各有什么特点？
13. 说明 HXD_3型电力机车通风系统组成和 6 大通风系统冷却风的径路。
14. 简述 HXN_5型内燃机车通风系统的组成，及各部分作用。
15. 简述 DF_{4B}型内燃机车通风系统的组成，及各部分作用。
16. 机车风源系统主要由哪些部件组成？

项目四 转向架

转向架是机车的走行部分，它对机车动力学性能、牵引性能和安全性能起着决定性的作用。随着机车向高速和大功率方向发展，对转向架的性能提出了新的要求，转向架的结构、设计和工艺都有了新的发展。本项目学习机车转向架的作用、类型、组成结构和检修方法，要求大家保有“时时放心不下”的责任感，对转向架完成结构认知、力学分析和检修实操。

知识目标：

1. 掌握转向架的构架、轮对、轴箱、弹簧悬挂及电机悬挂等装置的组成和结构；
2. 熟悉转向架各部分功能及技术参数；
3. 掌握走行部的检修流程。

能力目标：

1. 会按照走行部检修流程进行日常的检修、保养和维护；
2. 具备转向架运动状态和震动模式的分析能力。

素养目标：

1. 培养“时时放心不下”的责任感，保障铁路行车行稳致远；
2. 培养精益求精、一丝不苟的工匠精神；
3. 培养热爱劳动的品质。

任务一 认识转向架

【任务导入】

现在你要开启机车转向架部分知识的学习，转向架是机车的重要组成部分，它的结构和性能，对整个机车的运行速度、走行品质、安全性能起着决定性的作用。所谓“千里之行，始于足下”，认识和了解转向架的概述知识将为这部分的学习奠定重要的基石。那么，究竟什么是转向架，它的作用、类型、组成究竟是怎样的？下面让我们一起为转向架画个“素描”吧。

【知识储备】

一、转向架的作用

（1）承重。承担机车上部电气、机械设备的重力，包括车体、动力装置以及各种辅助装置和电机电器设施，并把重力均匀分配给每个轮对。

（2）传力。在轮轨接触点产生轮周牵引力，并将其传给车体底架、车钩，牵引列车前进；产生必要的制动力，并将其传给车体底架、车钩，实现机车和列车速度控制及在规定的制动距离内停车。

（3）转向。在钢轨的引导下，实现机车在直线和曲线上运行，并保证机车曲线运行的安全顺利。

（4）缓冲。尽可能缓和线路不平顺对机车的冲击，保证机车运行的平稳性，减少运行中的动作用力及其危害。

二、转向架的组成和分类

转向架一船包括构架、轮对、轴箱、轴箱悬挂装置、牵引电动机及其悬挂、齿轮传动、基础制动装置等主要组成部分。这些装置组装在一起，使转向架成为一个复杂而又紧凑的整体部件。

1. 按轴数分类

按轴数分类，有 2 轴转向架和 3 轴转向架。普遍认为，2 轴转向架固定轴距较小，在曲线运行中的动力学性能比 3 轴转向架优越；3 轴转向架，由于其固定轴距长，直线运行中轮轨作用力和轮轨磨损较小，平稳性优于 2 轴转向架。具体选择 2 轴转向架还是 3 轴转向架，应根据线路、机车功率、速度、轴重要求等综合因素确定，如我国的 SS_1、SS_3、SS_9、HXD_3 等型电力机车采用 3 轴转向架 C_0-C_0 轴列式，SS_{4G}、SS_7、SS_8 型电力机车采用 2 轴转向架，SS_{4G}、HXD_1、HXD_2 型电力机车轴式为 2(B_0-B_0)，SS_8 型电力机车轴列式为 B_0-B_0，SS_7 型电力机车轴列式为 B_0-B_0-B_0。

2. 按传动方式分类

转向架按传动方式分类，有独立传动和组合传动两类。独立传动又叫单独传动或个别传动；组合传动又叫单电机传动。前者每根轴有一台电机进行驱动，后者整台转向架只有一台电机。独立传动方式，其传动装置比较简单，运行可靠性也较好，是目前世界各国普遍采用的传动方式。单电机传动方式，有利于增大电机功率（外形尺寸受转向架结构限制较小）；有利于减轻转向架和机车质量，降低制造成本；有利于机车黏着性能的改善。从 20 世纪 50 年代开始，法国一直在发展单电机组合传动转向架电力机车，目前已进入高速大功率阶段。

3. 按弹簧悬挂方式分类

转向架按弹簧悬挂方式分类，有一系悬挂和两系悬挂之分。转向架构架与轴箱之间的悬挂称为一系悬挂；转向架构架与车体底架之间的悬挂是二系悬挂。速度低的机车有的仅设一系悬挂，干线电力机车，尤其是高速机车，都采用既有一系悬挂，又有二系悬挂的两系悬挂方式。两系悬挂机车总的垂向刚度小而挠度大，动力性能好。

4. 按轴箱定位方式分类

转向架按轴箱定位方式分类，分为有导框轴箱定位和无导框轴箱定位两类。有导框定位是一种比较陈旧的定位方式，质量大，磨耗严重，目前只在少数内燃机车（国产东风、东风$_3$型内燃机车）和车辆转向架上采用。无导框定位又有多种不同的结构形式，普遍应用于现代机车转向架上。采用最普遍的是法国阿尔斯通式的轴箱拉杆橡胶关节定位形式。我国目前电力机车大都采用这种形式。

5. 按电机悬挂方式分类

转向架按电机悬挂方式分类，分轴悬式（抱轴式半悬挂）、架悬式（全悬挂）、体悬式（全悬挂）三大类。轴悬式电机悬挂，电机一部分支承在车轴上，一部分悬挂在转向架构架上，适用于速度较低的机车，国产 SS_1、SS_3、SS_4、SS_6 型等电力机车采用此种悬挂方式。架悬式电机悬挂，电机全部支承在转向架构架上，电机重力全部置于簧上，但传动装置比较复杂，一般速度在 120 ~ 140 km/h 以上的机车，必须采用全悬挂。我国产 SS_8、SS_9 型电力机车采用此种悬挂方式。体悬挂，指牵引电动机大部分或全部支承在车体底架上的悬挂方式。目前，国外一些超高速机车上采用此种悬挂方式。

三、SS_{4G} 型电力机车转向架

SS_{4G} 型电力机车有 4 台相同的转向架，转向架如图 4.1 所示。

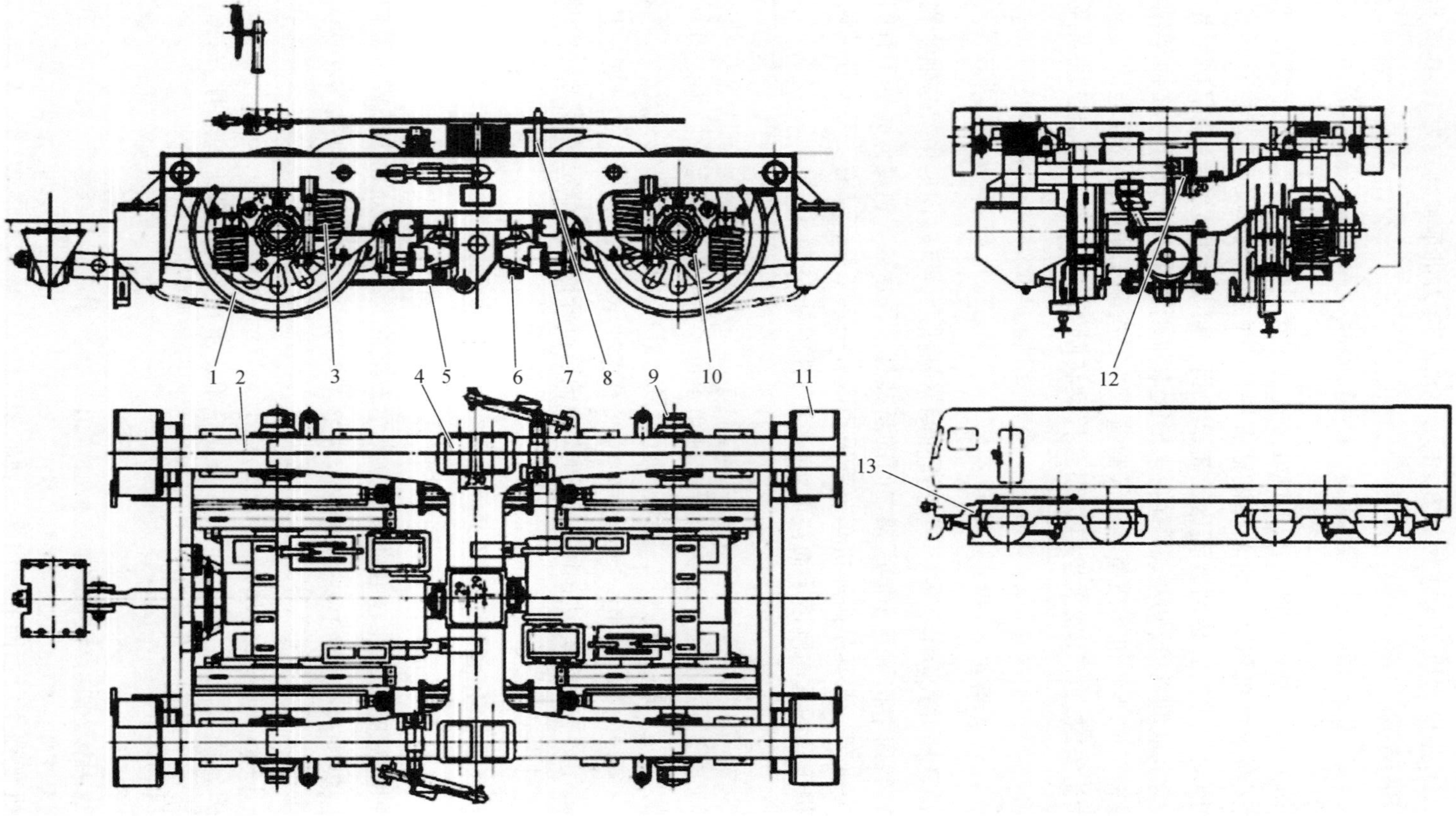

1—轮对电机驱动装置；2—构架；3—一系悬挂装置；4—二系悬挂装置；5—牵引装置；6—电机悬挂装置；7—基础制动装置；8—手制动装置；9—防空转传感器；10—整体起吊连接装置；11—砂箱装置；12—限位装置；13—轮轨润滑装置。

图 4.1　SS_{4G} 型电力机车转向架

SS_{4G}型电力机车转向架的主要特点有：

（1）一系悬挂采用轴箱螺旋钢弹簧与弹性拉杆定位的独立悬挂结构，并配置垂向油压减振器；二系悬挂采用全旁承橡胶堆加横向油压减振器和摩擦减振器的简单悬挂结构。

（2）牵引力、制动力传递为斜拉杆低位牵引方式。

（3）轴箱轴承均采用能承受轴向力和径向力的圆柱滚子轴承。

（4）牵引电机悬挂方式为刚性半悬挂。

（5）构架受力状态和结构合理，工艺性好。

（6）基础制动采用单边高摩合成闸瓦。

四、HXD_3型电力机车转向架

HXD_3型电力机车有两台完全相同的转向架，转向架如图 4.2 所示。

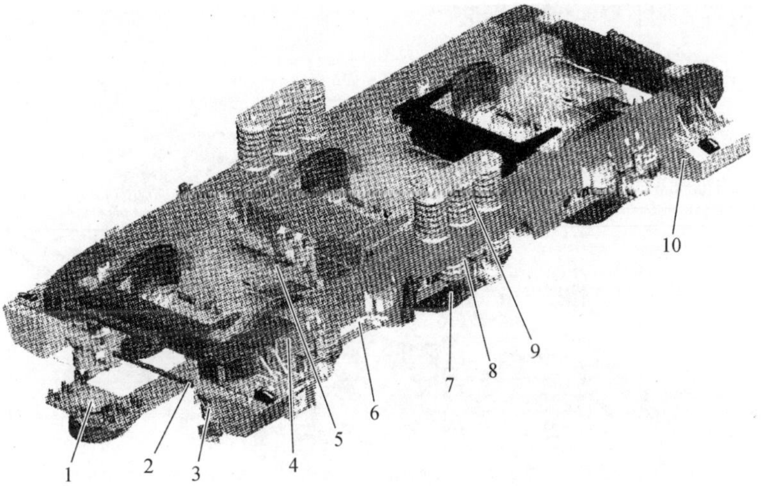

1—牵引装置；2—排石器；3—基础制动装置；4—构架；5—电动机悬挂装置；
6—轮缘润滑装置；7—轮对；8—一系悬挂（轴箱）装配；
9—二系悬挂（支承）；10—砂箱。

图 4.2　HXD_3型电力机车转向架

为使机车获得良好的动力学性能，保证机车运行的安全可靠，作为重载货运牵引的电力机车，在满足各项基本性能要求的前提下，设计转向架结构时，着重考虑机车黏着重量的利用率。该转向架具有如下的结构特点：

（1）牵引电机采用内顺置布置。这种布置可使机车在牵引工况获得较小的轴重转移，为此现在大多数机车转向架均采用牵引电机内顺置。

（2）低位推挽式单牵引杆结构。加以合理的悬挂参数选择，使机车轴重转移减小，满足机车牵引要求。

（3）构架刚度和强度高，侧架与端梁、横梁连接处采用圆弧连接的结构形式，降低连接处的应力集中。

（4）二系悬挂高圆弹簧组每侧一组由 3 个弹簧组成，这种布置使弹簧接近回转中心，可减小弹簧的回转位移，降低弹簧的剪切应力。

（5）一系弹簧采用单圈、小静挠度值，使一、二系弹簧参数搭配趋于合理。

（6）基础制动采用 KNORR 公司的轮盘制动，使轮对受理形式较踏面制动更加合理。

（7）驱动装置采用德国 VOITH 公司设计的滚动抱轴式半悬挂结构。抱轴箱体（cannonbox）采用高强度、高冲击韧性的球墨铸铁材料，与“U”形管式抱轴箱（U-tube）相比，装配结构更加简单，适用性强。

五、HXN_5 型内燃机车转向架

HXN_5 型内燃机车转向架是在 2006 年从美国 GE 公司进口用于青藏铁路的 NJ2 型内燃机车转向架基础上改进的，为单独驱动的 3 根动轴、传统导框式轴箱定位、焊接构架、浮动中心销牵引的无摇枕转向架。

主要部件由构架、轴箱及其定位结构、弹簧悬挂及减振器、轮对电机驱动装置、牵引装置、基础制动装置、附件（轮缘润滑装置、排障器、清扫器、撒砂装置）等组成，其结构如图 4.3、图 4.4 所示。

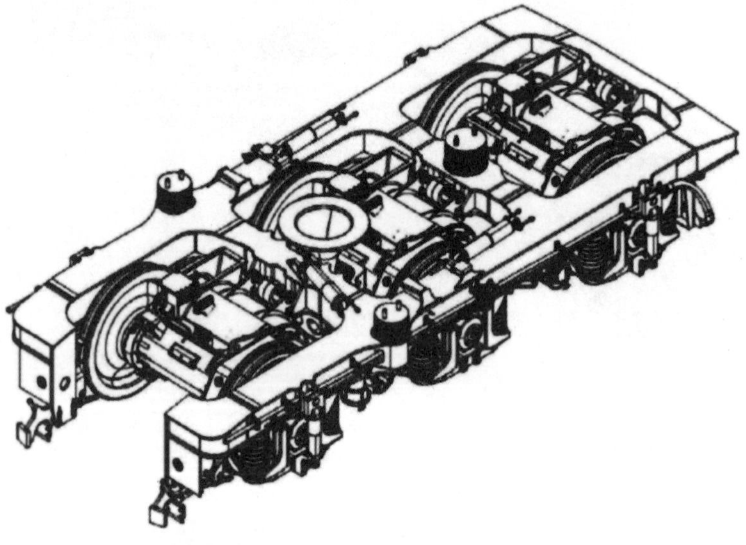

图 4.3　HXN_5 型机车转向架（一）

该转向架具有如下结构特点：

（1）转向架的设计满足在环境温度 – 40 ~ +45 °C 下的运用要求。

（2）采用两台 25 t 轴重三轴高黏着转向架。

（3）轴箱定位方式：导框式轴箱定位结构。

（4）轮对由牵引电动机驱动。牵引电动机顺置排列。

（5）牵引电动机悬挂方式：滚动轴承抱轴悬挂。

（6）采用中心销牵引方式。

（7）3 个橡胶堆式旁承承受着垂向负荷并允许转向架与车体之间可以相对自由横向运动和摇头运动。在转向架构架顶面与车体底部用一个横向液压减振器来衰减两者之间的相对横向振动。

（8）6 个空气驱动的单元制动器，制动时通过闸瓦作用在车轮踏面上，分别对转向架 6 个车轮提供制动。单元制动器具有闸瓦间隙自动调整功能，以补偿闸瓦的磨耗。

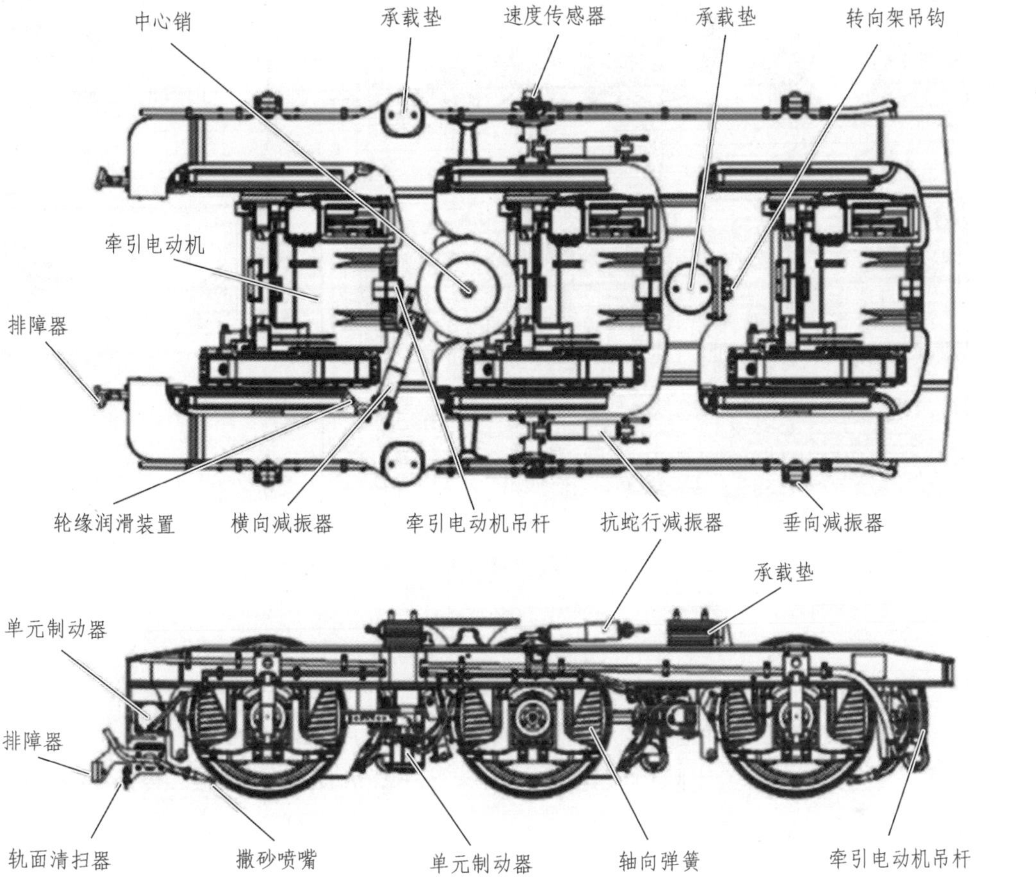

图 4.4　HXN_5 型机车转向架（二）

（9）每台转向架有两只单元制动器具有停放制动功能。

（10）每台转向架的中间轴位有一只轴箱上（非齿侧）装有机车速度传感器。

（11）在转向架构架的两端装有一个高度可调的支架，支架上装有撒砂喷嘴。支架高度可以提升以补偿车轮磨耗。

（12）转向架具备整体起吊功能。

六、DF_{4B} 型内燃机车转向架

DF_{4B} 型内燃机车是客、货两用机车，要求转向架通用，因此在转向架的设计上应同时满足客运和货运牵引要求。货运机车牵引吨位大，应有足够的牵引力、减小轴重转移、提高黏着质量利用率，防止空转。其走行部为两台可以互换的 C_0（三）轴式转向架，采用拉杆式轴箱、牵引杆机构、全焊接构架，如图 4.5 所示。

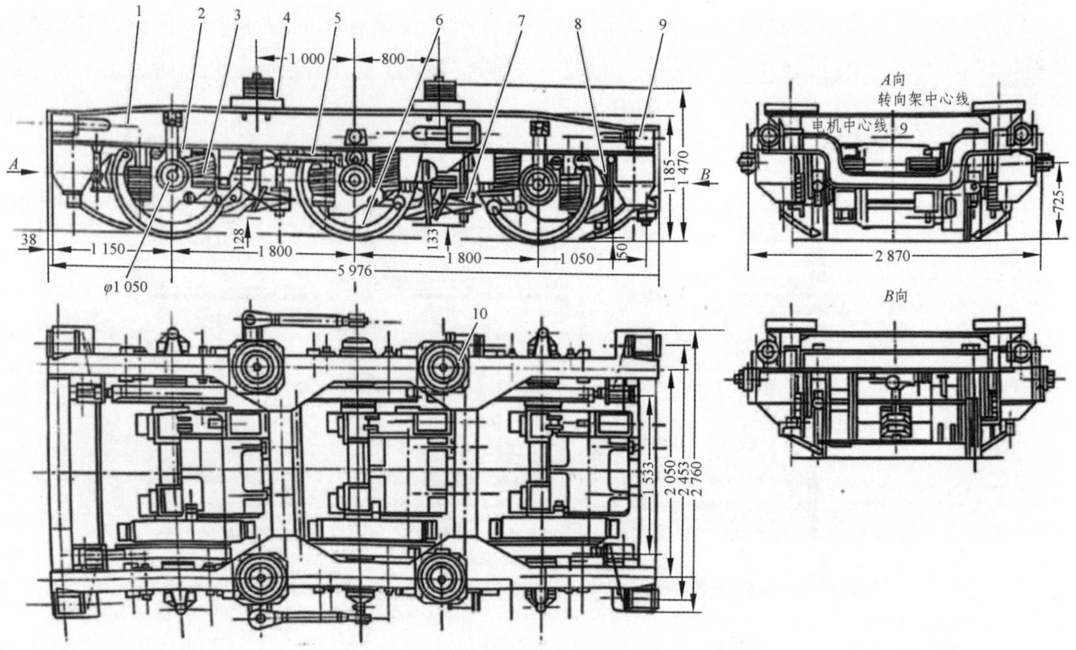

1—构架；2—轴箱；3—弹簧装置；4—旁承；5—牵引杆装置；6—轮对；7—电动机悬挂装置；8—基础制动装置；9—砂箱；10—手制动拨叉。

图 4.5　DF_{4B} 型内燃机车转向架

该转向架具有如下结构特点：

（1）机车整个上部结构通过 8 个弹性摩擦旁承坐落在两台转向架上。

（2）每台转向架与车体间由一组低位平行四杆牵引杆机构相连，以传递牵引力和制动力。

（3）每个车轴上均悬挂一台牵引电动机，牵引电动机的一端用吊杆和橡胶堆组成的机构吊装在构架上，结构简单，改善了电动机的振动条件。

（4）转向架轴箱采用弹性拉杆定位，轴箱内采用滚动轴承。

（5）转向架具有二系悬挂，一系是轴箱弹簧，二系由橡胶圆饼串联组成，位于旁承上方，以吸收高频振动。

（6）在车架与转向架之间，设有弹性侧挡。当机车在曲线上运行时，弹性侧挡可与牵引杆的杆件系统形成一个中心区域，以便转向架绕此中心区域相对车体做回转运动。

（7）每个动轮均设有一个闸缸，采用单侧单闸瓦，并带有闸瓦自动调节器。

五、转向架力的传递

转向架的受力十分复杂，在运行中，除承受垂向重力、纵向和横向的水平载荷外，还常常经受很严重的动作用力。下面以 SS_{4G} 型电力机车为例，略述转向架力的传递过程，如图 4.6 所示。

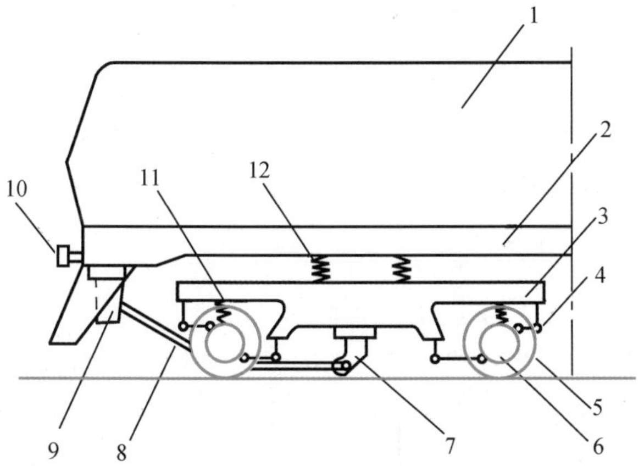

1—车体；2—车体底架；3—转向架构架；4—轴箱拉杆；5—车轮；6—轴箱；
7—构架牵引座；8—牵引拉杆；9—底架牵引座；10—车钩；
11—轴箱弹簧悬挂装置；12—车体支承装置。

图 4.6　转向架力的传递

（1）垂向力的传递。以车体及上部重力为例。钢轨对机车的垂向冲击作用力传递顺序与重力相反：

机车上部重力→车体支承装置→转向架构架→轴箱弹簧悬挂装置→轴箱→轮对→钢轨

（2）横向力的传递。以轮轨侧压力为例。车体所受的离心力、风力等横向力将按相反的传力顺序，由机车上部传向钢轨：

钢轨→轮缘→车轴→轴箱→轴箱拉杆→转向架构架→车体支承装置→车体底架→机车上部

（3）纵向力的传递。以牵引力、制动力为例：

轮轨接触点产生牵引力或制动力→轮对→轴箱→轴箱拉杆→转向架构架→牵引装置→车体底架→缓冲器→车钩

六、有关机车轴重、单轴功率和结构速度的概念

1. 轴　重

机车在静止水平状态下，每个轮对作用在钢轨上的质量，称为轴重。轴重越大，机车每根轴所能发挥的黏着牵引力也越大。然而轴重越大，机车运行中对线路的影响和破坏性也越大。同样质量的机车，轴数多则轴重小，轴数少则轴重大；线路质量好，运行速度低，轴重可以加大；反之，线路质量差，运行速度高，轴重必须减小。

世界各国对轴重并无统一规定，视具体情况而定。一般速度低于 100 ~ 120 km/h 的机车，轴重限制为 22 ~ 23 t；结构速度为 160 ~ 200 km/h 的机车，轴重限制为 19 ~ 21 t；结构速度为 200 ~ 250 km/h 的机车，轴重限制为 16 ~ 17 t。如果不符合这个限制，则需改变机车轮轴的配置。

美国铁路在20世纪80年代前，偏重发展重载牵引，所以轴重较大。那时制造的GM108型电力机车，轴重达29.7 t。

我国电力机车，轴重大多数在23 t以下（SS_{4G}型电力机车轴重为23 t，SS_9型电力机车轴重为21 t，HXD_3型电力机车轴重：无配重为23 t，加配重为25 t）。

2. 单轴功率

机车每根轮轴所能发挥的功率，称为单轴功率。

单轴功率反映了机车牵引电动机和转向架的制造水平。在相同轴重下，单轴功率越大，机车所能达到的运行速度越高。单轴功率应根据运行速度和牵引力的设计要求而定。西欧各国发展的结构速度大于200 km/h的机车，其单轴功率普遍大于1 000 kW；结构速度达到160 km/h的机车，其单轴功率一般大于800 kW；德国E120型电力机车，其小时制单轴功率达1 400 kW。我国电力机车单轴功率也在不断提高，SS_{4G}型电力机车单轴功率为800 kW，SS_9型电力机车单轴功率为900 kW，HXD_3型电力机车单轴功率为1 200 kW。

3. 结构速度

转向架在结构上所允许的机车最大运行速度，称为机车的结构速度。

结构速度也是反映机车和转向架设计制造水平的重要参数。在高速下运行的机车，同样必须保证运行的平稳性和各零部件的正常使用寿命，这就对转向架的结构、工艺等方面提出了更高的要求。

追求高速是世界各国普遍的趋势，德国ICE高速列车于1988年5月达到406.9 km/h高速试验纪录，法国TGV高速列车于2007年4月3日创造了574.8 km/h的轮轨系列车的世界高速纪录。

我国铁路的发展方向也是重载、高速，随着铁路的六次大提速，对机车速度的要求越来越高，SS_{4G}型电力机车的结构速度为100 km/h，SS_9型电力机车的结构速度为170 km/h，HXD_3型电力机车的结构速度为120 km/h，2002年，“中华之星”动车组创造了321.5 km/h的试验速度；2010年12月3日，在京沪高铁枣庄至蚌埠区间，“和谐号”CRH380A型高速动车组跑出了最高运行速度486.1 km/h，刷新世界铁路运营试验最高速；2011年12月，更高速度试验列车CIT500，在高速列车国家工程实验室中创造了605 km/h的最高轮轨试验速度；2016年7月15日，两辆中国标准动车组（后改名为复兴号动车组），以420 km/h的速度在郑徐高铁成功完成交会试验。

【任务实施】

通过以上知识储备，你是否掌握了转向架的基本知识？请你任意选择一张机车转向架的实物图片，对照确认转向架的类型、各组成部分及力的传递过程，并制作图文并茂的电子说明书。

【任务拓展】

两人一组，玩“转向架部件你说我猜”游戏，一人看转向架部件的实物图片并描述部件的作用、类型、安装位置等信息（直接说出部件名称无效），另一人根据搭档描述猜出部件名称。

任务二 转向架构架解析

【任务导入】

构架是转向架的重大部件之一，是转向架众多部件连接的基本件，亦是承载和传力的基体。机车运行中，构架除承受垂向重力、纵向的牵引力、制动力及横向的离心力、轮轨侧压力之外，还常常经受很严重的动作用力和冲击载荷。此外，电机悬挂、齿轮传动、轴箱定位、基础制动装置等工作时，构架所承受的动、静载荷就更为复杂。因此必须保证构架有足够的强度和刚度；保证其上各梁的尺寸、各种附件的组装位置精确；同时在运行中还必须对其进行检查，特别是受力较多的“薄弱环节”应重点关注，如产生裂纹，应及早发现，以免酿成更大的事故。

那么，转向架构架的具体组成是什么？哪里是构架上受力较多、应该重点关注的“薄弱环节”？下面让我们秉承对“工匠精神”的追求对构架进行解构分析。

【知识储备】

一、转向架构架的分类

（1）转向架构架就设计和制造工艺而言，分为铸钢构架和焊接构架。焊接构架又可分为钢板焊接构架和压型钢板焊接构架。铸钢构架由于质量大，铸造工艺复杂，目前在电力机车上已很少采用；焊接构架质量轻，各梁皆为中空箱形构件，使用材料省、强度和刚度都能得到保证，所以得到了普遍的采用。尤其压型钢板焊接构架，各梁按等强度梁设计制造，其箱形截面的尺寸依各部位受力情况而大小不等，使各截面的应力相近，具有足够的强度，且质量小，材料利用率高。我国 SS_2 型电力机车采用这种构架。但由于制作时必须具备 1 000 t 以上的大型水压机和大型加热炉，成本比一般钢板焊接构架高，现已很少采用。

（2）根据轴箱及其定位装置的结构，构架又分为有导框式和无导框式。构架采用无导框轴箱定位方式时不需要开切口，可避免强度削弱。近代干线电力机车，尤其是高速电力机车越来越广泛地采用无导框式钢板焊接结构的转向架构架。

（3）根据构架的结构形式，转向架构架有封闭式构架和开口式（或 H 式）构架之分；封闭式构架又有“日”字形（两轴转向架构架）和“目”字形（三轴转向架）构架，如图 4.7 所示。

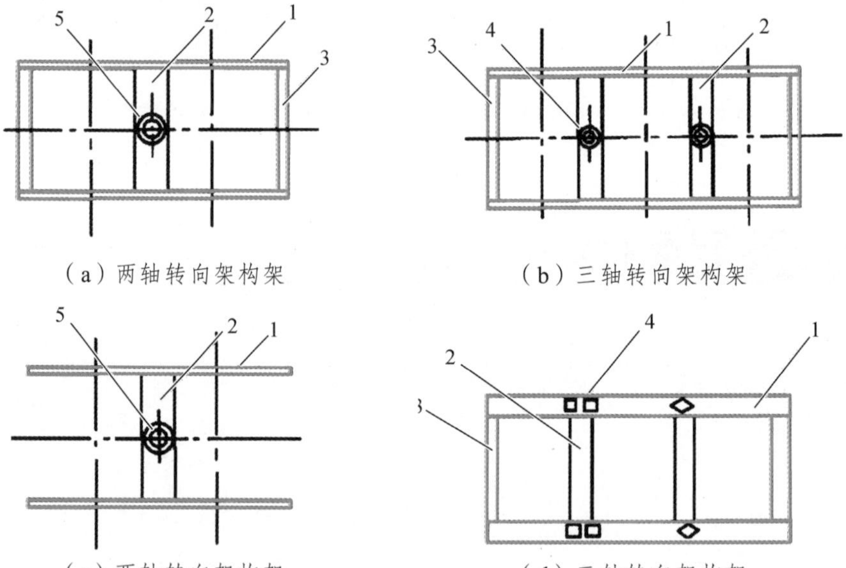

（a）两轴转向架构架　（b）三轴转向架构架

（c）两轴转向架构架　（d）三轴转向架构架

1—侧梁；2—横梁；3—端梁；4—支承座；5—心盘。

图 4.7　转向架构架的一般组成

由图可知，转向架构架主要由左右侧梁，1 根或几根横梁（两轴转向架为 1 根，三轴转向架为 2 根）以及前后端梁组焊而成。有的转向架构架没有端梁，称为开口式或H形构架；有端梁的构架称为封闭式构架。

侧梁是构架的主要承载梁，是传递垂向力、纵向力和横向力的主要构件，现代电力机车车体和车上部质量几乎都是通过旁承支承在构架侧梁上的。

横梁和端梁用来保证构架在水平面内的刚度，保持各轴的平行及承托牵引电动机。砂箱一般安装在前后端梁上。

二、SS_{4G} 型电力机车转向架构架

SS_{4G} 型电力机车转向架构架由两根侧梁，1 根前端梁，1 根后端梁，1 根牵引梁和各种附加支座等组成，各梁焊装后，构架呈“日”字形结构，如图 4.8 所示。

1. 侧　梁

SS_{4G} 型电力机车侧梁是钢板焊接箱形封闭截面梁，左右各 1 根，形状为倒“凸”形，梁体上焊装有旁承座、圆弹簧座、圆弹簧拉杆座、拉杆座、定位块、吊座和端板等零部件。

侧梁焊装后，必须调梁，使梁体上挠度不大于 5 mm，旁弯不直度不大于 3 mm。

2. 前后端梁

前端梁上有端梁体和牵引装置三角形撑杆固定上支座。端梁体为无缝钢管，支座为普通铸钢件。

后端梁采用一根无缝钢管，无其他部件。

3. 牵引梁

SS_{4G}型电力机车牵引梁为蝶形箱式梁体。它由上下盖板、定位销、防落框、电机悬挂吊座、筋板、隔板、立板和套等焊接而成。

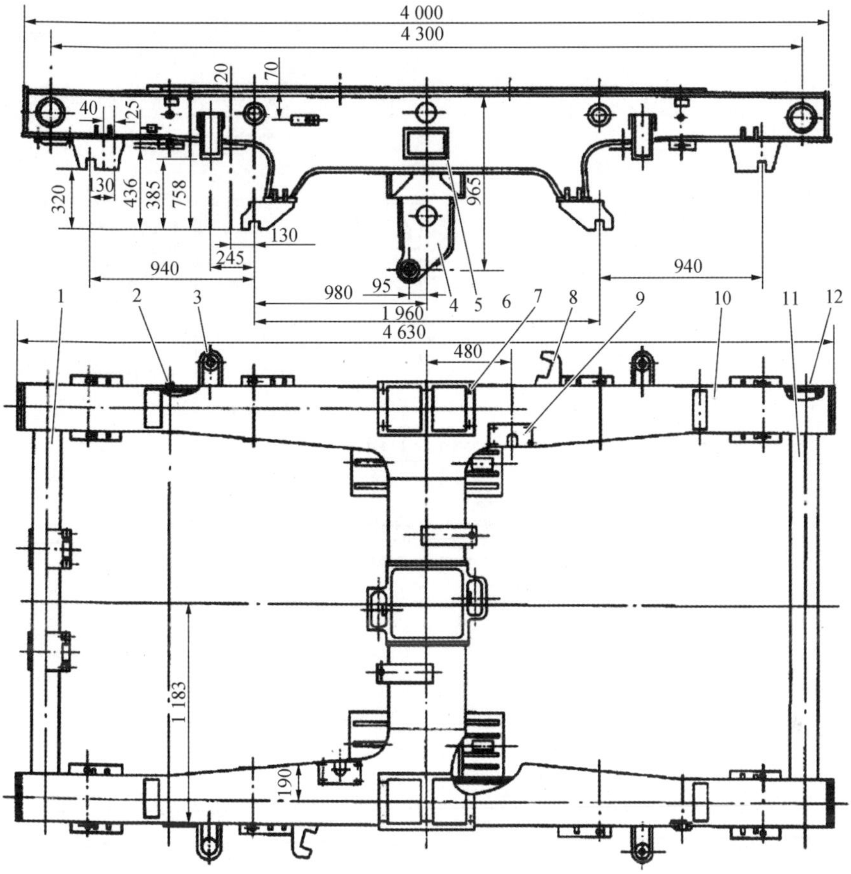

1—前端梁；2—接地台；3—减振器上座；4—牵引梁装配；5—铭牌；6—螺钉；7—旁承座；8—减振器座；9—横向油压减振器座；10—侧梁装配；11—后端梁；12—端盖。

图 4.8　SS_{4G}型电力机车构架

4. 附属部件

附属部件包括旁承座、各种减振器座（横向液压减振器座、纵向摩擦减振器座和垂向液压减振器座）和接地台。各座材料均为低碳钢或普通铸钢。

另外，在每台转向架构架左侧梁立板处组装有一块铭牌，上方是制造厂家，下方是编号和制造日期。

5. 砂箱装置

为了提高机车黏着系数，防止轮对空转和踏面擦伤，可给予车轮踏面相对应的钢轨轨面撒砂。SS_{4G}型电力机车在每台转向架前后左右 4 个角处设置了 4 个砂箱装置，每个砂箱容积为 0.1 m^3，每台转向架砂箱的总容积为 0.4 m^3。

6. 构架组装

当侧梁各定位板和前后端梁孔，牵引梁定位孔，牵引梁两端面，制动器座面，牵引销安装孔和电机悬挂座各孔加工好后可以进行构架组焊。

三、HXD_3型电力机车转向架构架

构架是由左右对称布置的两个侧梁、前端梁、后端梁、牵引横梁、横梁和各种附加支座等组成。构架组焊后，成为完全封闭的框架式“目”字形箱形结构，如图 4.9 所示。

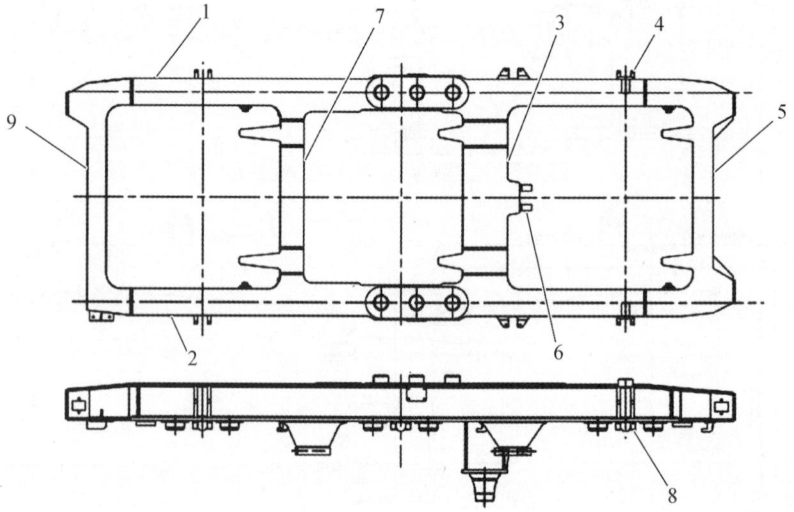

1—左侧梁；2—右侧梁；3—牵引横梁；4—减振器座；5—前端梁；6—电机吊杆座；7—横梁；8—轴箱止挡；9—后端梁。

图 4.9　转向架构架

为了保证构架在机车正常运用中具有足够的强度、刚度和疲劳寿命，设计中有必要对构架进行有限元结构强度分析和模态分析。并且通过试验，来验证设计和计算的正确性。

为满足相关试验标准的要求，HXD_3 型机车转向架构架按照 TB/T 2368 进行了静强度和 1 000 万次抗疲劳强度试验。

为了满足重载货运牵引性能的要求，降低整车的质心，同时满足轴重要求，考虑电力机车车体上部质量较轻，适当增加了一系悬挂以上的质量。在构架设计时，为保证构架有足够的强度和刚度，侧架、横梁的下盖板采用了 30 mm 厚的钢板。各梁受力部分的内腔均设有 10 mm 厚的筋板。

侧架与端梁、横梁采用圆弧连接的结构形式。以降低连接处的应力集中。为了增加侧架与端梁、横梁的连接强度，连接处的上下盖板交错，并且在横梁受力较大的 4 个连接处，采用双面焊。为实现整体起吊功能，在侧架内和轴线相交处还设有断面为 H 形的筋板结构，以保证吊装时此处的强度。端梁连接处下盖板用排障器座板和砂箱座板补强。

转向架构架的维护保养：

（1）日常运用和检修时应加强对构架的检查，尤其是检查电机吊座、减振器座焊缝和各横梁、侧梁连接处焊缝。

（2）构架不允许随意动用电焊，若需要电焊一定要就近搭接接地线，同时注意保护好其他零部件。

（3）构架产生裂纹，允许焊修；在焊修前应在裂纹末端钻一个不小于 $\phi6$ 的止裂孔，然后沿裂纹开坡口，根除裂纹后才能进行焊修。焊修后应采取措施消除焊接应力，经焊修部位应经常观察，并做好记录。

四、HXN_5 型内燃机车转向架构架

构架采用低温综合性能良好的钢板及铸钢件（只有导框为铸钢件）焊接结构。

构架由左右两根对称布置的侧梁、牵引梁、横梁、后端梁及各支座组成（见图 4.10）。侧梁底面焊有导框、制动座、轮缘润滑装置安装座；外侧面焊有一系垂向减振器座；顶面焊有抗蛇行减振器座和纵向止挡座。牵引梁、横梁和后端梁上均有电机吊座。牵引梁上有牵引装置安装接口。左、右两侧梁和横梁上各有一个承载垫（也称为“旁承”）安装面。另外，构架上还焊有撒砂装置等转向架附件的安装支座。

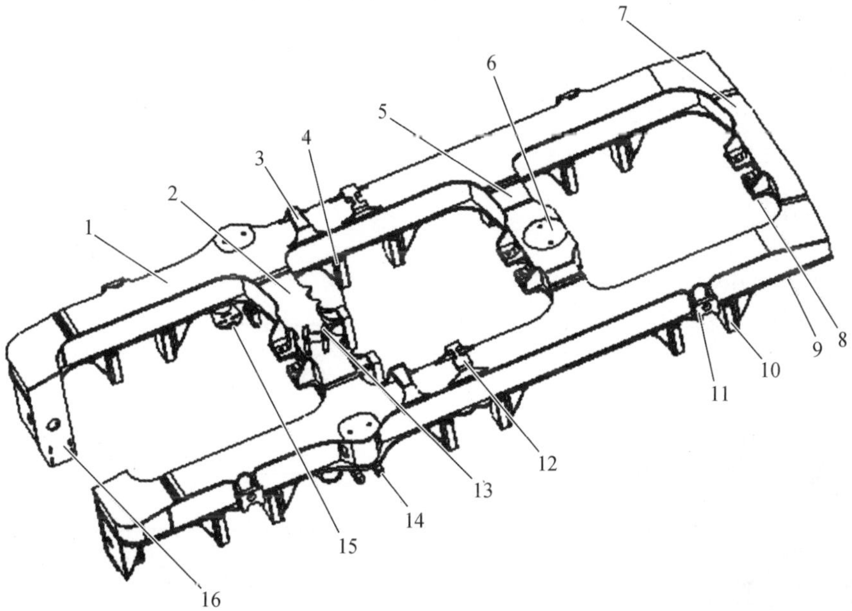

1—侧梁；2—牵引梁；3—纵向止挡；4—牵引装置安装接口；5—横梁；6—承载垫安装面；7—后端梁；8—电机吊座；9—撒砂管安装座（封闭端）；10—导框；11—一系垂向减振器座；12—抗蛇行减振器座；13—横向减振器座；14—制动座；15—轮轨润滑安装座；16—撒砂管安装座（开口端）。

图 4.10　HXN_5 型内燃机车转向架构架

五、DF_{4B} 型内燃机车转向架构架

DF_{4B} 型机车转向架的构架由对称的 2 根侧梁、2 根横梁与前、后端梁焊接成“目”字形的封闭结构。这种结构具有质量轻、材料经济、强度大及刚性好的优点。

侧梁是传递牵引力、制动力和横向力的主要承担者，对其强度和刚度要求较高。它采用厚 14 mm 的顶板和底板，以及厚 10 mm 的两块立板焊接成箱形结构。侧梁的截面中部高两

端低，使侧梁和车体底架间留有一定空间，便于观察和进入车体底部进行检修作业。

构架横梁的作用是悬挂牵引电动机，并增大构架的水平刚度。由于它只将牵引电动机部分重量传给侧梁，受力小，故用钢板焊成较小截面的箱形结构。牵引电动机吊挂座焊在横梁的中部。

为避开车钩缓冲器，前端梁制成凹形，仅起连接侧梁、增大构架刚度的作用。后端梁的作用与横梁相同。这样，3 台牵引电动机分别悬挂在 2 根横梁和后端梁上，实现牵引电动机在转向架内的顺置排列。

构架各梁的主要受力部位和连接处内腔均焊有 8 mm 厚的斜肋板或垂直肋板以增强其刚度。侧梁内侧与各梁的连接处焊有补强板。

左右侧梁两端下盖板上焊有 4 个砂箱座。侧梁中部外侧立板上焊有 2 个侧挡座。各车轴中心线处的侧梁下盖板上焊有轴箱止挡。正常位置时，轴箱止挡上的挡块与轴向有 8 mm 间隙。

【任务实施】

通过上述学习，请以 HXD_3 型机车转向架构架为例，列表总结构架各组成梁体的名称、受力情况及其上安装部件。

【任务拓展】

分析 HXD_3 型机车转向架构架各梁体所承受动、静载荷的复杂程度，试判断哪些梁体的焊缝处是构架上最易产生裂纹的部分。

任务三 轮对解析

轮对

【任务导入】

轮对是机车走行部分中最重要的部件之一。机车的全部静载荷都通过轮对传给钢轨；牵引电动机的转矩经过轮对作用于钢轨，产生牵引力，通过轮对的滚动使机车牵引列车前进。

当轮对沿着钢轨运动，在通过钢轨接头、道岔、辙叉及线路的各种不平顺处时，刚性地承受了全部垂直方向及水平方向的冲击。另外，组成轮对的各部件在组装时，要产生很大的组装应力。

静载荷、动作用力、组装应力共同作用在轮对上，使得轮对工作时的受力既复杂又很严重。因此，对于轮对的制造、维护应给以特别的重视，适当地选择轮对部件的材料，保证轮对的正确形状和良好的状态，是机车安全运行的必要条件。

那么，轮对装配的组成结构是什么？有哪些不同类型？受力关系又是如何的？下面让我们秉承对“工匠精神”的追求对轮对进行分析。

【知识储备】

一、轮对的组成和组装

轮对一般由车轴、车轮和大齿轮组成，车轮又由轮箍和轮心组装而成。它们之间都采用过盈配合，用热套装或冷压装或注油压装的方式紧紧地装配在一起，如图 4.11 所示。

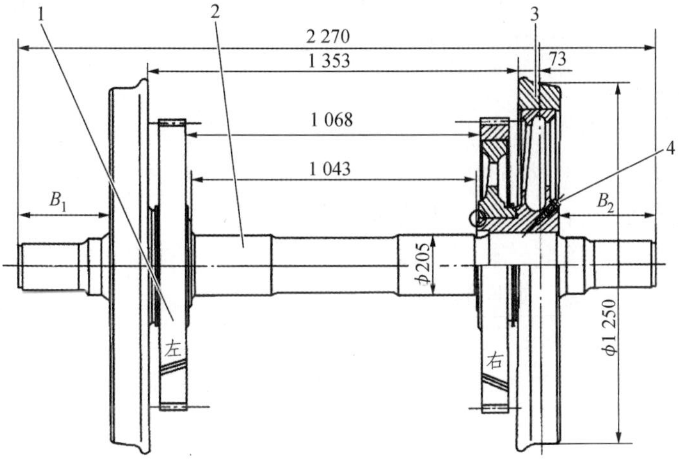

1—大齿轮；2—车轴；3—车轮；4—油堵。

图 4.11　SS_{4G} 型电力机车轮对

有的机车大齿轮直接装在车轴上，有的机车大齿轮装在轮心加长的轮毂部分，与车轮一起装在车轴上。

车轮和车轴的装配工艺，有先套轮箍后压装车轴或先压装车轴后套轮箍两种，一般采用后者。

人齿轮和轮心、轮心和车轴的组装，由于直径较小，一般采用直接冷压装的方法（在专用的卧式水压机或油压机上进行）；而轮箍和轮心的组装，由于直径大，一般采用把轮箍加热后套装在轮心上，冷却后自然收缩抱紧的热套装方法。

值得注意的是：轮心和车轴的组装，国外采用热套装工艺比较普遍，而我国近来常采用注油压装工艺。热套装易于保证装配质量和装配尺寸，生产效率也高。在采用热套装后必须进行反压试验，以检查套装质量，就是将车轴在压力机上向退出轮心方向试压一定吨位的压力，轮轴不发生相对移动者为合格。

所谓注油压装工艺，是在轮心上设有注油油孔和与油孔相连的注油槽，当压装或退轮时，可用高压油泵向油孔内注入高压油，使轮心与轴配合表面渗满高压油，再用压力机施予压力，将车轴压入或退出轮心的组装工艺。这种工艺，不但可降低压入或退出吨位，更主要的是可避免配合表面被拉伤，保证了产品质量。

过盈配合的过盈量，是决定组装后配合压力大小是否合适的关键。过盈量太小，则组装配合压力不足，容易造成松缓甚至脱落，发生重大事故；过盈量太大，则组装后配合压力太大，部件会因内应力过大而发生崩裂。

过盈量大小是否合适，还可由冷压装时的压装吨位或热套装时的加热温度或注油压装时的油压大小来反映。冷压装时的压装吨位过大或热套装时的加热温度过高或注油压装时的油压太大，说明过盈量太大；反之，则说明过盈量太小。所以，各部件加工时的过盈量、组装时的压装力、加热温度、油压大小，都有严格的要求。一般过盈量为配合直径的 1‰ ~ 1.5‰ 。

二、轮心各部分名称及分类

轮心是车轮的主体，它的外周装设轮箍，中心安设车轴。不论何种形式的轮心，都由下列部分组成，如图 4.12 所示。

轮心上和车轴压装的部分，称为轮毂；轮心上和轮箍套装的部分，称为轮辋；轮毂和轮辋之间的部分，称为轮辐（或辐板、辐条）。以上各部分，一般用优质钢铸成整体，在铸件铸成后，要用退火和正火等热处理方法消除内应力。

根据轮辐部分形式的不同，轮心可以分为辐板式轮心、辐条式轮心和箱式轮心等几种。

辐板式轮心具有质量轻、弹性好等优点，但强度较差；辐条式轮心质量大，铸造时内应力大，运用中易发生辐条断裂；箱式轮心采用了薄壁中空夹层的结构形式，其质量轻、强度大，还具有一定的弹性，可以适当减轻动作用力的危害，是目前大功率电力机车普遍采用的形式。

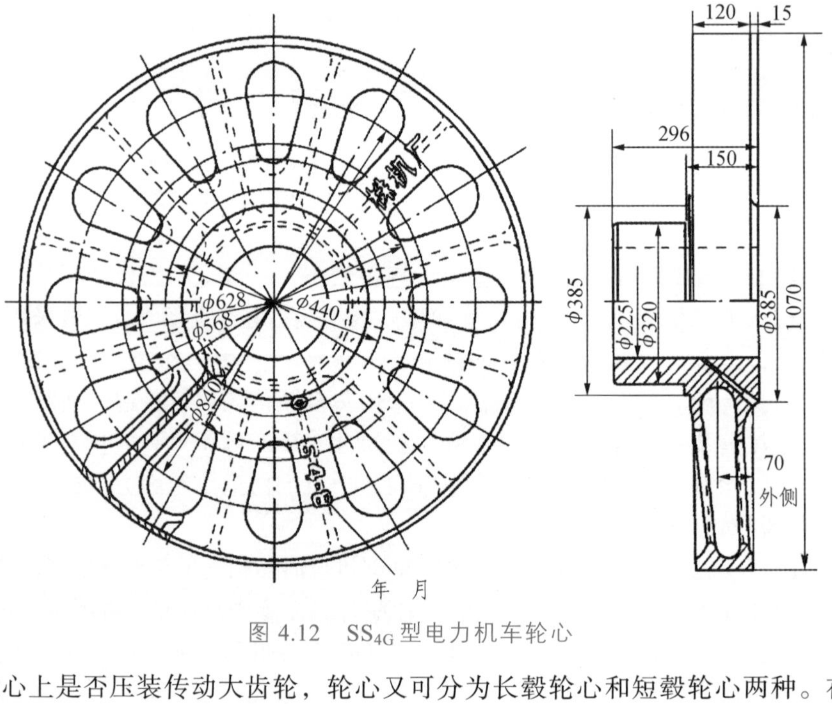

图 4.12　SS_{4G} 型电力机车轮心

根据轮心上是否压装传动大齿轮，轮心又可分为长毂轮心和短毂轮心两种。在长毂轮心的轮毂部分压装传动大齿轮，这种组装方法可以减小车轴应力，避免压装时擦伤车轴，但轮对的质量必然有所增加。目前长毂轮心在国外已经少见，原因就在于高速机车追求减小轮对的质量。

三、轮　箍

轮箍是车轮直接在钢轨上滚动运行的部分。它是用热套法套在轮心上，俗称“红套”。套装过紧会引起轮箍崩裂，特别是冬季气温低，材质脆性大，更易发生崩裂。

套装过松，就很容易松缓，尤其是在长大下坡道，连续施行空气制动时，轮箍发热，更易产生松缓（弛缓）。

为了检查轮箍是否发生了松缓，在轮箍套装到轮心以后，用黄色油漆在轮箍轮心结合处画一条径向宽线，可以观察它有无错位来判断是否发生了松缓现象。轮箍在机车运用中，须定期镟修，镟修或磨耗到限后必须更换新的轮箍。

1. 轮箍的外形

轮箍的外形，是一个带凸缘的圆环。它是与钢轨直接接触的部分，由轮缘和踏面两部分组成。其外表面与钢轨顶面接触的部分称为踏面；与钢轨内侧面（轨肩）接触的凸缘部分，称为轮缘。轮缘起着导向和防止脱轨的重要作用。

轮箍的外形和尺寸，各国不尽一致，各有其标准。我国按铁标 TB449—76B 加工轮缘和踏面，如图 4.13 所示。

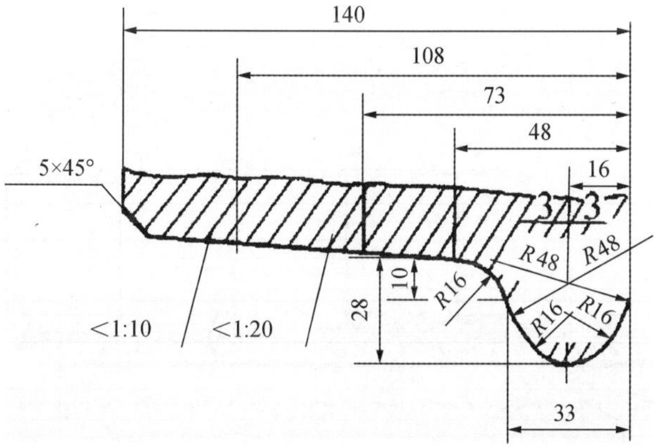

图 4.13　SS_{4G} 型电力机车轮箍（TB449—76B 型）

加工后用标准样板进行如下检查：

- 轮缘高度为 28 mm；
- 轮缘厚度（从距轮缘顶部 18 mm 处测量）33 mm；
- 轮缘外侧面与水平面成 65° 角，称为轮缘角；
- 轮缘内侧有 $R=16$ mm 的倒角，以便引导车轮顺利通过护轮轨；
- 踏面有 1∶20 及 1∶10 两段斜面。

整个轮箍宽度 140 mm。距内侧面 73 mm 处的圆周，称为轮对的滚动圆，滚动圆的直径即为车轮的名义直径。SS_{4G} 型电力机车车轮直径为 1 250 mm（新轮），1 200 mm（半磨耗）；

内燃机车车轮直径规定为ϕ1 050 mm，左右两轮缘内侧距离为（1 353 ± 3）mm。

踏面以 1∶20 及 1∶10 两段斜面制成圆锥形，这是因为：

（1）机车在曲线上运行时，外轮沿外轨走的距离大于内轮沿内轨走的距离。由于内外轮装在同一轴上，如果两轮的踏面为圆柱形，势必引起内轮向后、外轮向前的滑行。如果踏面具有锥度，曲线通过时轮对因离心力的作用往往贴靠外轨运行，外轮与外轨接触点处的直径 D 必然大于内轮与内轨接触处的直径 d（见图 4.14），这样就能显著地减少滑行。

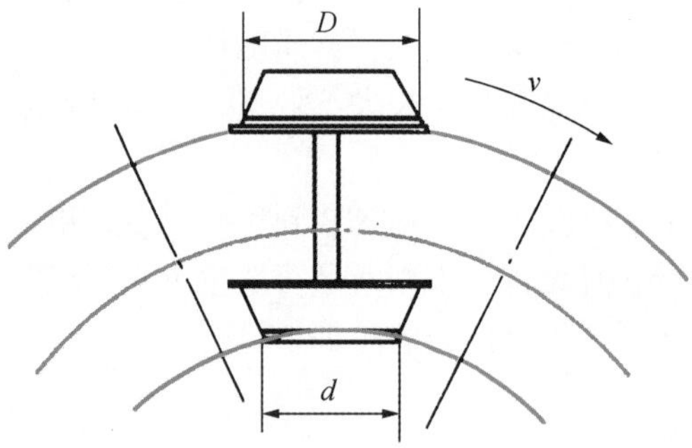

图 4.14　车轮踏面锥度避免曲线上车轮的滑行

（2）踏面具有锥度后，轮对在直线上运动时，会因两轮以不同直径的圆周滚动，产生轮对自动滑向轨道中心的倾向，形成轮对的蛇行运动。这种运动对于防止轮缘单靠，降低轮缘与轨肩的磨耗，使整个踏面均匀磨耗，都有积极的意义，如图 4.15 所示。

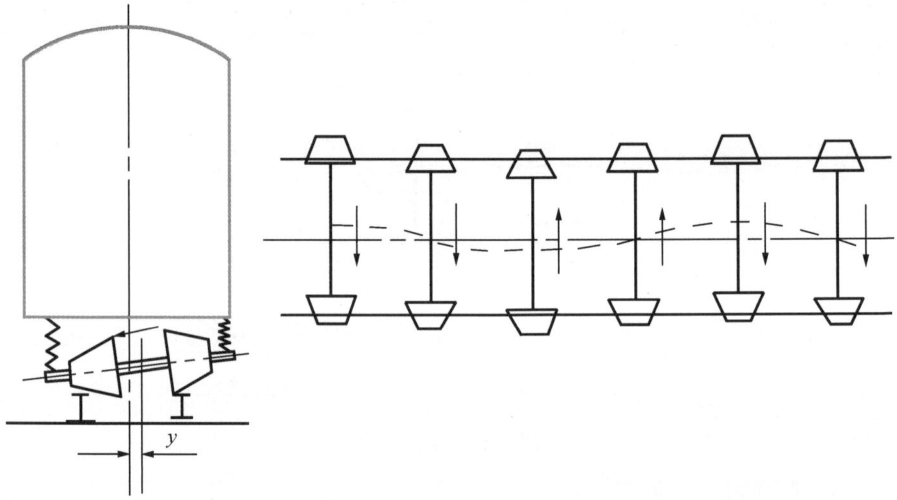

图 4.15　车轮踏面锥度引起轮对蛇行运动

（3）斜率 1∶20 的一段踏面，是经常与钢轨顶面接触的，因而磨耗较快，磨耗将使踏面凹陷，在进入道岔或小半径曲线时，可能产生剧烈的跳动，甚至会引起出轨事故，为了避免这种现象，在 1∶20 斜率的这一段踏面外侧，有一段 1∶10 斜率的踏面，以减轻磨耗凹陷的严重程度，如图 4.16 所示。这一段踏面接触轨面的概率较小，仅在小半径曲线上运行时，才可能接触轨面。

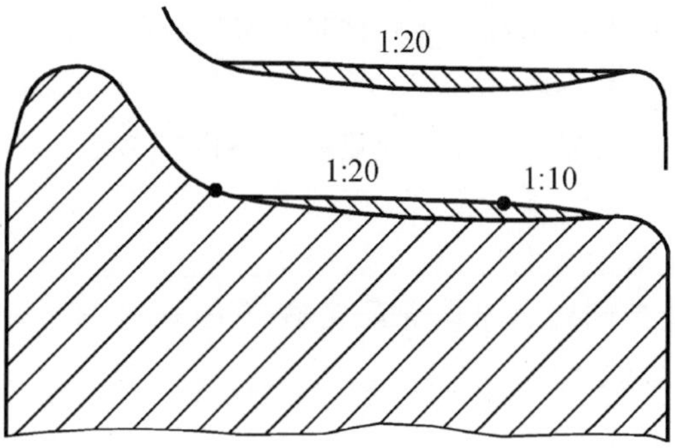

图 4.16　踏面磨耗情况

2. 关于低斜度锥形踏面及磨耗形踏面

踏面具有斜度，会引起转向架的蛇行运动，随着机车运行速度的提高，这种蛇行运动会引起机车横向振动的加剧，使机车运行品质恶化，影响机车的横向稳定性和平稳性。因此近年来，对踏面外形做了大量研究，低斜度锥形踏面及磨耗踏面得到了应用。

日本和法国的高速列车，把 1：20 斜度的锥形踏面改为 1：40 斜度，提高了机车的蛇形临界速度，但应注意，踏面磨耗后，斜率显著增大，需及时镟轮，尽量保持原有外形。

一般情况下，锥形踏面与钢轨接触范围很窄，在这狭小的接触面积上产生局部磨耗，使踏面呈现凹形。但踏面达到某种凹形程度后，外形便相对稳定，磨耗变慢。如果把踏面外形设计成磨耗形（凹形），则轮轨接触一开始就比较稳定，磨耗较慢，这就是近年来世界各国广泛采用的磨耗形踏面。

磨耗形踏面与锥形踏面相比较在外形上的主要特点是：

（1）磨耗形踏面与圆弧形轨头接触不是锥形而是圆弧形的凹面。轨头表面圆弧半径通常为 $R300$，踏面圆弧半径宜为 $R500$ 左右。

（2）轮缘根部与踏面连接处有一段小圆弧 $R14 \sim R16$，磨耗形踏面在此小圆弧与踏面连接处加了一段过渡圆弧，通常为 $R100$ 左右。正是这段过渡圆弧避免了踏面和轮缘与钢轨的两点接触。

磨耗形踏面的主要优缺点：

优点：① 延长了旋轮里程，减少了旋轮时的车削量；② 在同样的轴重下，接触面积增大，接触力较小；在同样的接触应力下容许更大的轴重；③ 减少了曲线运行时的轮缘磨耗；④ 减少了踏面磨耗。

缺点：磨耗形踏面的缺点是等效斜率较大，对机车运行稳定性不利。对于速度较高的机车，必须采取相应的措施来保证机车具有足够的运行稳定性。

四、关于整体辗钢车轮

为了降低检修运用成本，传统的机车轮对多采用轮箍与轮心组装的轮对，但目前一些国家生产的机车多倾向于取消轮箍，采用整体辗钢车轮。原因如下：

（1）随着机车运行速度的大幅度提高，车轮高速转动产生的离心力（此力随圆周速度的平方增加）对轮箍产生的应力往往有可能破坏轮箍的结合强度。因此，不能采用冷缩轮箍，有必要改用整体车轮。

（2）随着塑料闸瓦的使用推广，闸瓦传热散热不良将引起制动时轮箍温升过高。为了防止发生弛缓事故，有必要改用整体车轮。

（3）对某些采用空心轴传动的电机全悬挂机车，在轮心辐板要开设穿入连杆轴销或空心轴拐臂的孔，辐板强度被削弱，难以保证轮箍与轮心的配合强度。为此，有必要改用整体车轮。

五、SS_{4G}型电力机车轮对

SS_{4G}型电力机车轮对由一根车轴、左右两个车轮和两个大齿轮组成（参见图 4.11）。

车轴用 JZ 车轴钢锻成。它分轴颈、防尘座、轮座、抱轴颈和中间身部分组成。轴按图加工后，其圆弧部分和$\phi 228$及$\phi 205$处的表面均通过滚压强化处理。如图 4.17 所示。

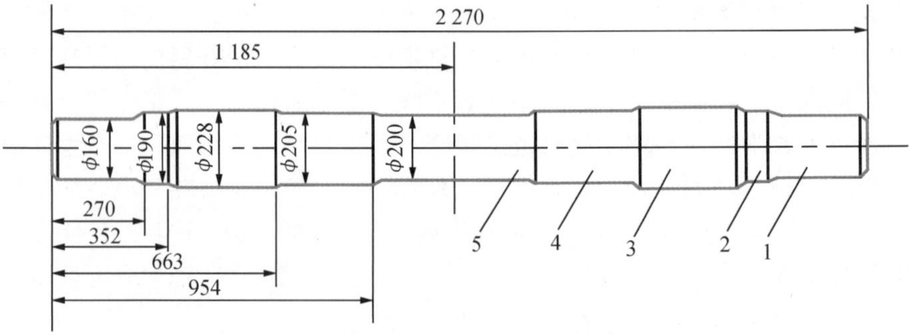

1—轴颈；2—防尘座；3—轮座；4—抱轴颈；5—中央部（轴身）。

图 4.17　SS_{4G}型电力机车车轴

车轮由轮心和轮箍组成，轮心为箱式辐板结构，材料为 ZG230-450 铸钢，质量 370 kg。

轮箍是由轮箍钢轧制而成。

轮对组装时，首先把压装有大齿轮的轮心在冷态情况下压到车轴的轮座上，压力为 785 ~ 1 275 kN。另外车轮和车轴装配也可采用注油压装，注油油压应在 98 ~ 147 MPa。轮箍和轮心的组装通常采用热套装。

六、HXD_3型电力机车轮对装配

轮对装配是由车轴、车轮装配、驱动装置组成，如图 4.18 所示。车轮组装是采用注油压装方式将车轮组装到车轴的轮座上；车轮拆卸时仍通过轮毂上的高压油孔注油退下。从动齿轮直接套在车轴上，滚动抱轴箱装配在车轮压装前组装到车轴上，并调整好轴承油隙。

车轮装配包括整体车轮和摩擦盘组装，如图 4.19 整体车轮采用进口整体辗钢轮，车轮踏面为标准规定的 JM3 型踏面；制动盘采用进口的 KNORR 公司制动盘。

1—车轮装配；2—驱动装置；3—车轴。

图 4.18　轮对装配

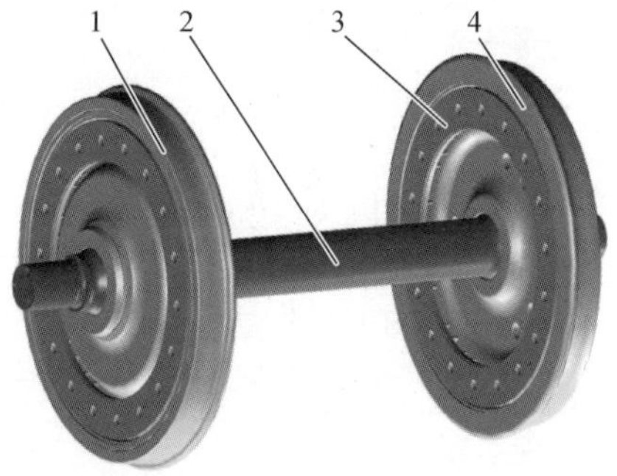

1—车轮；2—车轴；3—KNORR 制动盘；4—车轮。

图 4.19　制动盘与车轮组装

车轴是用碳素钢锻制成的，其材料必须符合 GB 5068 的规定，HXD_3 车轴采用 JZ50 钢。由于车轴在机车运行中受较大的交变耦荷、牵引力、侧压力以及各种复杂的动载荷等，所以车轴除保证有足够的强度外，还应尽可能地减少车轴各载面上的应力集中。为此在设计时，相邻部位两轴颈之比 D/d 不大于 1.12，任意两个相邻轴肩处均采用圆弧过渡，其半径选择尽可能大些。为了提高车轴的抗疲劳强度，在轴颈和大圆角处均采用滚压加工。

保养要求：

（1）在运用中，检查轮对状态，踏面无剥离，轮缘无裂纹。

（2）检查车轮踏面磨耗状态，轮缘垂直磨耗高度不超过 18 mm，轮缘厚度在距踏面滚动圆向上 10 mm 处测量不小于 23 mm。踏面擦伤深度不大于 0.7 mm；踏面磨耗深度不大于 7 mm。当磨耗达到限度时，车轮踏面应重新镟轮。加工后，确保车轮内侧距为 $1\,353_{-1}^{+0.5}$ mm 。

车轮端面对车轴中心线的跳动不大于 0.5 mm，同一轴上两车轮滚动圆直径之差不大于 0.5 mm，同一转向架不大于 4 mm。踏面轮廓应用样板检查，踏面与样板间的间隙，沿滚动圆表面允差 0.5 mm，沿轮缘高度允差 1 mm，沿轮缘厚度允差 0.5 mm，检查时样板应紧贴车轮内侧面。

（3）当车轮滚动圆直径达到 $\phi 1\,150$ 时，必须报废。

七、HXN_5 型内燃机车轮对

1. 车　轮

每组轮对有两个结构相同的车轮，过盈压装在车轴两侧轮座处。车轮为整体结构，横截面如图 4.20 所示。车轮踏面采用我国铁路行业标准 TB/T 449—2003 中的 JM3 外形。材料符合“AAR M-107 B 级”要求。每只车轮质量约 474 kg（新制成品）。

2. 车　轴

车轴作为转向架最重要的结构件之一，其上安装有传力元件，如轴箱轴承、车轮、从动齿轮、抱轴轴承等（见图 4.20）。车轴材料符合“AAR M-101 F 级”要求，并经超声波探伤检查合格。每根成品车轴质量约 683 kg。

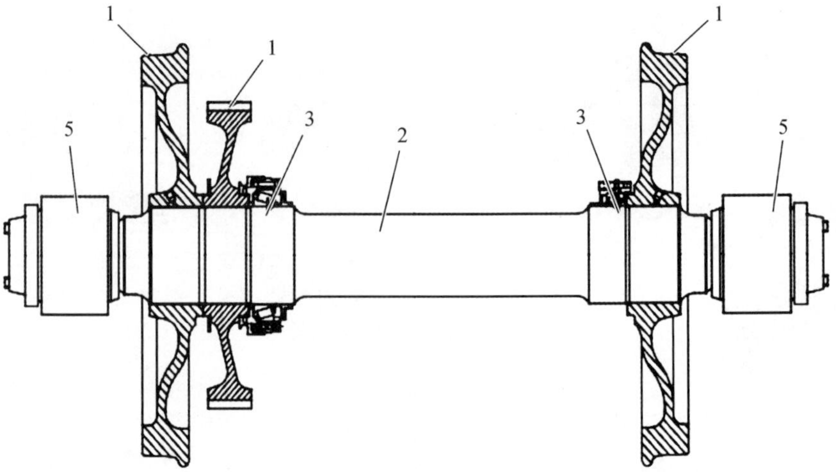

1—从动齿轮；2—车轴；3—抱轴轴承；4—车轮；5—轴箱轴承。

图 4.20　HXN_5 型机车轮对

八、车轴的受力及破坏

车轴承受的载荷相当复杂：有由于垂直载荷而引起的弯矩；有曲线运动时轮轨侧压力引起的弯矩；有齿轮转动时引起的扭矩；有某侧车轮发生滑行时引起的扭矩；线路的冲击，簧上部分的振动，制动力作用等，都要产生附加载荷。所以，车轴的工作条件十分恶劣，不仅受弯，而且受扭，不仅有交变载荷，而且常常有突加载荷。

由于车轴所受的主要应力都是交变的，所以多数车轴的折损是由于疲劳裂纹引起的。实践证明，车轴的断裂，多发生在以下 3 个区域：轴颈的圆根部；轮座的内侧；抱轴颈的圆根部。车轴的其他破坏，如轴颈烧损、拉伤；轮座部分擦伤；磨耗到限度等一般不会引起重大事故，且可以修复。疲劳裂纹和折断，是车轴各种破坏中后果最严重的破坏。如何防止和减少车轴的疲劳破坏，是制造、使用和修理中的重要课题。

为了减少车轴的疲劳破坏，一般可采取以下措施：

（1）锻造车轴钢坯应进行人工时效或自然时效处理，待内应力消除后再进行机械加工。

（2）加工成形的车轴表面应有高的表面光洁度。

（3）不同直径的过渡部分，要有尽可能大的过渡圆弧，以减小应力集中，车轴正火热处理后，需进行试样检查。

（4）对车轴表面进行滚压强化处理，使表层金属材料更加密致，提高抗疲劳能力等。

【任务实施】

通过以上知识的学习，请绘制轮对结构的横截面图，标明轮对的组成结构、车轮与车轴各部分结构名称、作用及受力情况。

【任务拓展】

通过对轮对装配结构及受力情况的详细分析，试分析出在运用过程中轮对装配中哪些位置容易出现磨损和裂纹。

任务四 轴箱解析

【任务导入】

轴箱装设在车轴两端的轴颈上，内部容纳轴承。因为轴箱连接了构架和轮对，所以其受力情况极其复杂：轴箱除承受全部簧上载荷外，还将垂直方向的动载荷传给车轴，并将来自轮对的牵引或制动力传到转向架构架上去。此外，它还传递轮对与构架间的横向作用力和纵向动作用力。

由于多重载荷共同作用，轴箱在维护和检修时应该予以特别关注，对于传力的关键部件应重点检查。那么，轴箱的组成结构是什么？其采用何种方式与构架连接？应重点关注的受力部件是什么？下面让我们秉承对“工匠精神”的追求对轴箱进行分析。

【知识储备】

一、轴箱定位方式

1. 轴箱定位的概念

轴箱与转向架构架的连接方式，通称为轴箱定位。轴箱定位的结构、性能对机车的运行品质有很大的影响。由于轴箱位置决定了轮对的位置，所以轴箱定位起到了固定轴距和限制轮对活动范围的作用。

轴箱对构架是个活动关节。对轴箱定位的要求是：应保证轴箱能够相对于转向架构架在机车运行中做垂向跳动，以保证弹簧装置能够充分发挥其缓和冲击的作用；在机车通过曲线时，轴箱应当能够相对于转向架构架做小量的横动，有利于机车几何曲线通过；在机车纵向则要求有较大的刚度，以保证牵引力、制动力的传递（对普通转向架而言）。

由上可知，所谓轴箱定位，绝不意味着固定轴箱的位置，而是要保证轴箱按运行的需要进行恰当的位移，在不同的方向，位移的数值有不同的要求。所以，轴箱定位往往又被称为轴箱导向方式。

2. 轴箱定位方式的分类

轴箱定位方式分为有导框定位和无导框定位两大类。导框定位曾经是机车、客货车辆轴箱定位的唯一方式，现在仍在一些机车，尤其是车辆上大量沿用。随着橡胶工业的发展和转向架技术上的进步，取消了转向架上的轴箱导框或轴箱导筒，出现了无导框轴箱定位。无导框轴箱定位在结构形式上又有多种，目前通常采用的有轴箱拉杆定位和八字形橡胶堆式轴箱定位（SS_7型电力机车采用弹性导筒轴箱定位）。

（1）有导框轴箱定位，如图 4.21 所示。

在构架的侧梁下面设轴箱导框；在轴箱体的前后两侧设有导槽；轴箱上的导槽与构架上的导框配合滑动，组成导框定位。轴箱在导框内沿导框上下移动，也可以在导框与导槽间隙允许的范围内适当横动，使轮对有一定的横动量。为了加固轴箱导框，并防止轴箱脱出，在导框下面，安装轴箱托板。为了便于检修，在构架导框与轴箱导槽的摩擦面上，装设耐磨的衬板，并且经常加注润滑油，磨耗到限的衬板，应及时予以更换。

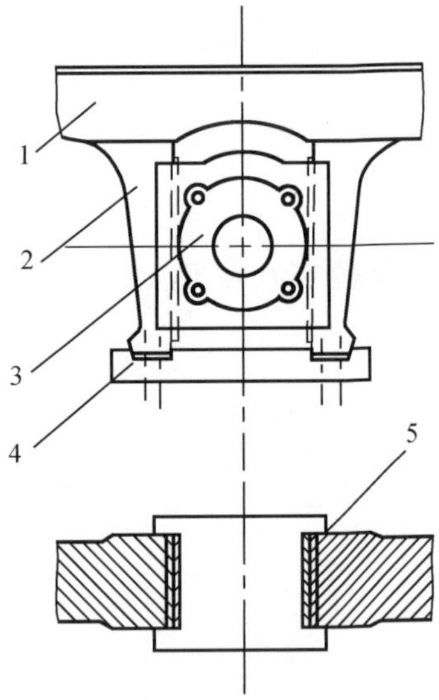

1—构架侧梁；2—轴箱导框；3—轴箱；4—托铁；5—衬板。

图 4.21　有导框轴箱定位

导框定位方式的缺点是：存在摩擦面，磨耗严重，增加了检修工作量和检修成本；运用中需经常加注油润滑，维修保养比较困难；磨耗松旷后产生打音；横向位移没有弹性，不利于降低轮轨之间的动作用力，动力曲线通过性能不好；等等。

HXN_5型内燃机车就采用了导框式轴箱定位方式。

（2）八字形橡胶堆式轴箱定位，也称人字形橡胶弹簧轴箱定位。八字形橡胶堆是瑞典 Rc 系列电力机车上发展起来的轴箱弹簧装置，同时具有轴箱定位装置的功能，如图 4.22 所示。

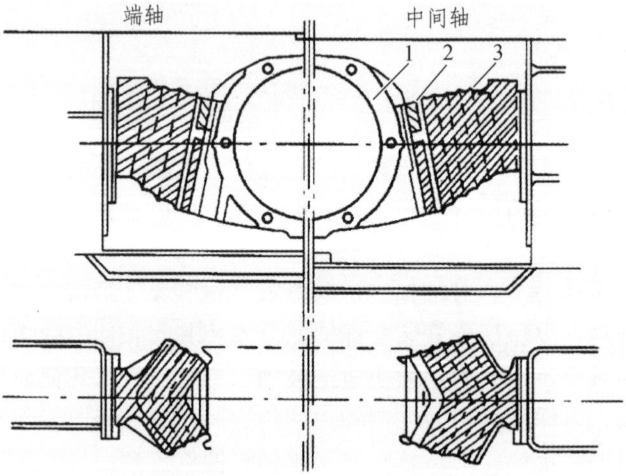

1—轴箱；2—金属夹层；3—橡胶元件。

图 4.22　八字形橡胶堆式轴箱定位

这种轴箱定位方式，在每一轴箱的前后侧各装一个金属橡胶夹层弹簧（俗称“三明治”橡胶金属结构），一端与转向架构架固结，另一端与轴箱体固结。这种结构不仅能支承上部重力，而且还可以弹性地传递纵向力和横向力。改变夹层钢板的形状、数量和改变弹簧的安装角度，可使弹簧在各个方向达到所需要的不同刚度，适应承载和轴箱定位的需要。

这种轴箱定位的优点是：质量小，结构简单，能吸收音频振动，运行中没有噪声，不存在磨耗等。

但由于这种装置取代了传统的一系弹簧悬挂装置，而橡胶弹簧目前还存在性能不够稳定，受温度影响大，制造工艺复杂等问题，所以只在部分国家得到应用。我国从罗马尼亚进口的 $6G_L$ 型电力机车就采用了这种轴箱定位。

（3）拉杆式轴箱定位。拉杆式轴箱定位是目前各国认为比较先进可靠的、采用较普遍的一种无导框轴箱定位方式。它最早由法国阿尔斯通公司设计制造，所以又称为阿尔斯通式轴箱定位，如图 4.23 所示。

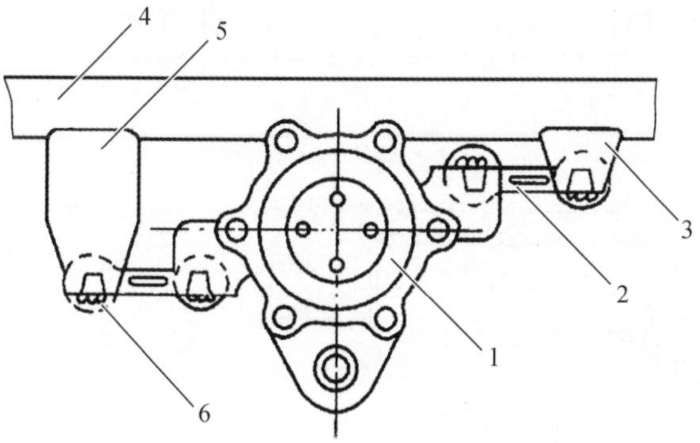

1—轴箱；2—拉杆；3—构架拉杆座；4—构架侧梁；5—构架拉杆座；6—螺栓。

图 4.23　拉杆式轴箱定位

在轴箱体的前后两侧，伸出高低不同的两个轴箱耳，各连接一根轴箱拉杆，通过轴箱拉杆，将轴箱与转向架侧梁下焊装的轴箱拉杆座连接起来。轴箱拉杆两端处装有橡胶套，销子两端有橡胶垫。

采用这种带有橡胶关节的轴箱拉杆定位方式，轴箱可以依靠橡胶关节的径向、轴向及扭转弹性变形，实现各方向的弹性位移，使轮对与构架的联系成为弹性联系。适当选择它的横向刚度和纵向刚度，可以显著地改善机车运行的稳定性。

这种拉杆定位的纵向刚度一般比八字形橡胶堆式定位的纵向刚度大，更适合传递牵引力、制动力等纵向力的需要。

两个轴箱拉杆的位置高低不同，这种形式叫作双扭动式拉杆机构。其目的是满足轴箱垂向位移的需要。因为拉杆在纵向上刚度很大，不能伸长或缩短，如果将两个拉杆设在同一高度，轴箱的垂向位移势必因拉杆长度不能变化而受到极大的限制。把两个轴箱拉杆安排得一高一低，就可以允许轴箱在拉杆长度不变的条件下上下跳动。不过应注意，在轴箱上下位移时还伴随一定角度的转动，但这种转动是完全无碍的，如图 4.24 所示。

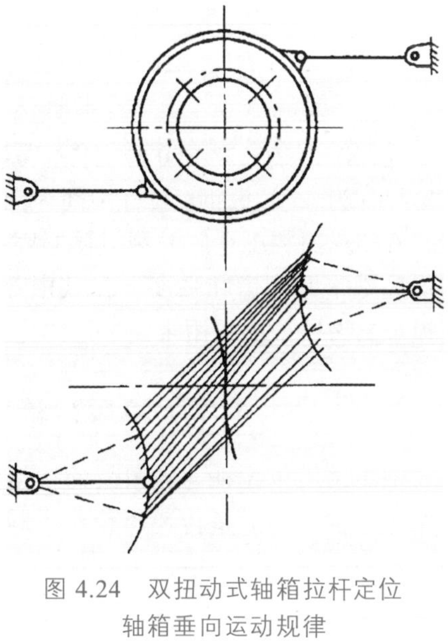

图 4.24　双扭动式轴箱拉杆定位轴箱垂向运动规律

这种轴箱定位的优点是没有磨耗件，不需要润滑，减少了保养工作量；有一定的横向刚度，轮对不能自由横动，有利于改善运行中的蛇行运动，轮缘磨耗较小；轴箱与构架的弹性联系具有缓和冲击和隔音作用；橡胶件起到了降低动作用力，提高运行平稳性的作用；不影响一系弹簧悬挂的单独设计，更易得到推广。

但是采用这种方式定位，由于拉杆的约束，使一系弹簧悬挂的刚度有所增加。

SS_{4G}型、SS_9型、HXD_2型电力机车都采用双扭动式弹性拉杆轴箱定位。

二、SS_{4G}型电力机车轴箱拉杆

SS_{4G}型电力机车轴箱拉杆由连杆体、长拉杆、短拉杆、橡胶圈、端盖、橡胶端垫组成，如图 4.25 所示。

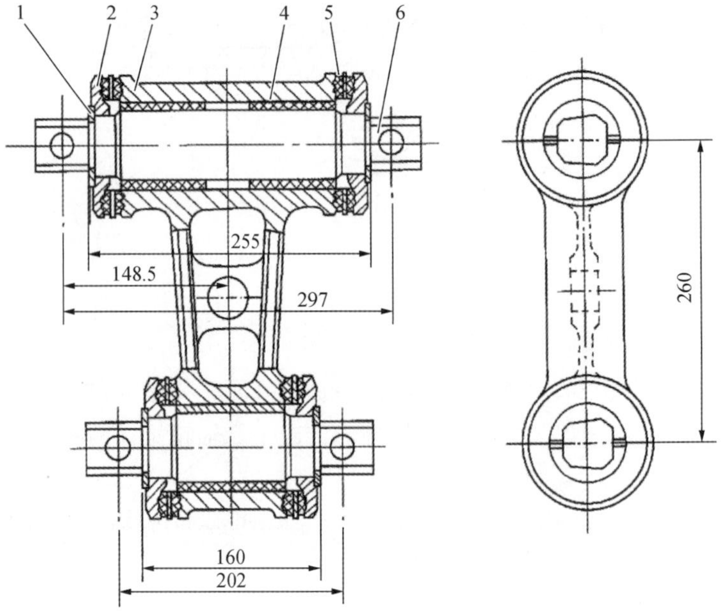

1—止块；2—端盖；3—连杠体；4—橡胶圈；5—橡胶端垫；6—拉杆。

图 4.25　SS_{4G}型电力机车轴箱拉杆

连杆体为 ZG230-450 铸钢件，成双筒形，中间连接部分呈工字形，两筒中心距为 260 mm。长短拉杆为 45 号锻钢。拉杆中间为圆柱形，两端成八字形，八字形凸面与轴箱体和构架拉杆座凹八字形面相配合，并用螺栓紧固。橡胶圈为橡胶元件，长拉杆两个，短拉杆一个。为增加橡胶端垫的刚度和强度，在其中部加 2 mm 厚的钢板金属夹层。端盖用半圆卡环固定。

三、HXD_3型电力机车轴箱拉杆

轴箱采用单拉杆与转向架的构架弹性相连，把机车簧上部分的质量传递给轮对，同时将来自轮对的牵引力、制动力、横向力等传递到构架上，如图 4.26 所示。

1—轴箱拉杆；2—轴箱。

图 4.26　HXD_3型电力机车轴向拉杆

四、SS_{4G}型电力机车轴箱

1. 组成和形式

SS_{4G}型电力机车轴箱采用独立悬挂，弹性定位拉杆式结构。主要由前、后盖、轴箱体、短圆柱滚子轴承、密封环、接地棒、轴圈和挡板等组成，如图 4.27 所示。

2. 轴箱结构

（1）前、后盖。前、后盖均为 ZG230-450 铸钢件，它用螺栓与轴箱体连接在一起。其突缘紧压短圆柱滚子轴承外圈，以防轴承外圈左右移动，也起到了传递轴向力、防尘和保护轴箱内部零件的作用。

（2）轴箱体。轴箱体为 ZG230-450 铸钢件，中间成圆筒形，内孔与轴承外圈为动配合。左上方和右下方设有八字形切口，与轴箱拉杆相连接。两边还伸出弹簧座，一系弹簧就坐落在这弹簧座上。

（3）轴承。为了改善构架受力状态，SS_{4G}型电力机车轴箱轴承在同一轮对上采用左右轴箱能同时承受轴向力和径向力的单列向心短圆柱滚子轴承。每组轴箱采用两种轴承，其内侧采用 552732QTK 轴承，其外侧采用 752732QTK 轴承，组装后轴箱单边横动量为 0.75 mm。

在组装轴箱前，应清洗轴颈、轴承和轴箱配件。轴圈加热温度在 200 °C 以下。轴承内圈加热温度在 150 °C 以下。轴承内应加相当于轴承室总容量 1/3 ~ 1/2 的三号锂基脂。

（4）密封环。为了防止油污、水和灰尘进入轴箱内，在轴箱后盖与挡圈之间装设有两个橡胶密封环，其外形尺寸为 $\phi210\times\phi245\times18$ mm 。

（5）接地棒和接地电刷。每根车轴的一个轴箱内设置有一套接地棒和接地电刷装置，以防止轴箱滚动轴承电蚀，改善机车导电性能。

（6）挡板。挡板有两种，一种是与接地捧相连接的圆孔挡板；另一种是方孔挡板。方孔与测速传感器和防空转防滑传感器的方轴相配合，形成车轴与传感器的连接装置。

（7）吊耳。当车体起吊或转向架起吊时，为防止一系减振器超出行程而破坏，在轴箱与构架之间设置了吊耳。其限位为 30 mm，它起到了转向架整体起吊和保护一系减振器的作用。

3. 载荷的传递

垂向载荷（以重力为例）的传递：

转向架构架 → 轴箱弹簧 → 轴箱体 → 轴承 → 车轴 → 车轮 → 钢轨

纵向力（以牵引力为例）的传递：

轮轨接触点 → 车轮 → 车轴 → 轴承 → 轴箱体 → 轴箱拉杆 → 构架

横向力的传递（以轮轨侧压力为例）：

钢轨侧压力 → 轮缘 → 车轴 → 轴承 → 前后盖 → 轴箱体 → 轴箱拉杆 → 构架

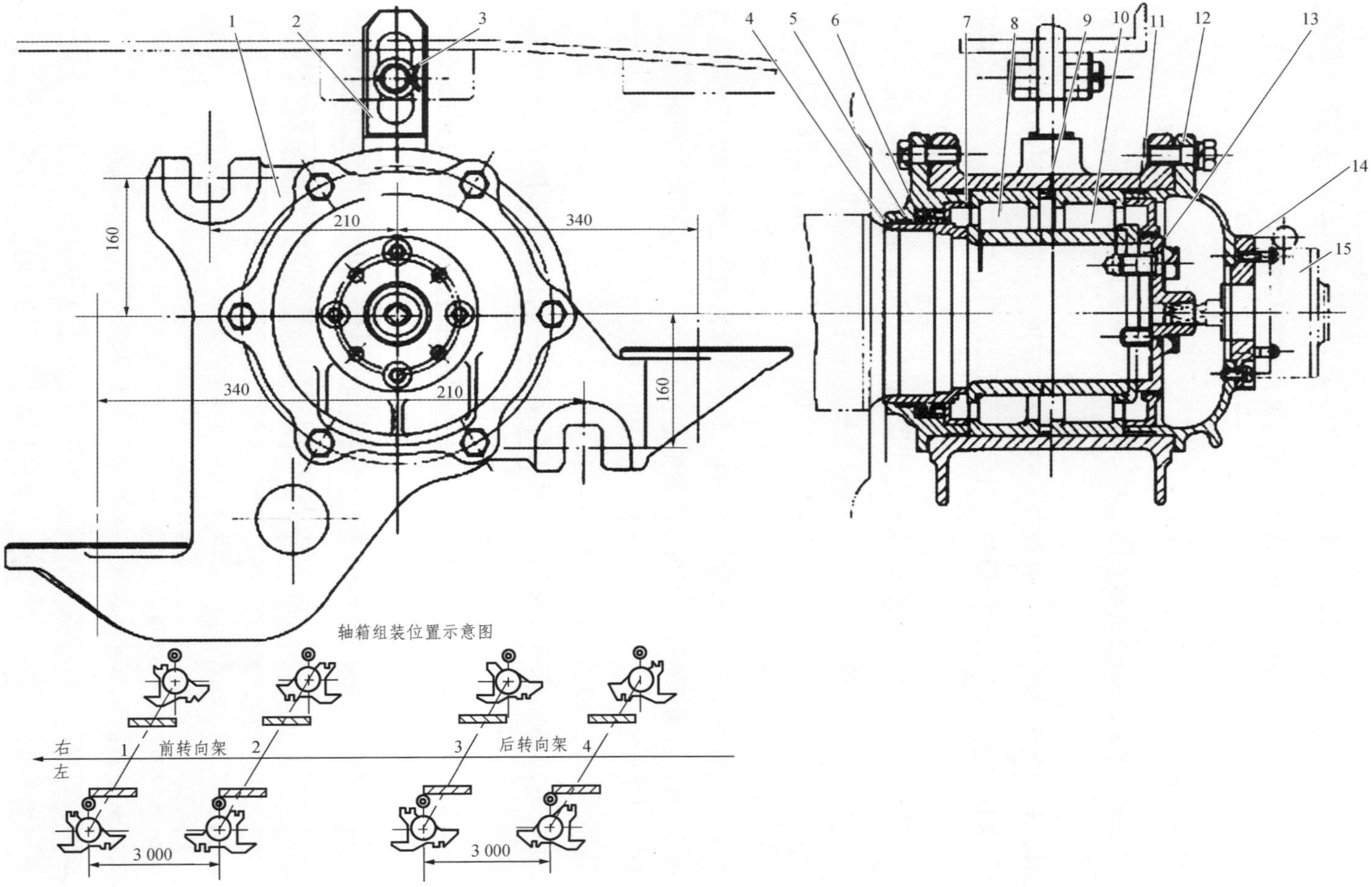

1—轴箱体；2—吊耳；3—销轴；4—轴圈；5—后盖；6—密封环；7—挡圈；8—轴承；9—隔环；10—轴承；11—密封环；12—前盖；13—挡板；14—外盖；15—防空转传感器。

图 4.27　SS_{4G}型电力机车轴箱组装

五、HXD_3型电力机车轴箱

1. 轴箱的组成结构

轴箱采用独立悬挂，轴箱相对构架的上、下和横向移动，靠弹簧、橡胶元件的弹性变形来获得。轴箱定位采用拉杆式定位轴箱的结构，主要由端盖、轴箱体、吊钩、接地装置、速度传感器、轴箱拉杆和橡胶减振垫等组成，如图 4.28、图 4.29 所示。

图 4.28 轴 箱

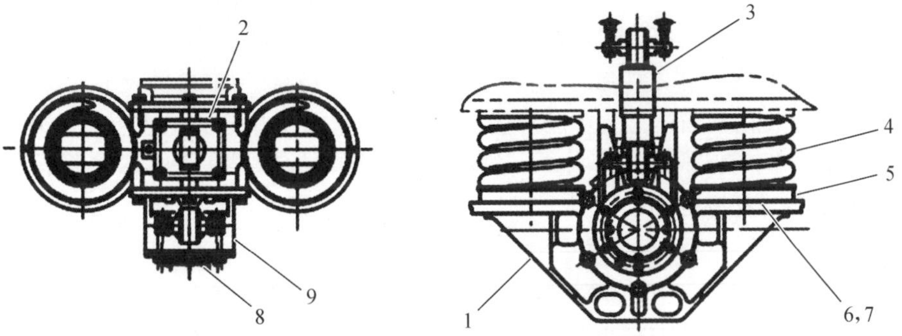

1—轴箱体；2—吊钩；3—垂向减振器；4—轴箱弹簧；5—减振垫；6—调整垫（一）；7—调整垫（二）；8—接地装置；9—端盖。

图 4.29 轴箱外形结构

轴箱轴承采用 FAG 公司生产的轴承单元，这种轴承单元在制造厂已经填充了润滑脂，并且整体密封。在组装时采用专用压装设备将轴承整体压装到车轴上，不需解体。轴承的免维护周期可达 100 万 km，排除了由于轴承组装、润滑和清洁度等问题影响轴承的正常使用寿命。考虑到机车在线路上的运行状态，两个端轴和中间轴分别采用两种游隙的轴承，组装后两个端轴的轴承游隙为 $\pm(0.3 \sim 0.6)$ mm，中间轴的轴承游隙为 ± 15 mm。

2. 轴箱的维护及保养

（1）运用中，检查无明显漏油现象。

（2）检查轴箱装配各紧固螺栓，不得有松动现象。

（3）检查轴箱体、前端盖及后端盖不许有裂纹。

（4）检查轴箱弹簧不得有裂纹、伤痕。

（5）检查橡胶减振垫无老化、裂纹和钢板脱开现象。

（6）检查轴箱拉杆橡胶关节，不允许老化、裂纹和挤出。

（7）经常检查轴箱接地装置的碳刷是否磨耗到限（磨损限度为 12 mm），以便及时更换碳刷，保证接地装置的正常工作。

六、HXN_5 型内燃机车轴箱

1. 概　述

HXN_5 型机车转向架采用导框式定位结构。它由构架导框和轴箱体相互配合组成导框定位。它与 NJ_2 型及 ND_5 型机车转向架的导框定位结构基本相同。与国内广泛推广采用的轴箱拉杆配轴箱弹簧的无导框轴箱定位方式相比，导框式轴箱定位方式由于有摩擦磨损，需定期进行检测并更换摩擦副组件。

2. 组　成

HXN_5 型机车轮对每个轴端安装有一个轴箱。轴箱（见图 4.30）由轴箱体、轴箱轴承、轴箱弹簧、导框衬垫、磨耗板、轮对托座、轴承保持座、上弹簧座、下弹簧座、调整垫、橡胶垫等组成。端轴轴箱与构架间配置有一系垂向减振器。每台转向架非齿侧的中间轴位轴箱装有机车速度传感器。

轴箱体为铸钢件，材料符合“AS 2074 - L1A”要求，其结构如图 4.31 所示。为了避免构架导框及轴箱体的磨损，并方便维修时更换，在轴箱体与构架导框之间配有主磨耗板和导框衬垫。主磨耗板焊装在轴箱体上。导框衬垫设计为槽形截面，用它将构架导框工作面包裹住，从而实现对构架导框的保护。导框衬垫安放在主磨耗板与构架导框之间；在上下方向，构架导框的止挡面与轮对托座的顶面，共同维持导框衬垫在合适的高度位置。轴箱体的顶面还焊有顶面磨耗板。

为了给轴箱弹簧的上、下两端定位，轴箱上设置有上、下弹簧座。上弹簧座通过两个定位销和两根螺栓安装在构架上。下弹簧座直接安放在轴箱体两侧的弹簧座面上。

下弹簧座与轴箱弹簧之间，设置有橡胶垫，用来衰减线路不平顺产生的高频振动。橡胶垫还有隔音的效果。

下弹簧座与轴箱体的弹簧座面之间，可以根据需要添加调整垫。设置调整垫的目的是调整轴箱弹簧的负荷，使各轴箱的轴箱弹簧负荷相对均匀。但是，不应该通过加减调整垫的方法来校正由于车轮踏面磨损产生的轮径偏差。调整垫为剖分式结构，这样，用两个千斤顶同时顶起轴箱两侧的下弹簧座，即可进行加减调整垫的作业。

轴承保持座安装好后，无论机车运行中轮对相对于构架的上下浮动幅度有多大，都能保持轴箱轴承始终位于轴箱体的轴承腔内。

轮对托座有 3 个方面的作用，一是限制构架相对于轮对最大的上浮量；二是固定导框衬垫在合适的高度位置；三是吊起转向架时，可以同时吊起轮对。轮对托座为铸铝件，材料符合“AS 1874 CC601 级”的要求（相当于 GB/T 1173—1995 ZL101A）。主要受力部位应进行着色探伤检查，不得有裂纹存在。

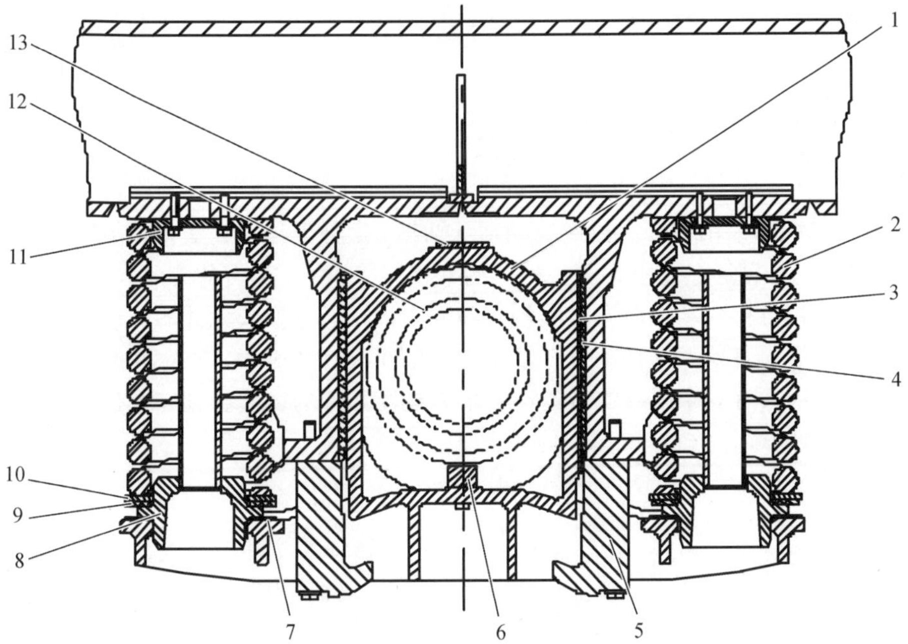

1—轴箱体；2—轴箱弹簧；3—导框衬垫；4—主磨耗板；5—轮对托座；6—轴承保持座；7—调整垫；8—下弹簧座；9—橡胶垫；10—隔板；11—上弹簧座；12—轴箱轴承；13—顶面磨耗板。

图 4.30　HXN_5 型内燃机车轴箱

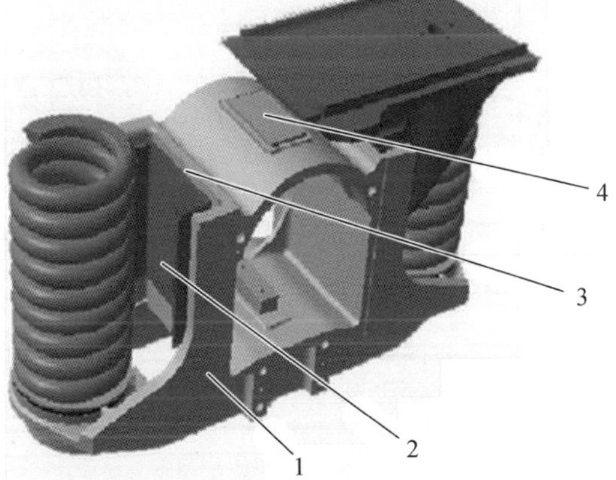

1—轴箱体；2—导框衬垫；3—主磨耗板；4—顶面磨耗板。

图 4.31　轴箱体与磨耗板装配

3. 检　修

定期检查轴箱体、磨耗板、导框衬垫有无裂损；焊缝有无开裂；导框衬垫与磨耗板之间的纵向和横向间隙，间隙值超出报废限度时，需进行更换。

如仅更换导框衬垫，轴箱可不解体，只需拆下相应位置的轮对托座，换上新导框衬垫后，再重新装好轮对托座。

不允许在装有轴承的轴箱体上进行焊接作业。因此，如需更换磨耗板，需将轮对电机驱动装置及轴箱从转向架上拆下，并将轴箱解体。换上的磨耗板表面需平整。磨耗板与轴箱体的焊缝不得超出磨耗板的表面。

七、DF_{4B}型内燃机车轴箱

1. 概　述

DF_{4B}型内燃机车采用拉杆定位式滚动轴承轴箱。这种无导框式滚动轴承轴箱适用于大功率高速内燃机车。轴箱通过上下轴箱拉杆与构架相连接。一系弹簧的支座和轴箱体铸成一体，简化了结构。轴箱拉杆两端都配有橡胶衬套和橡胶垫，通过橡胶元件的弹性变形使轴箱相对于构架在垂向和横向获得弹性移动量。轴箱与构架间没有摩擦面，不存在磨耗，无须润滑。轮对不能自由横动，有利于改善蛇行运动。依靠橡胶元件的径向、轴向及扭转的变形能实现各方向的良好缓冲作用。

2. 轴　箱

轴箱由轴箱体、前后端盖、滚动轴承、缓冲支承及轴箱拉杆等组成，如图 4.32 所示。由圆弹簧传来的垂直力经过轴箱体顶部传至滚动轴承和车轴；由车轴传来的牵引力和制动力，经过滚动轴承和箱体传至轴箱拉杆和构架。

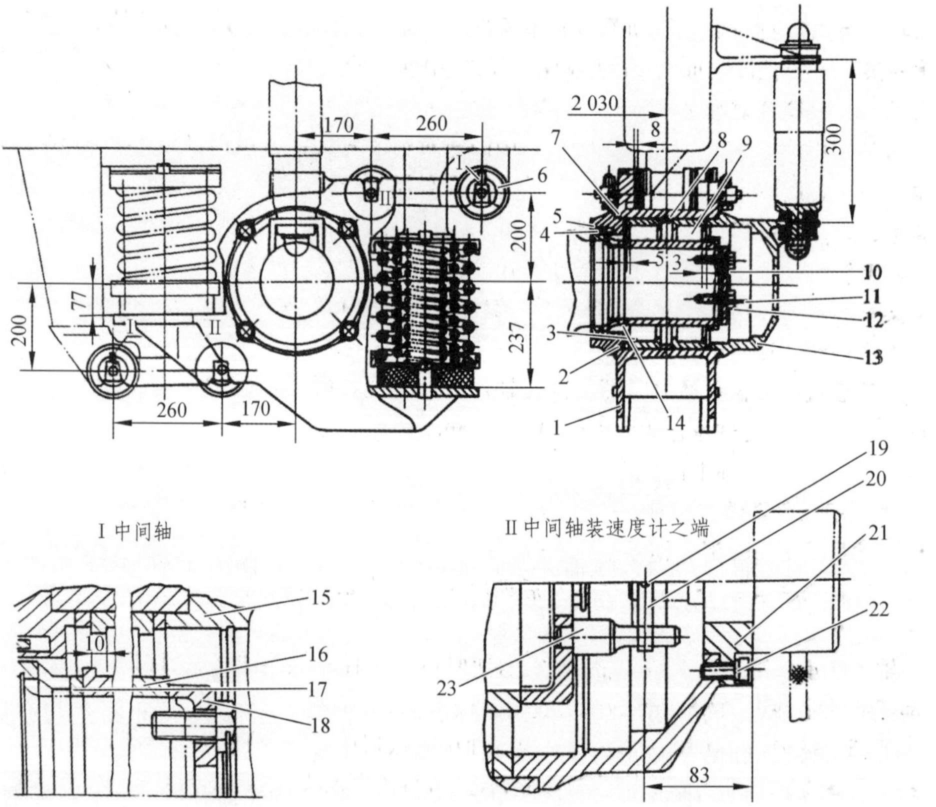

1—轴箱体；2—橡胶圈；3—552732QT 轴承；4—后盖；5—防尘圈；6—轴箱拉杆；7—挡圈；8—隔环；9—752732QT 轴承；10—锁紧钢丝；11，22—螺栓；12，18—压盖；13，15—端盖；14，17—隔圈；16—652732QT 轴承；19—铆钉；20—拨杆；21—外盖；23—拨销。

图 4.32　DF_{4B}型内燃机车轴箱

轴箱体两侧带有两个上拉杆座和两个弹簧座，拉杆座采用梯形槽，上、下拉杆梯形槽位于轴箱中心线斜对称位置上，其目的在于当轴箱受牵引力和制动力作用时，使轴箱均保持平衡状态，拉杆梯形槽也较容易保证与拉杆心轴良好配合，使连接螺栓不致承受剪切力，加工时易达到配合尺寸。轴箱顶部设有轴箱止挡，用以限制轴箱最大横动量不超过 8 mm。

早期生产的 DF_{4B} 型内燃机车轴箱内装设 4 列向心短圆柱滚动轴承 972832QT，该轴承只能承受径向力，不能承受轴向力，所以在轴箱端盖上装有缓冲支承，用缓冲支承中的 4G134T 轴承来承受轴向力。

后期生产的 DF_{4B} 型内燃机车采用新型轴承以取代 972832QT 轴承，其中，一、三轴左右轴箱内各装设一套 552732QT 和 752732QT 滚柱轴承，中间轴左右轴箱内各装设一套 552732QT 和 652732QT 滚柱轴承。这种新型轴承既可承受径向力，又可承受轴向力，而且是由同轴上左右轴箱内各一个轴承承受轴向力。

轮对与轴箱间的自由横动量是由 552732QT 轴承的滚柱与内套轴肩斜挡边或 752732QT 轴承的滚柱与斜挡圈之间 3 mm 间隙决定的。中间轴的 652732QT 轴承没有斜挡圈。因此中间轮对每个轴箱 2 套轴承只有 1 套承受轴向力。中间轴轮对与轴箱间的自由横动量为 10 mm，这是由中间轴的轴承结构决定的。中间轮对给予较大的自由横动量，可使它在通过曲线时贴靠外轨，减轻第一轮对的轮缘力，减少轮缘磨耗。但过大的自由横动量将使机车在直线高速运行时，转向架蛇行运动更加剧烈。

轴箱后盖与端盖是通过隔环将两套轴承外圈压紧，并固紧在轴箱体内。轴承内圈热套在车轴的轴颈上，选配过盈量为 0.04 ~ 0.065 mm。

为了使第一、三轴上的 752732QT 轴承的斜挡能牢固地压紧在轴承内圈端面上，用 3 个 M24 螺栓把压盖紧固在车轴端面上。这 3 个螺栓规定用扭力扳手拧紧，拧紧力矩为 290 ~ 300 N·m，然后用 $\phi 2$ mm 钢丝锁紧。

早期轴箱轴承 972832QT 严禁与后期轴箱轴承 552732QT、652732QT、752732QT 混装于同一台机车上。

轴箱轴承采用 ZL3 号锂基润滑脂，加注时应将滚柱与保持架缝隙、两套轴承之间的空间全部填满油脂，两套轴承的外侧面涂上适量油脂。

前端盖结构分为两种，第一、三轴有油压减振器座，第二轴无减振器座。但第二轴一端安装机车速度表传感器。轴箱后端盖带有迷宫，与防尘盖共同形成迷宫式油封，其间填以软油脂，以防尘土侵入轴箱。前后端盖均用 4 个 M22 螺栓紧固在轴箱体上。

机车速度计的传感器装在中间轴的左侧轴箱端盖上。传感器用 4 个 M8 × 30 螺栓固定在轴箱端盖的外盖上。拨销固紧在压盖上，并插入拨杆的槽形开口内。所以，当车轴旋转时，压盖也随之旋转，并通过拨销带动拨杆使传感器轴随同车轴同步回转。

3. 轴箱拉杆

轴箱拉杆定位是指轴箱用两根带橡胶关节的拉杆与构架连接，即在轴箱体中心线的斜对称位置的两根拉杆分别与构架下方的上、下拉杆座相连，如图 4.33 所示。当轴箱上下跳动时，两个轴箱拉杆分别以构架拉杆座的两个心轴为圆心，做一定弧度的上下摆动。如果拉杆为纯刚性的，则轴箱中心的运动轨迹为一条曲线，即一方面上下跳动，另一方面转动。但由于拉杆两端是橡胶关节，所以实际上轴箱中心的运动轨迹接近一条直线。

轴箱拉杆由拉杆体，长、短心轴，橡胶圈，橡胶垫和端盖等组成，如图 4.34 所示。

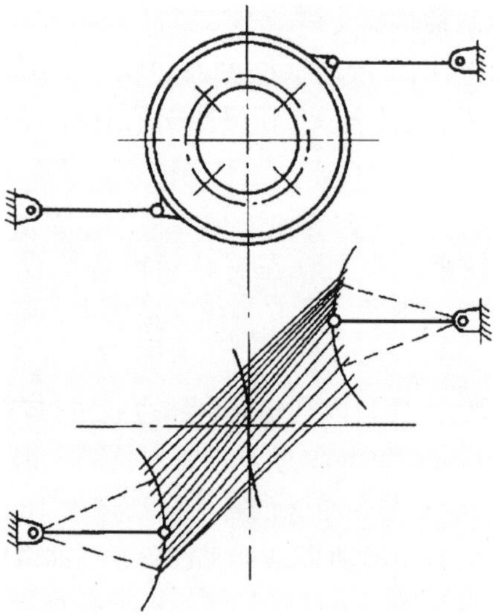

图 4.33　轴箱拉杆定位示意图

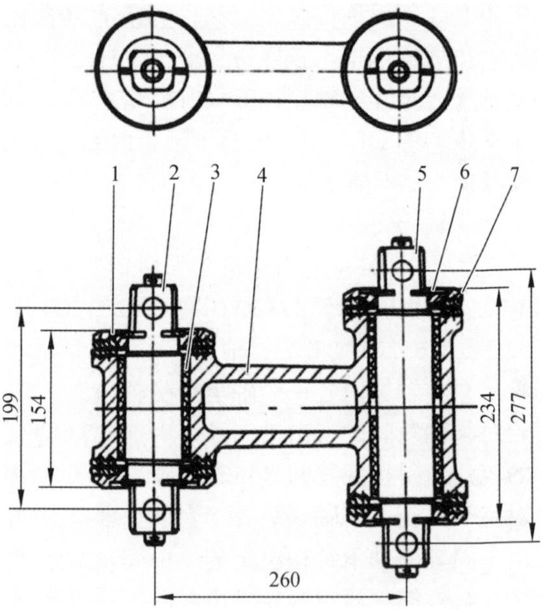

1—短轴；2—短心轴；3—橡胶垫；4—拉杆体；5—长心轴；6—卡环；7—橡胶垫。

图 4.34　轴箱拉杆

心轴两端制成梯形截面，靠 M20 的螺栓紧固在轴箱和构架上的拉杆座梯形槽里，梯形槽斜度为 1∶10。紧固后心轴与梯形槽底面的间隙应在 1 ~ 4 mm，以保证拉杆多次拆检后，斜面仍能很好接触，并不致使螺栓承受剪切力。

拉杆体一端大一端小，大端孔内装两个橡胶圈，用长心轴与构架拉杆座连接，小端孔内装一个橡胶圈，用短心轴与轴箱拉杆座连接。为避免橡胶圈在压装和工作时滑动，拉杆孔内需加工得较粗糙。橡胶垫被端盖压装在拉杆体两端侧面，端盖和心轴又用卡环作径向固定，这样由橡胶圈和橡胶垫构成了拉杆两端的橡胶关节。由于橡胶元件的变形，保证了轴箱可相对于构架在各方向的位移，同时橡胶元件对变形有一定的扭转刚度和横向刚度，转刚度对轴箱上下跳动有缓冲作用，横向刚度有限制轴箱横动量的作用。为增加橡胶垫刚度，在硫化处理时中间粘合一块厚 1.5 mm 的钢板，组装时用端盖将其压在拉杆体上，用卡环卡住，橡胶垫压缩挠度为 2 mm。为使橡胶垫受压时不产生径向蠕变，在端盖和拉杆体孔上均加工了两道环形槽，使橡胶垫受压后嵌入到环形槽内，以限制其径向滑动。

拉杆定位的轴箱相对于构架的上下位移将受橡胶圈约束，实际上相当于在垂直方向加一个并联弹簧，使一系悬挂弹簧的刚度增大，因此一系弹簧挠度约减少 20% ~ 30%，甚至更大。

【任务实施】

通过以上知识的学习，请绘制轴箱定位方式的思维导图，写出轴箱定位方式的具体分类及对应车型。重点分析 HXD_1 型、HXD_2 型、HXD_3 型和 HXN_5 型机车轴箱定位方式。

【任务拓展】

以 HXD_3 型电力机车为例，分析轴箱各部件上力的传递情况，总结出哪些部件属于传力的重点部件，哪些部件属于受力较多易松动部件。

任务五 弹簧装置解析

弹簧装置

【任务导入】

"快且稳"就是中国高铁响当当的标签，向全世界展示着中国制造的实力。而弹簧装置就是让列车维持稳定运行的关键所在。弹簧装置也称悬挂装置，主要包括弹性元件及减振器。机车动力学性能的好坏，与悬挂装置的结构形式及参数选择密切相关。良好的弹簧装置，能使机车运行平稳，振动减小；保护车内各种设备免于振松、振裂、振坏；有助于减轻乘务人员的疲劳，对行车安全有积极意义。对线路来说，由于弹簧装置的缓冲作用，也可减轻机车簧上部分振动对线路的冲击破坏作用。

那么，弹簧装置的类型、缓冲减振的原理以及具体结构组成究竟是怎样的？下面让我们秉承对"工匠精神"的追求对弹簧装置进行分析。

【知识储备】

现代电力机车都采用两系悬挂装置，如图 4.35 所示。一系悬挂，又称主悬挂，设置在机车转向架构架与轴箱之间；二系悬挂，又称次悬挂，设置在车体底架与转向架构架之间。

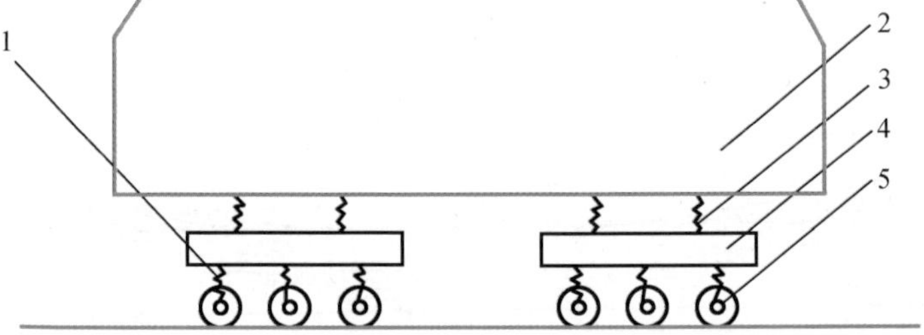

1—一系悬挂；2—车体；3—二系悬挂；4—转向架构架；5—轴箱。

图 4.35　机车两系弹簧悬挂

采用两系弹簧悬挂，可以减小整个机车弹簧装置的合成刚度，增大机车的总静挠度，改善机车在铅垂方向的运动平稳性，减少机车对线路的动作用力。

对于速度较低的机车（$v_{max} \leqslant 100$ km/h），要求具有良好的黏着性能，其悬挂装置的特点是：一系软，二系硬（能使轴重转移减少）。总的静挠度不大（主要由一系来提供）。例如 SS_{4G} 型电力机车，一系静挠度为 139 mm，二系静挠度为 6 mm，总的静挠度为 145 mm。

对于速度较高的机车，机车振动加剧，运行的平稳性和稳定性是主要问题。悬挂装置的特点是：一系硬，二系软，总的静挠度较大（主要由二系来提供）。二系软，可显著减小车体的振动加速度，有利于机车的高速平稳运行。例如 SS_9 型电力机车，运用最高速度为 170 km/h，一系静挠度为 54 mm，二系静挠度 110 mm，总的静挠度为 164 mm。

我们常常把一系悬挂以上的质量，称为“簧上质量”；一系悬挂以下的质量，称为“簧下质量”或称为“死质量”，包括轴箱、轮对的质量（轴悬式电机悬挂转向架还包括部分电机质量）。簧下质量对线路产生较大的动作用力，危害很大，必须设法减小，尤其是速度较高的机车。这就是为什么速度大于 140 ~ 160 km/h 的机车必须采用架悬式电机悬挂方式的主要原因。

一、各种弹簧元件的性能特点

机车上常用的弹性元件有板弹簧、圆弹簧和橡胶弹簧 3 种。不论采用何种弹簧元件，它们的共同作用原理是利用弹性元件受附加载荷时产生的弹性变形，将振动冲击能量转化为元件变形的位能，然后将位能释放出来，形成元件及簧上部分的振动，在振动过程中，冲击能量转化为热量散发掉，使振动加速度和动作用力大大降低。

各种弹簧元件的作用原理虽然相同，但又各有其不同的特点，现简要介绍如下：

1. 板弹簧

板弹簧又称为叠板弹簧或弓形弹簧，是用一片片预先弯成一定弧形的弹簧钢片叠装而成，中间用簧箍固紧。

最上面的簧片，也就是最大的簧片称为主板，其余各簧片叫副板。由于一般板弹簧是根据等强度梁的原理设计的，所以副板的长度逐片减小。

弹簧箍是用热套装法装配的。将弹簧箍加热到一定温度，套在叠好的弹簧片上，用压力机压紧，待冷却后即抱紧簧片。

主板两端有销孔或卷耳，用来安装；所有各板中部，冲压出圆形凸起，使各簧片互相卡住，防止纵向错动，如图 4.36 所示。

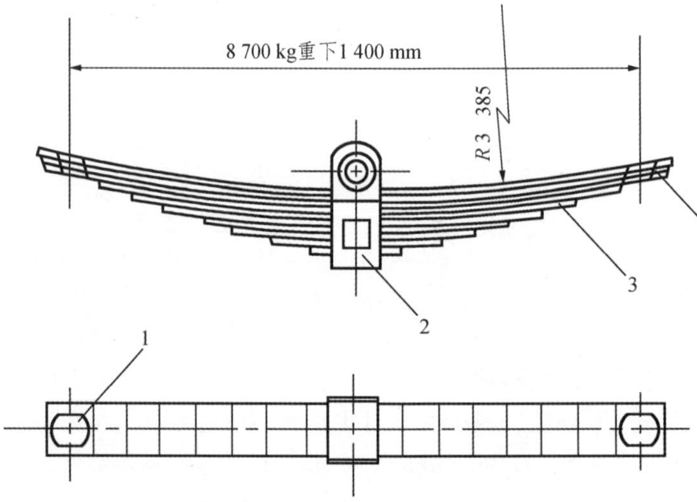

1—支杆安装孔；2—弹簧箍；3—副板；4—主板。

图 4.36 板弹簧

板弹簧在增减载时的变形为簧片的弯曲变形。增载时每个簧片上部纤维受拉伸长，下部纤维受压缩短；减载时与增载时相反。机车振动时簧片的变形量周期性地发生变化，在片和片之间不断产生摩擦，把动能变为热能，使振动迅速衰减。

板弹簧的优点是：不仅具有一般弹簧应起的缓冲作用，而且还因片间摩擦，具有良好的衰减振动的性能，即吸振性好；板弹簧的缺点是：质量大，体积大，比其他弹簧笨重；制造工艺复杂；对高频振动很不敏感，往往直接传递，所以灵敏性差；另外，由于强度的限制，板弹簧变形范围较小，进一步增大挠度有困难。

由于板弹簧的上述缺点，现代电力机车很少采用。

2. 圆弹簧

圆弹簧又称螺旋弹簧，由弹簧钢条（一般为圆形断面）加热卷绕而成，其外形有圆柱形、圆锥形等各种形状。机车上应用的一般都是圆柱形弹簧。为了增大弹簧的刚度，常常将不同外径的圆弹簧套在一起，组成实质上是并联的双圈或三圈圆弹簧组，如图 4.37 所示。

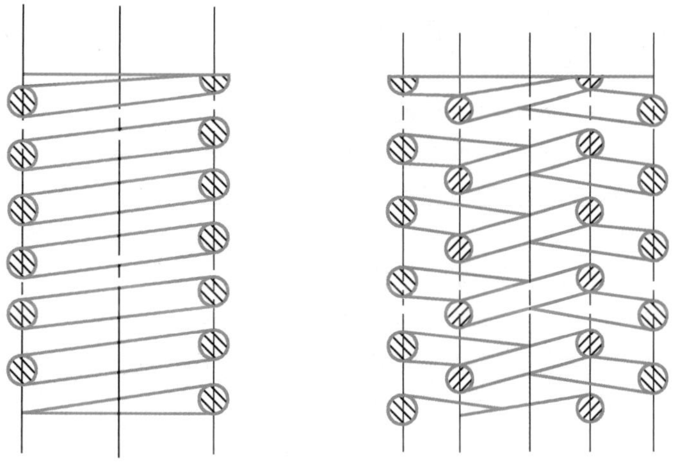

（a）单圈圆弹簧　　（b）双圈圆弹簧

图 4.37　圆弹簧

凡是采用多圈弹簧的弹簧组，其紧挨的两层簧的螺旋方向必须相反，一个左旋，另一个右旋，以免偏歪时互相卡住，同时避免振动中弹簧组的转动。

圆弹簧在增减载时，整个弹簧的高度发生变化，弹簧丝发生扭转变形。在正常载荷下，不允许发生簧圈互相接触的“压死”现象。圆弹簧的优点是结构简单；质量小；形体小；制造修理比较容易，成本低；工作灵敏性好；静挠度一般较大。

圆弹簧的缺点是：几乎无吸振能力，振动衰减慢。因此，机车上用圆弹簧组成悬挂系统时，一般要和减振器配合使用。

3. 橡胶弹簧

随着现代橡胶工业和橡胶金属黏结工艺的发展，橡胶弹簧在机车上的应用已很普遍。在一系悬挂中，有些国家采用橡胶制成的轴箱弹簧（八字形橡胶堆式轴箱弹簧）；在二系悬挂中，橡胶堆旁承应用很广，如图 4.38 所示。

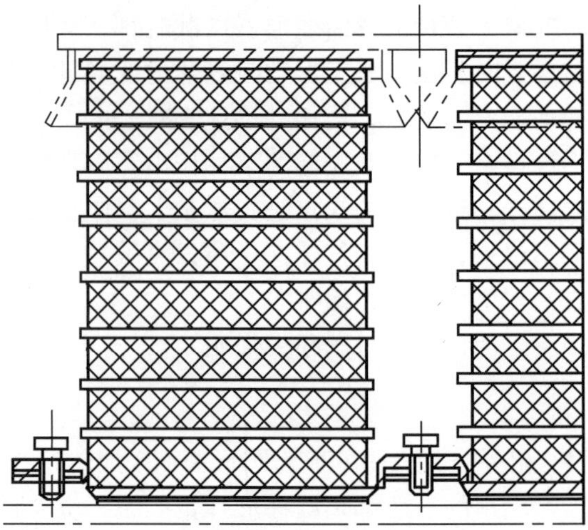

图 4.38　橡胶堆旁承

橡胶弹簧受载时的弹性变形，既有压缩变形，也有剪切变形。但不论在何种情况下，橡胶弹簧不宜受拉伸作用。橡胶元件在变形时，内部产生内摩擦，形成阻尼，起到明显的缓冲和衰减振动的作用。这种内摩擦阻力和板弹簧的片间摩擦阻力不同，板弹簧片间摩擦阻力基本上是个恒量，而橡胶元件的内摩擦阻力随变形的速度增大而增大，所以振动弱时阻力小，振动强时阻力大，这种减振性能是很理想的。

橡胶弹簧的优点是：有良好的减振性能，吸收高频振动的能力强；灵敏性好；质量小；形体小；不会突然折损，运行中无需经常检查。

橡胶弹簧的缺点是：橡胶的强度较小；制造工艺复杂；性能误差大；性能受温度的影响大，橡胶弹簧的刚度随温度变化，高温时易老化，低温时易变脆。

减振器

二、油压减振器

减振器为衰减振动而设。它将振动冲击能量通过各种阻尼形式变为热量散发掉，从而使振动衰减，达到平稳运行的目的。机车应用的减振器主要有两大类：具有摩擦阻尼的摩擦减振器和具有黏滞阻尼的油压减振器。另外，橡胶元件的减振效果也是很明显的，各种形式的橡胶件，一般都具有减振的作用。下面扼要介绍油压减振器的工作原理和结构。

1. 作用原理

油压减振器是利用油液的黏滞性形成阻尼，吸收振动冲击能量，其作原理如图 4.39 所示。

油压减振器实质上是一个密封的充满油液的油缸。油缸内有一活塞，把油缸分为 A、B 上下两个腔，活塞上有小孔称为节流孔。油缸外套有一储油筒，储油筒与油缸 B 腔有进油孔相通，将活塞和储油筒分别固定在产生相对位移的两部件上（如构架和轴箱上，构架和车体底架上），两部件产生相对运动时，活塞和油缸产生相对位移。

当活塞上移时，A 腔容积缩小，B 腔容积加大。由于油缸是密封的，所以 A 腔油压升高，B 腔油压降低，A 腔的油通过活塞节流孔流入 B 腔，油压得以均衡，当油液流过细小的节流孔时，必然因黏滞产生阻尼。

当活塞下移时，情况与上述相反，油液由 B 腔经节流孔流入 A 腔，产生阻尼。

由于活塞杆占据了一定的 A 腔容积，活塞杆上下移动时，A 腔和 B 腔容积的变化必然不一致：活塞杆上移动时，B 腔容积增大的数值大于A腔容积减小的数值；活塞下移时，A 腔容积增大数值小于 B 腔容积减小的数值。这样减振器的正常工作必然受到影响。为了保证减振器的正常工作，在减振器的油缸外，增设一个储油筒，在油缸底部设一进油孔，当减振器工作时，多余的油储存在储油筒中，不足的油液由储油筒补充。设储油筒为 C 腔，则活塞上移时，A 腔的油流入 B 腔，C 腔亦经进油孔流向 B 腔补充一定数量的油，活塞下移时经 B 腔的油流入 A 腔，也有一部分油液经进油孔流回 C 腔。

由上可知，不论活塞上移（拉伸行程）还是下移（压缩行程），油液都要经节流孔和进油孔流动，其流动阻尼大小决定了减振器的减振性能。

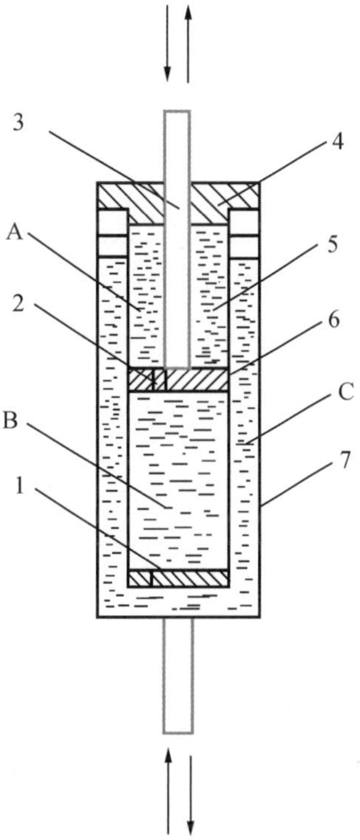

1—进油孔；2—节流孔；3—活塞杆；4—盖；5—油缸；6—活塞；7—储油筒。

图 4.39　油压减振器工作原理

2. 性能特点

由于油液流动的阻力，即为振动器的阻尼，所以凡影响油液流动阻力的因素，都将影响减振动器的减振性能。

活塞运动速度：速度越大，阻力越大；速度越小，阻力越小。当振动频率高、振幅大，即振动强时，活塞速度大，阻力也大。反之，振动弱时，阻力也小。

节流孔的大小：孔经越大，阻力越小；孔径越小，阻力越大。活塞中部装有心阀，可以人为调整改变节流孔大小，也就调整了减振器的阻尼值。

油液的黏度：油的黏度愈大，阻力愈大；油的黏度越小，阻力越小。选用黏度合适的油液，对减振器的性能有重要影响。

由上可知，油压减振器有良好的减振性能，当振动强烈时减振性能相应增强；当振动微弱时减振能力相应减弱。这一点非常可贵：既保持了机车低速运行时，弹簧装置的灵敏度，又能在高速运行时发挥充分的减振作用。

三、SS_{4G} 型电力机车轴箱悬挂装置

SS_{4G} 型电力机车每台转向架有 4 组完全相同的轴箱独立悬挂装置。每个悬挂装置由两组完全相同的弹簧组、上下压盖及一个上座和一个垂向液压减振器等组成。

上述结构具有结构简单，独立性强，维修方便，能克服上下压盖歪斜，无磨耗和一系弹簧容易调整等优点。

1. 弹　簧

每个轴箱设置两个弹簧组，每个弹簧组有内、中、外 3 个弹簧，除中间弹簧左旋外其余内外两个弹簧均为右旋弹簧，材料为 60Si2Mn 或 55Si2Mn。

为了使内、中、外弹簧组合后受力均匀，应对其选配，使它们在各自工作负荷下内、中、外单个弹簧高度差不大于 3 mm，然后配成弹簧组，并对配成组的弹簧组进行工作负荷下的工作高度测定，做好记录，在弹簧组上做好标记，以便机车调簧之用。

2. 弹簧附属部件

附属部件由上下压盖、上座、定位销等组成。弹簧组靠上下压盖、弹簧座定位组装在一起。

3. 垂向液压减振器

SS_{4G} 型电力机车转向架轴箱采用独立悬挂方式，因单纯应用螺旋弹簧时，振动太大，会加速机车各零件的磨损和疲劳损坏。所以，每个轴箱悬挂配一个垂向油压减振器，以达到既能衰减振动，又能保持弹簧装置正常工作的目的。

四、HXD_3 改型电力机车轴箱悬挂装置

轴箱采用独立悬挂，轴箱相对构架的上、下和横向移动，靠弹簧、橡胶元件的弹性变形来获得。轴箱定位采用拉杆式定位轴箱的结构，主要由前后端盖、轴箱体、吊钩、轴承单元、压盖、接地装置、速度传感器、轴箱拉杆、一系弹簧和橡胶减振垫等组成，如图 4.40 所示。

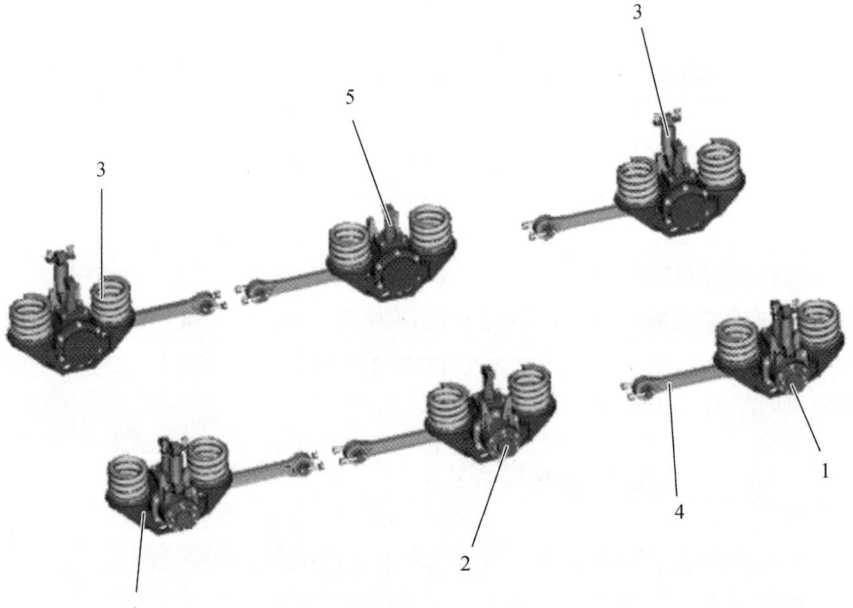

1—轴箱（一）；2—轴箱（二）；3—轴箱（三）；4—轴箱拉杆；5—轴箱（四）。

图 4.40　轴箱悬挂装置

五、HXN_5型内燃机车轴箱悬挂装置

HXN_5 型内燃机车转向架采用两系悬挂系统。一系悬挂（轴箱悬挂装置）主要由轴箱弹簧、橡胶垫、垂向减振器组成，如图 4.41 所示。中间轴位的轴箱不设垂向减振器。

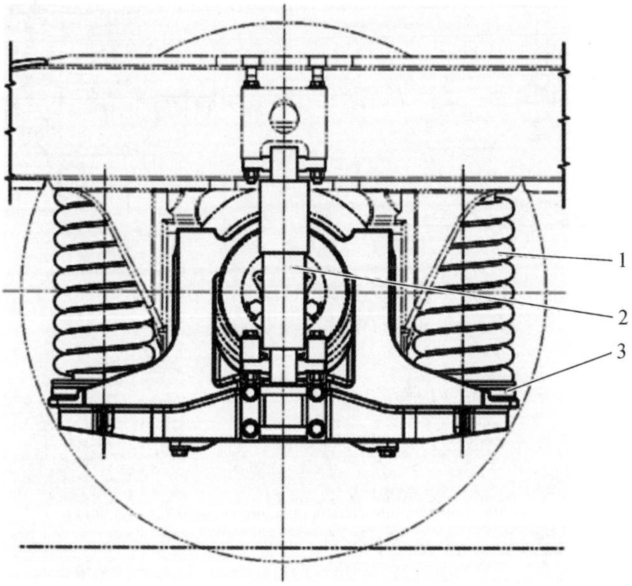

1—轴箱弹簧；2—垂向减振器；3—橡胶垫。

图 4.41　一系悬挂（端轴）

轴箱弹簧每个轴箱 2 个，每转向架 12 个。弹簧下面串联有橡胶垫，用以吸收和衰减从轨道传至轴箱的高频振动。

轴箱弹簧簧条直径ϕ36.6 mm，有效圈数 7.8，自由高 512 mm，内径ϕ（138 ± 1）mm；在 52.4 kN 负荷下，静态高度（390 ± 1）mm；垂向刚度（430 ± 20）N/m。

垂向减振器设在端轴轴箱与转向架构架之间，它是一种双向作用液压减振器，用来衰减线路不平顺引起的垂向振动。垂向减振器阻尼系数为 70 kN · s/m。

运用中，目视检查轴箱弹簧是否有折断、裂纹、垂向磕碰、深刻痕、擦伤或其他弹簧损坏迹象。如有则应更换弹簧。

六、DF_{4B}型内燃机车轴箱悬挂装置

DF_{4B} 型内燃机车采用两系弹簧悬挂装置。一系悬挂（轴箱悬挂装置）由圆弹簧、油压减振器和橡胶垫组成，静挠度为 123 mm。

轴箱两组圆弹簧均由内、中、外 3 圈圆弹簧组成，如图 4.42 所示，各圈弹簧旋向左右相间布置，由弹簧座上的定位凸台定位，互不接触。上下弹簧座的圆柱销分别插入轴箱体和构架弹簧座的定位孔内，以使弹簧定位。

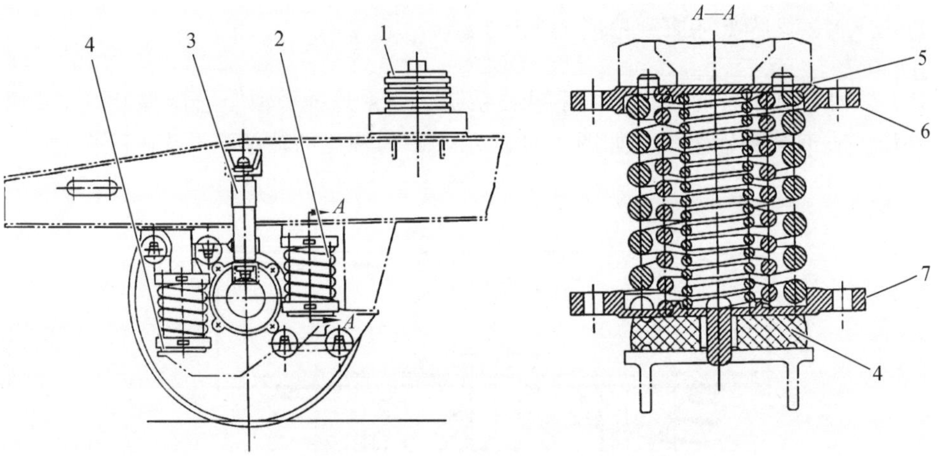

1—橡胶弹簧；2—圆弹簧；3—油压减振器；4—橡胶垫；5—调整垫；6—上弹簧座；7—下弹簧座。

图 4.42　DF_{4B} 型机车弹簧装置

为使各轮受力均匀，用垫片进行调整，使每组弹簧在工作载荷下的高度为（268 ± 2）mm 在轴箱与下弹簧座间串联一个橡胶垫，以衰减和吸收来自簧下轮对的高频振动，橡胶垫上下表面各有一块 2 mm 厚的钢板，与橡胶制成一体。

每台转向架两端轴的左右各有一台 SFK_1 型油压减振器与一系弹簧并联，每台机车共装有 8 台 SFK_1 型油压减振器用以衰减机车的垂向振动。减振器的阻尼系数为 80 N · s/mm。

SFK_1 型油压减振器（见图 4.43）主要由活塞部（见图 4.44）、进油阀部、缸端密封部（见图 4.45）及连接部组成。

活塞部主要由活塞、心阀、心阀弹簧、阀座和套阀等组成。心阀两侧开有节流孔，组装后节流孔下部露出套阀部分称为初始节流孔。减振器的工作阻力主要决定于初始节流的大小。为调整减振器的阻力大小，在阀座顶部、心阀顶部和心阀弹簧顶部 A、B 和 C 处，设有 0.2 mm 的调整垫片。进油阀部位于缸筒的下端，在进油阀体上装有阀瓣、进油阀弹簧和锁环。

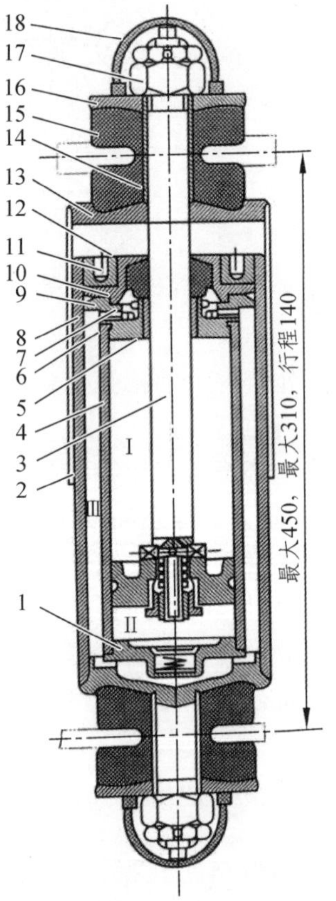

1—进油阀；2—储油缸；3—活塞部；4—缸筒；5—导向套；6—密封弹簧；7—托垫；8—缸端；9—油封圈；10—密封盖；11—螺盖；12—密封圈；13—防尘罩；14—套；15—胶垫；16—压盖；17—螺母；18—防锈帽；Ⅰ，Ⅱ，Ⅲ—油腔。

图 4.43　SFK_1 型油压减振器

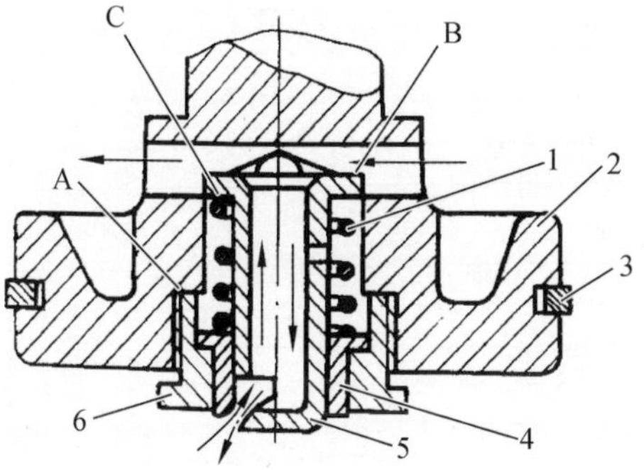

1—心阀弹簧；2—活塞；3—胀圈；4—套阀；5—心阀；6—阀座；A，B，C—心阀加减垫片处。

图 4.44 活塞部

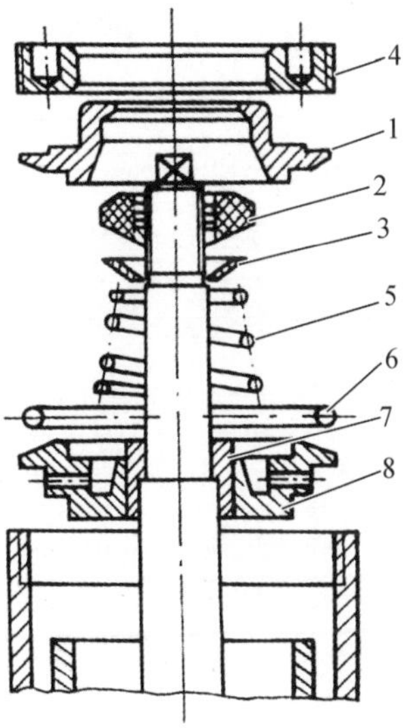

1—密封盖；2—密封圈；3—密封托垫；4—螺盖；5—密封弹簧；6—油封圈；7—导向套；8—缸端。

图 4.45 组成密封部的各零件

七、弹簧调整

1. 弹簧调整的目的

弹簧调整（包括一系、二系悬挂）的主要目的，是要调整机车的轴重。通过调整车体支承质量的分配和转向架弹簧的受力情况，使车体、转向架保持水平状态，各种轴重符合规定要求，以保证机车安全运行并发挥最大牵引力。

2. 弹簧调整的要求

在静态时，假如线路水平，轮径差符合限度规定，弹簧调整后，根据国家标准 GB/T 3317—2006 的规定应达到下列要求：

（1）同一机车每个动轴的实际轴重，与该机车平均轴重之差，不应超过平均轴重的 ± 2%。

（2）每个车轮轮重与该轴两轮平均轮重之差，不超过该轴两轮平均轮重的 ± 4%。

（3）构架上平面至轨面距离为（1 180 ± 10）mm；同一侧侧梁前后端及同一端左右侧梁实际测量数据之差不大于 5 mm。

（4）经过在工作负荷下测试过的弹簧组应在标准范围内（262^{+3}_{-6} mm），然后用加垫的方法调整其工作高度，使整台机车在工作负荷下弹簧高度之差不大于 2 mm。

3. 弹簧调整的基本方法

弹簧调整是一个相当复杂的问题。因为影响因素很多，如果影响因素同时发生不良，就会使分析及调整变得十分困难。必须仔细地进行测量，冷静地进行分析，准确地进行判断，抓住主要的影响因素，针对性地进行调整。

在弹簧下面加减垫块，是弹簧调整的有效方法。

对于个别过硬或过软的弹簧、损坏的弹簧，必须更换。

【任务实施】

储备了以上知识后，请在图 4.35 的基础上补充绘制一、二系弹簧悬挂装置的思维导图，要求至少选取 3 个车型进行分析总结，分别标明其一、二系弹簧悬挂装置的组成结构、弹簧类型及数目、减振器位置及种类。

【任务拓展】

通过本任务知识的学习，请分析弹簧悬挂装置的受力情况，并总结出在运行过程频繁受载荷冲击较易出现裂纹的部位有哪些。

任务六 传动及电机悬挂装置解析

电机悬挂装置

【任务导入】

牵引电动机在机车上的安装，一般都采用弹簧悬挂的安装方法，以减小动作用力对电机和线路的破坏作用。所以通常把牵引电动机在机车上的安装称为电机悬挂。

牵引电动机输出的功率和转矩，必须传递到机车的轮轴上，才能发挥其牵引作用。传动装置就是实现电机到轮轴功率、转矩传递的装置。

电机悬挂方式和传动装置，有着不可分割的关系。不同的电机悬挂方式，传动装置也就不同。牵引电动机的悬挂方式大致可分为轴悬式、架悬式、体悬挂 3 大类。轴悬式又称为半悬挂式，架悬式和体悬挂又称为全悬挂式。

齿轮传动几乎是现代电力机车传动装置的唯一形式。

那么，齿轮传动和电机悬挂装置的具体类型是什么？驱动力矩究竟是如何传递的？下面让我们秉承对“工匠精神”的追求对传动及电机悬挂装置进行分析。

【任务储备】

齿轮传动

一、齿轮传动的分类与传动比

1. 齿轮传动的分类

（1）齿轮传动可分为单侧齿轮传动和双侧齿轮传动。单侧齿轮传动又叫单边齿轮传动，双侧齿轮传动又叫双边齿轮传动，如图 4.46 所示。

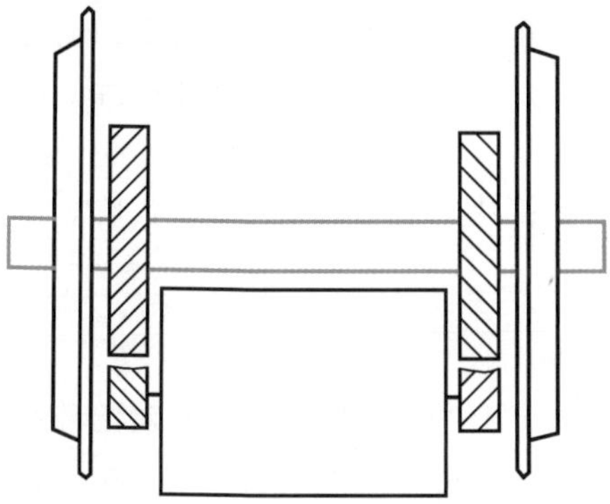

（a）　　　　（b）

图 4.46　齿轮传动

单侧齿轮传动的优点是牵引电动机的轴向尺寸可以加大，结构也较简单，制造成本低；缺点是传动时轮对受到偏于一侧的驱动力，左右车轮的受力不同。双侧齿轮传动的优点是传动时轮对受力均衡，左右车轮同时受到相同的驱动力，有利于提高运行品质；缺点是牵引电动机的轴向尺寸受到限制，结构复杂，制造成本增加。

（2）根据齿轮种类可分为斜齿圆柱齿轮和直齿圆柱齿轮传动。单侧齿轮传动，一般用直齿轮，不用斜齿轮；双侧齿轮传动，一般用斜齿轮，不用直齿轮，而且双侧齿轮的齿斜方向要相反。这是因为：直齿轮在啮合传动时，其啮合力仅仅作用在齿轮的切向，不存在轴向的分力；斜齿轮在啮合传动时，其啮合力是垂直于齿斜方向的，不仅有切向分力，而且有轴向分力，如图 4.47 所示。

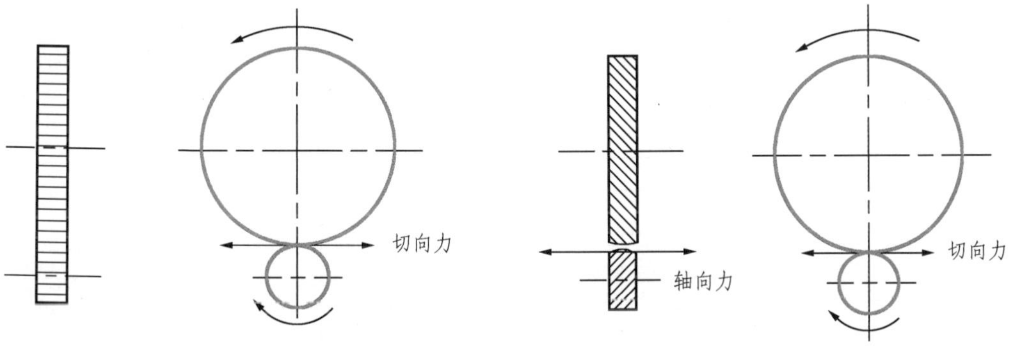

（a）　　　　（b）

图 4.47　齿轮啮合力

单侧齿轮传动如果采用斜齿轮，其轴向力将可能引起轮对贴靠一侧钢轨运行；双侧齿轮传动如果用直齿轮的话，在轮对组装时必须保证双侧大齿轮齿形对应的精确度，否则必然引起双侧齿轮不能同时进入啮合，或双侧齿轮啮合力不等的问题。采用斜齿轮，而且双侧齿斜方向相反，则轴向力也相反，齿轮安装的误差，可由轴向力差值引起的轮对微小横动来得到纠正，这就保证了双侧齿轮传递转矩的均匀性。

（3）根据大齿轮轮心的结构，齿轮传动可以分为弹性齿轮传动和刚性齿轮传动。如果把大齿轮分为齿圈和齿轮心两部分，互相用弹簧或橡胶弹性地组装在一起，则成为弹性齿轮传动；大齿轮心如果制成刚性结构，则为刚性齿轮传动。至于小齿轮，一般都是刚性的。

弹性齿轮传动的优点是改善了沿齿宽方向的应力分布；缓和来自钢轨的冲击，啮合力的传递比较柔和；改善了牵引电动机的工作条件。其缺点是增加了齿轮结构的复杂性，增加了制造成本。

刚性齿轮传动的优点是结构简单，制造维修成本低；缺点是啮合条件差，齿轮磨损大，传动冲击大，对牵引电动机不利。

2. 传动比

传动比是从动齿轮齿数与主动齿轮齿数之比。由于牵引电动机转速高，轮对的转速低，所以电力机车上都是减速齿轮传动。减速齿轮传动，既可保持牵引电动机在高效率的转速范围内工作，又可以加大轮对的转矩，使机车在适宜的运行速度下充分发挥牵引力。

在选择齿轮的齿数和传动比时，必须力求轮齿的工作能均匀协调。在电力机车上，齿轮圆周作用力是经常变化不定的，而且主、从动齿轮轮齿材质不同，表面硬化程度不同，因此，所选择的传动比的数值应当尽可能是个无理数，即无限不循环小数，或者是个无限循环的有理数。这样，一个齿轮上的每个轮齿将有机会同另一个齿轮上所有的轮齿啮合，以使轮齿得以均匀磨损。例如，SS_{4G}型电车机车齿轮传动比为 88/21；SS_9型电力机车齿轮传动比为 77/31，HXD_3型电力机车齿轮传动比为 101/21，都是这样有意安排的。

一般高速客运电力机车的传动比取值偏低，货运电力机车传动比取值偏高。

二、电机悬挂的分类和比较

机车牵引电动机的悬挂方式大致可分为轴悬式、架悬式、体悬挂式 3 类。轴悬式又称为半悬挂式，可分为刚性轴悬式和弹性轴悬式两类；架悬式及体悬挂式又称为全悬挂。

1. 刚性轴悬式电机悬挂

牵引电动机的一端经抱轴瓦或滚动轴承刚性地支承在车轴的抱轴颈上，叫作抱轴端；另一端弹性地悬挂在转向架构架横梁上，叫作悬挂端，如图 4.48 所示。

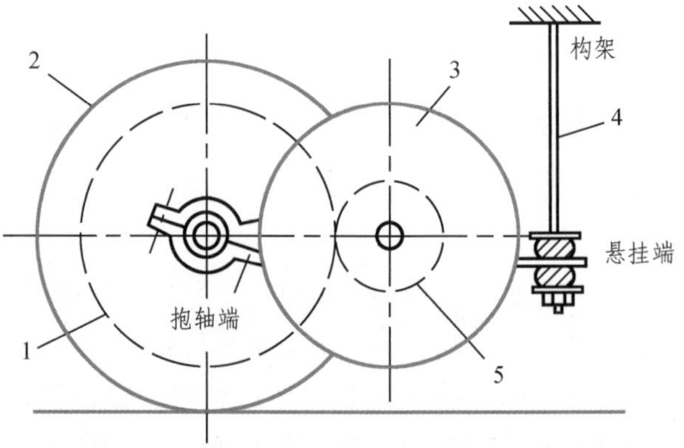

1—大齿轮；2—车轮；3—电机；4—吊杆；5—小齿轮。

图 4.48　刚性轴悬式电机悬挂

这种悬挂方式结构简单，检修容易，拆装方便（在不起吊机车车体的情况下，牵引电动机可以在落轮坑内卸下），工作可靠，制造容易，成本低廉，广泛地用于国内外电力机车上。

其缺点主要有两点：一是簧下质量大（牵引电动机约一半的质量，属于簧下死质量），轮轨动载荷大；二是来自线路的冲击，直接传至牵引电动机，电机垂向加速度大，影响其工作可靠性及使用寿命。这一点在高速机车上表现尤其严重。通常认为，机车最大运行速度超过 140 ~ 160 km/h，就应该采用牵引电动机全悬挂。

随着机车速度的提高，刚性轴悬式电机悬挂机车，车轮垂向加速度及冲击增大，牵引齿轮副及牵引电动机工作条件更为恶化，为改善这种情况，可采取两种措施：滚动抱轴承及弹性大齿轮。

滚动抱轴承与滑动轴承相比，轴承的径向间隙小，改善了牵引齿轮的啮合条件，延长了齿轮的使用寿命，提高了轴承的工作可靠性，减小了维修工作量和维修成本。SS_7 型电力机车采用了滚动轴承。

把牵引大齿轮改为弹性大齿轮，可以缓和来自线路冲击，改善牵引齿轮副的接触状况，减小牵引齿轮的磨耗，降低牵引电动机故障率。其缺点是结构复杂，制造成本高，橡胶弹性元件有一定使用期限，必须定期检查更换。

2. 弹性轴悬式电机悬挂

弹性轴悬式的结构与刚性抱轴式相似，如图 4.49 所示。

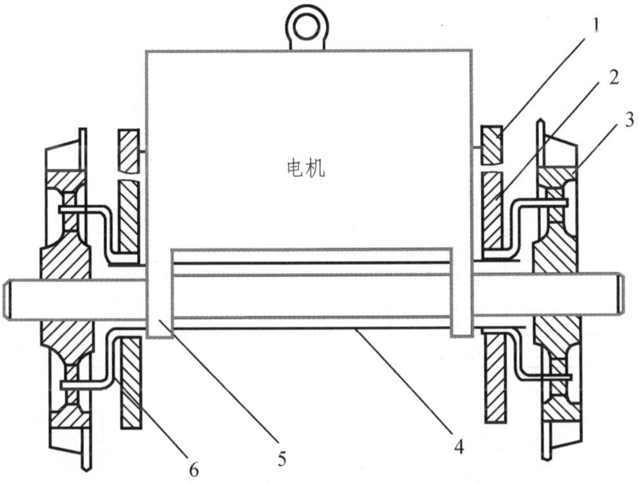

1—小齿轮；2—大齿轮；3—橡胶件；4—空心轴；5—抱轴承；6—驱动件。

图 4.49 弹性轴悬式电机悬挂

牵引电动机的一端悬挂在转向架构架上，另一端仍通过抱轴承支承，但抱轴承不是直接支承在车轴上，而是支承在车轴外面套装的空心轴上，从动大齿轮也是固装在空心轴的端部。空心轴的两端再通过弹性元件支承在轮心上。牵引电动机传至大齿轮的力矩通过空心轴、弹性元件传至轮对。空心轴与车轴一同旋转。因此，装在轮心上的弹性元件既要支承牵引电动机约一半的质量及空心轴和大齿轮质量，还要传递牵引电动机传来的力矩。

由于牵引电动机的一半质量支承在轮对上，但中间经过了弹性元件，故称为弹性轴悬式。

这种悬挂方式的优点是减轻了动作用力的危害，有利于延长电机寿命和齿轮的正常啮合，也有利于提高机车的黏着性能。

3. 架悬式电机悬挂

架悬式的牵引电动机全部悬在转向架构架上，因此牵引电动机全部质量属于簧上质量，这就大大减小了簧下死质量，适应了高速运行的需要。同时，因线路不平顺和冲击所引起的轮对垂向和横向加速度，不会直接传到牵引电动机和牵引齿轮副，电机和齿轮副的工作条件大为改善，故障率减少，工作寿命延长。

架悬式悬挂的技术难题，是如何可靠地解决齿轮传动的啮合问题。因为牵引电动机布置在转向架构架上，它的振动规律和轮对的振动规律不一致，而大齿轮又必须装在轮轴上，在这种情况下怎样保证齿轮啮合的可靠性，的确是件困难的事。

架悬式牵引电动机和转向架构架一起振动，与电枢轴上的小齿轮相啮合的大齿轮也必须随构架振动，使大小齿轮的中心距保持不变。把从动大齿轮上的力矩传到轮对的驱动装置上是架悬式的关键技术。该驱动装置必须是弹性的，以适应转向架构架相对于轮对各方向的振动位移。

架悬式驱动机构，按弹性联轴器的结构和布置方式不同，可分为电机空心轴驱动装置和轮对空心轴驱动装置两大类。

（1）电机空心轴驱动。牵引电动机固装在转向架构架上，而牵引齿轮箱是轴悬的。牵引电动机的电枢轴是空心的，传递扭矩的扭轴从空心电枢轴中穿过。牵引电动机空心电枢轴的输出转矩，经齿形联结器、扭轴、弹性联轴器、小齿轮、大齿轮驱动轮对转动，如图 4.50 所示。

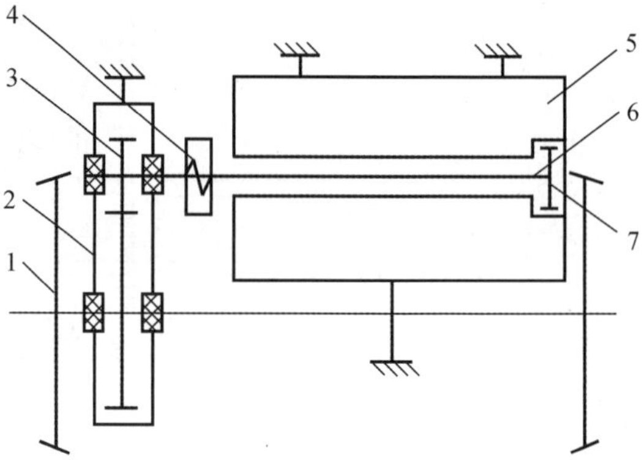

1—轮对；2—齿轮箱；3—牵引齿轮；4—弹性联轴器；5—牵引电机；6—扭轴；7—齿形联结器。

图 4.50　电机空心轴驱动

电机空心轴驱动装置布置紧凑、尺寸小、质量轻，驱动装置中作为力矩传递关键部件的弹性联轴器必须适应转向架构架相对于轮对各方向的振动位移。

（2）轮对空心轴驱动装置。大齿轮用滚动轴承支承在空心轴套上，而空心轴套紧固在牵引电动机的机体上。在空心轴套内又贯穿一根空心轴，包在车轴外面，此空心轴是转动的，用来传递牵引电动机的扭矩。空心轴是一端通过连接盘、弹性元件与大齿轮相连。另一端通过连接盘、弹性元件与轮心相连。牵引电动机扭拒由小齿轮、大齿轮，经弹性元件、空心轴，传至空心轴另一端的弹性元件，传递给车轮，再经车轴传至另一侧的车轮。这种驱动装置称为轮对空心轴两级弹性驱动装置。在这种驱动装置中，轮对中远离大齿轮的车轮称为主动车轮，近齿轮端的称为从动车轮。如图 4.51 所示。

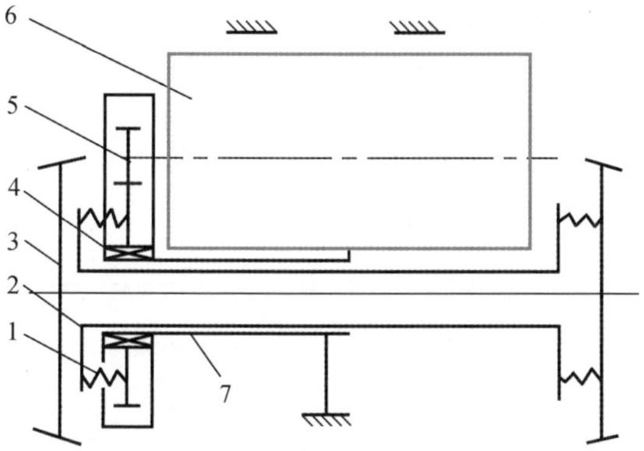

1—弹性驱动元件；2—空心轴；3—轮对；4—轴承；5—牵引齿轮；6—牵引电机；7—空心轴套

图 4.51　轮对空心轴驱动

空心轴两端的弹性元件为弹性六连杆机构，分别与大齿轮及轮心相连，用来传递扭矩，并且有良好的运动学性能。轮对空心轴两级弹性驱动装置簧下质量轻，轮对与牵引电动机之间得到两级弹性隔离，因此有较好的动力学性能，缺点是结构比较复杂。SS_8型电力机车、SS_9型电力机车、HXD_3D 型电力机车都是客运机车，速度较高，所以都采用这种驱动装置。

4. 牵引电动机体悬挂

体悬式的牵引电动机全部或大部悬挂在车体上，如图 4.52 所示。

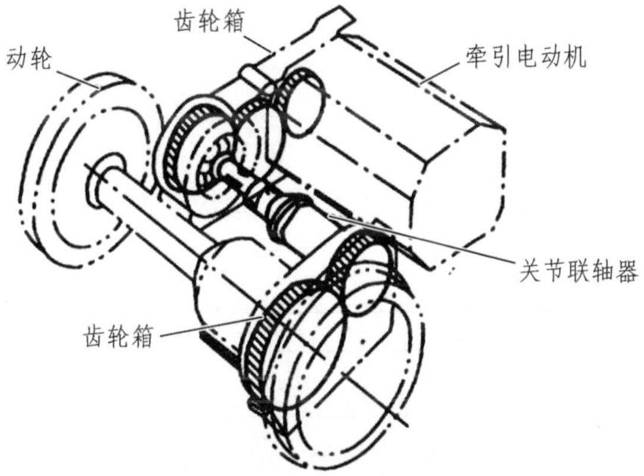

图 4.52　体悬式牵引电机驱动机构

高速机车的最大运行速度超过 200 ~ 250 km/h 时，为了进一步改善机车的动力学性能，可以把牵引电动机悬挂在车体的底部，使其成为二系弹簧以上的质量。转向架的质量、转动惯量就大为减小，更容易保持转向架高速时的蛇行稳定性，对减轻轮轨的垂向及横向动载荷也有所帮助。

牵引电动机体悬式，驱动机构必须适应车体与转向架之间的相对运动以及转向架与轮对之间的相对运动。万向节联轴器就是用来适应车体与轮对之间的相对运动的，包括垂向、横向及回转方向的相对位移。此传递扭矩的万向轴必须制成长度能伸缩，以适应车体与轮对间较大的相对运动。

体悬式牵引电动机的驱动机构复杂，只有必要时才采用。我国仅有 CRH_{5A} 型动车组采用这种悬挂方式。

三、SS_{4G}型电力机车齿轮传动装置

SS_{4G}型电力机车齿轮传动装置采用双边刚性斜齿轮传动，包括大齿轮（被动齿轮）、小齿轮（主动齿轮）和齿轮箱。它的作用是将牵引电动机产生的转矩通过小齿轮啮合大轮传递给轮对，产生牵引力或制动力（电气制动工况）。

1. 小齿轮

小齿轮安装在牵引电动机电枢轴两端。为了便于拆装和防止电机轴拉伤，电机轴和小齿轮内孔用 1∶10 的锥度通过过盈配合连接在一起。

拆卸小齿轮时将专用油泵油嘴旋入电机轴端面带有大倒角的螺孔内，并用螺栓加挡板挡住小齿轮，以免小齿轮脱开时碰伤或发生伤人事故，然后压动油泵便可把小齿轮自动地退下来。

2. 大齿轮

大齿轮由齿圈和齿轮心组合而成。齿轮心材质为 ZG230-450 铸钢件。齿圈和齿轮心为过盈配合，其过盈量为 0.8 ~ 0.9 mm。

在装配时，应注意两者配合面的锥度必须同向，齿圈和齿轮心组装时，把齿圈加热至 200 °C 以下，套在齿轮心上，然后再进行滚齿、倒角、中频表面淬火、磨齿及检查。

大齿轮与轮心轮毂组装为过盈配合，在冷态下压到轮毂上，齿轮与轮心的压装过盈量为 0.37 ~ 0.40 mm，压力值为 500 ~ 800 kN。

3. 齿轮箱

为了对齿轮进行润滑以及防止尘土、砂石等污物对齿轮的侵袭，将大小齿轮密闭在齿轮箱内。

齿轮箱由上箱和下箱组成。箱体均为低碳钢焊接结构，侧板厚为 5 mm，盖板厚为 3 mm。为了使齿轮副在工作时箱体内压力和外部大气压力相平衡，在齿轮箱上箱盖板上焊装手把形状的气管两个，同时该件还可用于吊装齿轮箱体，在下箱底部和内侧部安装有螺堵和验油阀，旋开下部放油螺堵可放油；验油阀上部设置可以开启的密封性能良好的阀盖，打开阀盖可观察油位和加注润滑油，如图 4.53 所示。

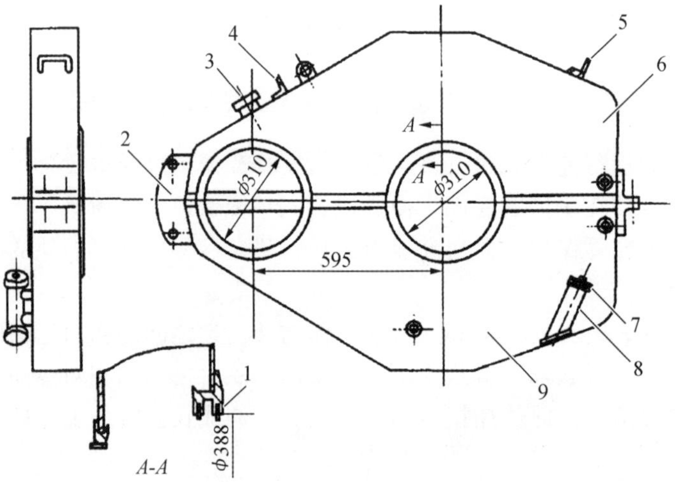

1—毛毡；2—连接座；3—排气孔；4，5—手把；6—上半部；7—油尺；8—油嘴；9—下半部。

图 4.53　SS_{4G}型电力机车齿轮箱

为了防止上下箱合口处漏油，在上箱侧板四周焊装内外挡板，在大领圈处焊装两个挡油槽。上下箱组装前在内外挡板中间加聚氨酯密封垫和 NJYA-2 聚氨酯胶粘剂。齿轮箱两个 $\phi310$ 和一个 $\phi389$ 孔为上下箱组装后整体加工而成，以防上下两半圆形领圈错位，引起漏油。两个 $\phi310$ 的孔与电机外壳组装时用橡胶圈进行密封，$\phi389$ 孔与大齿轮轮毂相配合处用聚酯脂毛毡条进行密封，这种材料黏结性能好，耐油，固化后具有较好的弹性，耐磨，抗老化性能好，并具有一定的抗拉强度，可防箱体外的水、灰尘等污物进入箱体内。上下箱组合成整体时用 4 根 M20×75 的螺栓固定在电机端部外壳上，使两者之间固定连接，不产生相对位移。

四、SS_{4G} 型电力机车电机悬挂装置

SS_{4G} 型电力机车牵引电动机为抱轴式半悬挂（刚性轴悬式）。

一端通过抱轴承刚性地支承在车轴上，另一端靠电机悬挂装置吊在构架牵引梁电机悬挂座上，如图 4.54 所示。

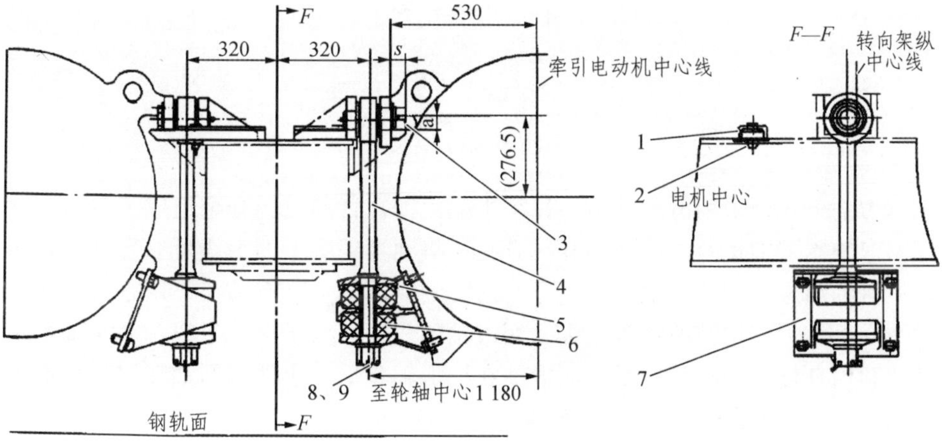

1—防落板；2—销；3—油杯；4—吊杆；5—垫板；6—橡胶垫；7—吊座；8—垫圈；9—螺母。

图 4.54　SS_{4G} 型电力机车电机悬挂装置

电机悬挂装置一方面能承受电机静载荷（约为电机质量的一半），另一方面承受电机工作时产生的反力，同时在电机工作过程中，它可随电机纵向和横向自由摆动，并可缓和电机与构架间的振动。电机悬挂装置主要由防落板、销、吊杆、垫板、吊座、橡胶垫、螺母等零件组成。

吊座为 ZG230-450 铸钢件，用 5 个 M24×55 的螺栓紧固在牵引电机下方的槽形安装座上。吊座上下圆盘内安放两个橡胶垫，在橡胶垫上下安放垫板。然后插入电机吊杆，在吊杆下部用 M52×3 的花螺母紧固，使橡胶垫有 30 kN 的预压力，然后插入 10×100 的开口销，以防螺母脱落，吊杆上部内装关节球轴承，用销与构架上的电机悬挂吊座相连，为防止销窜动，用卡板固定。

在组装完电机悬挂装置后，在吊杆销套和球轴承间注入润滑油脂，落车后还要检查防落板上平面与牵引电机外壳吊耳下平面的垂向间隙不小于 20 mm，防落板端部与电机外壳间隙不小于 10 mm，且与吊耳的纵向搭接量不小于 20 mm。

抱轴箱通过左右两个抱轴承刚性地支承在车轴两端的抱轴颈上，抱轴承及润滑装置的结构如图 4.55 所示。

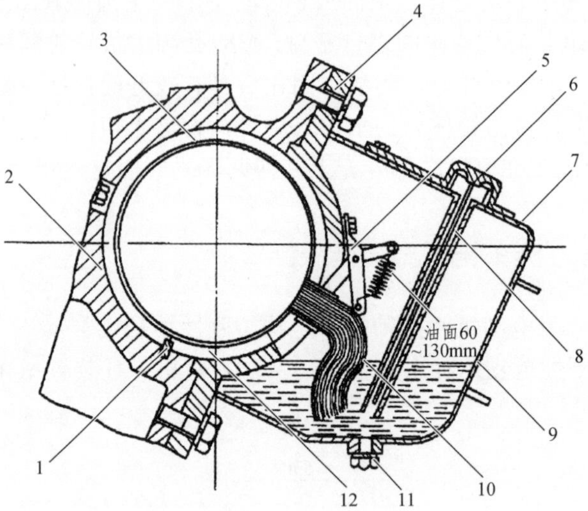

1—键；2—电机体；3—上瓦；4—下瓦体；5—集油器；6—油尺；7—油箱；8—加油管；
9—弹簧；10—毛刷；11—排油堵；12—下瓦。

图 4.55　SS_{4G} 型电力机车电机抱轴承及润滑装置

抱轴承为剖分式，采用滑动轴承，每个半瓦由铜瓦背和巴氏合金组成（约为 3 mm 厚）。

在每副抱轴承下轴瓦及油箱底座开有方孔，集油器毛刷上的毛线可以穿过方孔压在抱轴颈上，以便对轴承进行润滑。油箱内储存有润滑油，油箱盖上有油尺，用它检查存油量的多少。润滑油靠毛细管作用被毛线吸上去，润滑轴颈表面。为了保证毛线贴靠车轴轴颈，装设了集油器，利用杠杆机构将其压紧。润滑油在润滑轴颈后，仍然流回油室内。在油箱底部设有排油堵，可定期排出污油，更换新油。

为了保证瓦面有一定量的油膜，不至于产生热轴或烧损巴氏合金，保证齿轮的正常啮合，轴瓦与车轴轴颈间隙要求在 0.25 ~ 0.4 mm。随着机车运行，轴瓦逐渐磨耗，间隙也越来越大，当轴瓦间隙大于 1 mm 时，必须重新挂合金或换瓦。

五、HXD_3 型电力机车电机悬挂装置

电动机悬挂方式为滚动抱轴式半悬挂。牵引电机一端通过滚动抱轴箱装配支承在车轴上，另一端通过一根两端带橡胶关节的吊杆弹性悬挂在构架的横梁和后端梁上。电动机悬挂装置的吊杆一方面承受牵引电机的静载荷，另一方面承受牵引电机工作时产生的反力，同时在牵引电机工作过程中，它可以随电机纵向和横向自由摆动，并且橡胶关节可以衰减牵引电机传给构架的振动。

电动机悬挂装置由牵引电机、吊杆和连接螺栓等组成，如图 4.56 所示。

注意：在机车的检修时一定要按规定的力矩紧固吊杆螺栓。运用中也要经常检查该螺栓是否有松缓的现象。

电机吊杆是两端都带有橡胶关节的 42CrMo 锻钢零件。

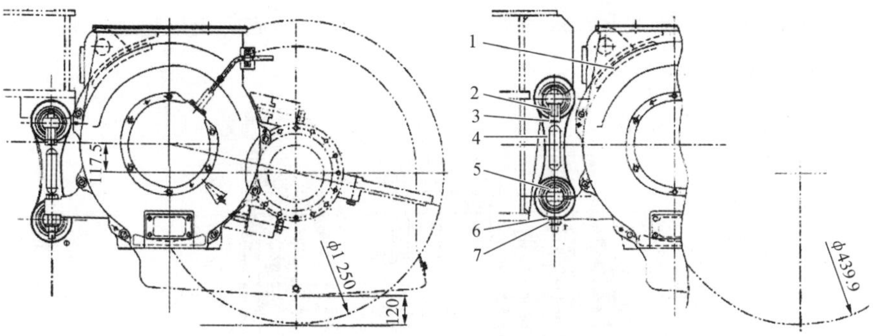

1—牵引电动机；2—螺栓套管；3—螺栓 M30×130；4—吊杆装配；
5—螺栓 M30×160；6—垫圈；7—螺母 M30。

图 4.56　电动机悬挂装置

六、HXD_{3D}型电力机车驱动装置

1. HXD_{3D}型电力机车驱动设置的组成

HXD_{3D}型电力机车的驱动装置的组成，如图 4.57 ~ 图 4.59 所示，主要包括滚动抱轴箱装配、齿轮箱、主从动齿轮等部分。

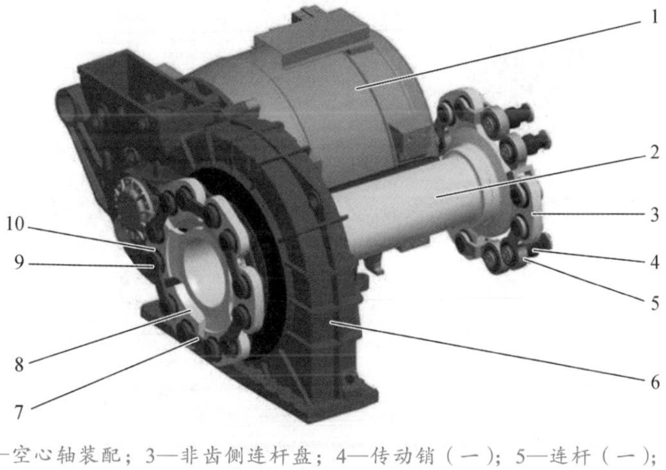

1—牵引电机；2—空心轴装配；3—非齿侧连杆盘；4—传动销（一）；5—连杆（一）；6—齿轮箱装配；
7—连杆（二）；8—齿侧连杆盘；9—传动销（二）；10—连杆关节。

图 4.57　驱动装置

滚动抱轴箱装配由两组圆锥滚子轴承、迷宫盖、滚动抱轴箱体等组成。

电机与齿轮箱组成刚性结构：齿轮箱与电机之间是通过定子外壳法兰与齿轮箱骨架之间的螺栓进行连接的。空心轴的一端通过连杆盘、六连杆机构及传动销连接在齿轮箱的输出轴上，另一端通过连杆盘、六连杆机构及传动销与所驱动的车轮相连。

电机仅有一个轴承，位于电机的非输出端。输出端的电机轴由安装在齿轮箱内的小齿轮轴上的膜式联轴器支撑。该膜式联轴器由两个主要部分组成，一部分连接在电机轴上，另一部分安装在小齿轮轴上。这两部分在电机组装到齿轮箱的过程中用螺栓相连接。

膜式联轴器的角度灵活性可以补偿由于“质量与牵引力”以及“不可避免的驱动装置加

工与组装精度误差”所导致的小齿轮轴与电机轴的弯曲而形成的角度偏差。该联轴器在径向及扭转方向上都是牢固的。

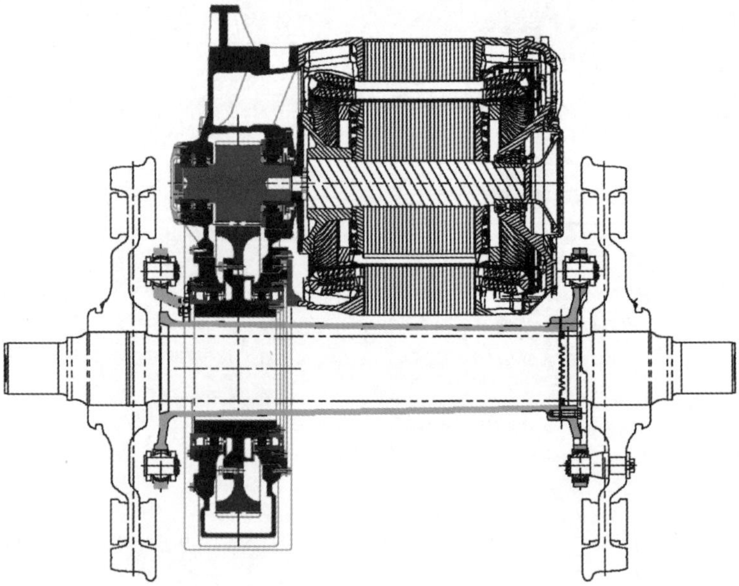

图 4.58　驱动装置剖面

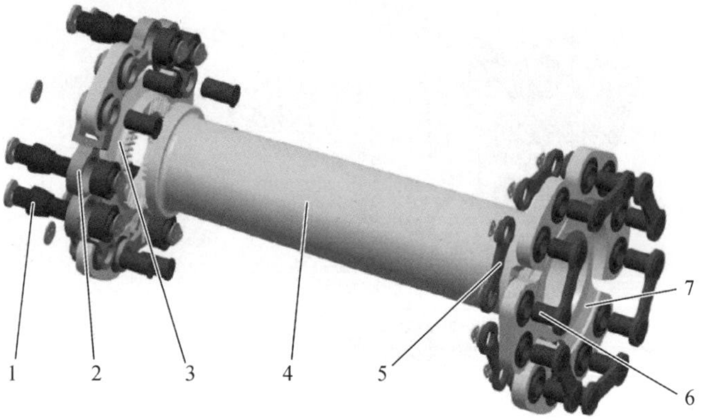

1—传动销（一）；2—连杆（一）；3—非齿侧连杆盘；4—空心轴装配；
5—连杆（二）；6—传动销（二）；7—齿侧连杆盘。

图 4.59　空心轴

电机输出的扭矩通过膜式联轴器、小齿轮、大齿轮、空心轴、连杆盘、连杆，最后通过传动销传递到主动车轮，使机车向前或向后运行。当机车低速运行进行空气制动时，车轮上的黏着制动力以与上述相反的顺序反作用于电机上使机车减速。

连杆盘和传动销之间、连杆与传动销之间都有橡胶关节，提供三向刚度，以适应机车蛇行运动及过曲线时出现的构架和轮对之间的横向和纵向位移及相应的角位移。

2. 驱动装置日常维护保养

（1）检查驱动装置是否泄漏。

（2）检查驱动装置中的油位如图 4.60 所示。

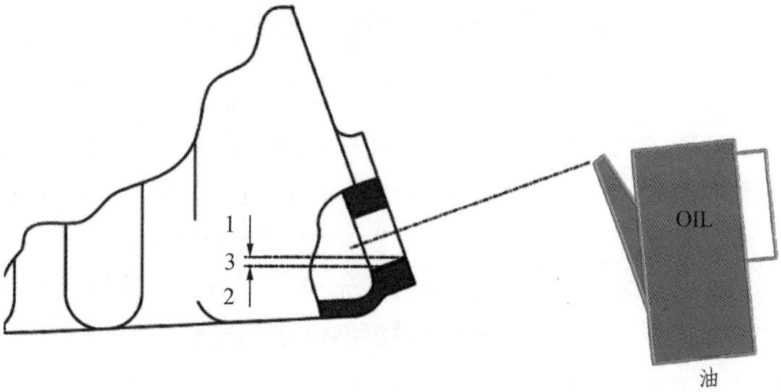

1—最高油位；2—最低油位；3—最高油位和最低油位差 = 10 mm。

图 4.60　检查驱动装置中的油位

（3）机车在第一次行驶约 1 个月或 15 000 km 后，更换新齿轮油。

（4）更换齿轮油时应注意：打开磁性放油堵与密封垫圈，并清洗磁铁。没有固体颗粒的精细磨损属于正常现象，如果发现任意不正常的大块，则需要对齿轮箱做进一步检查。

七、HXN_5 型内燃机车齿轮传动与电机悬挂装置

HXN_5 型内燃机车采用轴悬式驱动装置，单侧齿轮传动，HXN_5 型内燃机车齿轮传动比为 85/16。驱动装置主要包括牵引齿轮副、抱轴箱、电机吊杆装配等。

1. 牵引齿轮副

牵引电动机与车轴之间的扭矩依靠牵引齿轮副来传递。

齿轮副由主动齿轮与从动齿轮组成。HXN_5 型机车转向架牵引齿轮副的“主动齿轮”直接在牵引电动机的枢轴上加工出来，即为齿轴结构件。它是牵引电动机的零件之一。从动齿轮过盈压装在车轴上。材料为真空脱气优质轴承钢 ASTM A534。

2. 抱轴箱

抱轴箱（见图 4.61）为铸钢件，质量约 206 kg。

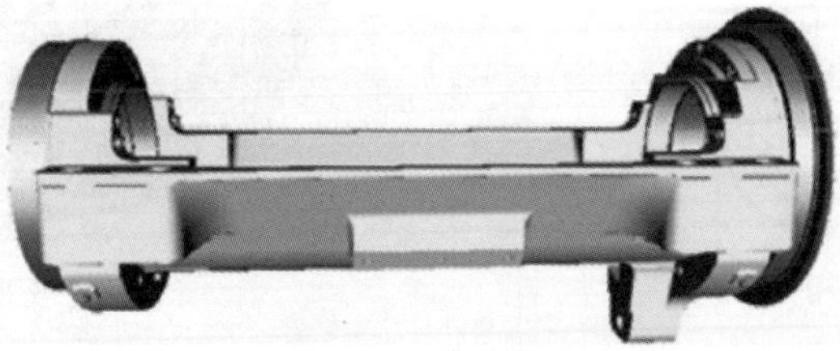

图 4.61　抱轴箱

抱轴箱两端为圆环形，为抱轴轴承及其密封件提供安装接口。两端因组装工艺的需要，在结构设计上有所不同。另外，靠近齿轮侧的一端伸出一悬臂，它是齿轮箱的安装支承面之一。

中间部分为半圆形，即“U”形。该部位是与牵引电动机组装的接口，两端各有 4 只 ϕ34 通孔即为组装用螺栓孔；组装完后，“U”形部分同时也为车轴的轴身部位提供一个防护性壳体。

3. 抱轴轴承

为使车轴能相对于抱轴箱自由回转，抱轴箱的每端各装有一套锥形滚子轴承。两套轴承

在结构尺寸上有大小之分，大轴承装在靠近齿轮侧，小轴承装在另一侧。

4. 电机吊杆装配

电机吊杆装配（见图 4.62）的作用是将牵引电动机组件的一端通过吊杆弹性地悬挂在构架横梁上，并承受电机组件约一半的质量，而牵引电动机组件另一半的质量则通过抱轴箱、抱轴轴承刚性地支承在车轴上。

运用中应检查电机吊杆装配中的橡胶球铰有无橡胶分离、严重腐蚀的橡胶或有裂纹。检查吊杆是否有裂纹或折断。如果损坏，应及时更换电机吊杆装配。

5. 齿轮罩

齿轮罩的作用是保护牵引齿轮副不受外界环境侵害。此外，它还保存适量润滑油以润滑其内的齿轮副和牵引电动机输出端轴承。

齿轮罩（见图 4.63）采用薄钢板焊接而成，分上、下两半剖分式结构，用螺栓固定在一起。上、下齿轮罩为平面结合，结合面涂密封胶。

日常维护中，应经常性地使用油尺检查齿轮罩油位。须注意的是，油位的检查，应在机车停止至少 30 min 以后进行，以保证滑润油能够充分地回流到齿轮罩的底部。

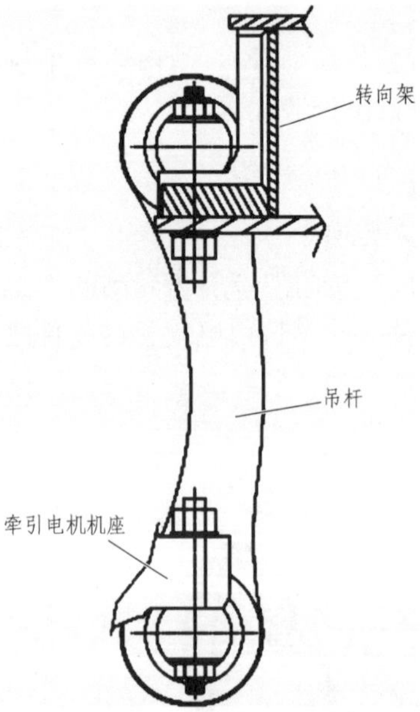

图 4.62　电机吊杆装配

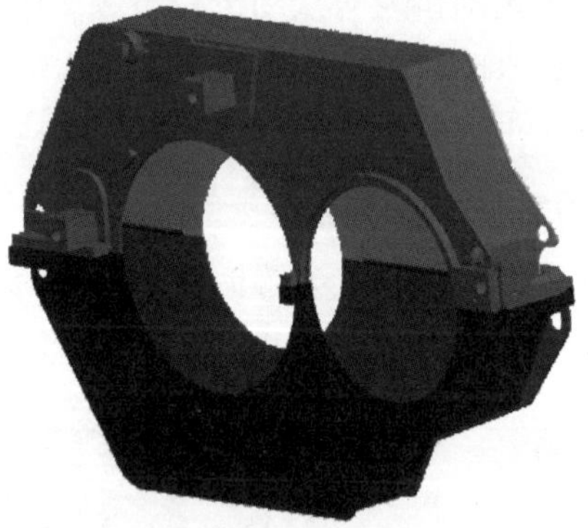

图 4.63　齿轮罩

八、DF_{4B}型内燃机车齿轮传动与电机悬挂装置

DF_{4B} 型内燃机车采用轴悬式驱动装置，单侧齿轮传动，DF_{4B} 型内燃机车齿轮传动比为 4.5。它由抱轴承、悬挂装置和传动齿轮 3 部分组成。适用于最大速度不超过 120 km/h 的机车。

1. 抱轴承

为方便安装，牵引电动机抱轴承制成剖分式（称为抱轴瓦），轴承盖也是抱轴瓦的润滑油盒，用 4 个 M24 螺栓紧固在电机机体上，将抱轴瓦压紧。在下瓦中部 45°处开有孔口，使毛垫将油盒中的机油吸在抱轴颈与瓦上进行润滑。毛垫一端固定在轴承盖内刷架框上，另一端借弹簧和压板压在车轴上。抱轴瓦的瓦背用锡青铜制成，瓦表面挂有白合金。抱轴瓦在轴上的径向间隙为 0.2 ~ 0.4 mm，运用中最大不超过 0.75 mm。左右两抱轴瓦间隙差不超过 0.2 mm。抱轴瓦轴向间隙为 1 ~ 2.6 mm，运用中最大不大于 4 mm。为防止瓦端面漏油，在瓦肩上设有两道毛毡密封圈。

2. 牵引电动机悬挂装置

牵引电机采用橡胶悬挂装置，它由橡胶座、垫片、吊杆及心轴等组成，如图 4.64 所示。

电机悬挂上部采用与轴箱拉杆相同的橡胶关节结构。心轴与吊杆用 45 钢，调质处理。心轴上橡胶套和轴箱拉杆小端的相同，用两个 M20 螺栓将心轴紧固在构架的电机悬挂座上。吊杆下端通过垫板、橡胶座、吊杆座与电机相连。垫板、吊杆座与橡胶座接触表面均制成蝶形，以防止橡胶座在受压缩时产生径向变形。

上、下橡胶垫组装时要预压缩 28 mm，保证下橡胶垫在电机自重和最大牵引力矩作用下受压时，上橡胶垫还有一定的预紧压缩量，以免在工作时有空隙产生冲动。在压缩试验过程中，橡胶垫开始呈内凹形，随着压力的增加，逐渐变为均匀的圆柱形，再继续增加压力，便形成均匀的鼓形。

为防止悬挂装置吊杆折断造成电动机掉落，在吊杆座上设有安全托，安全托与电动机托座间留有（50 ± 5）mm 间隙，作为电动机的跳动量。

在运用中，如果发现橡胶产生鼓开较大或鼓包，说明橡胶老化、强度和弹性变差，应随时进行更换（尤其是下部橡胶座失效较多）。

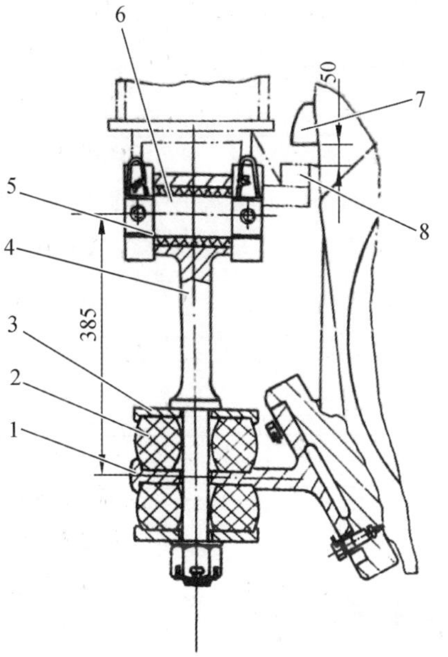

1—吊杆座；2—橡胶垫；3—垫板；4—吊杆；5—橡胶套；6—心轴；7—电机托座；8—安全托。

图 4.64 电动机橡胶悬挂装置

3. 传动齿轮及齿轮箱

传动齿轮的作用是将牵引电动机产生的扭矩传递给轮对。在内燃机车上，传动齿轮一般采用单侧直齿轮。主动轮以 1∶10 的锥孔热套在牵引电动机上，齿轮加热温度在 128 ~ 180 °C。齿轮锥孔与电动机轴配合表面要进行研磨检查，密贴度要均匀，接触面积应不小于 75%。为了便于退卸主动齿轮，在牵引电动机轴的端面上开有油孔。从动齿轮热套在长毂轮心上，从动齿轮在热油中加热至 180 °C，保温 20 min 后套入长毂轮心，在从动齿轮的轮毂上也开有退卸齿轮的油孔。由于主动齿轮受模数的限制，不能很小，从动齿轮受下部限界的限制，又不能很大。因此传动比一般都小于 5，例如 DF_{4B} 型货运机车为 4.5，客运机车为 3.75，根据机车的不同用途，传动齿轮可选用不同的模数，货运机车牵引力较大，模数取 12，而客运机车牵引力较小、模数取 10。

齿轮箱是钢板组焊成的箱形结构，通过安装座固定在牵引电机上。上下箱体以轴线为分箱面，在分箱面处通过螺栓连接成一体。在齿轮箱的两侧面各有一个拉紧螺栓，使分箱面的油封密贴和增加齿轮箱的刚度。为了防止齿轮箱漏油，在上箱体的分箱面上焊有密封板，并将厚 3 ~ 4 mm、宽 30 ~ 40 mm 的泡沫塑料带均匀地填充在分箱面密封内。将主、从动轮齿及箱内清擦干净，检查油封的毛垫是否有缺口及磨损、固定铆钉是否有损坏后，再将齿轮箱扣合。

齿轮箱与电机连接时，小齿轮的油封挡（O 形密封圈槽）外侧面与电机凸台端面间的间隙为 1 ~ 4 mm，车轴处的油封挡外侧面与轮心端面的间隙不小于 3 mm。齿轮箱内侧面与从动齿轮端面间隙为 13 mm，可用连接座处的调整垫片进行调节。

齿轮箱内储有约 5 kg 齿轮油，第一次使用后如机械杂质超过 0.15%，需更换。

【任务实施】

通过对以上知识储备的消化理解，请分别绘制齿轮传动及电机悬挂方式的思维导图，标明齿轮传动的类型、特点及适用车型；以及电机悬挂方式的类型、驱动结构特点及适用车型。

【任务拓展】

请总结不同类型的电机悬挂方式的受力情况，分析出哪种电机悬挂装置承受载荷冲击较多，在运用和检修中应该重点关注的部位在哪里。

任务七　转向架的检修

【任务导入】

转向架是机车的重要组成部分，转向架各部件的工作状态是否良好将直接影响到列车的运行安全，然而在运用过程中，转向架各部件受力复杂，会受到各种交变应力、振动以及冲击，因此转向架上也容易产生部件的裂纹、松动、断裂等问题，一旦产生问题就极有可能酿成重大安全事故，因此要一丝不苟地做好转向架的检修工作，从根源上杜绝事故隐患、筑牢安全防线。下面我们学习转向架的检修方法。

【知识储备】

转向架零部件种类繁多，形式多样，组装工艺也不尽相同，因而检修方法、工艺过程和要求也有所不同。下面以 SS_{4G} 型电力机车为例，简单介绍转向架主要部件的检修方法和要求，详细的内容请查阅《电力机车检修》和相关的检修工艺文件。

一、构架检修

（1）构架清洗：一般采用 70 ~ 80 °C 碱水加压冲洗，然后用清水漂净。

（2）检查各梁有无裂纹、硬伤或变形现象，必要时局部探伤。各梁焊缝焊接部、制动缸座、吊杆座、砂箱支座、减振器安装座、排石器支座等焊接部位应无开焊及裂纹，否则应将裂纹打坡口后补焊。

（3）检查轴箱拉杆座、旁承座、减振器座、牵引电动机悬挂吊座等。

二、轮对检修

轮对在不同的修程中有不同的检修要求。作为机车大修的互换配件，轮对应全部更换新轴、新轮箍。机车中修时，轮箍厚度应不小于 65 mm。轮箍和轮心的配合正常，车轴经超声波探伤检查，无裂纹、缺陷。机车小修时，轮对只进行轮缘厚度和踏面磨耗的检查。必要时可在不落轮的情况下旋削轮缘。除了按计划修程进行检查修理外，还要根据临时发生的故障进行临时修理，如轮箍磨耗到限了，就必须随时落轮进行换箍修理。

1. 车　轴

机车中修时，检查车轴轴颈，抱轴颈有无拉伤，拉伤深度不大于 1 mm。抱轴颈和轴身等出现的横裂纹（物体的压力一般为三维力，最大应力为主应力。与主应力方向垂直的裂纹为横裂纹，与主应力方向一致的裂纹为纵裂纹），可经旋削或铲沟消除。铲沟深度不大于 4 mm，铲沟后必须抹圆。车轴经超声探伤检查，不可见部位有裂纹时，更换新轴；超声探伤有时出现异常波形，一时难于判断是否为裂纹时，应解体轮对做进一步检查。

2. 轮　心

检查轮对左右两侧轮辋的直径差，不得大于 1 mm，超过 1 mm 时，应对直径小的轮辋进行焊修，使直径差保持在规定范围内。检查轮辋宽度，并根据情况进行补焊或旋削加工。更换大齿轮时，应检查齿轮座的尺寸。大齿轮毂孔和齿轮座间应保证有 0.3 ~ 0.5 mm 的过盈量。换轴时如将轮孔拉伤，在补焊轮孔时，须将大齿轮退下，否则由于焊接会造成材质收缩而使大齿轮和齿轮座间的过盈量消失。退下大齿轮，补焊轮孔时必须同时补焊齿轮座。

3. 轮　箍

机车中修时，轮箍厚度不足 65 mm 的应更换新箍。采用热套装，加热均匀，温度不超过 350 °C。过盈量为轮辋直径的 1.0‰ ~ 1.5‰，新箍装好后，整个轮对在专用的动轮旋床上按规定尺寸旋箍。如为旧箍，为了实现轮箍和轮辋两者的过盈配合，可采取加垫处理。垫板厚度不超过 1.5 mm。垫板不多于一层。一只轮箍下衬的垫板不得多于 4 块，每块长度不小于 300 mm，新轮箍或轮箍厚度小于 45 mm 时，不允许加垫。

运用中的机车，由于轮箍较薄或因机车乘务员操纵不当，可能发生轮箍弛缓现象。如果第一次弛缓，弛缓长度不超过 200 mm，且轮箍挡边无毛刺时，允许重新标记弛缓线继续使用。轮箍不应有横向裂纹，侧面的圆周向裂纹可用半圆铲铲除，内外侧铲沟深度不大于 3 mm 和 7 mm。轮缘部位不允许有铲沟。

三、轴箱和轴箱拉杆检修

1. 轴箱体及前后端盖

经擦拭后，再用汽油清洗、除锈。检查轴箱体及前后端盖等有无裂纹和缺陷。缺陷在不影响强度和不漏油的情况下，可不作处理，如需处理时应先清理缺陷局部，然后补焊、镟削。检查橡胶密封环，有磨损、撕裂、老化变形时应更换新品。

2. 轴　承

解体下来的轴承先经 80 °C 含低泡沫清洗剂水溶液冲洗，然后在汽油中清洗，再检查。滚动轴承内外滚道是否有裂纹、剥离、点蚀、变色和损伤等缺陷，其中裂纹和剥离者应严禁使用，有轻微点蚀时打磨消除后可继续使用。

更换轴承内圈时可用电磁加热器加热退下，轴承内外圈和滚动体变色严重时应做硬度检查。

检查保持架的磨损情况，保持架有裂纹或紧固零件松旷，应更新。

3. 接地装置

检查接地铜轴状态和接地电刷机构。接地铜轴是焊在轴头挡板上的，应检查焊缝是否开焊、脱落，加强焊接强度。在电刷接触部分的铜轴磨耗深度大于 0.2 mm 时，应旋削处理。

电刷机构应注意电刷长度，刷辫连接状态，刷握弹簧及压指状态。电刷接触面积不小于 80%，轴箱外部连接的编织软线，折损面积不超过 10%。

4. 轴箱拉杆

检查橡胶件有无老化、变形，在平台上检查长、短拉杆的中心距，如果超限，一般是由橡胶圈的老化和变形所引起，应定期更换新品。长短拉杆与轴箱拉杆体的相对转动角度不大于 15°，超过时应在专用压力机上校正。

四、齿轮箱的检修

齿轮箱上下两半部解体后，扫除箱内沉积物及外表面的油垢，然后做外观检查及技术测量。

箱体有凹陷或局部凸出不平，可用火焰调整法调整，大小领圈处变形过大，无法调整时，应作更新处理。箱体焊缝有裂纹，应先清理焊缝，在裂纹两端钻 3 ~ 4 mm 的防裂延伸孔，沿裂纹全长铲坡口补焊，连接座根部出现裂纹亦应采取相似方法修复。

箱体缺损时，应首先将缺损部位调平，然后焊装补强板。补强板与箱体搭接宽度不小于 10 mm。缺损部分，有时难于调平，可采用挖补法焊修。

检查齿轮箱上、下两半部箱体接口处的宽度，保证接口吻合一致。

大小领圈部位残余的密封材料及飞边、毛刺等应清理干净。大领圈镶入毛毡条后，用铜铆钉固定。毛毡条应高出槽边 1.5 ~ 2 mm，毛毡条镶入前应浸油。小领圈及平口处填充的密封橡胶条应粘贴牢固以防组装时挤出或脱落。齿轮箱漏油是最常见的故障，因此组装齿轮箱时要按规定工艺程序进行。

齿轮箱注油后，油位应适中，油位过高，将引起飞溅，易引起漏油。

五、牵引电动机悬挂装置检修

机车中修时，悬挂端的吊杆和销子应进行电磁探伤检查，不得有裂纹。销子和套的配合间隙不应大于 1.5 mm。橡胶块老化、变形应更换新品，否则吊杆和垫板之间将出现间隙，引起牵引电动机异常跳动。吊杆组装前，销子、套及吊杆螺纹等处均应涂油润滑，橡胶垫和上下垫板应充分接触，防止偏斜。

检查抱轴瓦合金，剥离、脱落总面积不能大于 5 cm^2，抱轴瓦拉伤深度不超过 1 mm，长度不超过 60 mm，有一项超限，均不能继续使用。检查抱轴瓦体的变形量，方法是将上下两块抱轴瓦合口处清理干净，用专用卡具卡紧，卡紧时应注意防止因卡具使用不当造成新的变形。然后用外径千分尺在抱轴瓦外径的对称 3 点上测量，当变形量超过标准时，应禁止使用。采用同样方法测量内径。如果抱轴瓦和轴的平均间隙在 0.3 ~ 0.6 mm，其他状态良好，经过刮削后可继续使用。

抱轴瓦重新挂合金时，应检查合金与瓦体的黏着情况，镟削时应留有 0.1 ~ 0.2 mm 的刮削余量。刮削可在工艺轴上进行。合金表面应刮削成鱼鳞状花纹，带油槽应符合要求。

检查抱轴承体，有裂纹时，先在裂纹处切割成 V 形坡口，然后用优质焊条施焊，当环境温度低于 15 °C 时，焊后应采取保温措施。如果裂纹发生在与抱轴瓦配合部位，焊后应检查变形情况。检查抱轴承体上的键槽和键的配合情况，两者的配合间隙不大于 0.2 mm。

解体下来的毛线刷装置在甩油机上除去残存的润滑油，然后检查刷架有无开焊、裂纹，弹簧作用是否良好，毛线卷或刷头磨损时应更新。

牵引电动机和轮对组装后应在专用的齿轮啮合试验台上进行齿轮啮合和抱轴瓦温升试验。检查有无异常噪声，轴箱和抱轴承部分温升是否正常。

六、弹簧装置检修

机车轴箱弹簧的检修：

（1）检查支承杆的弯曲和支承帽的磨耗，支承杆和支承帽有无裂纹，必要时对支承杆进行电磁探伤检查。

（2）弹簧的自由高、组装高度、偏斜量、裂纹、节距的均匀性和有无压死的现象，有一项不合格，都不能继续使用，或经热处理重新整形或报废。

（3）做压力试验，检查弹簧刚度的变化和有无裂纹，试验时做好安全防护，试验结束后做弹簧的压死试验，检查弹簧有无裂纹和折断现象。解除压力后，测量自由高、偏斜量等和试验前相比，检查是否有残余变形，偏斜量是否超过规定要求。

七、油压减振器检修

油压减振器解体前，须先经油压减振器专用测试仪测试示功图，并据此分析油压减振器可能存在的问题，从而有针对性地检修。

油压减振器解体、清洗后，按构件逐一进行检查。活塞杆弯曲时允许调直，活塞和胀圈不允许有裂纹和偏磨现象。胀圈和活塞槽侧面的间隙为 0.07 ~ 0.08 mm，胀圈合口间隙为 0.1 ~ 0.3 mm。

检查心阀、套阀和进油阀，均不能有裂纹。进油阀阀瓣和阀体座接触不良时，允许手工研磨阀口。

检查心阀弹簧、进油阀弹簧及塔形弹簧，弹簧节距均匀，不允许有裂损和永久变形。

检查导向套，磨损超限时应更换；检查油封圈和密封圈的密封状态，不允许有泄漏情况。

减振器组装时，密封圈和活塞杆的滑动面均应涂抹锂基润滑脂。组装后，减振器倒置 24 h，应无渗漏油现象。

减振器检修后，应再测试一次示功图，以检验检修质量。

【任务实施】

1. 分组进行转向架检修方法理论知识竞赛，互相提问上述转向架检修知识，答对积分，答错扣分。

2. 分组拍摄转向架检查视频，注意检查顺序和检查动作规范，做到关键部件检查到位。

【任务拓展】

根据本任务内容，列举出机车转向架中哪些部位容易产生松动和裂纹等问题，并思考在转向架检修中对于这类部位应该采取什么样的措施。

任务八 认识高速列车转向架

【任务导入】

截止至 2020 年年底，中国铁路共配属动车组 3 260 列，数量持续雄居世界第一，占世界高速列车总数的 3/4 以上！那么，高速列车转向架和我们学习的机车转向架有什么不同？下面，让我们来认识高速列车转向架。

【知识储备】

一、机车走行部的性能指标

随着货运重载牵引和客运高速化的发展，对机车走行部提出了新的、更高的要求。机车走行部的性能指标主要为下列几方面：

1. 强度和刚度

转向架各部分必须保证具有足够的强度和刚度。特别是转向架构架对刚度的要求较高，因为它是转向架的基础，若刚度不足，会影响各部分之间的相对位置。

2. 横向稳定性

机车在直道上运行时，应有良好的横向稳定性，亦即机车在低速至最大速度范围内，绝不容许发生蛇行失稳。若发生剧烈蛇行，会产生很大的横向轮轨作用力，对线路造成破坏，车轴轴承过热或损坏，影响运行安全。对机车，特别是高速机车的横向稳定性应给予足够的重视，可采取一些有效的措施来保证机车的横向稳定性。

3. 运行平稳性

机车运行平稳性表示人所感受到的机车运行品质。确定人对机车振动的感受有 4 个重要的物理参数：振动加速度、频率、方向和持续时间。机车运行平稳性差就表示舒适度差，容易使人疲劳，降低机车乘务员工作的熟练程度，容易发生行车事故。因此，对于机车垂向及横向的平稳性，都明确规定有一定的要求。对于运行速度较高的机车，要在机车悬挂装置方面采取相应的措施，确保机车具有足够的运行平稳性。

4. 曲线通过性能

机车曲线通过性能关系到机车脱轨的安全性、轮缘和曲线轨侧磨耗。2 轴转向架的曲线通过性能优于 3 轴转向架。山区线路曲线多，曲线半径小，机车在满足牵引性能要求的情况下，应优先采用 2 轴转向架机车。

机车的曲线通过性能与横向稳定性是相互矛盾的，即机车结构参数有利于曲线通过的措施对横向稳定性都是不利的，反之亦然。因此，在选定这些参数时要照顾到曲线通过和横向稳定性两个方面，权衡处理。

近些年来，国外发展较快的机车径向转向架，显著改善了曲线通过性能，又不降低机车的横向稳定性，也不影响牵引力从车轴向构架的传递。机车径向转向架使机车轮缘及曲线轨侧磨耗大幅度下降，使通过曲线时的黏着牵引力不降低，和直道上一样。

由于曲线的超高不足或超高过度，会引起车体的横向加速度。过大的车体横向加速度会引起人的不舒服，对此应有一定的限制。

5. 对线路的动力作用

轮轨之间的静载荷一般并不会产生危害，重要的是机车运行时产生的轮轨动载荷会危及行车安全。轮对作用于线路的动作用力随车速的增高而增加。动作用力分垂向和横向。过大的作用动力会加速线路的损坏甚至影响行车安全。为了减低轮轨之间的作用动力，要注意尽可能减小轮对簧下质量，改善机车的运行平稳性、横向稳定性和曲线通过性能。对高速机车，还应尽可能减小轴重。

6. 黏着利用

为使机车最大限度发挥轮轨间的黏着潜力，必须选择最佳的电气系统和机械系统，再配以微机控制的、性能恰当的防空转装置。这对牵引重载列车的机车来说，尤为重要。就机械系统（走行部）而言，要使轴重分布均匀，而且在牵引力的作用下，轴重转移要尽量小。为此，要使牵引杆的高度降至合理的数值，并注意悬挂装置的设计，以减少轴重转移。轴箱拉杆的纵向刚度应足够大，以利最大牵引力的发挥。对液力传动及全悬挂牵引电动机的驱动装置，要注意系统中各部分的刚度匹配，以免容易发生轮轨间的黏滑振动，使黏着性能下降，容易诱发空转。

另外，机车走行部还应具有结构简单、安全可靠、维修工作量小的特性。

二、高速机车走行部结构及参数的特点

1. 机车运行平稳性与稳定性

机车运行平稳性是指高速运行时，机车在垂向及横向产生振动，车体中的人所感觉到的舒适程度。影响机车平稳的因素是振动频率、振幅、振动加速度及振动加速度的变化率，即车体的振动特性决定了平稳性。高速机车要有良好的垂向及横向平稳性，要恰当选定一系及二系悬挂垂向及横向的刚度及阻尼参数。

机车稳定性是指机车横向稳定性，即蛇行稳定性。高速机车必须有良好的稳定性，其蛇行临界速度应高于最大运行速度，并有足够的裕量。影响稳定性的因素为机车走行部结构及参数，包括悬挂装置的参数。

必须指出，机车的横向稳定性好，其平稳性不一定就好，即机车对线路不平顺的响应（机车振动）不一定就好。但横向稳定性差的机车，在高速时的横向平稳性一定不好。因为稳定性差，高速时机车蛇行运动较剧烈，其横向平稳一定较差。

2. 提高蛇行临界速度的措施

在高速机车上，为提高蛇行临界速度，通常采取下列措施:

（1）较大的转向架轴距。

高速机车通常为 2 轴转向架。为提高蛇行临界速度，要采用较大的轴距。德国的 ICE、法国的 TGV，最大运行速度分别为 250 km/h、300 km/h，转向架轴距都是 3 m。

（2）减小转向架的质量及转动惯量。

减小转向架簧上、簧下质量及转动惯量可以提高蛇行临界速度。这就是高速机车要把转向架上的牵引电动机移至车体上的原因。

（3）二系较小的横向刚度。

高速机车都采用较小的二系横向刚度及恰当的纵向刚度，并配以横向阻尼及回转阻尼。

采用较软的车体与转向架的横向弹性连接，是为了尽量减小转向架横向振动与车体横向振动的相互影响，使车体的蛇行失稳不发生，机车的稳定性归结于转向架的稳定。二系悬挂的纵向刚度决定了转向架的回转刚度，这不仅影响转向架的蛇行稳定性，而且还影响曲线通过性能。当二系悬挂采用橡胶簧或高圆簧加橡胶垫时，二系的纵向刚度与横向刚度是相关的，甚至是相等的，视具体结构而定。

（4）小斜度的锥形踏面。

日本和法国采用斜度为 1/40 的锥形踏面来提高高速列车的蛇行稳定性。该踏面在新的状态下斜度为 0.025，随走行里程的增加，踏面磨耗，外形改变，等效斜率增大。但根据法国 TGV 高速列车的运用经验，踏面磨耗过程极为缓慢。

德国 ICE 高速列车采用磨耗形踏面，其等效斜率高达 0.2（新踏面），用抗蛇行减振器来

保证机车高速时的蛇行稳定性。ICE 采用高的等效斜率磨耗形踏面的理由是改善机车的曲线通过性能，减小轮缘和轨侧的磨耗；另一个理由是磨耗形踏面的磨耗速率比锥形踏面慢，而且磨耗后踏面外形变化较小，等效斜率增加很慢。

TGV 和 ICE 的运用经验及试验表明，采用两种不同踏面，都能在车速高达 300 km/h 时保证机车的蛇行稳定性，满足高速列车的要求。

（5）抗蛇行减振器。

当代高速机车及准高速机车都安装抗蛇行减振器来提高机车的蛇行稳定性。

抗蛇行减振器是一种具有特殊阻尼特性的液压减振器，纵向安装在转向架两侧，连接车体及转向架。转向架相对车体回转时，该减振器产生阻尼力，衰减转向架的蛇行运动。

3. 机车直线横向稳定性与曲线通过性能的协调

我国计划修建的京沪高速铁路的特定条件是有可能在相当长的时期内，在高速客运专线上实现高速列车与中速旅客列车混跑。两种列车的运行速度有很大差异，在曲线的外轨超高设置上要予以折中，即高速列车将在欠超高的状态下通过曲线。机车通过曲线时过大的未平衡离心力对曲线通过十分不利。此外，为了实现与非高速线路上大城市间的直达运输，部分高速列车还将离开高速线到普通线路上运行，可能会遇到一些曲线半径较小的区段。因此，应在提高高速机车转向架蛇行稳定性的同时，努力设法改进转向架的曲线通过性能。

实际上，德国及法国的高速铁路都是由新建线及改造线连接而成的，这些线路上都是高速列车与中速客运列车混跑。他们都注意到高速列车不仅要有良好的蛇行稳定性，而且也要有良好的曲线通过性能。这两个性能是相互矛盾的，因此要进行折中、协调，使这两个性能都能满足要求。

法国 TGV 高速列车采用小斜度的锥形踏面来提高列车的蛇行稳定性（踏面斜率 1/40，配 1/20 的轨底坡）。德国 ICE 则采用大等效斜率的磨耗形踏面（等效斜率 0.2，配 1/40 轨底坡），使动力车的曲线通过性能得以改善。等效斜度大的磨耗形踏面虽然不利于机车的蛇行稳定性，但通过对悬挂系统的精心设计，仍能保证车速高达 300 km/h 仍有良好的稳定性。ICE 由于采用了磨耗踏面，减少了轮轨的磨耗，使动力车转向架两次旋轮间的走行里程达到了 60 万 km 以上，高于法国 TGV 的水平。

我国设计高速机车转向架，应根据我国的高速列车运行的具体情况，考虑直线性能与曲线性能的协调，走行性能与维修性能的协调，采用适合我国条件的磨耗形踏面，减小转向架质量及转动惯量，较长的转向架轴距，恰当选定与稳定性及曲线通过有关的一、二系悬挂参数。

三、径向转向架简介

1. 概　述

机车轮对定位的纵向刚度很大，这是为了传递纵向的牵引力所必需的。因此，转向架内的几根车轴总是保持平行，即使进入曲线也是如此。图 4.65 为普通 3 轴转向架通过曲线的情况，第 1 轴的车轮平面与轮轨接触点轨道切线的夹角称为前轴的冲角。由于冲角的存在，增大了轮轨间的横向作用力、使车轮易于爬轨，而且使轮缘和轨侧磨耗增加。

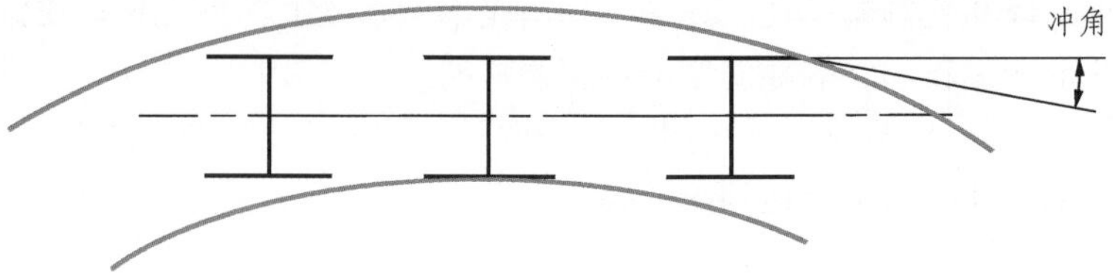

图 4.65　普通 3 轴转向架通过曲线的情况

图 4.66 所示的 3 轴转向架通过曲线时，前轴和后轴都向曲线半径方向偏斜而占径向位置，使冲角为零，故称之为径向转向架。冲角为零的好处是减少了轮缘的磨耗，减小了轮轨横向作用力，减小了车轮爬轨的危险性，减少了踏面与轨面间的滑动，从而改善了曲线上机车的黏着性能。

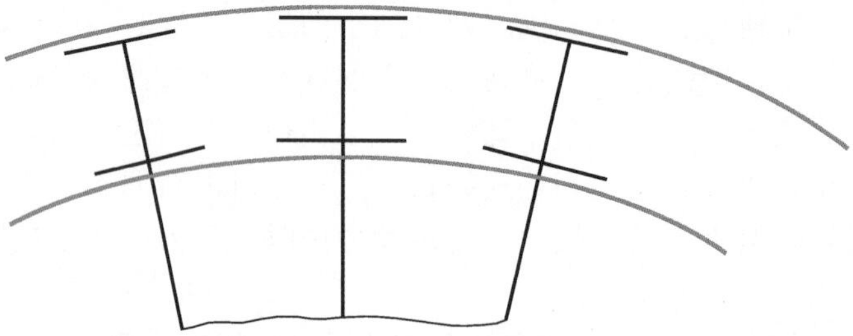

图 4.66　径向 3 轴转向架通过曲线的情况

自 20 世纪 60 年代末轮轨蠕滑理论有了突破性的进展以来，对轮轨接触面上的作用力有了真正的认识，机车车辆动力学得到了迅猛的发展，使重载牵引、高速列车得以顺利发展。机车车辆径向转向架的发展是轮轨蠕滑理论在曲线通过领域应用的重要成果。

车辆转向架的结构及作用相对比较简单，其径向转向架在 20 世纪 70 年代初便开始出现并陆续投入运用，目前已有不少国家作为货车转向架的一种重要形式。

机车转向架除必须具备车辆转向架的所有功能外，还必须把轮周上的牵引力由车轴传递到转向架构架。这通常是由轮对定位的纵向方向来传递的，因而轮对定位的纵向刚度通常都很大，否则无法传递牵引力。定位纵向刚度大，轮对就无法向径向位置偏斜，机车径向转向架就难以实现。这就是通常所说的牵引和导向的矛盾。所谓导向，这里是指使轮对占径向位置，利于通过曲线。机车径向转向架的导向机理、设计方法以及结构形式远较车辆径向转向架复杂。因此，机车径向转向架的发展远远滞后于车辆转向架。经过长时间的技术积累，到 20 世纪 80 年代末 90 年代初，机车径向转向架的技术就已出现了突破，德国、瑞士、南非、奥地利等国家相继在电力机车转向架上采用了径向调节技术。

2. 机车径向转向架的特点

机车径向转向架分自导向及迫导向两类。自导向结构相对简单，应用较广。这里主要介绍机车自导向径向转向架。机车自导向径向转向架是靠内外轮纵向蠕滑力形成的力偶来实现轮对的径向调节。

机车径向转向架要考虑到下列特点：

（1）机车踏面上作用有纵向的牵引力（亦属蠕滑力）。

由于蠕滑力有其极限值（通常称为黏着力），因此，由于内外轮轮径差产生的蠕滑导向力就受到限制，其与牵引力的合成不能超过蠕滑力的极限值。亦即机车转向架的自导向作用不及车辆转向架。减小轴箱纵向定位刚度，就能实现车辆轮对的径向调节。对机车径向转向架来说，轴箱纵向定位刚度应该比车辆小得多才能实现轮对的径向调节。

（2）机车轴箱纵向定位刚度要满足牵引力传递的要求。

对径向转向架来说，轴箱纵向定位装置已不能用来传递牵引力了，而要另外增加一套牵引装置，称为牵引与导向功能的分离。

基于上述原因，机车径向转向架比较复杂，机车径向转向架的实际应用比车辆晚了十多年。

机车径向转向架的轴箱纵向定位刚度应尽可能小，以利于径向调节。踏面上的纵向牵引力从车轴向构架传递，必须具有很大的纵向刚度，为此，增加了牵引装置。对牵引装置的要求是，具有足够大的纵向牵引刚度，使轮对不能纵向移动，但又不约束轮对相对于构架的摇头及横动。

为了提高转向架直线运行的横向稳定性，需要通过机构实现轮对摇头运动的相互耦合。

当前轴向径向位置偏斜时，后轴也同时向径向位置偏斜，使前后轮对相对于构架的摇头运动角度大小相等，方向相反。

3. 机车径向转向架在我国的发展前景

与常规转向架相比，机车径向转向架有下述优点：

（1）曲线通过性能大大改善，轮缘及轨侧磨耗大大减轻，防止脱轨的安全性明显提高。

（2）直线运行横向稳定性与曲线通过性能达到良好的协调。

（3）曲线上的黏降减少，机车牵引性能明显提高。

我国铁路曲线所占比例较大，轨轮磨耗问题非常突出，严重影响着铁路运输能力。发展机车径向转向架不仅有利于提高山区铁路列车速度和运能，也有利于提高繁忙干线的运能。机车径向转向架在我国有良好的发展前景，可以预料的应用范围包括：

（1）用于重载牵引，特别是多曲线区段的重载牵引。

（2）用于多小半径曲线的山区线路。

（3）用于提高既有线路的列车速度，特别是曲线半径较小区段的提速。

（4）地铁及轻轨线路的曲线半径较小，机车径向转向架可用于地铁及轻轨车辆的动车转向架。

由于机构的复杂性及结构布置上的困难，开发机车径向转向架在技术上有相当大的难度。只要充分借鉴国外的经验，吸收国外的成熟技术，结合我国机车的具体情况，精心研究，精心设计，径向转向架一定会在我国机车上得到应用，在铁路运输中发挥重要的作用。

四、动车组转向架简介

1. 动车组转向架的基本结构特征和主要技术参数

CRH_2A 型动车组的转向架有动车转向架和拖车转向架两种，采用了转臂式轴箱支撑方式、无摇枕转向架。两种转向架的结构基本相同。

1）转向架基本结构特征

（1）无摇枕H形构架之转向架。

（2）采用轻量、小型、简洁的结构。

（3）采用小轮径（ϕ860）的车轮以减少簧下质量。

（4）采用内孔为ϕ60的空心车轴，该内孔同时有利于对车轴进行超声波探伤。

（5）轴箱采用转臂式定位，轴箱弹簧采用双圈钢圆簧。

（6）二系采用具有高度自动调节装置的空气弹簧，且其辅助风缸由无缝钢管制成的横梁内腔承担。

（7）采用抗蛇行减振器兼顾高速稳定性和曲线通过性能。

（8）采用单拉杆式中央牵引装置传递纵向力。

（9）动车转向架上装用轻型交流异步牵引电机。

（10）采用挠性浮动齿式联轴式牵引电动机架悬式驱动装置。

（11）基础制动装置采用液压油缸卡钳式盘型制动。

（12）全部车轮装有机械制动盘（轮盘）。

（13）拖车转向架车轴上装有机械制动盘（轴盘）。

（14）利用踏面清扫装置改善轮轨间运行噪声和黏着状态。

2）转向架主要技术参数

与转向架有关的主要技术参数如表4.1所示，转向架详细技术参数如表4.2所示。

表4.1　主要技术参数表

项　目	参　数
设计最高速度/(km/h)	250
营业最高速度/(km/h)	200
额定轴重/kN	137.2
满员时最大轴重（200%定员）/kN	156.8
编组能通过的最小曲线半径/m	180
转向架转角/度	4.0
轴距/mm	2 500
车轮直径/mm	860

表4.2　转向架详细技术参数表

项　目	转向架形式	
	动车转向架 KW-175	拖车转向架 KW-176
转向架质量/t	7.50	一般转向架：6.87 头车转向架：6.95
固定轴距/mm	2 500	
车轮直径/mm	860（最小使用直径790）	
轴承中心间距/mm	2 000	

续表

项　目	转向架形式	
	动车转向架 KW-175	拖车转向架 KW-176
转向架最大长度/mm	3 146	一般转向架：3 416 头车转向架：3 566
转向架最大宽度/mm	3 102（至空气弹簧筒为止）	
空气弹簧左右间隔/mm	2 460	
空气弹簧有效直径/mm	520	
驱动方式	平行万向节挠性联轴器、1 级减速齿轮方式	—
齿轮比	85∶28＝3.04∶1	—
车轴轴承	ϕ130 密封复式圆锥滚子轴承	
制动方式	空油变换、轮盘方式	空油变换、轮盘轴盘并用方式
锁紧装置	油压缸：$\phi45\times2$	油压缸：$\phi32\times2$
制动倍率	18.367（增压比）×2（摆杆比）＝36.73	
闸　瓦	烧结合金（锻钢盘片用）	
轴箱定位方式	转臂式	

2. 动车转向架基本结构

动车转向架主要由轮对、轴箱、一系悬挂、构架、二系悬挂、驱动装置和基础制动装置等 7 部分组成，具体结构如图 4.67 所示。

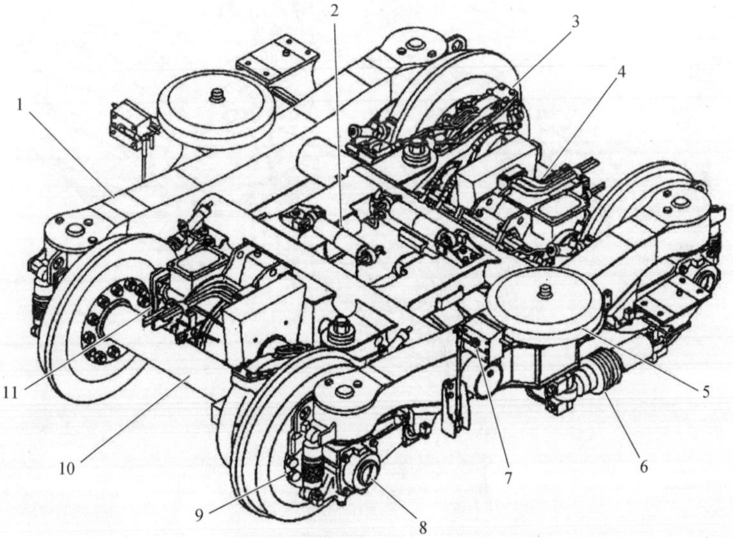

1—构架；2—二系横向减振器；3—驱动装置；4—牵引电动机；5—二系弹簧；6—抗蛇行油压减振器；7—高度调整阀；8—轴箱；9—一系悬挂系统；10—驱动轮对；11—盘型制动装置。

图 4.67　动车转向架基本结构

动车转向架中3个力的传递过程：

（1）垂向力（即重力）。

车体⟶橡胶空气弹簧⟶构架侧梁⟶轴箱圆弹簧⟶轴箱⟶车轴⟶车轮⟶钢轨

（2）横向力（离心力等）。

车轮⟶车轴⟶轴箱⟶{轴箱圆弹簧＋转臂定位（力较小时）；轴箱止挡（力较大时）}⟶构架侧梁⟶

⟶{橡胶空气弹簧（力较小时）；构架横梁⟶横梁连接梁⟶横向橡胶止挡⟶；中央牵引拉杆座（力较大时）}⟶车体

（3）纵向力（牵引力或制动力）。

（轮轨间黏着）车轮⟶车轴⟶轴箱⟶轴箱转臂定位销⟶构架侧梁⟶构架横梁⟶牵引拉杆⟶中央牵引拉杆座⟶车体⟶车钩

3. 拖车转向架基本结构

拖车转向架主要由轮对、轴箱、一系悬挂、构架、二系悬挂和基础制动装置等6部分组成，具体结构如图4.68所示。

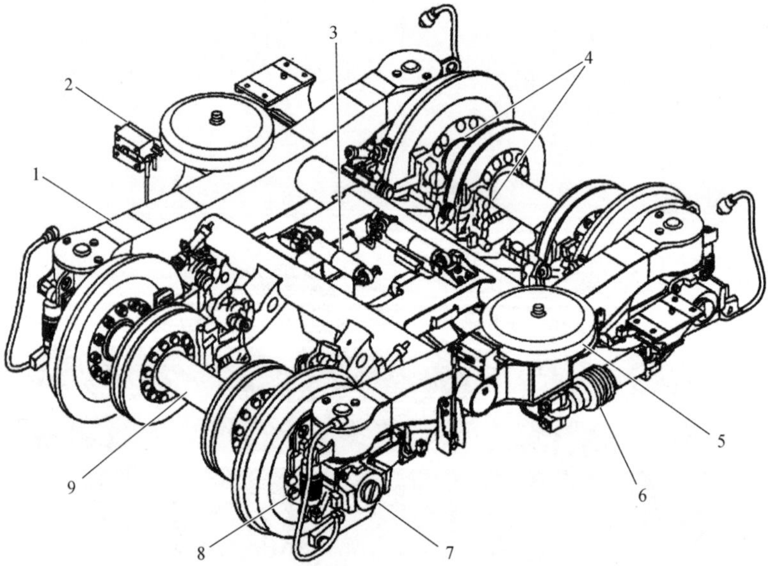

1—构架；2—高度调整阀；3—二系横向减振器；4—盘型制动器；5—二系弹簧；6—抗蛇行油压减振器；7—轴箱；8—一系悬挂；9—拖车轮对。

图4.68　拖车转向架基本结构

4. 转向架构架

转向架构架的形状为H形，由两根侧梁和一根横梁组成，而横梁又由两个横梁支架和连接梁等组成；转向架构架分为动车转向架用和拖车转向架用两种，如图4.69和图4.70所示。

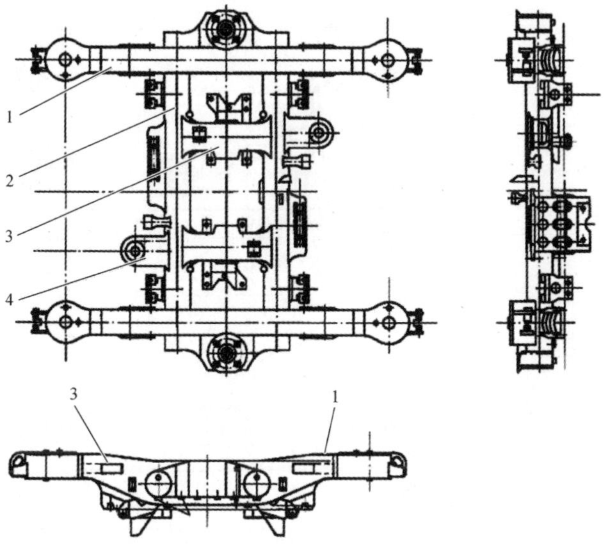

1—侧梁；2—横梁；3—连接梁；4—横梁支架。

图 4.69　动车转向架构架

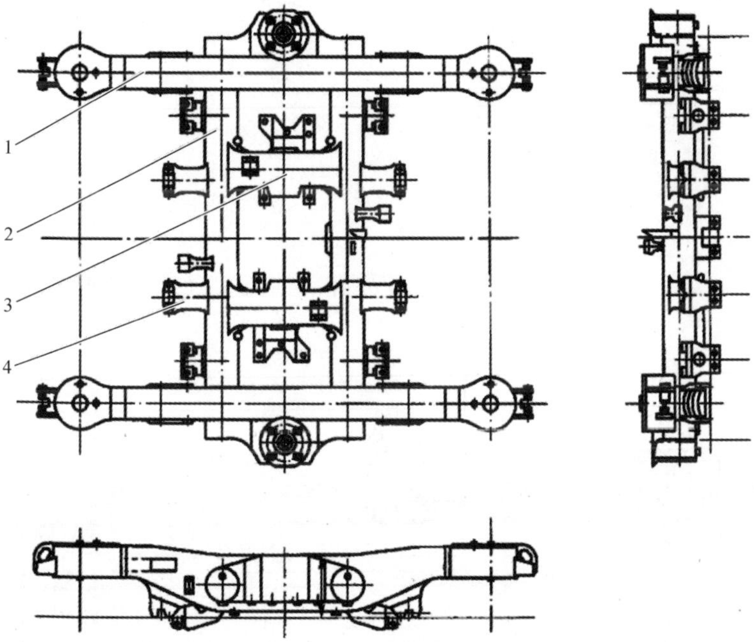

1—侧梁；2—横梁；3—连接梁；4—横梁支架。

图 4.70　拖车转向架构架

5. 轮　对

轮对分为动车转向架轮对和拖车转向架用轮对。

动车转向架轮对由车轴、车轮、齿轮装置及轴承构成，如图 4.71 所示。

拖车转向架轮对由车轴、车轮、轴制动盘（简称轴盘）及轴承构成，如图 4.72 所示。

轮盘以外的车轮、大齿轮、轴盘及轴承等为确保安全性和可靠性采用冷压法压装到车轴上。

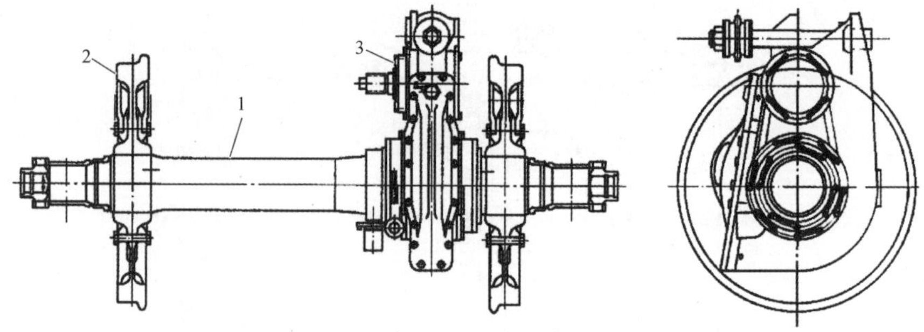

1—车轴；2—车轮；3—齿轮装置及轴承。

图 4.71 动车轮对总成

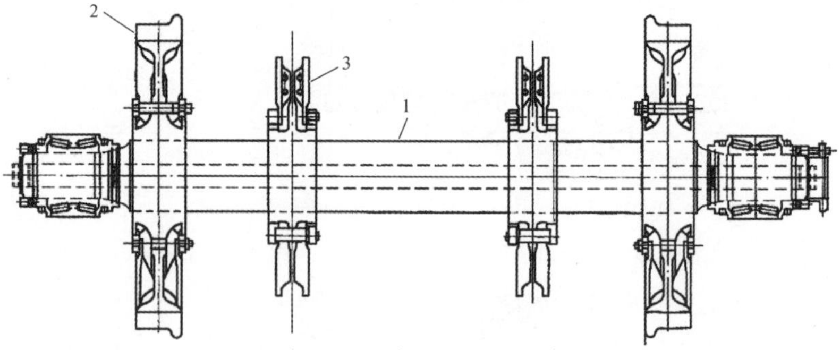

1—车轴；2—车轮；3—制动盘。

图 4.72 拖车轮对总成

6. 轴 箱

由于各种附属装置，例如脉冲发生器和/或接地装置被固定在轴箱端，所以转臂式轴箱作为一个组件被提供。

轴箱组件包括 6 个主要部件，分别是轴箱主体、前盖、后盖、轴承组件、转臂衬套的密封环和盖，如图 4.73 所示。

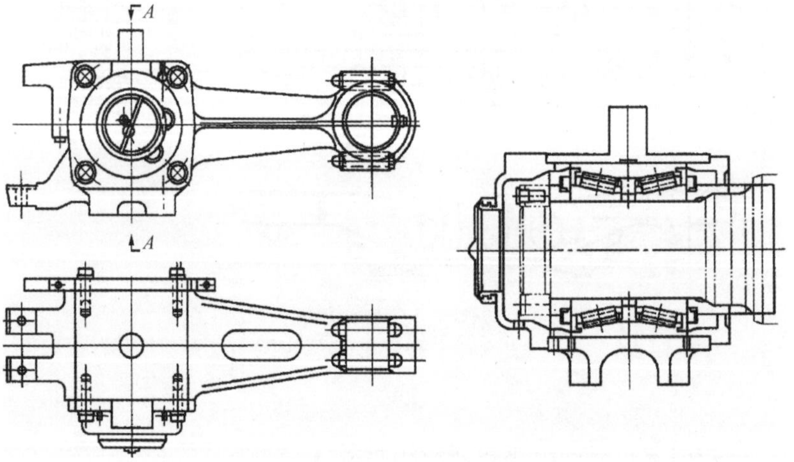

图 4.73 轴箱组成

7. 一系悬挂

一系悬挂也称轴箱弹簧装置，主要包括轴箱弹簧、垂向液压减振器和转臂定位橡胶套，如图 4.74 所示。

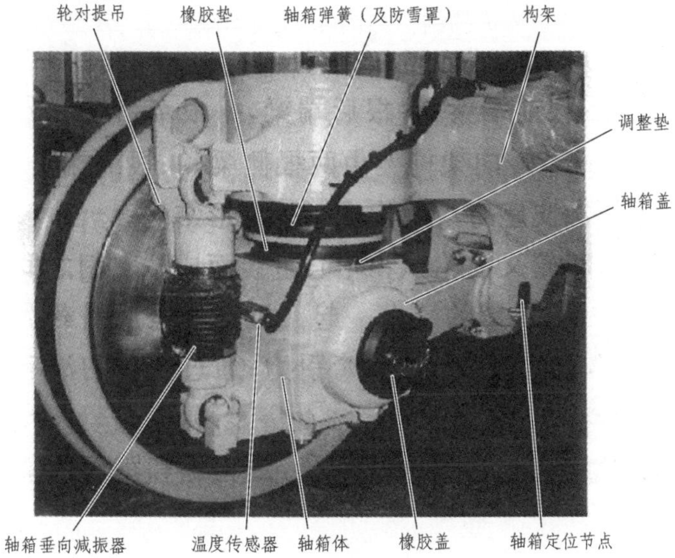

图 4.74　一系悬挂系统

轴箱弹簧装置被安装在轴箱和转向架构架之间。

轴箱弹簧装置在将车体重量分配给各车轮的同时缓冲车轮/轴箱的各种振动，该弹簧参数是经过优化选定的，主要是为了改善车体的乘坐舒适度。

轴箱弹簧装置包括一个圆簧组（由内、外弹簧组成）、弹簧座（上、下）、橡胶座、绝缘座、转臂定位橡胶套和处于每个车轮位置处的垂向减振器。

8. 驱动装置

驱动装置采用简单而实用的挠性浮动齿式联轴节式牵引电动机架悬式结构，即通过挠性浮动齿式联轴节将牵引电动机输出轴与车轴齿轮箱的输入轴（小齿轮轴）联结起来，在传递牵引扭矩的同时，允许两者间的相对运动。该驱动装置工作原理如图 4.75 所示。

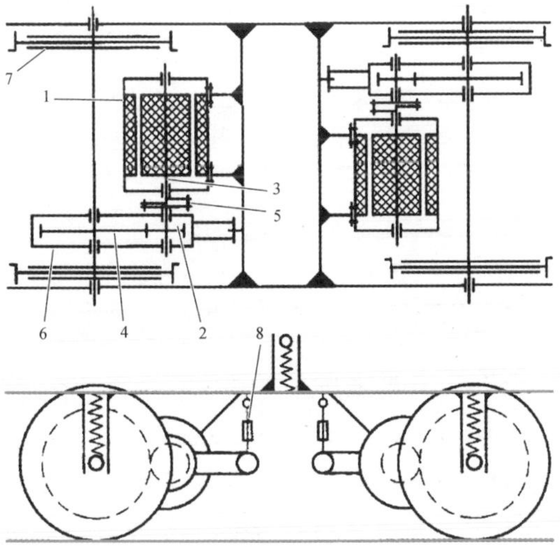

1—牵引电机；2—小齿轮；3—驱动轴；4—大齿轮；5—挠性联轴节；6—齿轮减速器；7—制动盘；8—齿轮箱吊挂装置。

图 4.75　挠性浮动齿式联轴节驱动装置工作原理

挠性浮动齿式联轴节驱动装置的结构如图 4.76 所示。

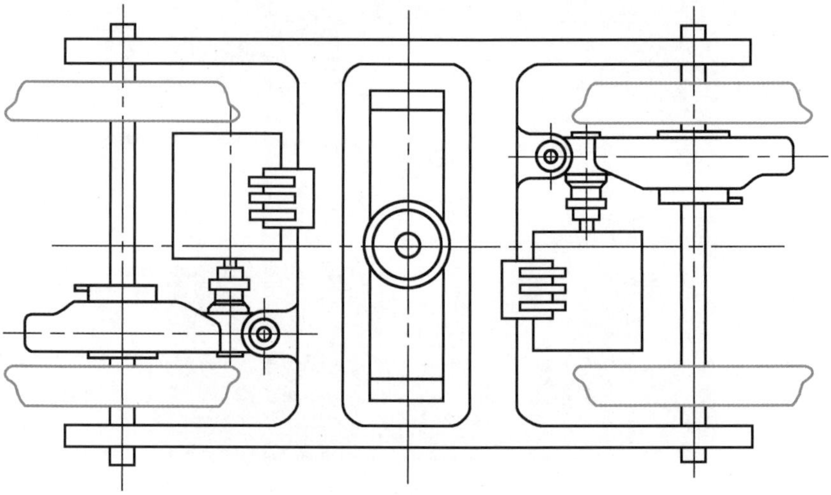

图 4.76　挠性浮动齿式联轴节驱动装置的结构

挠性浮动齿式联轴节驱动装置的特点：

（1）簧下死质量小（电机质量全部悬挂于构架横梁上称为簧上质量，但牵引齿轮和齿轮箱之质量的一半仍然属于簧下死质量），减小了轮轨间的动作用力。

（2）大大改善了牵引电动机的工作条件。

（3）牵引齿轮的工作条件并未得到改善。

（4）与刚性轴悬式驱动装置比，结构较复杂。但与其他架悬式和体悬式驱动装置相比，结构要简单得多。

HXD_3 型电力机车转向架

【任务实施】

以 HXD_3 型电力机车转向架和 CRH_{2A} 型动车组转向架为代表，列表总结两种车型转向架在构架、轮对、轴箱、弹簧悬挂装置、电机及齿轮传动装置、基础制动装置和其他附属部件等方面的区别和联系。

【任务拓展】

收集机车转向架和动车组转向架各部件图片，两人一组，玩“转向架部件你说我猜”游戏，一人看转向架部件的实物图片并描述部件的所属车型、作用、类型、安装位置等信息，另一人根据搭档描述猜出部件名称。

小　结

（1）转向架是电力机车的重要组成部分，一般包括构架、轮对、轴箱、轴箱悬挂装置、牵引电动机及其悬挂、齿轮传动、基础制动装置等主要组成部分，其作用可概括为：承重、传力、转向、缓冲几个方面。

（2）转向架的受力十分复杂，在运行中，除承受垂向重力、纵向和横向的水平载荷外，还常常经受很严重的动作用力。

（3）构架是转向架的重大部件之一，是转向架众多部件联结的基体，亦是承载和传力的基体。SS_{4G} 型电力机车转向架构架由两根侧梁，一根前端梁，一根后端梁，一根牵引梁和各种附加支座等组焊构成“日”字形结构。

（4）轮对一般由车轴、车轮和传动大齿轮组成，车轮又由轮箍和轮心组装而成。它们之间都采用过盈配合，用热套装或冷压装或注油压装的方式紧紧地装在一起。机车的全部静载荷都通过轮对传给钢轨；牵引电动机的转矩经过轮对作用于钢轨，产生牵引力；通过轮对的滚动使机车牵引列车前进。

（5）轮箍的外形，是一个带凸缘的圆环，它是与钢轨直接接触的部分，由轮缘和踏面两部分组成。其外形和尺寸，各国不尽一致，有 1：20 斜度和 1：40 斜度圆锥形及磨耗形踏面。

（6）轴箱与转向架构架的连接方式，称为轴箱定位。轴箱定位起到了固定轴距和限制轮对活动范围的作用。

（7）现代电力机车都采用两系悬挂装置。一系悬挂，设置在机车转向架构架与轴箱之间。二系悬挂，设置在车体底架与转向架构架之间。SS_{4G} 型电力机车每台转向架有 4 组完全相同的轴箱独立悬挂装置。每个悬挂装置由两组完全相同的弹簧（组）、上下压盖及一个上座和一个垂向液压减振器等组成。

（8）牵引电动机的悬挂方式大致可分为轴悬式、架悬式、体悬挂 3 大类。轴悬式又称为半悬挂式，可分为刚性轴悬式和弹性轴悬式两类；架悬式和体悬挂又称为全悬挂式。齿轮传动几乎是现代电力机车传动装置的唯一形式。SS_{4G} 型电力机车采用双边刚性斜齿轮传动，牵引电动机为抱轴式半悬挂（刚性轴悬式）。

（9）高速机车转向架，应考虑直线性能与曲线性能的协调，走行性能与维修性能的协调，采用较长的转向架轴距及磨耗形踏面，减轻转向架质量及转动惯量，恰当选定与稳定性及曲线通过有关的一、二系悬挂参数。

复习思考题

1. 转向架的作用是什么？
2. 转向架一般由哪些部件构成？
3. SS_{4G} 型电力机车转向架有哪些特点？
4. HXD_3 型电力机车转向架有哪些特点？
5. 简述机车轴重、单轴功率和结构速度。
6. 转向架构架的受力情况为什么复杂而严重？
7. 构架的一般组件有哪些？构架有哪些种类？

8. 简述 SS_{4G} 型电力机车转向架构架的组成、形式及各部件结构。
9. 简述 HXD_3 型电力机车转向架构架的组成、形式及各部件结构。
10. 轮对由哪些部分组成？相互间如何组装？怎样保证组装质量？
11. 车轴、轮心各部分的名称（SS_{4G} 型，HXD_3 电力机车）是什么？轮心有哪几种？
12. 什么情况下会发生轮箍的崩裂和松缓？
13. 分析踏面制成锥形的原因。
14. 简述磨耗形踏面有何优缺点。
15. 简述发展整体辗钢车轮的原因是什么。
16. 什么是轴箱定位？轴箱定位在不同方向的刚度要求如何？
17. 轴箱定位方式有哪几类？各有何优缺点？为什么现在大多数采用拉杆式定位？
18. 为什么拉杆式轴箱定位的两个轴箱拉杆不能安设在同一高度？
19. 简述 SS_{4G} 型电力机车轴箱拉杆构造。
20. 简述 SS_{4G} 型电力机车轴箱结构。
21. 简述 HXD_3 型电力机车轴箱结构。
22. 轴箱的维护、保养有哪些内容？
23. 为什么现代电力机车设置两系弹簧悬挂？
24. 什么是主悬挂？什么是次悬挂？什么是簧上质量？什么是簧下质量？
25. 分析弹簧的缓冲原理并说明各种弹簧元件的性能特点。
26. 简述油压减振器的工作原理。
27. SS_{4G} 型电力机车轴箱悬挂装置由哪些部件组成？轴箱弹簧有何要求？
28. 机车齿轮传动装置的作用是什么？有哪些种类？
29. 电机悬挂方式有哪些种类？试比较各种悬挂方式的优缺点。
30. 为什么速度在 160 km/h 以上的机车电机悬挂必须采用全悬挂？
31. 简述 SS_{4G} 型电力机车电机悬挂装置的组成和结构。
32. 简述 HXD_3 型电力机车电机悬挂装置的组成和结构。
33. 机车走行部的主要性能指标有哪些？
34. 提高机车蛇行临界速度的措施有哪些？
35. 简述机车径向转向架的优点。
36. NXN_5 型内燃机车转向架有哪些特点？
37. DF_{4B} 型内燃机车转向架有哪些特点？
38. 简述 NXN_5 型内燃机车转向架的组成及各部件结构。
39. 简述 DF_{4B} 型内燃机车转向架的组成及各部件结构。

项目五 车体与转向架连接装置

车体与转向架连接装置

车体与转向架连接装置，既是承载装置，又是牵引装置，不仅是车体与转向架的中间连接装置，还起到车体与转向架之间活动关节的作用。

本项目主要介绍车体与转向架连接装置的作用与类型，典型机车车体与转向架连接装置的组成、布置及构造。

知识目标：

1. 掌握车体与转向架连接装置的作用及类型；
2. 掌握车体与转向架连接装置的结构。

能力目标：

1. 具备连接装置的日常检查及检修能力；
2. 具备整车受力传递的分析能力。

素养目标：

1. 培养“时时放心不下”的责任感，保障铁路行车行稳致远；
2. 培养精益求精、一丝不苟的工匠精神；
3. 培养热爱劳动的品质。

任务一　认识车体与转向架连接装置

【任务导入】

现在你要开启车体和转向架连接装置部分知识的学习，连接装置上承车体、下接转向架，是电力机车中“承上启下”的机械部分，这部分知识的学习将完善我们现有的转向架知识体系，并让我们进一步深入理解整车受力关系及力的传递关系。那么，究竟什么是车体与转向架的连接装置，它的作用、类型是什么？下面让我们来认识它吧。

【知识储备】

一、车体与转向架连接装置的作用

（1）传递重力。传递车体及其内部设备的重量，并按设计要求进行重量分配，保证各转向架载荷均等，各轴重符合规定要求。

（2）传递纵向力和横向力。传递转向架所产生的牵引力、制动力及机车在运行中转向架与车体受到的各种横向作用力。

（3）改善机车的动力学性能。改善机车在振动、曲线通过时的动力学性能，特别是横向动力学性能。

（4）保证机车的灵活性和稳定性。保证机车在曲线通过时的灵活性和稳定性，并使车体相对转向架经常处于平衡位置。

（5）缓和钢轨对机车的冲击和振动，改善部件的工作可靠性和乘务员的舒适度。由于机车在线路上运行时，受到来自钢轨的冲击，同时机车本身又产生各种形式的振动，所以现代电力机车大多采用弹性的支承装置。这样，既可缓和传到车体上的冲击，又可增加机车总的静挠度；还因为隔离了机车的振动质量，从而降低了车体的自振频率，提高了机车运行的平稳性指标。

二、车体与转向架连接装置的类型

车体与转向架连接装置的类型很多，主要包括有心盘（或中心销）连接和无心盘连接两大类。

1. 有心盘（或中心销）的连接装置

在转向架的转动中心，设置心盘。它既是传递重力及水平力的装置，又是转向架绕车体回转时的转轴。机车曲线运行时，转向架绕心盘回转。

为了承担机车部分重力的垂直分量，防止车体侧倾，使车体保持安定，一般除心盘外，在转向架两侧还安设旁承。如图 5.1（a）所示，即为心盘-旁承共同承载的支承装置。

有的机车的重力的垂直分量全部由旁承承担，把心盘简化为中心销。中心销作为转向架相对车体的回转中心，同时传递水平载荷如牵引力、制动力和横向力，但不承担垂直重量。如图 5.1（b）所示，即为中心销-旁承的支承装置，在中心销周围的转向架构架上，安设了 4 个旁承。

关于旁承的位置和数量，可以有种种不同的设计。旁承可以是刚性旁承，也可以是弹性旁承，如图 5.2 所示，图（a）为心盘-弹性旁承，图（b）为心盘-刚性旁承，图（c）为中心销-弹性旁承。

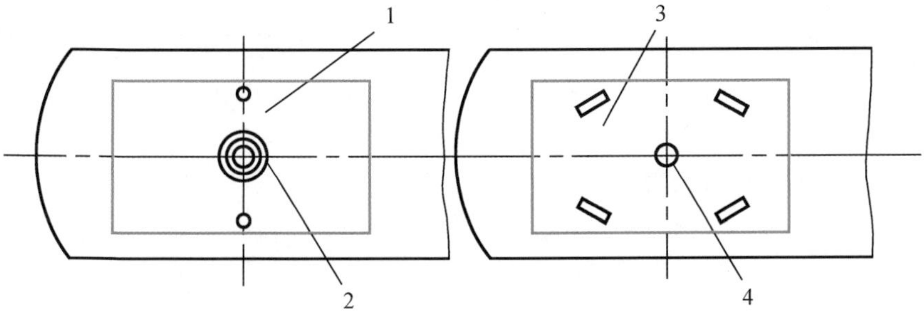

（a）心盘-旁承支承装置　　（b）中心销-旁承支承装置

1，3—旁承；2—心盘；4—中心销。

图 5.1　有心盘（或中心销）的连接装置

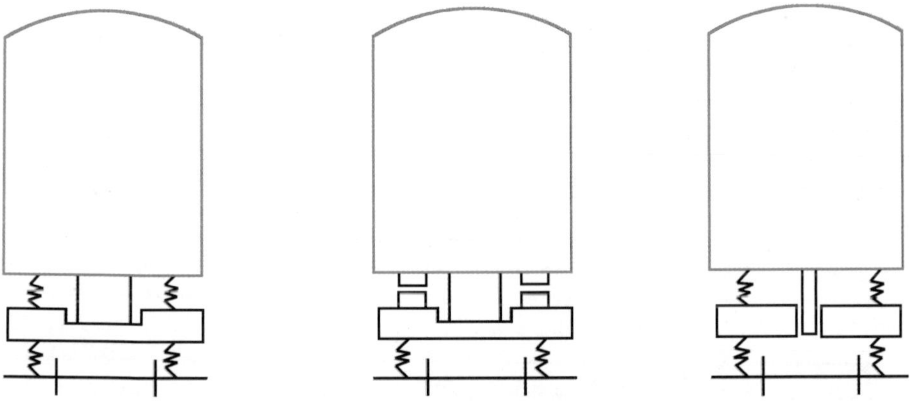

（a）心盘-弹性旁承　　（b）心盘-刚性旁承　　（c）中心销-弹性旁承

图 5.2　弹性旁承和刚性旁承

不论哪种旁承，都必须能适应转向架相对车体的偏转。旁承在机车转向架构架上的位置，取决于重力分配的需要，一般要求左右对称，前后则不一定对称分布。

当车体发生侧倾时，一侧旁承增载，另一侧旁承减载，这样，旁承和悬挂弹簧会发生反力矩，促使车体恢复正常状态。

由上可知，有心盘或中心销的连接装置，转向架有明确的回转中心；水平载荷由心盘或中心销传递，垂直载荷可由心盘集中承载，也可由心盘和旁承共同承载。

这类连接装置，只能允许转向架相对车体绕定点回转，不允许转向架相对车体横向位移，所以机车运行时的横向刚度大；转向架中部被心盘装置占去了一定空间，有时会妨碍其他部件的布置。

2. 无心盘的连接装置

这一类连接装置，不设心盘，也没有中心销。转向架没有明确的回转中心，只能绕一个假想的回转中心回转，还可以相对车体进行适当的横移。

可见，转向架的假想的回转中心在一定的范围内变动，而不是一个确定的点。下面介绍两种常见的形式。

1）牵引杆装置

牵引杆装置是用来传递机车牵引力、制动力的装置，可以安设于较低的位置，实现低位牵引，有利于黏着牵引力的充分发挥。机车运行时要求其不应该存在着对运动的约束，且能适应机车车体与转向架之间的各种相对运动。它有 3 种不同的结构形式。

（1）中央斜单杆推挽式牵引杆。

SS_{4G} 型电力机车的牵引装置结构形式为中央斜单杆推挽式牵引杆，如图 5.3 所示。其牵引点距轨面的高度为 12 mm，旁承采用全旁承橡胶堆。牵引杆一端通过牵引座与车体底架牵引梁相连，另一端通过销与三角撑杆相连，三角撑杆通过销与三角架相连，三角架通过销与构架牵引梁相连。

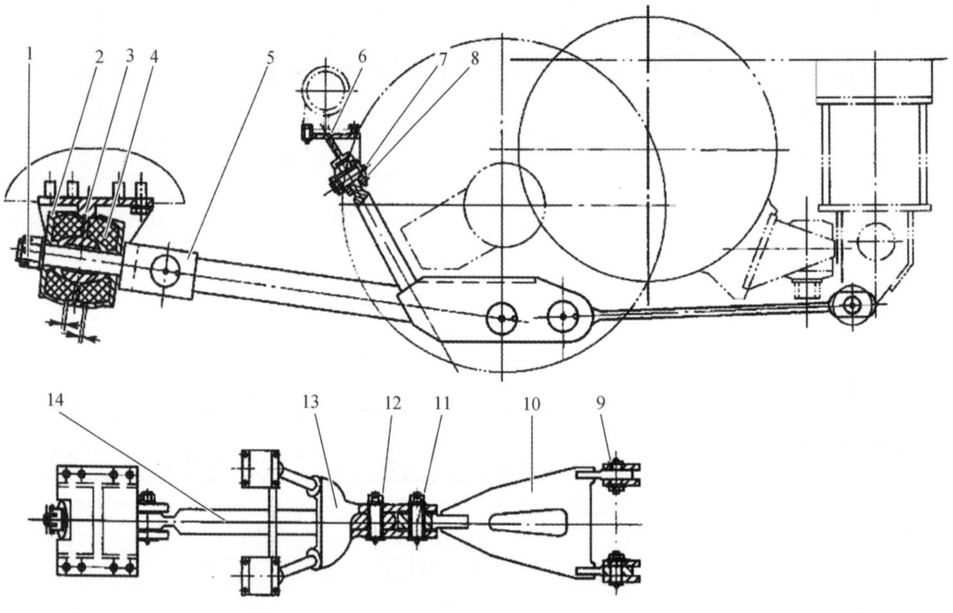

1—六角开槽螺母；2—压盖；3—牵引座；4—牵引橡胶垫；5—牵引叉头；6—三角撑杆座；7—关节轴承；8—销Ⅰ；9—销Ⅱ；10—三角架；11—销Ⅲ；12—关节轴承；13—三角撑杆；14—牵引杆。

图 5.3 中央斜单杆推挽式牵引杆

（2）中间推挽式牵引杆。

SS_8 型电力机车的牵引装置结构形式为中间推挽式牵引杆，如图 5.4 所示。其牵引点距轨面高度为 220 mm，旁承采用圆弹簧。牵引杆Ⅰ一端通过牵引座与车体底架牵引梁相连，另一端在牵引杆托板处通过销轴与牵引杆Ⅱ一端相连，牵引杆Ⅱ的另一端通过销轴与构架牵引梁相连。

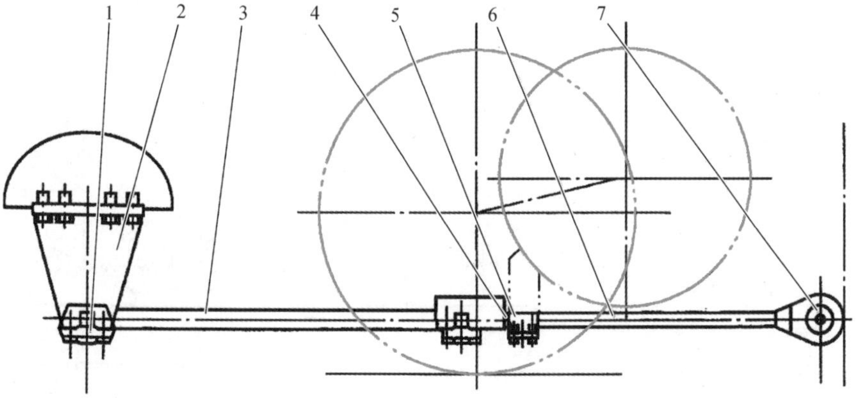

1—托板；2—牵引座；3—牵引杆Ⅰ；4—牵引杆托板；5—磨耗板；6—牵引杆Ⅱ；7—关节轴承。

图 5.4　中央推挽式牵引杆

（3）平行牵引杆。

SS_9 型电力机车的牵引装置的结构形式为平行牵引杆，如图 5.5 所示，其牵引点距轨面高度 460 mm，旁承采用圆弹簧和橡胶堆配合。牵引装置以连接杆中截面为对称平面的完全对称结构，主要由牵引杆 2 根、拐臂 2 个、连接杆 1 个组成。牵引杆一端与车体底架相连接，另一端与拐臂连接，拐臂的转轴装在转向架的构架的牵引座上，连接杆将左右两个拐臂连接起来，用来保证左右牵引的同步。

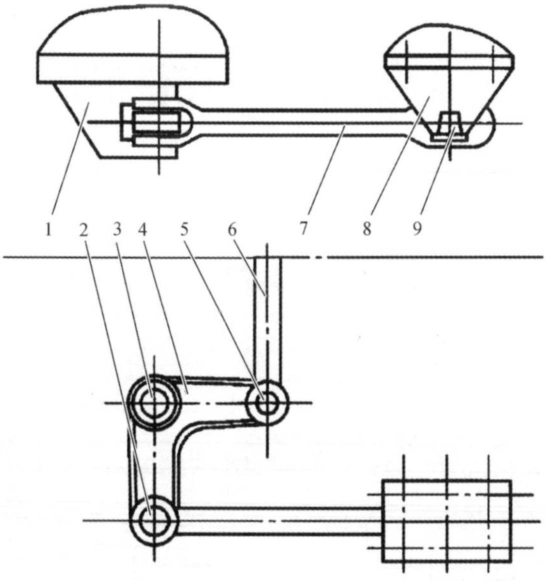

1—牵引座；2—牵引杆销Ⅰ；3—拐臂销；4—拐臂组装；5—连接杆销；6—连接杆；
7—牵引杆组装；8—牵引底座；9—牵引杆销Ⅱ。

图 5.5　平行牵引杆

直线运行时，牵引力经转向架构架→拐臂→牵引杆→车体；曲线运行时，拐臂转轴随转向架移向曲线内侧，拐臂和牵引杆同步转动，但不影响牵引力的传递。

2）**摆式连接装置**

摆式连接装置如图 5.6 所示。每个转向架通过两个中央支承及旁承接受车体传来的重力。中央支承上下两端均为弹性结构，旁承也采用弹性旁承。

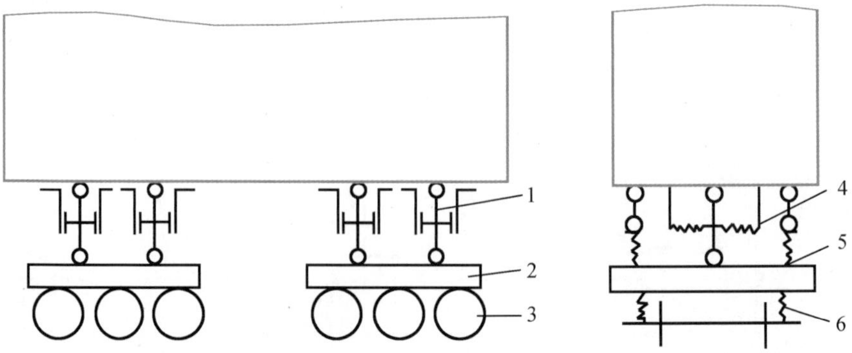

1—中央支承；2—构架；3—轮对；4—复原装置；5—弹簧旁承；6—一系悬挂。

图 5.6 摆式车体连接装置

中央支承在机车纵向的刚度很大，不能产生倾斜现象，能够可靠地传递牵引力和制动力。

但是在机车横向的刚度则很小，可以发生较大的倾斜。这样，转向架也就能够相对车体回转一定角度，也可以适当地横向位移。

为了保持中央支承的横向安定，在每个中央支承的中部左右侧，安装了复原装置。当转向架回转或偏倚时，中央支承倾斜，两侧复原装置的弹簧同时受到压缩，促使中央支承恢复居中位置，如图 5.7（a）所示。

当车体发生侧倾时，由于左右旁承弹簧的载荷、挠度不同，产生的反力也不同，形成反力矩，促使车体恢复铅垂位置，如图 5.7（b）所示。在转向架构架侧梁与车体底架侧梁之间，左右各设了橡胶制成的弹性侧挡称为侧向限制器，以限制转向架的横向位移不得超过规定数值。

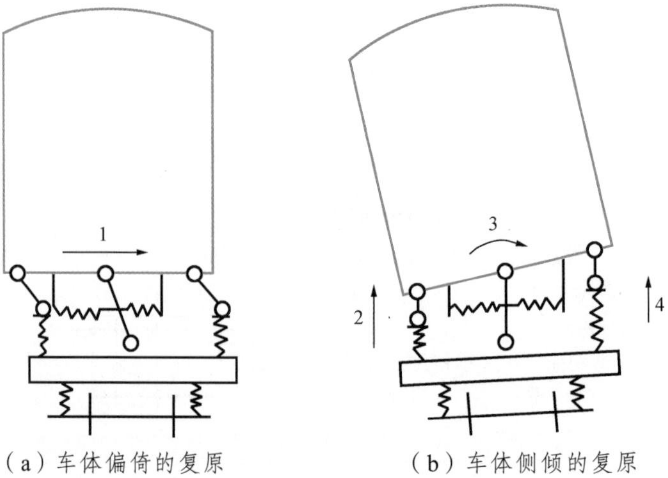

（a）车体偏倚的复原　　（b）车体侧倾的复原

1—复原力；2—反力大；3—反力矩；4—反力小。

图 5.7 车体偏倚和侧倾的复原

这种摆式连接装置，无论中心支承还是旁承，都是弹性的，成为机车的二系弹簧悬挂。

【任务实施】

根据以上知识储备，绘制车体与转向架连接装置的类型思维导图，进一步梳理有心盘连接装置中的不同结构类型，以及无心盘连接装置中牵引杆连接和摆式连接结构的区别。

【任务拓展】

观察你身边的机车牵引拉杆结构，拍照备注，制作不同牵引拉杆结构的电子说明书。

任务二 典型车型连接装置结构分析

【任务导入】

在学习了车体和转向架连接装置的作用和类型等知识后，你一定想了解连接装置的具体结构，事实上，我国机车的车体和转向架连接装置结构多样，不同的车型连接装置类型不同，不可一概而论，因此我们要学会具体问题具体分析，下面我们以 SS_{4G} 和 HXD_3 型电力机车为例，分别具体分析其连接装置的结构组成。

【知识储备】

一、SS_{4G} 型电力机车车体与转向架连接装置的组成与结构

SS_{4G} 型电力机车车体与转向架连接装置由橡胶弹簧（橡胶堆）、摩擦减振器、横向油压减振器和牵引装置组成。

1. 橡胶弹簧

橡胶弹簧，又称为橡胶堆，是由 2 块端板、7 块隔板和橡胶硫化成整体。橡胶弹簧受载时的弹性变形，既有压缩变形，也有剪切变形，因而橡胶弹簧具有较大的垂向刚度和一定的横向剪切刚度，当其变形时，内部产生摩擦吸收机械能。

2. 摩擦减振器

当转向架蛇行振动时，构架与车体产生相对位移，使组装在这两者之间的摩擦减振器也相对滑动产生阻尼力，消耗振动能量，达到阻止蛇行振动的目的。摩擦减振器阻力的大小，

可用弹簧调整片调整弹簧压力来调节。

摩擦减振器主要由弹性球铰、三角形杆、弹簧外罩、弹簧、摩擦片和定位板等组成，如图 5.8 所示。

（1）弹性球铰。弹性球铰是连接车体或构架的弹性元件，它是由外套、心轴和橡胶硫化成一体的弹性体。

心轴中间为球形体，两端成扁平，并有两个 $\phi 22$ 的孔，以便组装摩擦减振器用。外套分两半，内为球形，外为圆柱形，橡胶填在外套内孔和心轴球形体之间。

（2）杆。杆分三角形杆和导槽杆，三角形杆为摩擦工作表面，导槽杆上组装两块摩擦片，它与三角形杆形成摩擦副。

（3）弹簧外罩。弹簧外罩与定位板用于固定弹簧和摩擦片，使弹簧的压力通过定位板传给摩擦片，摩擦片与三角杆产生压力，当摩擦时产生阻尼力。

（4）弹簧。弹簧是产生摩擦力的来源，只要调整弹簧调整片即可调整摩擦力。

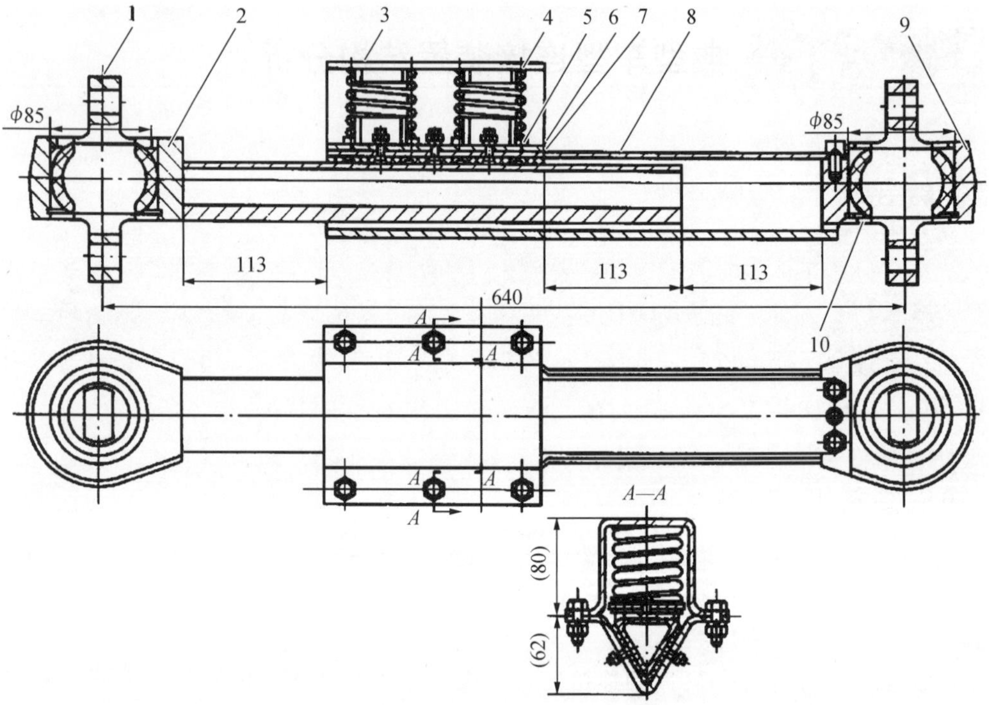

1—弹性球铰；2—三角形杆；3—弹簧外罩；4—弹簧；5—弹簧压力调整片；6—弹簧支座；7—摩擦片；8—定位板；9—导槽杆；10—挡圈。

图 5.8　摩擦减振器

（5）摩擦片。采用 3 块 180 mm × 50 mm × 5 mm 的 HZ-91 石棉橡胶刹车带。它有以下特点：耐磨、耐热、强度高、与钢摩擦系数大（$f = 0.25$）、与三角杆的 3 个摩擦面相接触。

在机车运行过程中，由于摩擦片和三角形杆不断磨耗，三角形杆表面越来越光滑，弹簧压力也相应减少，摩擦系数也相应变小。所以要定期维修，测定摩擦阻尼力，当下降 10% 以下时应进行调整。

3. 横向油压减振器

SS_{4G} 型电力机车转向架与车体之间在水平方向还布置了型号为 SFK 的横向油压减振器，每台转向架斜对称布置了两个减振器，其结构如图 5.9 所示。在储油筒上有一个储油包，安装时储油包应向上，其他结构与垂向油压减振器相同，其原理也相同。

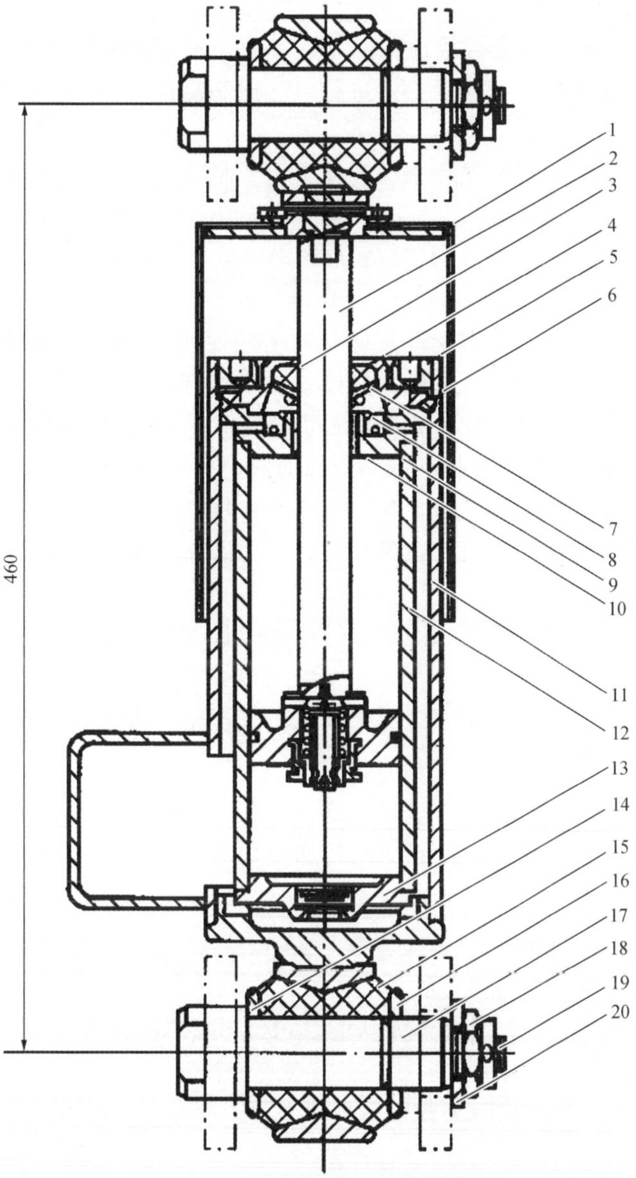

1—防尘罩；2—活塞；3—密封圈；4—密封盖；5—螺盖；6—油封圈；7—密封托垫；8—密封弹簧；9—缸盖；10—导向套；11—储油筒；12—缸筒；13—进油阀；14，16—垫板；15—橡胶套；17—连接销；18—螺母；19—开口销；20—垫圈。

图 5.9 横向液压减振器

4. 牵引装置

SS_{4G} 型电力机车牵引装置，结构形式为中央斜杆推挽式，其主要作用是将转向架上的牵引力和制动力传递到车体上，并在机车通过曲线或上下振动时，使转向架与车体之间能自由回转和摆动。其牵引点距轨面的高度为 12 mm，降低了机车牵引点的高度，从而可减小转向架的轴重转移，提高机车的黏着牵引力。中央斜单杆推挽式牵引装置的主要部件有牵引座、牵引橡胶垫、压盖、牵引叉头、牵引杆、三角撑杆、三角架等，其结构如图 5.3 所示。

1）主要附属部件

（1）牵引座。牵引座是一个焊接件，它用 8 个 M36 的螺栓安装在车体牵引梁下方。由底板、立板和球形体焊接而成，焊装后必须进行电磁探伤检查，不允许有裂纹等缺陷存在，探伤后进行去应力退火。

（2）牵引橡胶垫。牵引橡胶垫用来缓和在牵引和制动过程中力的冲击，保证各部件之间的良好作用。

（3）压盖。压盖为一个呈碗形的容器，底部开有空，以便牵引叉头穿过。该件为铸件，材料为 ZG230-450。

（4）牵引叉头。牵引叉头为锻钢件，材料为 45 钢，是连接牵引杆和牵引座的重要部件，受力大，其产品要求进行调质处理并经探伤检查。

以上 4 个部件按图 5.3 方式用六角槽形螺母连接成一个整体后，安装在车体牵引梁下方。

（5）牵引杆。牵引杆由牵引杆体和端头焊接而成，牵引杆体材料为 35 号 (ϕ121×16 mm) 无缝钢管，端头材料为 45 钢。牵引杆是传递机车牵引力和制动力的关键部件，要求用不低于母材性能的焊条焊接，焊后焊缝进行电磁探伤，不允许存在任何裂纹等缺陷，并进行去应力退火。

（6）三角撑杆。三角撑杆为铸、锻焊接件且受力状态相当复杂，为保证其内在质量，在其加工处内部用超声波探伤。

（7）三角架。三角架分别与构架牵引梁和三角撑杆相连构成一个稳定的三角形结构，传递机车的牵引力和制动力。

2）牵引力和制动力的传递

来自轮轨黏着产生的牵引力或制动力的传递过程为：

构架牵引梁⟶三角架、三角撑杆座和三角撑杆⟶牵引杆⟶牵引叉头⟶压盖、牵引橡胶垫⟶牵引座⟶车体

二、HXD_3型电力机车车体与转向架的连接装置的组成与结构

HXD_3 型电力机车车体与转向架的连接装置由牵引装置及二系悬挂装置所组成。

1. 牵引装置

牵引装置是连接机车车体与转向架的重要组成部分，其主要作用是传递机车的牵引和制动力。机车运行时要求其不应该存在着对运动的约束，且能适应机车车体与转向架之间的各种相对运动。

1）主要组成部件

HXD_3 型电力机车牵引装置结构形式为推挽式中央平拉杆，主要部件包括牵引销装配、

橡胶关节、托板、牵引杆体等，其外形结构如图 5.10 所示。

2）保养要求

（1）检查各紧固件螺栓等应无松动现象。

（2）检查牵引销、橡胶关节及托板等状态良好。

（2）检查橡胶垫、O 形圈等不得磨损，磨耗不得超限。

（3）检查牵引装置离轨面的最低距离不得超限。

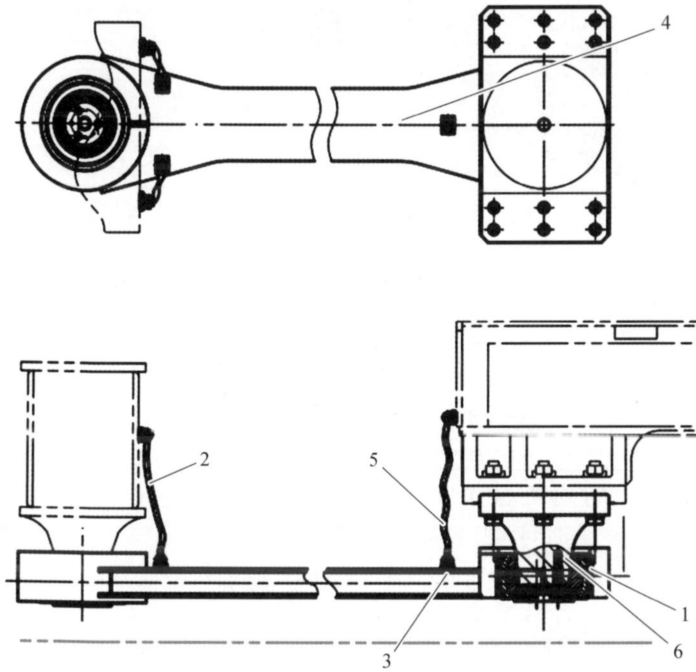

1—橡胶关节；2，5—钢丝绳；3—安全索座；4—牵引杆体；6—牵引销装配。

图 5.10 牵引装置外形结构

3）牵引力和制动力的传递

来自轮轨黏着产生的牵引力或制动力的传递过程为：

转向架牵引座→橡胶关节→牵引杆→牵引杆销装配→车体牵引底座→车体

2. 二系悬挂装置

二系悬挂装置由垂向减振器、高圆弹簧、抗蛇行减振器、弹簧垫片、减振垫等组成，结构如图 5.11 所示。

1）二系垂向减振器

二系垂向减振器基本结构及工作原理与一系垂向减振器相同，垂向减振器采用萨克斯铁路减振器，其结构如图 5.12 所示。

（1）组成。主要由防尘罩、活塞、活塞杆，油缸、带焊接底的外筒、底阀、端盖、压盖、垫片、压盖密封件和密封件组成。

（2）工作原理。工作缸由活塞分隔为一个 A 腔和一个 B 腔，工作腔中压力随活塞速度和通过活塞和底阀的流动阻力而产生的。

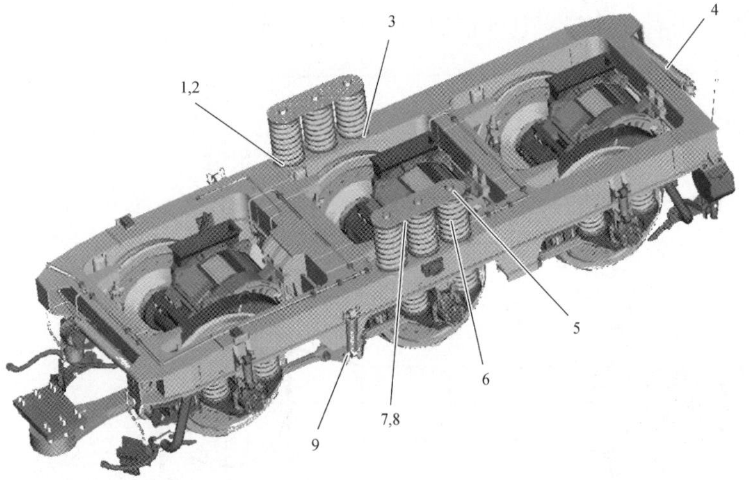

1，2—调整弹簧垫片；3—减振垫；4—抗蛇行减振器；5—连接座组成；
6—高圆弹簧；7，8—调整垫片；9—垂向减振器。

图 5.11　二系悬挂装置结构

当拉伸时，B 腔增大的容积大于活塞扫过的 A 腔容积，所以 A 腔流入 B 腔的油不是 B 腔增大的容积，此时通过底阀上的补油阀从贮油缸 C 内抽入部分油补充到 B 腔。同样，在压缩过程中相当于活塞杆体积的一部分油通过底阀被压进贮油缸，并与活塞节流一起产生阻尼。

减振器阻尼力基于活塞速度，阻尼力的增加是依赖已设置的各阀所确定的阻力特性。在组装时，每一个减振器必须经过十分细心的调试及测试，只有通过测量才能精确控制减振器产生的阻尼力。在专用测试机上测试期间，减振器中活塞在预设速度下往复运动，产生的各个阻尼力以示功图方式记录。在相同测试行程 50 mm 下的不同速度通过改变测试机转速来获得。

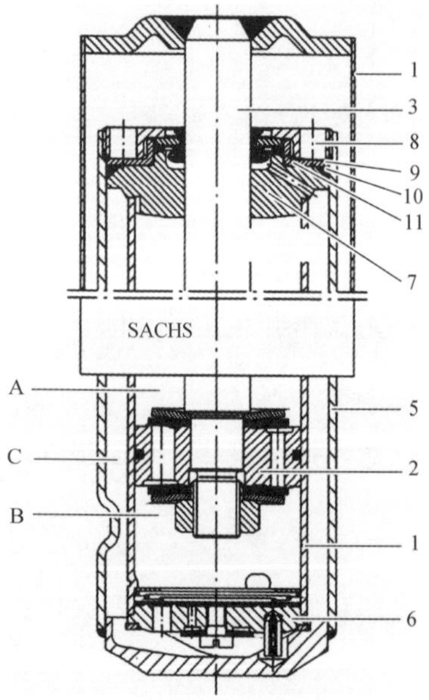

1—防尘罩；2—活塞；3—活塞杆；4—油缸；5—外筒；
6—底阀；7—端盖；8—压盖；9—垫片；
10—盖密封件；11—密封件。

图 5.12　垂向减振器结构

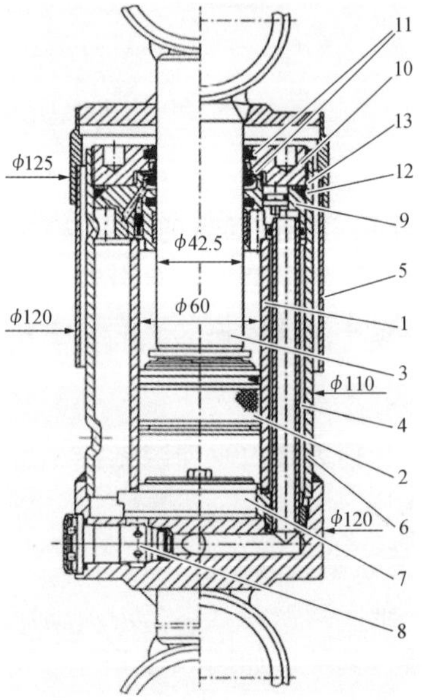

1—缸筒；2—活塞；3—活塞连杆；4—导油管；5—防尘罩；6—外筒；7—底阀；8—阻尼调整阀；
9—导向器；10—螺纹环；11—油封；
12—储油缸密封；13—支承垫片。

图 5.13　二系横向抗蛇行减振器结构

2）二系横向抗蛇行减振器

二系横向抗蛇行减振器结构如图 5.13 所示，其组成为：在缸筒内往复运动的连杆、活塞以及与活塞连杆焊接在一起的上部安装，导油管，螺纹连接防尘罩，焊有底盖的外筒，有回油阀的底阀，拉伸和压缩阻尼调整阀，导向器，螺纹环，油封，储油缸密封，支承垫片以及上下安装连接。

3）减振器的维护保养

（1）连接件和紧固件不得损坏，橡胶弹性元件不得老化，否则应更换。

（2）橡胶连接衬套出现磨损变形需更换。

（3）油压减振器应无漏油现象，若减振器体上存在厚厚的脏污油膜，表明减振器发生连续泄露，应更换减振器。

（4）检修时更换减振器专用工作油：一系垂向减振器加油量为 408 mL；二系垂向减振器加油量为 934 mL；二系抗蛇行减振器加油量为 1 425 mL。

三、HXN_5型内燃机车车体与转向架的连接装置的组成与结构

1. 牵引装置

HXN_5型内燃机车转向架采用了中心销形式的牵引装置，由中心销、尼龙衬套、牵引座、牵引缓冲垫、横向止挡、牵引箱盖、托架、支撑架等组成，其结构如图 5.14、图 5.15 所示。

中心销为铸钢件，材质符合“AAR M-201 B+级”要求，质量约 246 kg。中心销焊装在车体架下部。中心销与牵引座之间配有自润滑尼龙衬套。尼龙衬套的内孔与中心销的装配为间隙配合，最小间隙 0.8 mm；外圆与牵引座内孔为间隙配合，最小间隙 0。

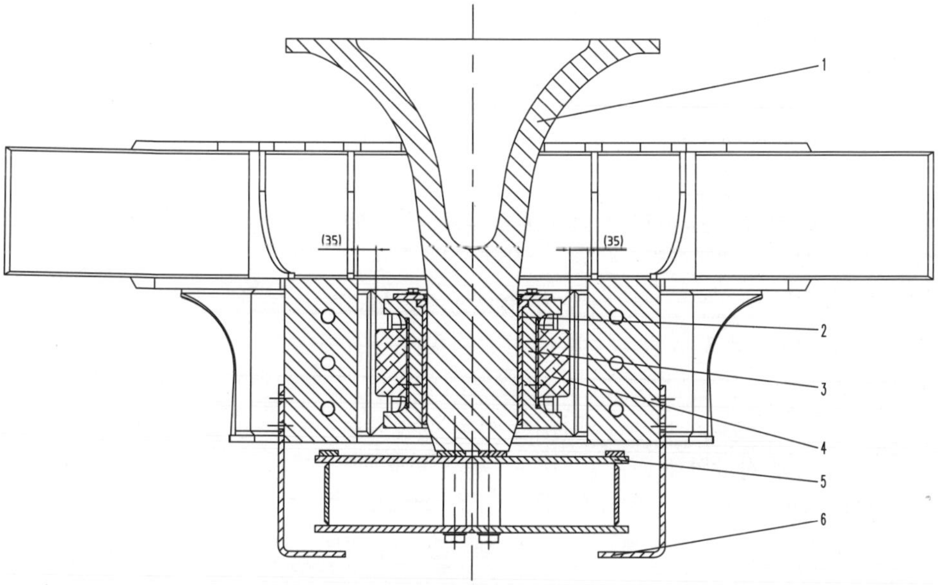

1—中心销；2—尼龙衬套；3—牵引座；4—横向止挡；5—托架；6—支承架。

图 5.14　牵引装置（2D）

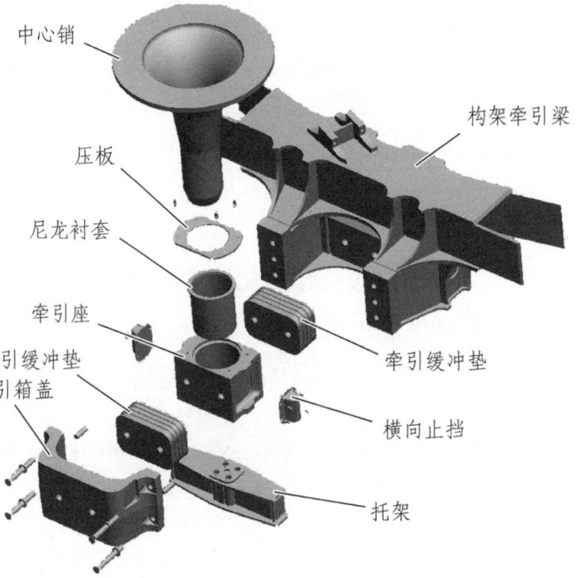

图 5.15　牵引装置（3D）

牵引箱盖通过定位销和螺栓安装到构架牵引梁上，与构架牵引梁后侧中间区域相配合组成了框形的牵引箱结构。

牵引箱与牵引座之间，在纵向（转向架前后方向）压装有两个牵引缓冲垫。由于橡胶元件不易承受拉伸载荷，因此，牵引缓冲垫被设计成具有较大的预压缩量，这样可保证无论是前进还是推进运行、承受机车最大的纵向力时，两个牵引缓冲垫均仍然处于压缩状态。另外，两个处于预压缩状态的牵引缓冲垫，还能承受牵引座以及尼龙衬套的重量，防止牵引座掉落。

在牵引箱与牵引座之间，牵引座两侧面（横向）各装有一个横向止挡（见图 5.16）。该止挡与牵引箱相配合，用来限制车体相对于转向架过大的横向位移。当中心销相对于牵引箱的横移量超过 35 mm 时，横向止挡将起作用。

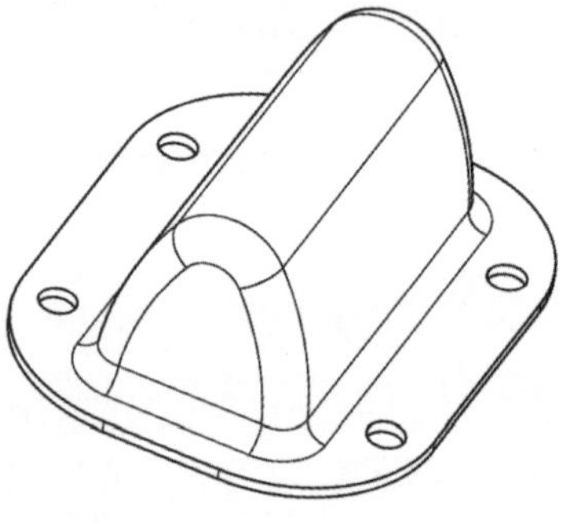

图 5.16　横向止挡外形

为防止牵引缓冲垫失效引起牵引座脱落到轨道上而扩大损失，在牵引座下方设有托架。托架用螺栓固定在中心销下端面处。该托架同时还是转向架与机车整体起吊的起吊设备之一。当转向架需从机车上解体时，须事先将托架从中心销上拆下来。

在托架下方设有支撑架。支承架用螺栓固定在牵引箱（构架牵引梁）上。结构设计上，托架与牵引座及支承架互相之间有足够的间隙，保证在正常情况下，机车运行时托架不会与牵引座或支承架相碰撞。

牵引装置（牵引缓冲垫）的中心高度距轨面 600 mm（新车轮时）。

2. 二系悬挂

HXN_5 型内燃机车转向架二系悬挂由 3 个橡胶钢板复合承载垫、一个横向减振器、两个抗蛇行减振器组成，其布置如图 5.17 所示。其中，左、右两只侧承载垫横向跨距 2 400 mm，纵向距中间轴中心线 905 mm；中间承载垫横向定位在转向架中心线上，纵向距中间轴中心线 1 105 mm。

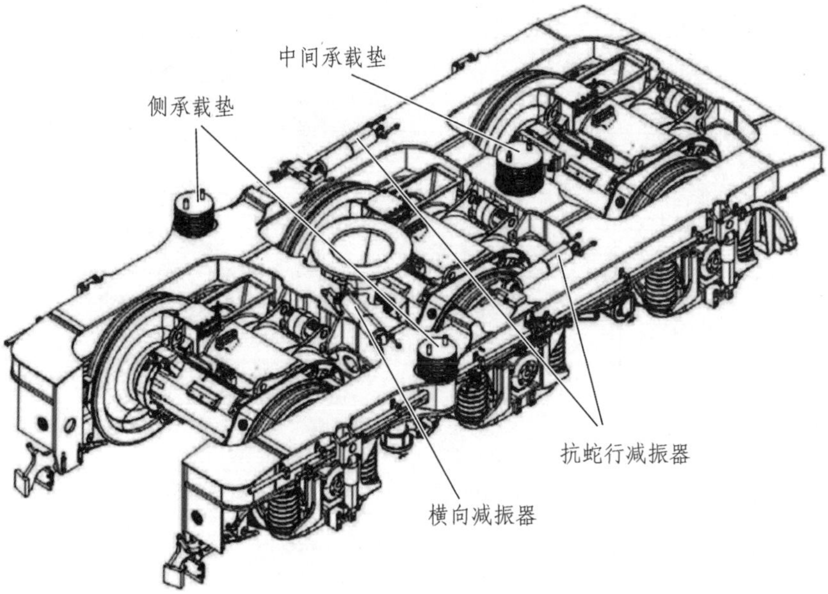

图 5.17　二系悬挂的布置

需要注意的是，侧承载垫和中间承载垫无论接口及外形尺寸还是性能参数，都不相同。

四、DF_{4B} 型内燃机车车体与转向架的连接装置的组成与结构

1. 牵引装置

DF_{4B} 型内燃机车采用牵引杆装置传递水平载荷。牵引杆装置由与转向架纵中心线呈对称的 2 根牵引杆、2 个拐臂、1 根连接杆、球面关节轴承及牵引销等组成，如图 5.18 所示。

牵引杆一端通过牵引销与车体牵引座连接，另一端通过牵引杆销与拐臂连接。2 个拐臂分别用 2 个拐臂销和止板安装在构架侧梁下方的拐臂座上。中间的连接杆两端通过连接杆销与 2 个拐臂连接，使左右牵引杆受力均匀。

牵引杆中心线离轨面高度为 725 mm，采用这种低位牵引杆装置可以减小牵引力作用下的轴重转移，减少空转。

在转向架上设有球形侧挡，作用是限制转向架对于车体的横动量和传递横向力。转向架侧挡的安装和调整在落车时进行。侧挡每侧自由横动量为 15 mm，调整时，左右自由横动量相加为 30 mm 即可。为了使左右间隙相等，要求在加装左右侧挡的调整垫片时，应使其厚度相等，以保证机车车体的纵向中心线与转向架纵向中心线相重合。此外，为缓和机车的横向冲击，在转向架侧挡内还装有橡胶垫，如图 5.19 所示。橡胶垫具有 5 mm 的弹性压缩量，这样车体和转向架间每侧总横动间隙为 20 mm。由于转向架与车体的横向位置受着侧挡的限制，纵向位置受着牵引杆装置的限制，这样，当机车通过曲线，转向架相对于车体自由偏转时，转向架的回转中心只能在一定范围内变动。

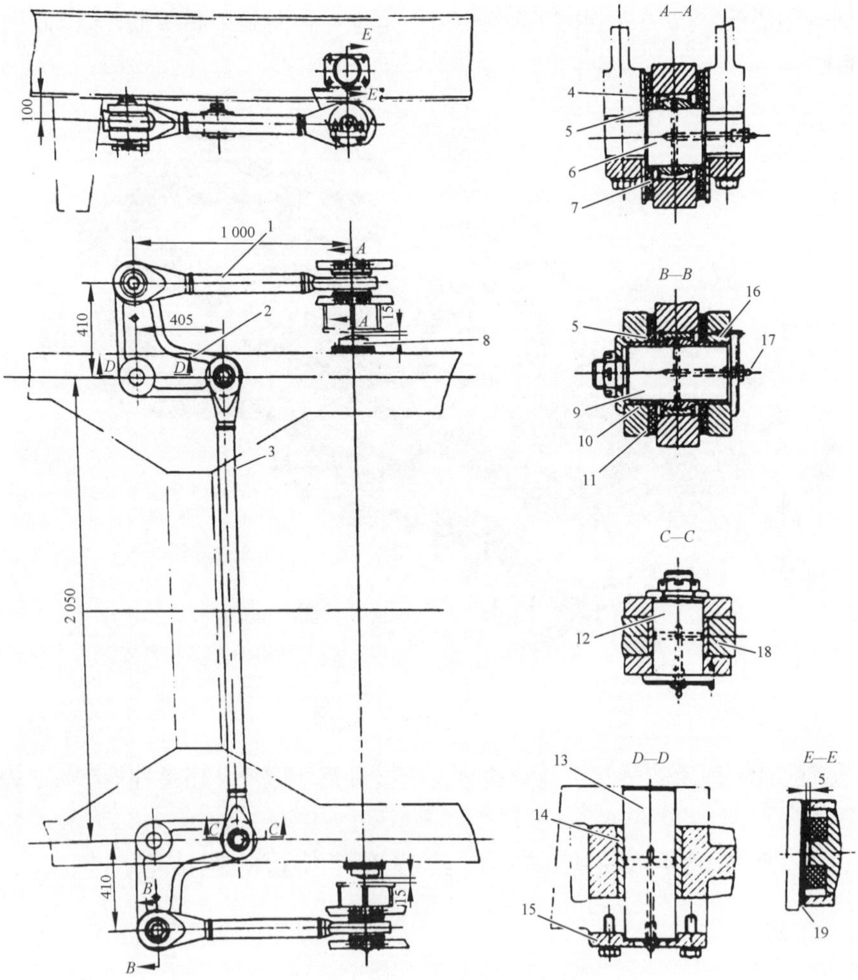

1—牵引杆；2—拐臂；3—连接杆；4—球面关节轴承外套；5—球面关节轴承；6—牵引销；7—卡环；8—侧挡；9—牵引杆销；10，14，18—套；11—橡胶垫；12—连接杆销；13—拐臂销；15—盖板；16—销钉；17—注油嘴；19—调整垫片。

图 5.18　DF_{4B} 型内燃机车牵引杆装置

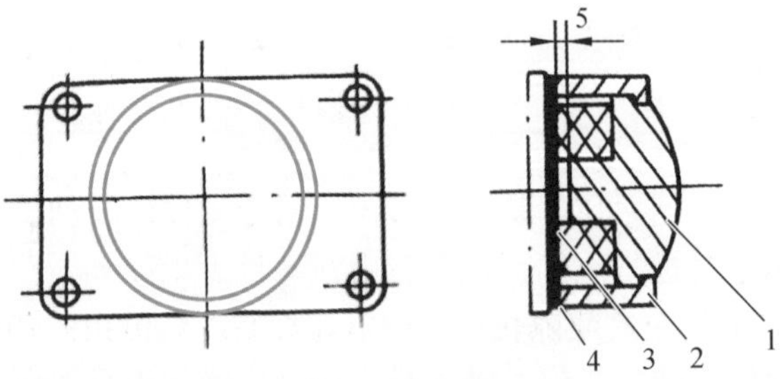

1—侧挡；2—侧挡体；3—缓冲器；4—调整垫片。

图 5.19　DF_{4B} 型内燃机车侧挡

由于横动量的存在和二系弹簧的设置，车体与转向架之间在水平方向和垂直方向都有相对移动，因此牵引杆两端必须采用球面关节轴承连接，才能满足上述运动的要求。球面关节轴承和它的外套都采用轴承钢制成，并经表面淬火提高硬度。关节轴承及其销、套均需润滑，为此在各销子端设有注油嘴，润滑脂从此注入经销子内孔通到润滑表面。

由于牵引杆装置直接传递牵引力和制动力，其主要部件的强度、焊接质量的优劣对机车的安全运行影响极大，虽然设计上考虑了足够的安全系数，但出厂时仍需对焊缝进行探伤检查，机车运用中乘务人员应经常进行外观检查。

2. 二系悬挂

DF_{4B} 型内燃机车二系弹簧悬挂装置采用橡胶弹簧，静挠度为 16 mm。采用一系挠度大、二系挠度小的布置方式可减小机车的轴重转移，提高机车在高速运行时的平稳性。二系悬挂采用橡胶弹簧可有效地吸收机车运行时的高频振动。

DF_{4B} 型内燃机车转向架采用四点支承摩擦式旁承，车体上部的载荷经旁承传给转向架构架，再通过轴箱弹簧分配给各车轴。摩擦式旁承利用平面摩擦副产生的摩擦力矩来控制转向架在直线运行时的蛇行运动。这种旁承不产生复原力矩。为了使转向架易于通过曲线，并在通过曲线后恢复到中央位置，摩擦力矩不宜过大，故采用摩擦系数较小的摩擦副。

摩擦式旁承由旁承体、下摩擦板、上摩擦板、球面座及球头等组成，如图 5.20 所示。这种旁承结构简单、工作可靠，使用维护方便。

旁承体用 ZG230 450 铸钢制成，以其底部ϕ70 mm 圆柱销和构架旁承孔定位，用 4 个 M20 螺栓紧固在构架旁承座上，旁承体内储有润滑油（柴油机机油），以润滑摩擦面：油量至下摩擦板上表面以上（25 ± 2) mm 为准。为保持油箱内的清洁，箱体与车体间设有帆布防尘罩。旁承体下部设有油堵，检修时可放出存油。

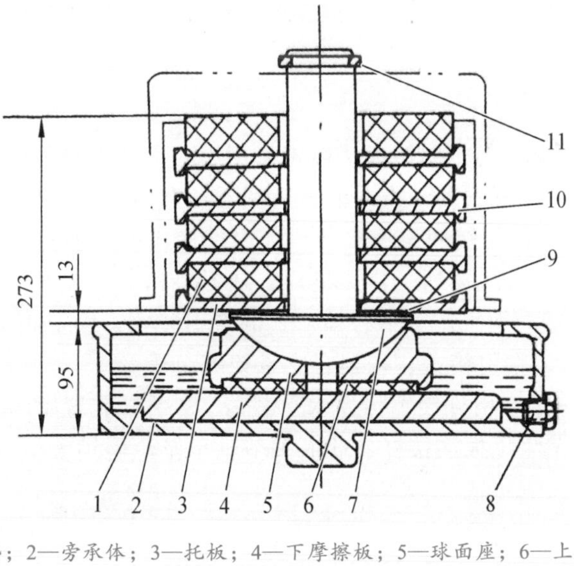

1—橡胶垫；2—旁承体；3—托板；4—下摩擦板；5—球面座；6—上摩擦板；7—球头；8—加油管；9—垫；10—间隔板；11-挡圈。

图 5.20 DF_{4B} 型内燃机车摩擦式旁承

机车在落座于转向架时，球头与球面座能够自动对中，使镶在球面座下部的 MC 尼龙板与下摩擦板能够密贴接触，不产生间隙，为保证车体上部重量均匀作用在转向架上，在落车前需测量 8 个旁承座面的高度差，再用调整垫片厚度找平。在同一转向架上不平度允差为 1 mm，每台转向架的 4 组橡胶弹簧总静挠度相互差不得大于 2 mm，但是，每个旁承必须有不少于 2 mm 的基准调整片，同时最大加垫量不允许超过 10 mm。

旁承在转向架上的配置要兼顾各方面的效果，旁承在转向架上的布置如图所示。旁承横向间距为 2 050 mm，纵向间距为 1 800 mm，相应的摩擦阻力矩为 19 100 ~ 38 200 N · m。从横向看，左右跨度较大，旁承正好放在侧梁纵向中心线上，对提高机车横向平稳性、改善转向架构架受力状态有利；从纵向看，旁承纵向间距较大，有利于减小机车轴重转移，又能使转向架回转时的摩擦阻力矩增大，有利于抑制直线上运行时转向架的蛇行，但是摩擦阻力矩太大，将使机车通过曲线时产生过大的构架力，所以纵向间距必须要选择适当。

在运用中如发现机车在高速时产生摇头振动，这是由于旁下摩擦板磨耗较大（一般磨耗量不大于 0.06 mm），摩擦系数变小，抑制不住转向架的蛇行造成的。

【任务实施】

根据以上知识储备，总结 SS_{4G} 型、HXD_3 型、HXN_5 型和 DF_{4B} 型机车车体与转向架连接装置组成结构。两人一组，进行“连接装置部件你说我猜”游戏，选取连接装置部分的实物或模型图片，一人看图描述该部分的作用、类型、安装位置等信息（不可直接说出），另一人根据搭档描述猜出部件名称。

【任务拓展】

任选一个机车车型，结合实物图片，制作图文并茂的连接装置电子说明书。

小　结

SS_{4G} 型电力机车的车体与转向架连接装置采用无心盘的中央斜单杆推挽式牵引装置，由橡胶弹簧（橡胶堆）、摩擦减振器、横向油压减振器和牵引装置组成，

HXD_3 型电力机车车体与转向架连接装置采用推挽式中央平拉杆牵引装置，主要由垂向减振器、高圆弹簧、抗蛇行减振器、弹簧垫片、减振垫和牵引装置组成。

HXN_5 型内燃机车转向架采用了中心销形式的牵引装置，由中心销、尼龙衬套、牵引座、牵引缓冲垫、横向止挡、牵引箱盖、托架、支承架等组成。

DF_{4B} 型内燃机车采用牵引杆装置传递水平载荷。牵引杆装置由与转向架纵中心线呈对称的 2 根牵引杆、2 个拐臂、1 根连接杆、球面关节轴承及牵引销等组成。

复习思考题

1. 车体与转向架连接装置有哪些种类？
2. SS_{4G} 型电力机车的车体与转向架连接装置由哪些部件组成？
3. HXD_3 型电力机车的车体与转向架连接装置由哪些部件组成？
4. SS_{4G} 型电力机车牵引装置的结构形式是什么？由哪些部件组成？牵引力是如何传递的？

5. HXD_3 型电力机车牵引装置的结构形式是什么？由哪些部件组成？牵引力是如何传递的？

6. HXN_5 型内燃机车的车体与转向架连接装置由哪些部件组成？

7. DF_{4B} 型内燃机车的车体与转向架连接装置由哪些部件组成？

8. HXN_5 型电力机车牵引装置的结构形式是什么？由哪些部件组成？

9. DF_{4B} 型电力机车牵引装置的结构形式是什么？由哪些部件组成？

项目六

牵引缓冲装置

机车的牵引缓冲装置，一般由车钩、缓冲器、钩尾框、从板及提杆等零部件组成，电力机车上还设有车钩复原装置，它们都安装在车体底架两端的牵引梁内，其基本结构如图 6.1 所示。

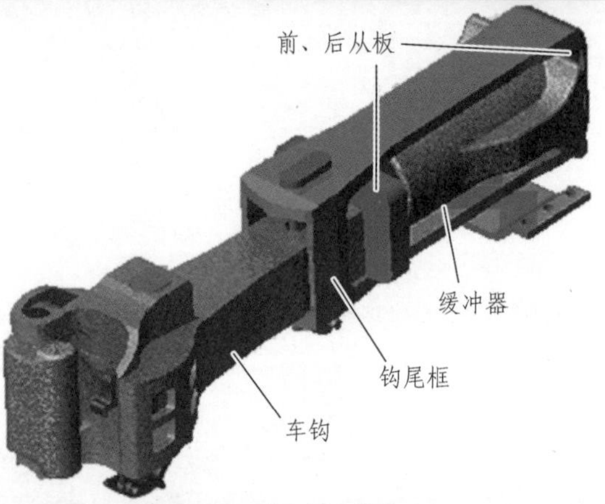

图 6.1　牵引缓冲装置

牵引缓冲装置将机车车辆连挂成列车并使其保持一定的距离，在列车运行中传递牵引力和制动力、缓和及衰减列车运行中牵引力的变化和制动力前后不一致而引起的冲击和振动。

牵引缓冲装置构造和性能的好坏，在很大程度上影响列车运行的平稳性，如有严重的缺陷，甚至会引起重大的行车事故。

知识目标：

1. 掌握车钩的类型和结构组成；
2. 掌握车钩的三态及受力磨耗情况；
3. 掌握缓冲器的性能参数及常用类型。

能力目标：

1. 具备车钩的调整连挂和解挂能力；
2. 具备牵引缓冲装置的检修能力。

素养目标：

1. 培养“时时放心不下”的责任感，保障铁路行车行稳致远；
2. 培养精益求精、一丝不苟的工匠精神；
3. 培养热爱劳动的品质。

任务一 车钩解析

【任务导入】

俗话说“火车跑得快，全靠车头带”，我们的列车一般是由“火车头”牵引车辆，连挂成列运行的。尤其是我国的货运列车，一般连挂的车辆数目非常多，比如大秦铁路上开行的列车最长的大约由 320 个车厢连挂，全长 4 000 m。那么在这么长的列车中，机车与机车、机车与车辆以及车辆与车辆之间是如何做到可靠连接的呢？下面就让我们来学习连挂的主要部件——车钩。

【知识储备】

车钩是机车牵引缓冲装置的主要部件之一，起着连挂车列或其他机车、传递牵引力和制动力的作用。

一、车钩的种类

1. 按车钩连挂方式分类

车钩的种类很多，但其基本类型有两种：自动车钩和非自动车钩。在拉动钩提杆或车相互碰撞时就能完成解开或连挂的动作的车钩称为自动车钩。需由人工操作来完成机车车辆连挂的车钩称为非自动车钩。

自动车钩又可分为两种基本类型：非刚性车钩和刚性车钩。

电力机车车钩

（1）非刚性车钩指传统车钩，它允许两个相连接的车钩钩体在垂直方向上有相对位移。当两个车钩的纵轴线存在高度差时，两个车钩呈阶梯形状，并且各自保持水平位置。

（2）刚性车钩也称密接式车钩，其电气与风管连接器通常与车钩组合成一复合部件，构成全车低压电气系统及空气系统的通路。它不允许两连挂车钩在连接处存在垂向相对位移，如果在机车车辆连挂之前两车钩的纵向轴线高度已有偏差，那么在连挂后，两车钩的轴线处在同一条直线上并呈倾斜状态。

刚性车钩运行平稳，磨耗小，但结构复杂，强度低，且较难实现两车钩纵向中心线高度偏差较大的机车车辆之间的连挂，主要应用于动车组和城轨车辆。而非刚性车钩结构简单，强度高，自重轻，与车体连接较为简单，因此较普遍地应用于一般铁路机车车辆。非刚性车钩结构可参见图 6.1，刚性车钩缓冲装置如图 6.2 所示。

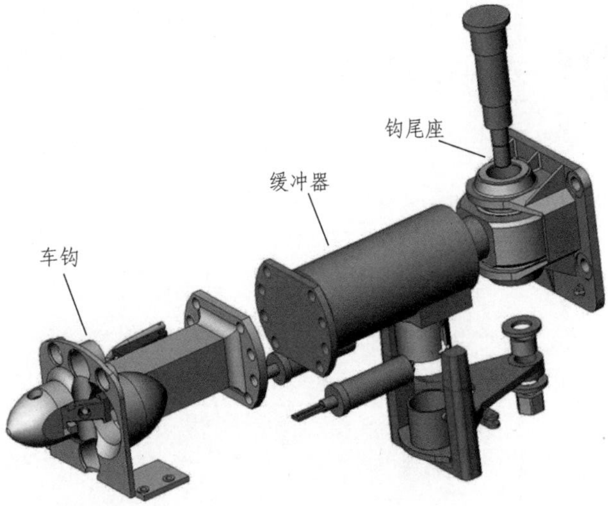

图 6.2　刚性车钩缓冲装置

2. 按车钩的开启方式分类

根据车钩的开启方式，可以将车钩分为上作用式及下作用式两种。由设在钩头上部提升机构开启的，叫上作用式；由设在钩头下部推顶机构开启的，叫下作用式。

车钩的型号常用数字来表示。我国规定的标准车钩，就有 1 号、2 号、13 号、13A 型、15 号等多种。国内各型电力机车主要采用下作用式 13 号、13A 型（E 级钢）自动车钩。HXD_3 型电力机车采用下作用式 13A 型（E 级钢）自动车钩，SS_{4G} 型和 SS_9 型电力机车均采用下作用式 13 号自动车钩，DF_{4B} 型内燃机车采用下作用式 13 号自动车钩，HXN_5 型内燃机车采用 AAR E 型车钩。

二、对车钩的要求

无论哪种型号的车钩，都必须满足下列要求：

（1）有足够的强度。

（2）容易辨识其连接状态，以免误认而造成列车分离事故。

（3）不能因运行振动而造成自动解锁脱钩。

（4）不能因各部稍有磨耗而影响其作用和挂钩作业的安全。

（5）结构简单、操作方便、拆装容易、运用保养成本低。

三、车钩的构造

1. 13 号自动车钩

以 13 号自动车钩为例介绍车钩的具体结构，图 6.3 为 13 号上作用式车钩零件图，图 6.4 为 13 号下作用式车钩零件图。

HXD_3 型电力机车，SS_{4G} 型和 SS_9 型电力机车均采用下作用式车钩结构，因此这里主要介绍下作用式 13 号自动车钩，上作用式车钩除上锁销装配外，其他基本构造与下作用式车钩类似。

下作用式 13 号车钩由钩体、钩舌、钩舌销、钩锁铁、钩舌推铁和下锁销装配等组成。

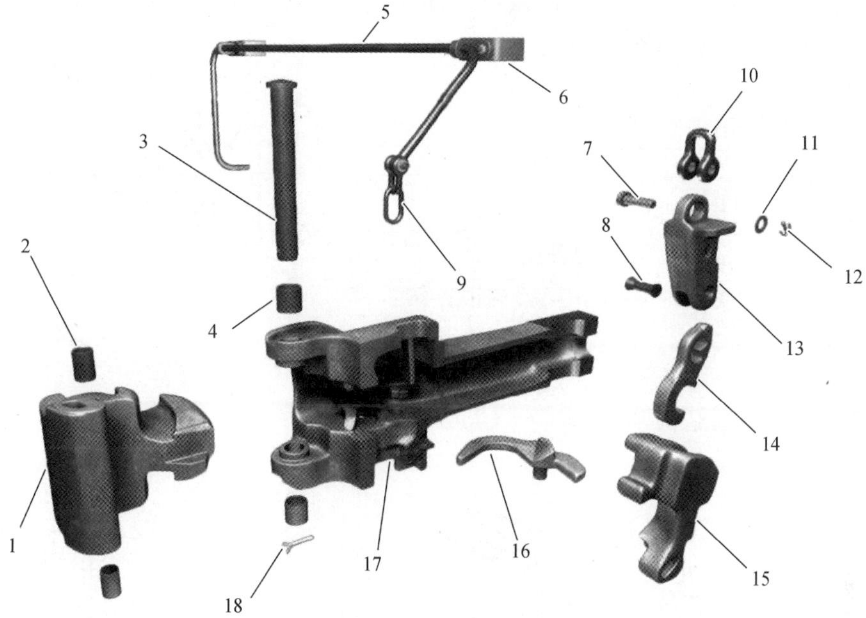

1—钩舌；2，4—衬套；3—钩舌销；5—上作用钩提杆；6—钩提杆座；7—马蹄环圆销；8—平头铆钉；9—钩提杆链；10—马蹄环；11—垫圈；12—开口销；13—上锁销；14—上锁销杆；15—钩锁铁；16—钩舌推铁；17—钩体；18—开口销。

图 6.3　13 号上作用式车钩零件

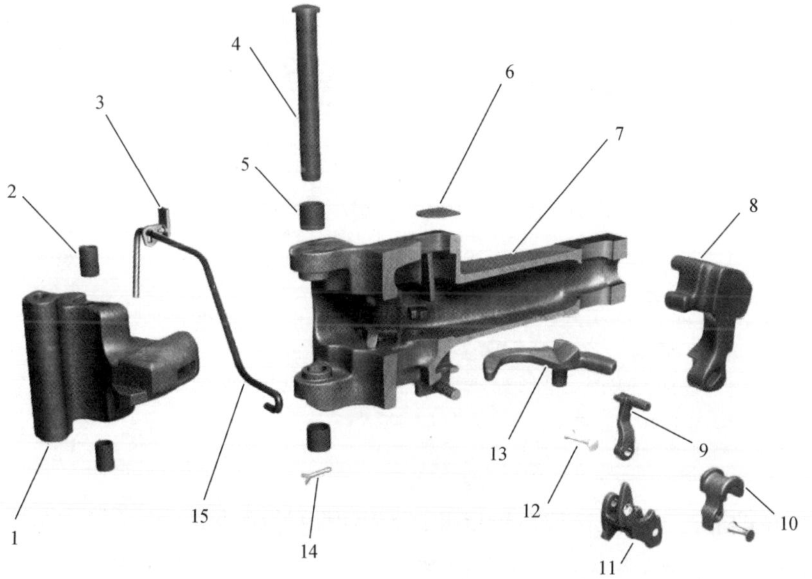

1—钩舌；2，5—衬套；3—钩提杆座；4—钩舌销；6—钩体盖；7—钩体；8—钩锁铁；9—下锁销；10—下锁销钩；11—下锁销体；12—平头铆钉；13—钩舌推铁；14—开口销；15—下作用钩提杆。

图 6.4　13 号下作用式车钩零件

1）钩　体

钩体由铸钢铸成，是车钩的主体件，按部位可分为钩头、钩身、钩尾 3 部分。整个钩体像一个半张开的拳头，如图 6.5 所示。

（1）钩头。

钩头前部空腔，用来安装其他车钩零件，如图 6.6 所示。

钩腕：可容纳对方钩舌。

钩耳：分上、下钩耳，安装钩舌用。

钩锁腔：钩头中空部，容纳并安装钩锁、钩舌推铁等零件，如图 6.7 所示。

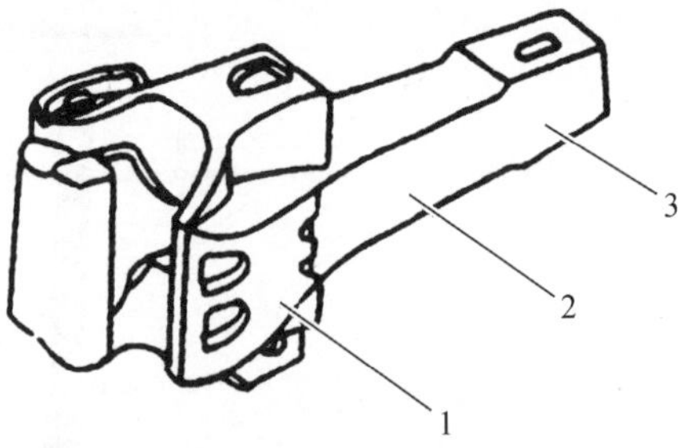

1—钩头；2—钩身；3—钩尾。

图 6.5　13 号车钩钩体

（2）钩身。

钩身铸成中空断面结构。

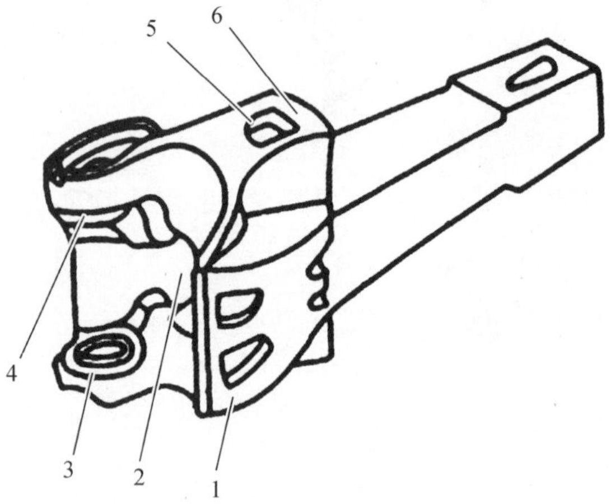

1—钩腕；2—钩锁腔；3—下钩耳及孔；4—上钩耳及孔；5—上锁销孔；6—钩肩。

图 6.6　13 号车钩钩头

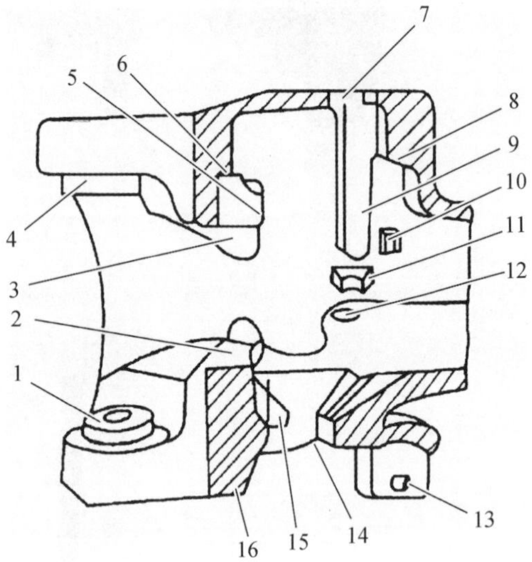

1—下护销突缘；2—下牵引突缘；3—上牵引突缘；4—上护销突缘；5—导向挡；6—全开作用台；7—上锁销孔；8—上防跳（脱）台；9—钩锁导向壁；10—钩锁后部定位挡；11—钩舌推铁挡块；12—钩舌推铁轴孔；13—下锁销转轴；14—下锁销孔；15—下防跳（脱）台；16—二次防跳（脱）台。

图 6.7　13 号车钩钩锁腔内部结构

（3）钩尾。

钩尾分叉并设销孔，用来连接车钩尾框，在尾框内设缓冲器。

2）钩　舌

钩舌是一个形状复杂的铸钢件，按部位可分为钩舌和钩舌尾部。钩舌是挽钩部分，钩舌尾部是锁钩、开钩的控制部分，并且是车钩承受拉压载荷的部分。

在钩舌转轴处，设一垂向销孔，通过钩舌销把钩舌装在钩头上，并可以适当转动，呈张开或闭拢状态。张开时可以进行挂钩，闭拢并锁住后即为连挂好以后的状态。

在钩舌销孔处铸有护销突缘，尾部上、下铸有牵引突缘和上、下冲击突肩，在闭锁位置时，恰钩锁腔内相应突缘配合，以使牵引力或冲击力直接由钩舌传给钩体。尾部上面设一圆弧，为由全开位置到闭锁位置过程中便于钩锁顺利下滑成闭锁位。在钩舌尾部侧面有一台阶，称为钩锁承台。在闭锁位置时，供钩锁坐落之用，如图 6.8 所示。

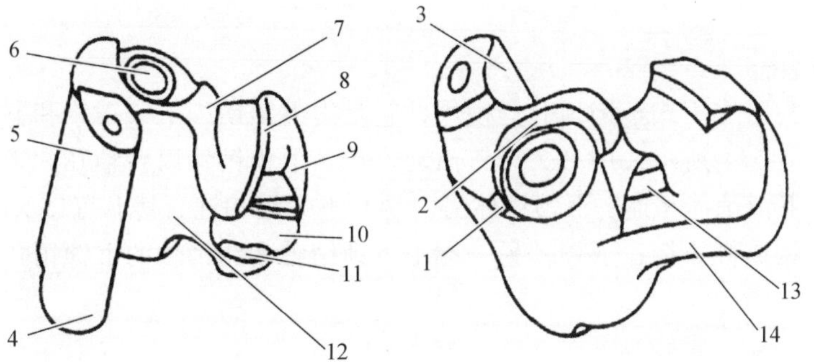

1—全开止挡；2—护销突缘；3—钩腕牵引面（钩舌内侧面）；4—钩舌鼻；5—钩舌正面；6—钩舌销孔；7—冲击突肩（冲击台）；8—牵引突缘（牵引台）；9—钩舌尾端面；10—钩舌锁面；11—钩锁承台；12—钩舌内腕；13—钩舌推铁面；14—钩舌尾止端。

图 6.8　13 号车钩钩舌

3）钩舌销

钩舌销是锻钢制成的圆形长销。它穿在钩头及钩舌的销孔内，把钩舌装在钩头上，并保证钩舌可以绕其适当转动。钩舌销顶部有凸边，可以防止掉落；下部有开口销孔，以穿入开口销，避免脱落。

4）钩锁铁

钩锁铁（也称钩锁）是一个形状复杂的铸钢件，它有相当大的自重，安放在钩头空腔内，处于钩舌尾部适当位置。当钩舌转到闭拢位置时，钩舌尾部和钩头空腔内壁之间转出一个空间，钩锁因自重落下，卡住钩舌尾部，使钩舌不能张开，即成锁钩状态。在钩锁的下端尾部，有一销孔，用来连接下锁销；在钩锁的上部，还设有一个短梁，这是为上作用式车钩连接提锁零件用的，如图 6.9 所示。

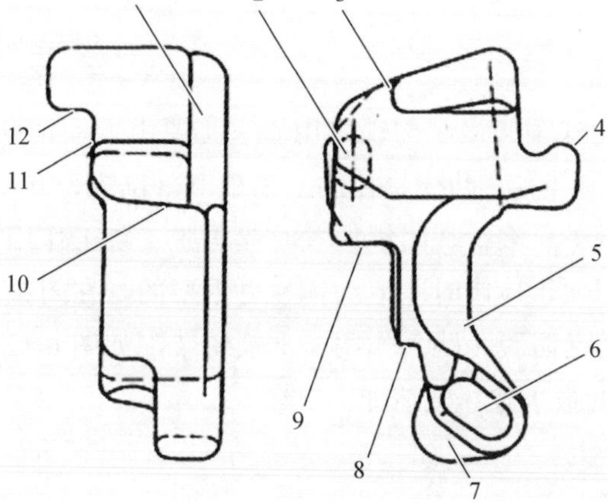

1—前导向面；2—上锁销杆转轴；3—后导向面；4—全开回转支点；5—锁腿；6—下锁销轴孔；7—后踢足面；8—开锁坐锁面；9—后坐锁面；10—前坐锁面；11—锁面；12—侧坐锁面。

图 6.9　13 号车钩钩锁

5）钩舌推铁

钩舌推铁是一个弯曲形状的铸钢件，平置于钩头空腔内，处于钩舌尾部的后面，下部有一短圆销作为转轴。当钩锁被提起时，钩锁推动钩舌推铁的一端，使它绕轴转动一定角度，其另一端则拨动钩舌尾部，使钩舌张开成为全开状态。在挂钩后，钩舌尾部又将它转回原位，如图 6.10 所示。

6）下锁销装配

下锁销装配为下作用式车钩顶起钩锁用，它是由下锁销、下锁销钩和下锁销体组成，如图 6.4 中的 9、10、11 所示，用平头铆钉活动连接。下锁销钩以转轴孔和钩头下锁销钩转轴连接，另一端和下锁销体相连；下锁销体另一端和下锁销相连，其上有二次防脱（跳）尖端，中部有回转挡和钩提杆止挡；下锁销另一端由下锁销轴和钩锁轴的下锁销孔相连，如图 6.11 所示。

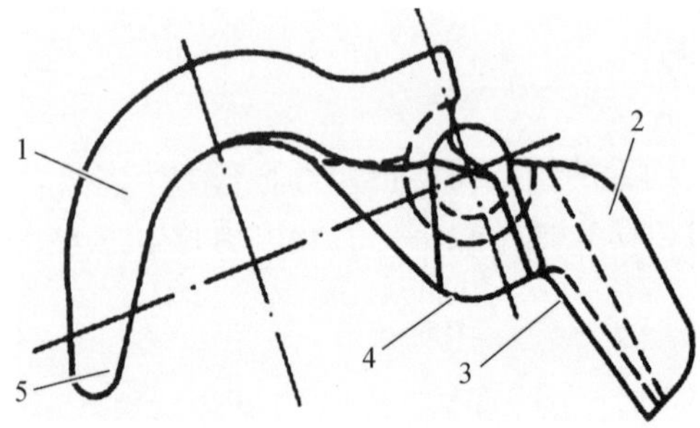

1—钩舌推铁腿；2—锁座；3—踢足推动面；
4—踢足导向面；5—推铁踢足。

图 6.10　13 号车钩钩舌推铁

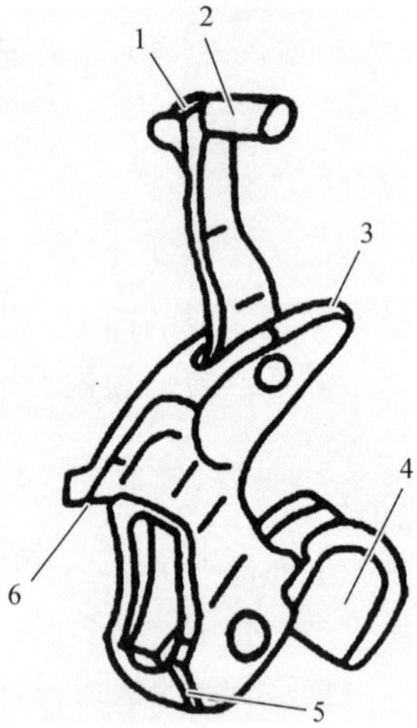

1—下锁销防跳(脱)台；2—下锁销轴；3—二次防跳(脱)尖端；4—转轴孔；5—回转挡；6—车钩提杆止挡。

图 6.11　13 号车钩下锁销装配图

7）上锁销装配

上锁销装置为上作用式车钩提起钩锁之用。它主要由上锁销和上锁销杆组成，如图 6.3 中 13、14 所示。上锁销顶部有一凸檐，控制上锁销下落位置，并可防止杂物掉入钩锁腔内。上锁销下部有上防脱（跳）止端，在闭锁位置时起防脱（跳）作用。上锁销和上锁销杆采用平头铆钉活动连接，不但便于检修时取下钩锁，更重要的是在闭锁位置时，使上锁销和上锁销杆呈弓形，有利于锁销起防脱（跳）作用。上锁销装配如图 6.12 所示。

13 号车钩主要部件的最小破坏载荷如下：

钩舌——2 700 kN 以上。

钩体——3 400 kN 以上。

钩尾框——3 400 kN 以上。

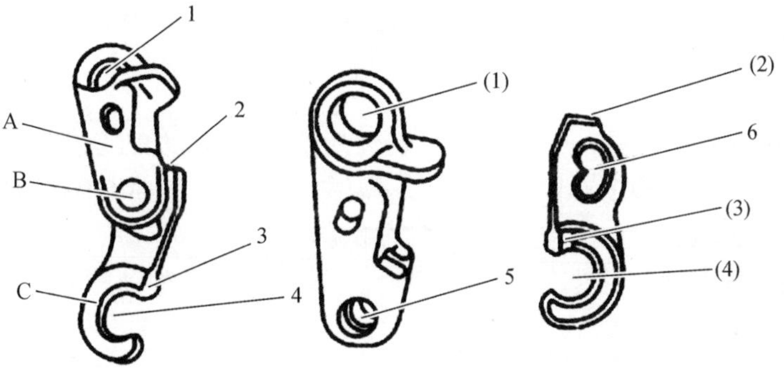

A—上锁销；B—平头柳钉；C—上锁销杆；1（1）—上钩提杆作用孔；2（2）—上防脱（跳）止端；3（3）—上锁销杆活动止挡；4（4）—锁轴回转钩形孔；5—铆钉孔；6—腰形孔。

图 6.12　13 号车钩上锁销装配

2. 下作用式 13A 型（E 级钢）车钩

为适应我国铁道运输高速重载的发展，国产大功率 HXD_3 型电力机车采用 E 级钢 13A 型下作用车钩。

下作用式 13A 型车钩与 13 号车钩结构原理基本相同。其主要区别在于：13A 型车钩采用 E 级钢和小间隙钩舌，并在钩体下方增加了钩身磨耗板。13A 型车钩的连挂间隙为 11.5 mm，比普通的 13 号车钩连挂间隙 19.5 mm 减小了 8 mm，可有效降低列车的纵向冲动，改善列车的动力学性能。

E 级钢车钩主要部件的最小破坏载荷：

钩舌——3 430 kN。

钩体——4 005 kN。

钩尾框——4 005 kN。

四、车钩的三态作用

车钩是由车钩的各种零件组装而成。各零件处于不同的位置时，起着不同的作用，从而使车钩具有闭锁、开锁、全开 3 种作用，俗称车钩的三态作用。

1. 闭锁位置

闭锁位置是车钩连挂好以后的状态，如图 6.13 所示。这时，钩舌尾部转入钩锁腔内，钩锁以自重落下，其后锁面和侧坐锁面分别坐在钩舌推铁的锁座和钩舌尾部侧面的钩锁承台上，卡在钩舌尾部侧面及钩锁腔侧壁面之间，拦住钩舌不能张开。当钩锁以自重落下后，下锁销沿钩锁腿部的下锁销轴孔下滑，使下锁销的防跳台处于下锁销孔中防跳台下方，起防跳作用。同时，二次防跳尖端卡在下锁销孔的前沿二次防跳台下，

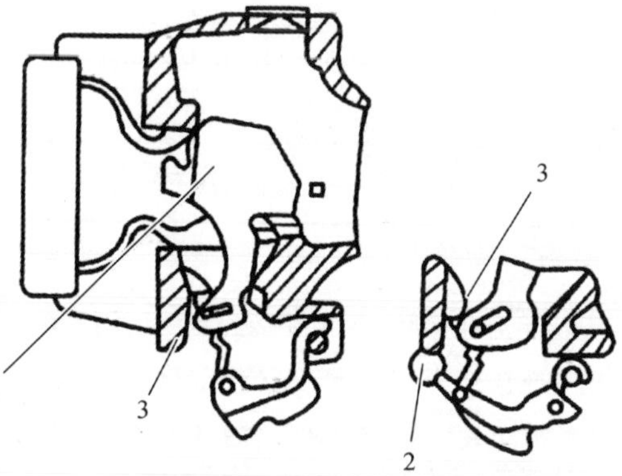

1—钩锁位置；2—二次防跳位置；3—下作用式防跳位置。

图 6.13　13 号车钩闭锁位置

再次限制钩锁的跳动。

2. 开锁位置

开锁位置是一种闭而不锁的状态，如图 6.14 所示。此时，钩舌虽未张开，但钩锁已被人为操纵顶起一定高度，解除了对钩舌的锁闭。操作时，适当用力扳动钩提杆，推动下锁销轴沿钩锁腿部的下锁销轴孔斜向上滑动，脱离防跳位置；另外，下锁销从下锁销孔顶起钩锁，使之上移，并使钩锁腿部向后转动，开锁坐锁面坐在钩舌推铁的锁座上，使钩锁不能落下，形成开锁位置。

3. 全开位置

全开位置是车钩钩舌完全张开的状态，为车钩再次连挂的准备位置，如图 6.15 所示，由闭锁或开锁位用力提起车钩提杆（若在闭锁位置先脱离防跳），下锁销推动钩锁充分使其上升，钩锁全开回转支点以钩锁腔前壁全开作用点为支点，钩锁的腿部向后转动，后踢足踢动钩舌推铁的踢足推动面，使钩舌推铁以其轴转动，推铁踢足踢动钩舌尾部侧面，使钩舌以钩舌销为轴张开，形成全开位置。全开位置，钩锁坐落在钩舌尾部上方，不能落下。

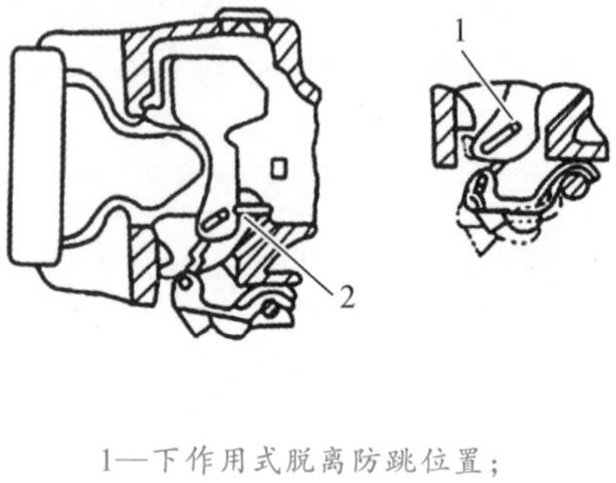

1—下作用式脱离防跳位置；
2—钩锁开锁坐锁面位置。

图 6.14 13 号车钩开锁位置

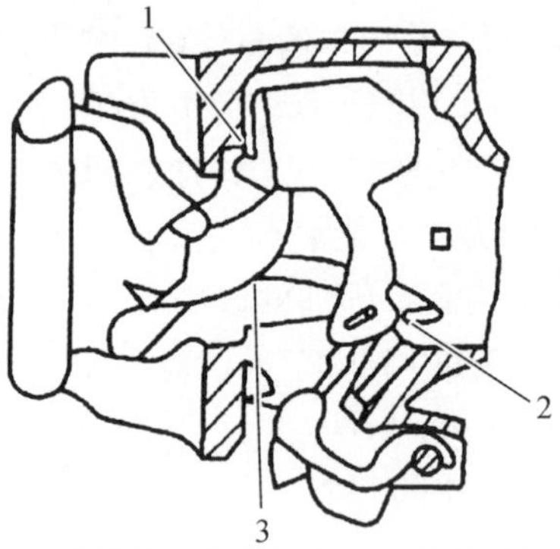

1—钩锁以全开作用支点为支点；2—钩锁后踢足踢动钩舌推铁；3—推铁踢足踢动钩舌尾部。

图 6.15 13 号车钩全开位置

在挂钩时，相互连挂的两个车钩，必须有一个处于全开位，另一个则处于什么位置都可以。也就是说，挂钩的充分必要条件是其中一个车钩处于全开位。

由此可知，全开位置是连挂车钩的准备位置。

五、车钩的受力及磨耗情况

1. 车钩的受力

车钩在牵引或推进运行时，分别受着拉力或推力。这些力都作用在钩舌和钩体上，如图 6.16 所示。

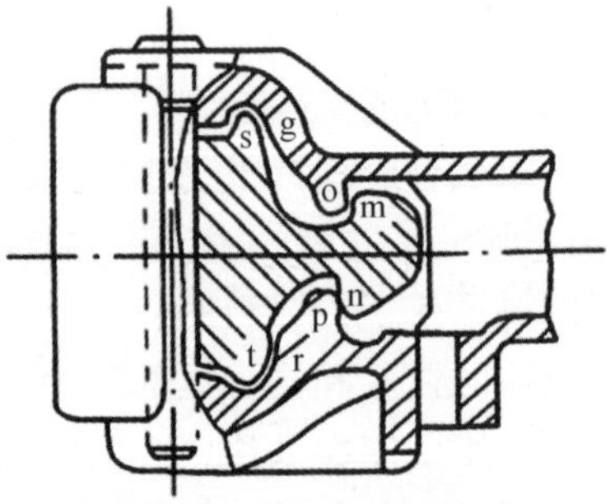

图 6.16 车钩受力状态

当机车牵引运行时，载荷经钩舌尾部凸起的 m 及 n 处分别作用于钩头的内缘 o 及 p 处；在推进运行时，载荷经钩头的 g 及 r 处分别作用于钩舌的 s 及 t 处。在这两种情况下，钩舌销都不受力，因而它只起钩舌旋转轴的作用（钩舌销与钩舌销孔、钩头销孔的间隙，大于上述接触受力部位的间隙）。

实践证明，无论在牵引或推进运行中，万一钩舌销折损，只要车钩确实处于相互连接而且完全锁闭的状态下，钩舌并没有自动落下或被拉脱的危险；只有当互扣的钩舌解开后，钩舌方可取下。这种设计，目的是保障列车运行中车钩安全而可靠地连接。

2. 车钩的磨耗

列车在运行中的纵向冲击和垂直振动，使得互相连接的两车钩，经常发生相对运动。特别是在路基较软、曲线较多的行车线路上行车时，车钩经常处于相互摩擦状态，这就必然导致磨耗。钩舌的磨耗情况如图 6.17 所示。

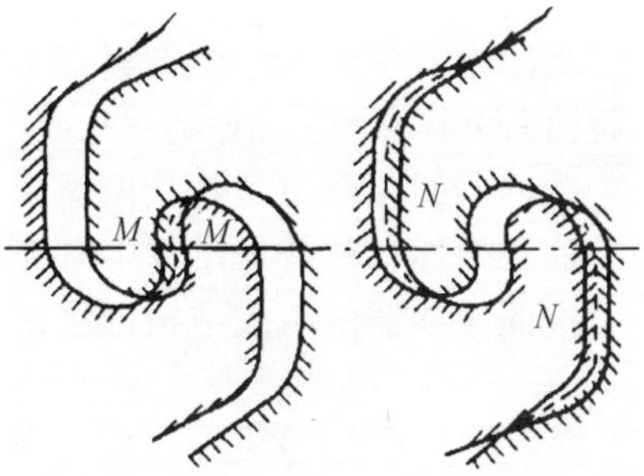

图 6.17　钩舌磨耗情况

牵引运行时，钩舌内侧面 M 处易磨耗；推进运行时，钩舌外侧面 N 处易磨耗。因而车钩长期使用后，钩舌会逐渐磨薄。钩舌厚度磨薄后，强度自然要减弱，而且由于钩舌磨耗过薄，相互连接的车钩必然松旷过大，致使列车冲动增加，钩舌容易相互脱离，造成列车分离事故。

另外，钩舌尾部与钩头接触受力的部分，也会因磨耗而逐渐减弱。为保证行车安全，应按照车钩磨耗限度，随时注意检查，及时修复或更换新品。

【任务实施】

根据以上知识储备，两人一组，互相提问钩体、钩舌、钩舌销、钩锁铁、钩舌推铁等部件的作用及结构。

【任务拓展】

拍摄车钩各部的结构照片，制作图文并茂的车钩电子说明书。

任务二　缓冲器解析

【任务导入】

机车车辆依靠车钩连挂成列后，在运行过程中由于牵引力或制动力的变化，会相互碰撞而引发冲击和振动，这时就需要有一个部件，能够起到缓和纵向冲击、衰减振动的作用，这个部件就是下面我们要学习的缓冲器。

【知识储备】

一、缓冲器的作用及种类

缓冲器用来减小列车在运行中由于机车牵引力的变化或起动、制动及调车挂钩时机车车辆相互碰撞而引起的冲击和振动，从而减少机车车辆的破损，货物的损伤，提高列车运行的平稳性。

缓冲器的工作原理与减振器相同。它一方面借助于压缩弹性元件来缓和冲击作用力，另一方面在弹性元件变形过程中利用摩擦和阻尼吸收冲击能量。

按照缓冲器的组成结构可将缓冲器分为弹簧式、摩擦式、摩擦橡胶式、弹性胶泥式、液压式等。

二、缓冲器的性能参数

1. 行　程

缓冲器受力下产生的最大变形量称为行程。此时，弹性元件处于压死状态，当继续增加外力时，变形量不再增加。

2. 作用力

作用力是指缓冲器变形量达到行程时的作用外力。

3. 容　量

容量是指缓冲器在全压缩过程中，外力所做的功。即压缩缓冲器时，作用力在其行程上所做的功的总和，称为容量。容量是衡量缓冲器缓冲能力大小的主要数据。如果缓冲器的容量过小，则在冲击力作用下，将常常被压死，产生刚性冲击。

4. 能量吸收率

缓冲器在压缩过程中，有一部分冲击能量被阻尼所消耗。其消耗部分能量与容量（总能量）之比，称为能量吸收率。它表明缓冲器吸收冲击的能力。吸收率越大，则反作用力越小，冲动过程停止得越快。

5. 初压力

缓冲器的静预压力称为初压力。

6. 回弹能量

缓冲器在复原时所放出的能量称为回弹能量。

7. 耐久性

缓冲器在运用中保持其容量的能力称为耐久性。

三、对缓冲器的要求

（1）有足够的容量和较高的冲击能量吸收率（不小于 75%）。

（2）有足够的强度和耐久性。

（3）在小冲击力作用下动作灵敏。

（4）摩擦件应耐用、耐磨、磨耗均匀。

四、几种常用缓冲器的类型、结构与性能

我国规定的标准型缓冲器有 1 号、2 号、3 号及 MX-1 型等多种。

机车上对 2 号、3 号及 MX-1 型缓冲器都有采用。SS_{4G} 型电力机车采用 MX-1 型橡胶摩擦式缓冲器、SS_9 型电力机车采用 MT-3 型弹簧摩擦式缓冲器，HXD_3 型电力机车采用 QKX100 型胶泥缓冲器，HXN_5 型内燃机车采用 NC-391 型橡胶缓冲器等。

1. 1 号、2 号、3 号缓冲器

1 号、2 号、3 号缓冲器都属于弹簧摩擦式缓冲器，是由弹簧和摩擦件组成的，当缓冲器受冲击力时，利用弹簧的形变以及摩擦件的摩擦功耗消耗掉冲击能量。

1 号缓冲器具有刚度较小的螺旋弹簧，初始刚度小，灵敏性好，较小的冲击也能缓冲，较适用于客车，但其容量小，只有 14 kJ，无法满足扩编旅客列车和双层客车的缓冲要求，加上维修工作量大，寿命短，新造客车已停止使用。2 号缓冲器装设在货车上使用，容量 25 kJ 左右，作用力 1 200 kN，行程为 64 ~ 68 mm，性能较稳定，环簧受力比较合理。但容量仍显不够。在运用中环簧易卡死，环簧工作面磨耗较严重，有待进一步改造和提高。3 号缓冲器又称华氏缓冲器，因性能不稳定，现已停止生产。

2. 全钢摩擦式 2 号缓冲器

DF_{4B} 型、DF_D 型内燃机车牵引缓冲装置均采用全钢摩擦式 2 号缓冲器。

全钢摩擦式 2 号缓冲器由盒体，盒盖，内、外环弹簧，底板等零件组成。该缓冲器额定容量为 30 kJ、额定阻抗力为 1 275 kN；额定行程为 67.7 mm。缓冲器能部分地吸收机车车辆间的冲击能量，可有效地缓和其间的冲击。

3. MX–1 型和 MX–2 型橡胶摩擦式缓冲器

橡胶摩擦式缓冲器由橡胶元件和摩擦件组成。

MX-1 型为当前大批量生产和装车的橡胶摩擦式缓冲器，容量达 40 kJ。装车时可以与 2、3 号缓冲器互换使用，结构如图 6.18 所示。

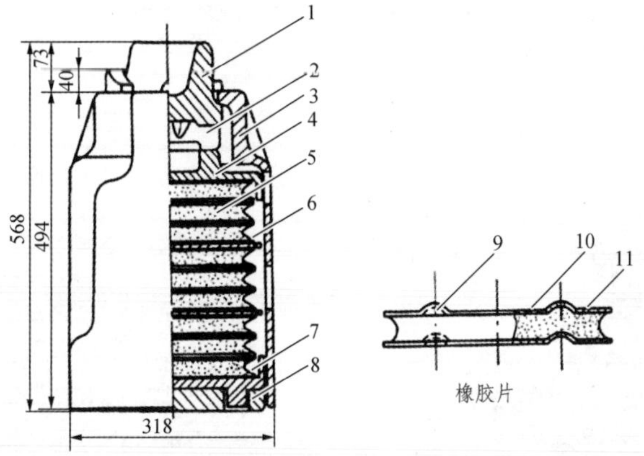

1—压头；2—楔块；3—箱体；4—顶隔板；5—橡胶片；6—中隔板；7—底隔板；8—底板；9—凸台；10—钢板；11—橡胶。

图 6.18　MX-1 型橡胶摩擦式缓冲器

MX-1 型缓冲器借助于橡胶分子内摩擦和弹性变形起到缓和冲击和消耗能量的作用。为了增大缓冲器容量，在头部装有金属摩擦部分，借助 3 个带有斜角的楔块，在受压时与箱体及压头间各接触斜面产生相对位移，因摩擦而消耗冲击能量。

MX-1 型缓冲器的优点：

（1）容量大，可达 40 kJ，性能良好。

（2）其能量吸收率高达 90%，能适应于各种不同的冲击能量。

（3）缓冲器的变形随着冲击力的增大而渐趋缓慢，阻抗显著增大。

（4）缓冲器的结构较简单，零件少、质量小、成本低、制造方便、检修容易。

其主要问题是橡胶片的性能不稳定，箱体容易产生裂纹，有待于改造。

MX-2 型橡胶缓冲器为 MX-1 型的改进型，行程变长，容量变大，结构更加便于组装和维修。

4. MT–2 型和 MT–3 型弹簧摩擦式缓冲器

MT-2 和 MT-3 型缓冲器是参照美国 Mark-50 缓冲器研制的一种大容量的弹簧摩擦式缓冲器，两种缓冲器结构和外形尺寸完全相同，MT-2 型缓冲器容量为 54 ~ 65 kJ，用于大秦线专用敞车，MT-3 型缓冲器容量稍小，为 45 kJ，可以用于一般通用货车。新造货车一般都采用 MT-2、MT-3 型缓冲器。

工作原理：借助于金属摩擦块形成的摩擦副消耗吸收一部分动能，同时利用钢弹簧变形缓和冲击。

该型缓冲器的特点：

（1）车辆空载或较低冲击速度时，缓冲器刚度小且变化平缓，当车辆满载或为大型车且冲击速度大于 7 km/h 时，刚度增长较快。

（2）结构合理，容量大，稳定性好，检修周期可达 16 年，较适合大秦线重载单元列车及干线重载货物列车要求。

5. QKX100 型胶泥缓冲器

弹性胶泥缓冲器是通过胶泥芯子的往复运动吸收能量，运动过程中弹性胶泥芯子产生内摩擦、弹性胶泥通过阻尼孔产生摩擦而耗散能量。

HXD_3 型电力机车采用 QKX100 型胶泥缓冲器，它由壳体、连接板、预压板、弹性胶泥芯子、垫块、减磨套、紧固件等组成，其外形如图 6.19 所示。

弹性胶泥芯子结构如图 6.20 所示。

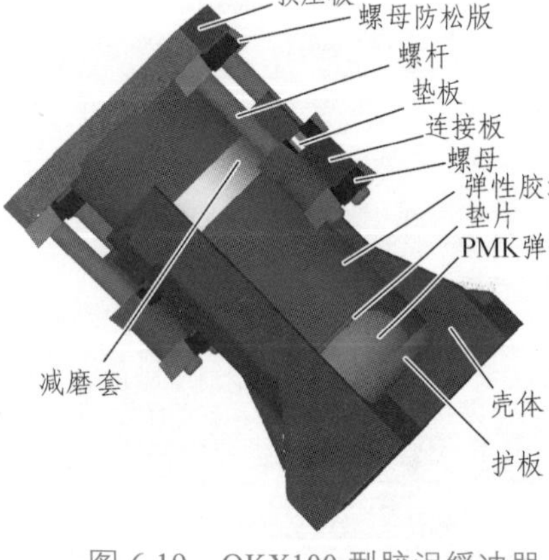

图 6.19　QKX100 型胶泥缓冲器

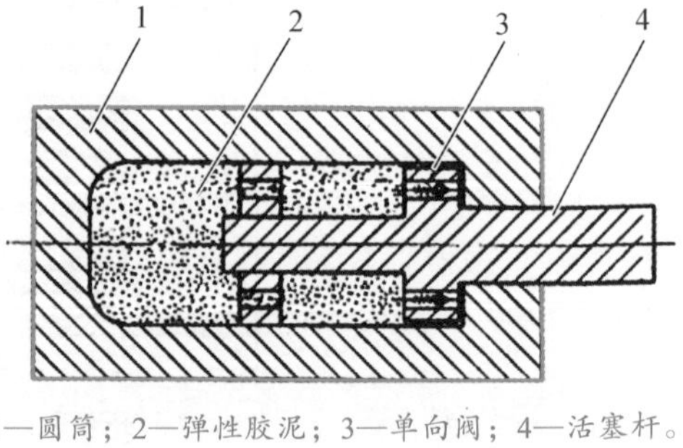

1—圆筒；2—弹性胶泥；3—单向阀；4—活塞杆。

图 6.20　弹性胶泥芯子结构

以上几种主型缓冲器性能参数如表 6.1 所示。

表 6.1　几种主型缓冲器性能参数表

缓冲器型号	类　型	最大作用力/kN	行程/mm	容量/kJ	能量吸收率/%
1 号	摩擦式	580	61 ~ 68	14	72
2 号	摩擦式	1 200	64 ~ 68	23 ~ 24	57
3 号	摩擦式	900	58 ~ 60	18 ~ 20	78 ~ 85
MX-1 型	橡胶摩擦式	1 700	65	40 ~ 43	90
MX-2 型	橡胶摩擦式	1 800	76	45	85
MT-2 型	弹簧摩擦式	2 000 ~ 2 300	83	54 ~ 65	≥80
MT-3 型	弹簧摩擦式	2 000	83	45	≥80
QKX100 型	弹簧胶泥式	2 500	83	≥100	≥80

【任务实施】

根据以上知识储备，每人制作一种主型缓冲器卡片，配图并注明缓冲器型号、类型、相关性能参数及主要应用车型，分组交换卡片查缺补漏、交流学习。

【任务拓展】

根据所学内容制作车钩电子说明书，加上缓冲器部分，并完善牵引缓冲装置电子说明书。

任务三　认识牵引缓冲装置总成结构

【任务导入】

车钩和缓冲器都是牵引缓冲装置的组成结构，只有它们作为一个整体发挥集体力量时，才能达到最佳效果，那么车钩和缓冲器是采用何种方式安装在一起的？牵引缓冲装置还有哪些组成部件？纵向力是如何在其中传递的？下面让我们来揭开牵引缓冲装置总体结构的面纱。

【知识储备】

一、车钩与缓冲器的安装

车钩钩体尾部通过钩尾销连接车钩尾框。在车钩尾框内，安装前从板、缓冲器及后从板

（有时不设后从板），如图 6.21（a）所示。

车钩尾框和前后从板，是牵引缓冲装置中传递纵向力的构件。它们和车钩、缓冲器组装以后，一同安装在车体底架前后两端的牵引梁内。前后从板及缓冲器卡装在牵引梁前后从板座之间。

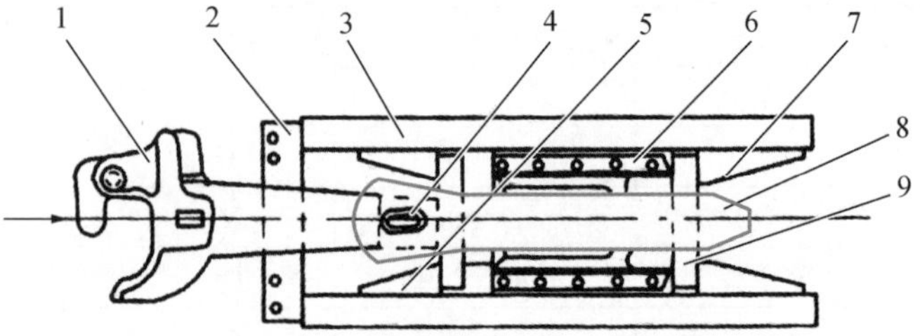

（a）安装位置关系

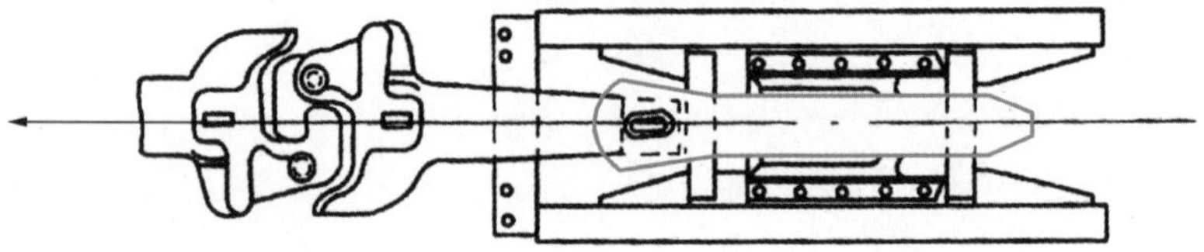

（b）牵引运行

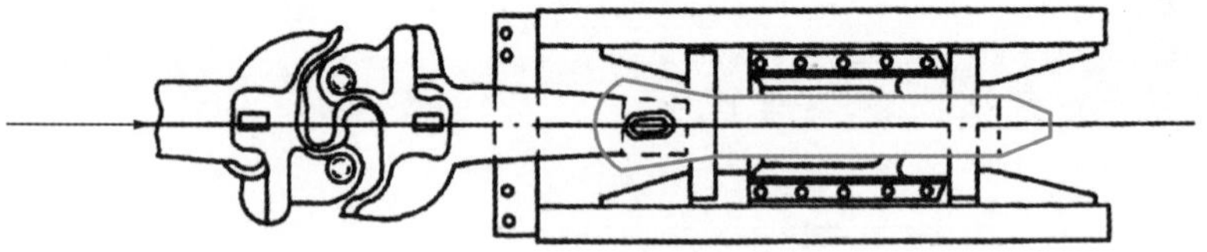

（c）推进运行

1—车钩；2—冲击座或复原装置；3—牵引梁；4—钩尾销；5—前从板座；6—缓冲器；7—后从板座；8—钩尾框；9—后从板。

图 6.21　车钩和缓冲器的安装及受力状态

二、纵向力的传递过程

1. 牵引运行时纵向力的传递顺序

牵引运行时，牵引力由车体底架传至车钩，如图 6.21（b）所示，其传力顺序为：

车体底架 → 牵引梁 → 前从板座 → 前从板 → 缓冲器 → 后从板 → 车钩尾框 → 钩尾销 → 车钩

2. 推进运行时纵向力的传递顺序

推进运行时，机车推力也由底架传至车钩，如图 6.21（c）所示，其传力顺序为：

车体底架 → 牵引梁 → 后从板座 → 后从板 → 缓冲器 → 前从板 → 车钩尾框 → 钩尾销 → 车钩

由以上可知，车钩缓冲装置无论在牵引运行还是推进运行中，机车的纵向力都是经过缓冲器来传递的，而且缓冲器都是受到进一步的压缩，起到缓冲作用，减轻了纵向冲动，改善了运行品质。

由于车钩专用于机车和车辆之间的连接，所以各种机车车辆的车钩高度，必须统一。我国统一规定车钩中心线距轨面的高度为（880 ± 10）mm。如果不符合这一规定，可在钩尾框托板上加垫或改变冲击座下方吊杆装置均衡梁上的磨耗板厚度来进行调整，必要时也可稍微改变吊杆头上的垫板厚度来调整车钩高度。

三、车钩复原装置

曲线运行时，车钩中心线与车体中心线之间必将产生一个偏角，即车钩将发生左右的摆动。为了防止车钩偏倚时钩身与车体牵引梁相碰而产生障碍，在牵引梁的中间开有较宽的钩门。

电力机车的车钩，允许有一定的横向偏倚量。这不但有利于曲线运行，而且便于在弯道上挂车。

为了使车钩在偏倚后能及时恢复正常位置，避免车钩左右任意摆动不稳，减小摘挂车钩时的困难，在车钩钩头的后面，钩身的下部，装设了车钩复原装置，如图 6.22 所示。

常用的复原装置有两种。图 6.22（a）所示为弹簧式复原装置，它由钩身托板 3、复原弹簧托 4、复原弹簧鞍 2、复原弹簧 5、弹簧垫板 1 及心杆等零件组成。车钩钩身坐落在复原弹簧鞍内。当车钩偏倚时，弹簧鞍压缩下部一侧的弹簧垫板及弹簧，此时弹簧的复原力就可使弹簧鞍恢复到正位，起复原作用。

另一种为吊杆式复原装置，如图 6.22（b）所示。它由摆块 6、摆块吊杆 8 等组成。钩身卡在摆块上，摆块两端支承在吊杆下。当车钩向一侧偏倚时，车钩本身重力的水平分力将使自身和摆块恢复到原来的正常位置，增加了车钩摆动的灵活性，增强了车钩的复原能力。这种吊杆式复原装置结构简单、很少有磨损，所以被标准化，并得到广泛应用。SS_{4G} 型、SS_9 型及 HXD_3 型电力机车均采用吊杆式复原装置。

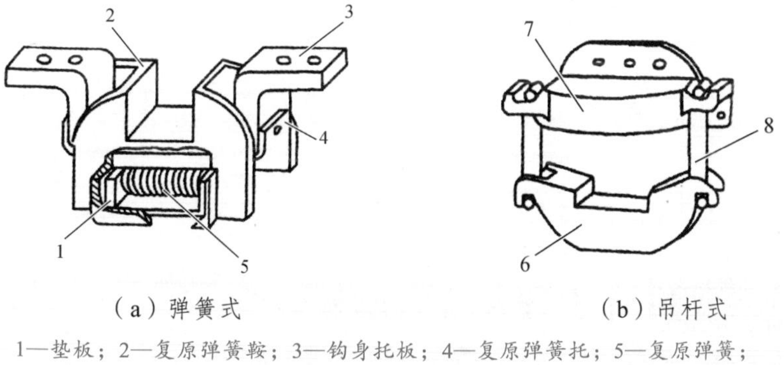

（a）弹簧式　　　　（b）吊杆式

1—垫板；2—复原弹簧鞍；3—钩身托板；4—复原弹簧托；5—复原弹簧；6—摆块；7—冲击座；8—摆块吊杆。

图 6.22　车钩复原装置

四、HXD_3 型电力机车牵引缓冲装置的组成与安装

HXD_3 型电力机车牵引缓冲装置由车钩、缓冲器、钩尾框、从板及提杆装置等组成，如图 6.23 所示。

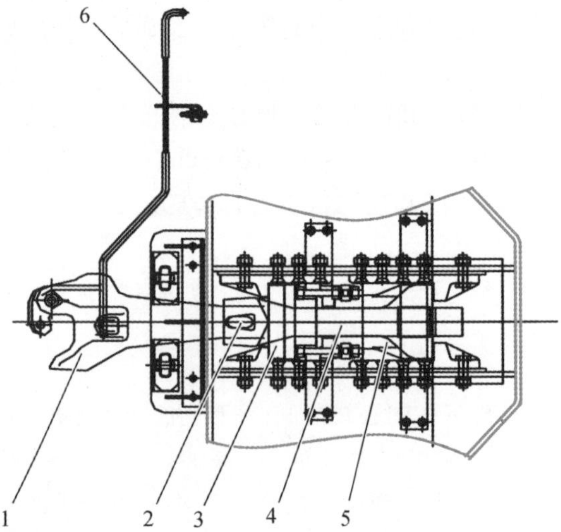

1—车钩；2—钩尾销；3—从板座；4—钩尾框；5—胶泥缓冲器；6—钩提杆。

图 6.23　HXD_3型电力机车牵引缓冲装置

车钩借助钩尾销与钩尾框连成一体，在钩尾框内安装有从板和 QKX100 型缓冲器。机车落车后，车钩水平中心线距轨面高度为（880 ± 10）mm。如出现钩下垂或钩尾框上浮等现象，可在冲击座下方均衡梁上的磨耗板上加调整垫板（最大厚度不超过 10 mm）或在钩尾框托板上加调整垫板（最大厚度不超过 10 mm）来进行调整。

【任务实施】

根据以上知识储备，结合牵引缓冲装置实物，对照纵向力的传递顺序逐一认识牵引缓冲装置各部件，两人一组，互相提问，加深印象。

【任务拓展】

进一步完善你的牵引缓冲装置电子说明书，加入钩尾销、钩尾框、从板等部件的注释及说明。

任务四　牵引缓冲装置的检修

【任务导入】

牵引缓冲装置是列车连挂成列运行的重要连接部件，在运用过程中，牵引缓冲装置主要传递纵向力，此外，它还会受到纵向的冲击和振动，因此要保证牵引缓冲装置各部件状态良好，就要一丝不苟地做好牵引缓冲装置的检修工作，筑牢安全防线，杜绝事故隐患。下面我们学习牵引缓冲装置的检修知识。

【知识储备】

一、车钩自检自修

1. 安全操作注意事项

（1）进行车钩的拆装作业时，须做好防溜措施，拧紧手制动机，插放止轮器，挂好禁动牌。

（2）如处于地沟位置时，应搭设安全渡板进行作业。

（3）搬动钩舌时，注意安全，防止砸伤。

2. 技术要求

（1）车钩中心线距轨面高度 815 ~ 890 mm。

（2）两车钩连挂后其中心差不超过 75 mm。

（3）闭锁位时，锁铁上移活动量 5 ~ 15 mm。

（4）锁铁左右活动量不大于 5 mm。

（5）钩舌销与销孔径向间隙为 1 ~ 4 mm。

（6）钩舌销孔与钩舌销直径不大于 49.6 mm。

（7）钩舌与钩耳上下面间隙不大于 10 mm。

（8）钩舌厚度不大于 65 mm。

（9）闭锁位开度 110 ~ 130 mm。

（10）全开位开度 220 ~ 250 mm。

3. 车钩自检自修流程

（1）将车钩提至全开位后，用手锤、小撬棍将钩舌销的开口销取下。

（2）抽出钩舌销，将钩舌取下。

（3）取出锁铁及钩舌推铁。

（4）检查钩舌销套、钩舌耳套是否松动，钩舌与钩体的上下承力面接触是否良好。

（5）组装车钩时与分解时的顺序相反。组装后的车钩应符合下列标准：

① 钩舌销与销孔径向间隙不大于 4 mm。

② 锁铁左右活动量不大于 5 mm。

③ 闭锁位时锁铁上移距离在 5 ~ 15 mm。

④ 用车钩测量尺测量车钩水平中心线距轨面高度为 815 ~ 890 mm（机车停于平直线路上）。

⑤ 车钩在全开位开度为 220 ~ 250 mm；在闭锁位时为 110 ~ 130 mm。

⑥ 两车钩连挂后，其中心差不超过 75 mm。

（6）撤除防护措施，清理作业场地。

4. 车钩“三态”试验

（1）闭锁位。钩锁的底部坐在钩头的内底壁上，其一侧被钩头内侧壁所阻挡，另一侧又挡住钩舌的尾部，使钩舌坐落在钩头内部不能转动。此时，钩锁的锁脚由钩头底部的下锁销孔漏出。

（2）开锁位。由闭锁位置轻提车钩提杆，使下锁销被上举，达到一定高度后，由于钩锁铁前部较重，其上部向前倾倒，下部锁脚向后移动致使钩锁下部缺口，下锁销也落到一定位置，钩销不阻碍钩舌的转动。

（3）全开位。由闭锁位置用力扳转车钩提杆，下锁销和钩锁被充分上移，使钩锁上部顶动钩舌推铁，使钩舌推铁以其背面弧度部分置于钩头内壁相应的地方而转动，踢动钩舌尾部的背面，使钩舌绕钩舌销而转动，形成全开位置。

车钩闭锁位、开锁位、全开位状态如图 6.24 所示。

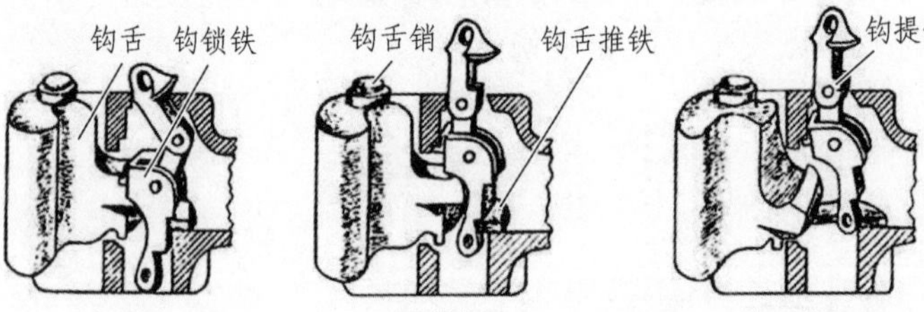

图 6.24　车钩“三态”试验图示

二、缓冲装置检修

（1）检查缓冲装置各部状态以及缓冲箱体导框与托板配合状态。缓冲器尾框各部无裂损，导框厚度不小于 16 mm，否则预热堆焊修复。

（2）检查车钩尾部与从板之间的间隙。车钩尾部与从板间隙不大于 6 mm。缓冲器从板不得有贯通间隙。

（3）检查缓冲器楔铁不得缩入，箱底部四角有裂纹，当长度小于 100 mm 的情况下，可以补焊。

三、车钩及缓冲器解体检修

1. 外观检查

钩提杆、连杆、提杆座有异常变形或作用不良时应拆下后预热处理。各部不得有异常变形、碰磨等缺陷，钩提杆凸台在提杆座的槽内，不应严重旷动而自行脱出，应注意检查并进行焊修处理。

2. 解体钩舌

取下钩舌销开口销，抽出钩舌销，对钩舌、钩舌销探伤，新换钩舌、钩舌销应探伤合格后使用，钩舌、钩舌销组装前须在接触面上涂润滑脂。钩舌、钩舌销不得有裂纹，否则更换。

3. 解体钩体

拆开止销安全螺丝，取出牵引扁销，松开车钩托板固定螺丝，用钢丝绳套住钩头后端钩体部，用天车吊起钩头左右摆动。慢慢取出钩体，放在安全的地方并探伤；测量牵引扁销尺寸、牵引扁销与销孔间隙。钩体、牵引扁销不得有裂纹，且下列情况禁止焊修：钩体上横裂纹、销孔向尾端发展的裂纹、耳销孔处超过断面 40% 的裂纹。牵引扁销尺寸不小于 95 mm×35 mm，牵引扁销与销孔间隙前后不大于 20 mm，两侧不大于 8 mm。

4. 解体更换缓冲器

先将升降小车推至缓冲器下方，升降到适当高度，拆掉缓冲器托板，升降小车顶到缓冲器底部下方，在钩体、牵引销已去掉的情况下，用专用压缩缓冲器机具，由从板前端外部加力，压缩缓冲器，然后落下缓冲器和从板，推出小车。导框、从板及缓冲器无裂纹；缓冲器、从板及尾框组装后中心偏差不大于 5 mm。

【任务实施】

分组进行牵引缓冲装置检修方法理论知识 PK 大赛，互相提问上述检修知识，答对积分，答错扣分。拍摄车钩自检自修视频，注意检查各部件状态、测量参数并判断误差是否到限。

【任务拓展】

根据本任务内容，列举出牵引缓冲装置中哪些部位容易产生松动和裂纹等问题，并思考在牵引缓冲装置检修中对于这类部位应该采取什么样的措施。

小　结

牵引缓冲装置，包括车钩及缓冲器等，其构造和性能直接影响到列车的运行平稳和安全。

SS_{4G} 型、SS_9 型电力机车采用下作用式 13 号车钩，HXD_3 型电力机车采用下作用式 13A 型（E 级钢）车钩，DF_{4B} 型内燃机车采用下作用式 13 号车钩，HXN_5 型内燃机车采用 AAR E 型车钩。它们的结构原理基本相同，均由钩体、钩舌、钩舌销、钩锁、钩舌推铁和下锁销装配等组成。其主要区别在于 13A 型车钩采用高强度的 E 级钢和小间隙钩舌，并在钩体下方增加了钩身磨耗板，可有效降低列车的纵向冲动，改善列车的动力学性能。车钩的三态作用包括闭锁位、开锁位和全开位。两个车钩连挂的充分必要条件是其中一个车钩处于全开位。

SS_{4G} 型电力机车采用 MX-1 型橡胶摩擦式缓冲器，SS_9 型电力机车采用 MT-3 型弹簧摩擦式缓冲器，HXD_3 型电力机车采用 QKX100 型胶泥缓冲器，HXN_5 型内燃机车采用 NC-391 型橡胶缓冲器，DF_{4B} 型、DF_D 型内燃机车牵引缓冲装置均采用的是全钢摩擦式 2 号缓冲器。无论是牵引运行还是推进运行，机车纵向力都经过缓冲器来传递，而且缓冲器受到压缩，起到缓冲作用。

复习思考题

1. 对车钩有何要求?
2. 下作用式 13 号车钩的组成、构造及车钩的三态作用是怎样的?
3. 下作用式 13A 型车钩与 13 号车钩相比有哪些主要区别?
4. 挂钩的充分必要条件是什么?
5. 分析车钩的受力及磨耗情况。
6. 简述车钩复原装置的种类和工作原理。
7. 缓冲器有哪些参数?各有何意义?
8. 简述 QKX100 型缓冲器的构造和工作原理。
9. 分析牵引和推进运行时车钩、缓冲器纵向力的传递过程。
10. 如何检修车钩及缓冲器?

项目七 曲线通过和轴重转移

前面我们介绍了机车走行部的构造作用以及各种装置的一些基本概念，在这个基础上，本项目对机车的曲线通过和轴重转移进行一些简略的叙述。曲线通过分为几何曲线通过和动力曲线通过，几何曲线通过是研究机车与线路的几何关系以及机车自身有关部分在曲线上的相互几何关系；动力曲线通过是研究机车以不同速度通过曲线时作用于机车上的力，探讨机车安全通过曲线的条件和措施。轴重转移是在机车牵引工况运行时，各轴的轴重要发生变化，有的轴重增大，有的轴重减小，这就是在牵引力作用下的轴重转移，牵引力是发生轴重转移的根本原因。

知识目标：

1. 掌握曲线通过、轴重转移的概念和一般原理；
2. 掌握曲线通过不同线路参数对通过的影响；
3. 掌握降低轴重转移影响的方法。

能力目标：

1. 具备概念的分析、理解和原理的整合能力；
2. 具备数学公式的推理能力。

素养目标：

1. 养成按标作业、遵章守纪、规范操作的工作作风和职业操守；
2. 养成严肃认真、求真务实、精益求精的工作态度和职业素养。
3. 培养修德学知、能行并举的学习理念。

任务一　机车曲线通过研究

【任务导入】

轮轨导向是机车运行的基本原理之一。轨道上，“铁龙”飞速奔驰，畅行无碍，具有锥度的踏面和轮轨间隙功不可没。但行至曲线，地形地段复杂，规章要求严格，更应注意减速慢行，呼唤瞭望，手比眼看，遵章守纪。

在掌握车钩及缓冲器的基本功能、作用和工作原理后，让我们以严肃认真、一丝不苟的职业道德和业务素养的“安全意识”，进入到曲线通过任务的学习。

【知识储备】

一、曲线通过的一般概念

1. 研究机车曲线通过的意义

机车依靠钢轨对轮缘的引导作用在线路上运行，当机车通过曲线时，由于离心力的作用，使轮对与钢轨产生很大的横向水平作用力，这将导致轨距被挤宽，轮缘和钢轨的磨耗加剧，严重时可能导致出轨。

由于机车质量大，固定轴距长，通过曲线远比车辆困难。当固定轴距长，曲线半径很小时，曲线就可能无法容纳机车。研究机车曲线通过，对保证机车在曲线上安全运行，减小机车通过曲线的难度，以及延长机车与线路有关部分的寿命，减少维修费用等，都有着积极的意义。

我国铁路的 1/3 是曲线，而且其中半径小于 600 m 的曲线约占半数。单就钢轨磨损而言，在严重的情况下，机车走行数万千米轮缘就磨耗到限，钢轨每 2 ~ 3 年就需更新。因此，设法改善机车曲线通过的条件，对我国铁路具有特殊意义。

2. 几何曲线通过和动力曲线通过

曲线通过有两个相互联系的研究内容：即几何曲线通过和动力曲线通过。

几何曲线通过是研究机车与线路的几何关系和机车自身有关部分在曲线上的相互几何关系。研究几何曲线通过也为研究动力曲线通过提供有关数据。

动力曲线通过是研究机车以不同速度通过曲线时作用于机车上的力，探讨机车安全通过曲线的条件和措施，并为机车和线路的强度计算、判断轮缘磨耗快慢提供依据。

对以上两方面的研究内容，除了运用几何方法和力学方法对机车在曲线上的状态进行理论分析和计算外，还可以利用试验的方法对机车通过曲线进行实际测定，以校验理论计算中由于某些假定所引起的误差。从而建立起一套比较完整和实用的机车曲线通过的科学分析方法。

3. 研究机车曲线通过的目的

对于正在设计的机车，研究曲线通过可以确定机车走行部分的某些结构、参数，使所设计的机车在指定的速度范围内，运行于规定半径的曲线上时，轮轨侧压力足够的小，以保证车轮不爬越钢轨，钢轨不受到严重挤压；对于现有的机车，研究曲线通过可以确定机车运行于已知半径曲线上的最高安全速度，或在给定速度的条件下，确定机车所能行驶的最小曲线半径。此外，还为改进机车走行部设计提供资料。

二、几何曲线通过

1. 几何曲线通过要解决的问题和方法

几何曲线通过要解决以下一些问题：

（1）确定机车所能通过的最小曲线半径和以此目的所需的轮对横动量。

（2）给出机车转向架通过曲线时的转心位置。

（3）确定在曲线上机车转向架对于车体的偏转角，以及机车与线路限界的关系等。

（4）从几何关系方面，机车通过曲线采取的主要措施是加宽曲线的轨距；给轮对一定的横动量。

（5）当机车通过预定的曲线有困难时，作为机车本身可以采取的措施有：对正在设计的机车，可以增加轮轴横动量；对于现有机车，可以削薄轮缘厚度。因此确定所需横动量的大小和轮缘削薄量也是研究几何曲线通过所需要解决的问题。顺便指出，轴横动量过大则直线运动中蛇行振动加剧，旋薄轮缘时必须考虑强度和运行中是否会有危险。

解决几何曲线通过问题，通常运用分析法和图解法。实践中往往两种方法并用。分析法所得结果较为准确，但计算时容易发生错误；图解法简单明了，能全面了解机车各部分与曲线间的关系，缺点是图解法本身有近似性及作图上的误差造成精度不高。

2. 铁路曲线区段的轨距加宽

为了使机车在直线顺利行驶，钢轨与轮缘外侧之间亦须保持一定的间隙，这个间隙如图 7.1 所示。计算公式如下：

$$\delta = S - (B + 2t) \tag{7.1}$$

式中 S——直线上的轨距，$1\,435^{+6}_{-2}$ mm；

B——轮对轮箍内侧距，$(1\,353 \pm 3)$ mm；

t——轮缘厚度，33^{+1}_{-10} mm；

δ——直线上钢轨内侧与轮缘内侧的全间隙，mm。

两侧轮轨总间隙 δ 的名义尺寸为 16 mm。轮轨间隙 δ 是不可没有的，但也不能过大。过大的 δ 不利机车的高速运行，因为剧烈的蛇行运动会显著恶化机车的运行品质和加重轮缘对钢轨的冲击作用。

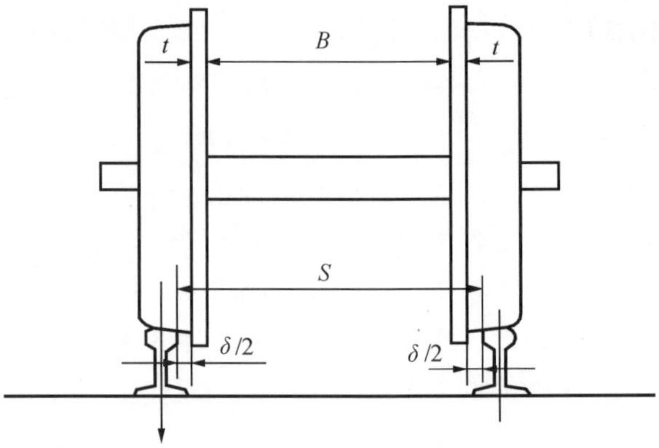

图 7.1　直线上的轮轨间隙

轮轨间隙的存在有利于机车通过曲线。但是，还应该比直线上取值更大一些，才能容纳一定轴距的机车顺利通过。因此，适当的将曲线上的内轨向曲线内侧移动。移动量Δ，称为曲线加宽度，如图 7.2 所示。

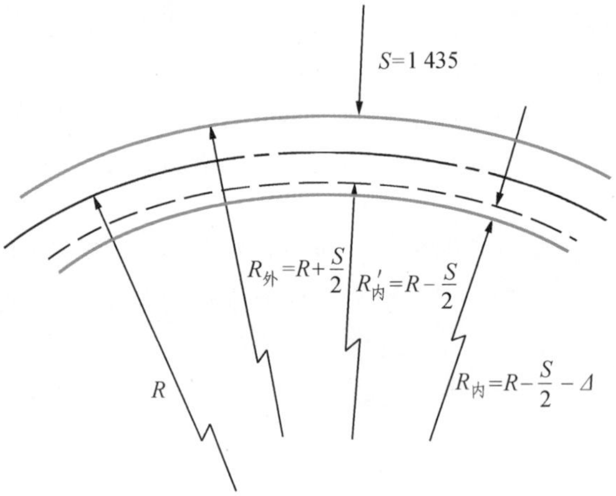

图 7.2　曲线上的轨距加宽

$\delta+\Delta$称为曲线轮轨间的全间隙，根据我国现行《铁路技术管理规程》，曲线半径、曲线加宽度及全间隙的关系见表 7.1。

表 7.1　曲线加宽度、全间隙和曲线半径的关系

曲线半径 R/m	$R<300$	$300\leqslant R<350$	$R\geqslant 350$
曲线加宽度 Δ/mm	15	5	0
轮轨全间隙 $\delta+\Delta$/mm	31	21	16

由此可知，轨距加宽是改善机车几何曲线通过，在线路建筑方面采取的重要措施。当轨距加宽以后，如果机车通过曲线仍有困难，则需采取增加机车轮对横动量和旋薄轮缘厚度等方法。

3. 研究几何曲线通过图示法的作图规定

为了能够明显地看出轮轨间隙，方便地用图解法解决几何曲线通过的研究，通常用轴线

式的图示方法。有关作图的规定如图 7.3 所示。

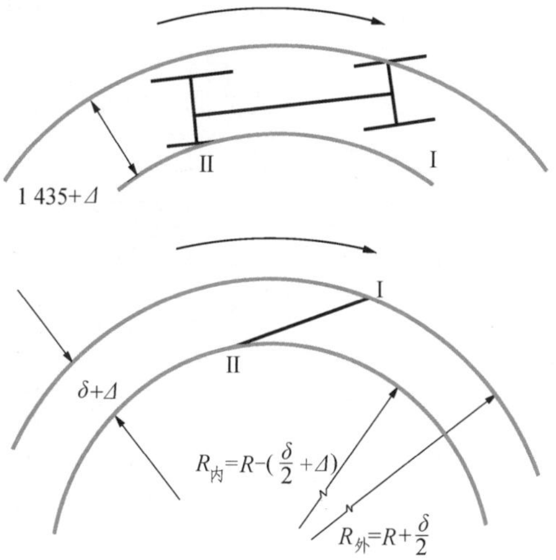

图 7.3　研究几何曲线通过的轴线式图示方法

曲线外轨内侧面，用半径 $R_{外}=R+\dfrac{\delta}{2}$ 的圆弧表示；

曲线内轨内侧面，用半径 $R_{内}=R-\left(\dfrac{\delta}{2}+\Delta\right)$ 的圆弧表示。

因此，两圆弧之间的距离为全间隙 $\delta+\Delta$。这样绘图，实际上等于把左右两轮缘外侧距离 $B+2t$ 缩为零值，转向架构架就可以用一条直线来表示，轮对就可以用直线上的点来表示了。如图 7.3 中，直线Ⅰ、Ⅱ表示一台转向架的两根动轮轴，该转向架中Ⅰ轴外轮贴靠外轨运行，内轮与内轨的间隙为全间隙；Ⅱ轴内轮贴靠内轨运行，外轮与外轨的间隙为全间隙。该转向架各轴无需横动量，即可顺利通过该曲线。

又如图 7.4 中所示，某转向架的Ⅰ、Ⅱ轴已全部贴靠外轨，而Ⅰ、Ⅱ轴必须有 $\dfrac{e}{2}$ 值的横动量，才能勉强通过该曲线。

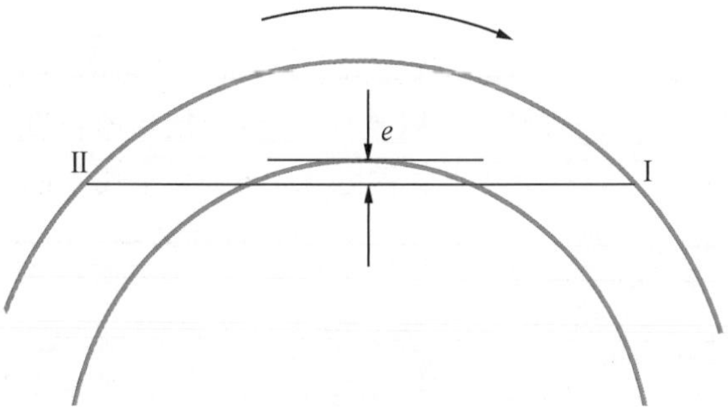

图 7.4　Ⅰ、Ⅱ轴必需的横动量

4. 转向架通过曲线时的几种位置

机车转向架在通过曲线时可以占有很多种不同位置。一般说来，不论机车转向架以多高的速度通过曲线，第一位轮对的外轮总是贴靠外轨的，而第二位轮对的位置则视速度而异。

低速时第二位轮对的内轮一般是贴靠内轨的，随着速度的提高，离心力的加大，第二位轮逐渐向外轨偏移。速度达到一定值后，第二位轮对的外轮也贴靠外轨运行。速度再增高，也只能处于这种位置通过曲线了。

根据以上分析，可以将机车转向架通过曲线的典型位置归纳为下面 3 种，如图 7.5 所示。

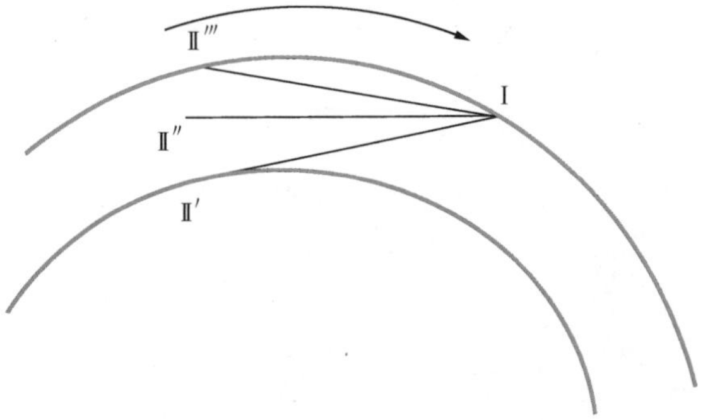

Ⅰ-Ⅱ′—最大偏斜位置；Ⅰ-Ⅱ″—自由位置；Ⅰ-Ⅱ‴—最大外移位置。

图 7.5　转向架通过曲线时的位置

注：最大偏斜位置：为低速位置。Ⅰ轴贴靠外轨，Ⅱ轴贴靠内轨。
　　自由位置：为中速位置。Ⅰ轴贴靠外轨，Ⅱ轴既不贴靠内轨，也不贴靠外轨。
　　最大外移位置：为高速位置。Ⅰ轴及Ⅱ轴都贴靠外轨。

图 7.5 中所表示的是前后轴都没有横动量的情况。如果前后轴都有横动量时，3 种典型位置的示意图则如图 7.6 所示。

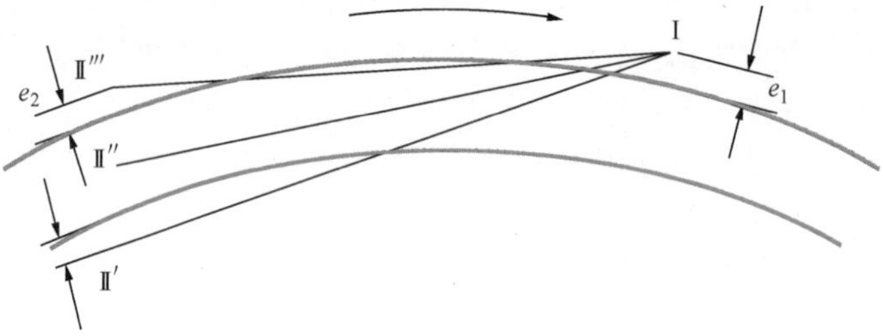

e_1—Ⅰ轴横动量；e_2—Ⅱ轴横动量；Ⅱ′—为最大偏斜位置；Ⅱ″—自由位置；Ⅱ‴—最大外移位置。

图 7.6　Ⅰ、Ⅱ轴有横动量时转向架通过曲线时的位置

上述绘图方法与机车通过曲线时的位置概念，是研究几何曲线通过的重要手段和分析依据。但是在实际作图时，由于曲线半径（以米计）、转向架构架长度（以厘米计）、轮对横动量及轮轨间隙（以毫米计），三者在数量上相差悬殊，还必须选用不同的比例尺才能进行作图。由于比例尺不同，会带来一些别的问题，这一点要加以注意。

5. 转向架的转极与轮对的极距

设机车转向架在一定半径的曲线上做稳态移动，如图 7.7 所示。在某一瞬时 t，转向架在曲线上处于 A_1B_1 位置，过一段时间 Δt 后处于 A_2B_2 位置。

由曲线中心 O 分别向 A_1B_1 和 A_2B_2 作垂线，分别交 A_1B_1 于 P_1，交 A_2B_2 于 P_2。可见转向架由 A_1B_1 至 A_2B_2 的运动过程是由 A_1B_1 至 $A'B'$ 的平移和 $A'B'$ 至 A_2B_2 的绕 P_2 的转动所合成。平移就是车轮在轨道上的滚动，以 P_2 为中心的转动就是轮踏面在轨面上的滑动。

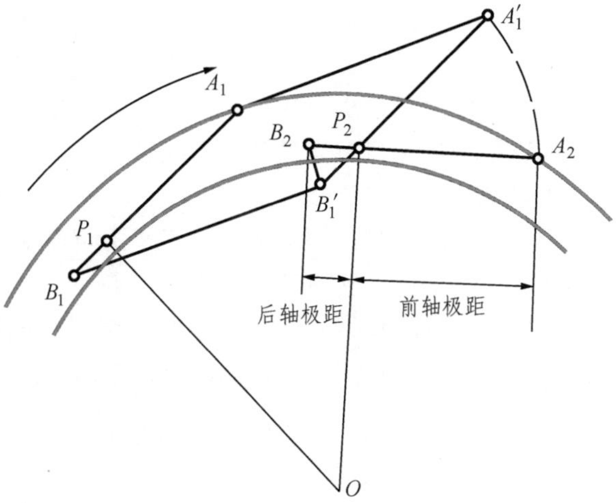

图 7.7　转向架曲线运动的转极和极距

转向架作稳态运行时，P_1 和 P_2 其实是一个定点 P 。

P 称为转向架的转极。转极至某轮对的距离称为该轮对的极距。转极确定后，各轮对的极距即可确定。

转极的位置随转向架在曲线上所占的位置不同而不同。转向架处于最大外移位置时，转极在转向架的中点；转向架处于自由位置时，转极偏离转向架中点，而处于中点后部某一位置；转向架处于最大偏斜位置时，转极最接近于后轮对。

6．转向架的转角和冲角

在曲线运行时，转向架纵中心线与车体纵中心线的交角，称为转向架对于车体的转角，如图 7.8 中，$\alpha_{前}$、$\alpha_{后}$ 分别为前后转向架的转角；转向架纵中心线与轨道切线方向的交角，称为转向架相对线路的冲角，如图 7.8 中，$\theta_{前}$、$\theta_{后}$ 分别为前后转向架的冲角。

在曲线运行中，前后转向架的转角和冲角都不相同。研究转角与冲角，可为校核机车结构的某些尺寸，进一步研究动力曲线通过提供数据。

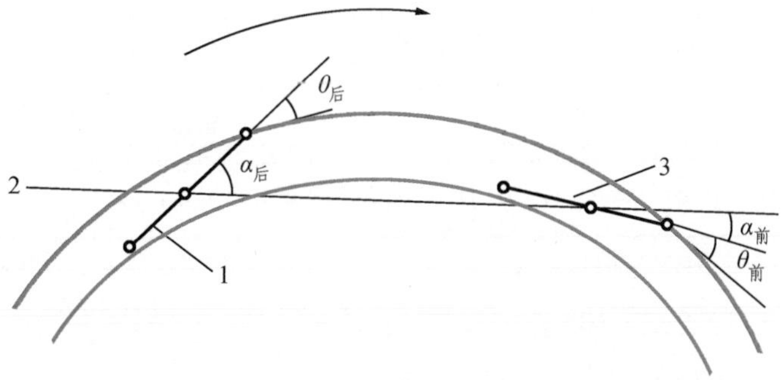

1—后转向架；2—车体纵中心线；3—前转向架。

图 7.8　曲线运行中转向架运动的转角和冲角

以上关于机车转向架通过曲线时的转极位置、各轴的极距、各轴所需横动量、机车所能通过的最小曲线半径、车体转向架的相互位置、机车与建筑界的接近程度等一系列问题，都可以用分析法和图解法进行求解。这里，只介绍了有关的概念，具体的研究方法可参阅相关文献。

三、动力曲线通过

研究机车动力曲线通过，目的是了解机车通过曲线时发生在机车与线路间的力学现象；明确不同因素对上述现象的影响；确定机车通过某一曲线时的安全速度范围；采取有效措施改善机车通过曲线时的动力学性能等。

机车通过曲线时，发生的力学现象是十分复杂的，影响这些现象的因素很多。为便于计算，在能反映实际结果的条件下作假定：轨道是绝对刚体，不考虑轨道的变形；曲线是准确的圆曲线；不考虑牵引力的影响；轴重保持不变，不考虑左右轮荷重的变化；轮踏面为圆柱形，轮缘与钢轨间没有摩擦；所有水平作用力都作用在轨顶平面内；踏面与轨顶面的摩擦系数在各个方向都相等，$\mu = 0.25$；机车在曲线上稳态运动。

1. 机车通过曲线时的受力情况

机车在曲线上运行时，受到下述诸力的共同作用：

（1）未平衡的离心力。

为了平衡机车通过曲线时的离心力，在曲线上外轨都要高出内轨，称为外轨超高。外轨超高引起的机车重力的水平分力指向曲线内侧，称为超高力 H，如图 7.9 所示。

$$H = G\tan\alpha \approx G\frac{h}{2S} \quad (\text{kN}) \tag{7.2}$$

式中 G——机车重力，kN；
α——轨面倾斜角；
h——外轨超高度，mm；
$2S$——轮对滚动圆间距离，mm。

机车通过曲线时产生的离心力为

$$C' = \frac{mv^2}{R} = \frac{Gv_1^{\,2}}{127R} \quad (\text{kN}) \tag{7.3}$$

式中 m——机车质量，kg；
v——机车速度，m/s；
v_1——机车速度，km/h；
R——曲线半径，m。

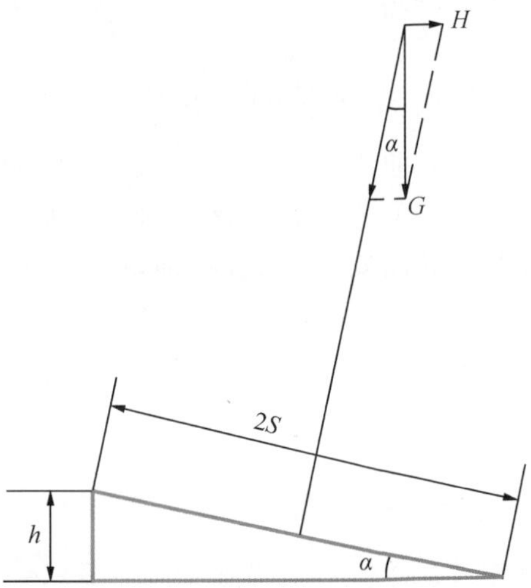

图 7.9 外轨超高引起的超高力

因此，作用在一台转向架上的未被平衡的离心力为

$$C = \frac{1}{2}(C' - H) = \frac{G}{2}\left(\frac{v_1^{\,2}}{127R} - \frac{h}{2S}\right) \quad (\text{kN}) \tag{7.4}$$

机车未平衡离心力与机车质量之比值 $\frac{C'-H}{M}$，称为未平衡的离心加速度，规定不大于 0.047 6 g。过大的未平衡的离心加速度会使乘务员感觉不适，甚至可能使机车向曲线外侧倾覆。若曲线最大外轨超高度 $h_{max} = 150$ mm，即轨面倾斜度为 0.1，则根据上述要求不难求得机

车通过曲线时的最高速度与曲线半径的关系为

$$v_{max}=4.33\sqrt{R}\quad (km/h) \tag{7.5}$$

利用式（7.5），可求得某一速度下可以通过的最小曲线半径。例如，求得 $v_{max}=120\,km/h$ 时的最小曲线半径为

$$R=\left(\frac{120}{4.33}\right)^2=768\quad (m) \tag{7.6}$$

（2）轮踏面与钢轨顶面间的摩擦力。

当转向架通过曲线时，钢轨在轨道上是滚动加滑动，转向架绕转极的转动是靠轮轨滑动实现的。轮踏面与钢轨顶面间产生的滑动摩擦力，方向与滑动方向相反，与由转极引起向各轮轨接触点的射线垂直，如图 7.10 所示。

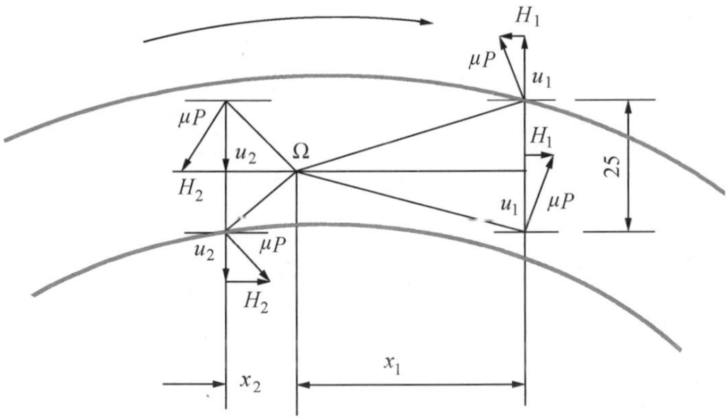

图 7.10　转向架通过曲线时钢轨作用于车轮的摩擦力

摩擦力的大小为 μP。μ 为轮轨间的摩擦系数，取 $\mu=0.25$；P 为轮荷重。

由图 7.10 可知，摩擦力的横向分力和纵向分力分别为

横向分力　$$u_i=\mu P\frac{x_i}{\sqrt{x_i^2+S^2}} \tag{7.7}$$

纵向分力　$$H_i=\mu P\frac{S}{\sqrt{x_i^2+S^2}} \tag{7.8}$$

式中　x_i——某轴的极距，mm；

S——左右滚动圆之间的距离之半，mm。

（3）导向力。

导向力是轨头侧面作用于轮缘的力，又称为轮缘力。由它克服一切阻碍转向架回转的力矩，引导转向架按曲线运行。

导向力仅仅在轮缘贴靠钢轨时才出现。当机车通过曲线时，第一轴外轮轮缘贴靠外轨，它所受到的导向力 F_1 数值最大，F_1 正是迫使机车转向的作用力。考察 F_1 力的数值，正是机车动力曲线通过计算所要取得的主要结果。至于其他轮对贴靠钢轨时受到的导向力，在数值上都小于 F_1，但它们有可能使 F_1 增加，也可能使 F_1 减小，要根据具体计算确定。

2. 机车动力曲线通过的计算

动力曲线通过计算的目的，在于求出机车以不同的速度通过某一半径的曲线时，转向架在曲线上所占的位置和导向力的大小，以判断机车能否安全通过该曲线和预测轮缘磨耗的快慢。

（1）转向架平衡方程及求解。

以二轴转向架为例，先设机车以某一速度通过指定半径的曲线时，转向架占最大偏斜位置，则二轴转向架通过曲线时的受力情况如图 7.11 所示。

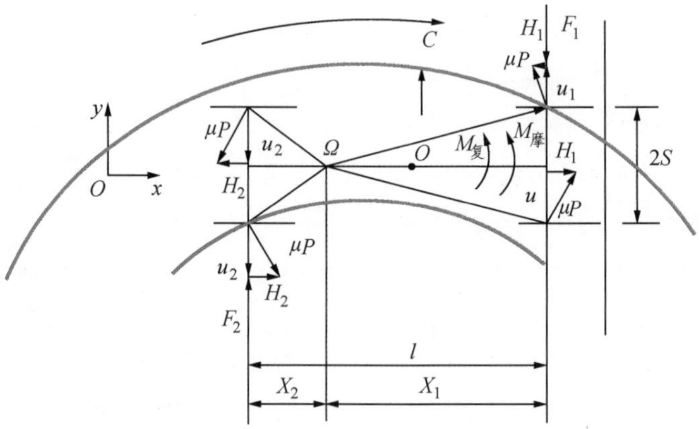

图 7.11　二轴转向架通过曲线时的受力分析

根据图示的转向架受力情况，可以列出转向架力和力矩平衡方程式为

$$\sum F_y = F_2 - F_1 + C + 2\sum u_i = 0 \tag{7.9}$$

$$\sum M_0 = F_1\frac{l}{2} + F_2\frac{l}{2} - M_{摩} - M_{复} - 2S\sum H_i - 2\sum u_i\frac{l}{2} = 0 \tag{7.10}$$

式中　F_1、F_2——第一轴和第二轴的导向力，kN；

C——作用于一台转向架的未平衡的离心力，kN；

$M_{复}$——转向架复原力矩，kN · m；

$M_{摩}$——转向架摩擦力距，kN · m。

利用上述平衡方程式可以求得 F_1、F_2 这两个未知数。

（2）侧压力。

轮轨之间除有导向力（即轮缘力）作用外，在踏面上还作用有摩擦力，其横向分力 u_i。上述二力的合力，称为侧压力，即横向作用力的合力称为侧压力 F'。其值为

$$F' = F \pm |\mu| \tag{7.11}$$

式中，正、负号取决于轮对相对于转极的相对位置，如表 7.2 所示。

表 7.2　侧压力和轮缘力的关系

轮对贴靠的钢轨	轮对在转极前	轮对在转极后
外轨	$F' = F - \|\mu\|$	$F' = F + \|\mu\|$
内轨	$F' = F + \|\mu\|$	$F' = F - \|\mu\|$

例如，第一轴外轮与外轨间的侧压力 $F_1' = F - |\mu_1|$。

侧压力可能引起钢轨横向变形，使轨距被挤宽。过大的侧压力还可能使钢轨倾倒。

3. 曲线运行的安全条件及轮缘磨耗因素

（1）机车安全通过曲线的条件。

为了保证机车安全通过曲线，除了考虑不使未平衡的离心力过大，防止机车向外倾覆外，还不能使第一轮对作用于外轨的侧压力过大。过大的侧压力不仅引起过大的轨距展宽量，使钢轨产生较大的横向永久变形，而且有可能促使车轮爬越钢轨。这两种情况都会造成机车脱轨事故。

下面着重讨论防止机车爬越钢轨的条件。

机车通过曲线，除了考虑第 1 轮对外轮贴靠外轨，有冲角 α，如图 7.12（b）所示，轮缘与钢轨的接触点 A' 超前于踏面与钢轨的接触点 A，如图 7.12（a）所示。这个超前量 S 的存在，使轮缘面沿轨头圆角向下滑动。

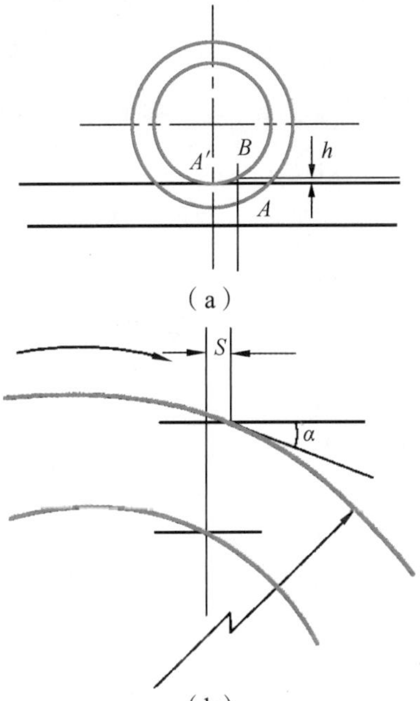

图 7.12　第一轴外轮的冲角和超前量

在侧压力的作用下，钢轨给轮缘的摩擦力 μN（N 为钢轨给轮缘的法向分力）将沿轮缘面向上，使车轮沿着钢轨侧面爬起。当速度低而侧压力不大时，车轮上爬的距离不大，在车轮载荷的作用下，能克服摩擦力的作用而顺利下滑，这样，车轮绝无爬越钢轨的可能。而当速度提高，使侧压力增大到一定程度时，车轮爬上钢轨后则不会滑下，维持在这个位置，称为临界位置。此时外轮处于平衡的条件如图 7.13 所示。

$$\sum F_x = F_1' - N\sin\gamma + \mu N\cos\gamma = 0 \qquad (7.12)$$

$$\sum F_y = P - N\cos\gamma - \mu N\sin\gamma = 0 \qquad (7.13)$$

式中　γ——轮缘角。

当侧压力更大时，车轮就会爬上钢轨，造成脱轨。因此，可根据上述临界的平衡条件，建立车轮不爬越钢轨的安全条件。

由式（7.12）、式（7.13）可得

$$F_1' = \frac{\sin\gamma - \mu\cos\gamma}{\cos\gamma + \mu\sin\gamma}P = \frac{\tan\gamma - \mu}{1 + \mu\tan\gamma}P \qquad (7.14)$$

用摩擦角 ρ 表示摩擦系数 μ，以 $\mu = \tan\rho$ 代入式（7.14），得出车轮不爬越钢轨的条件为

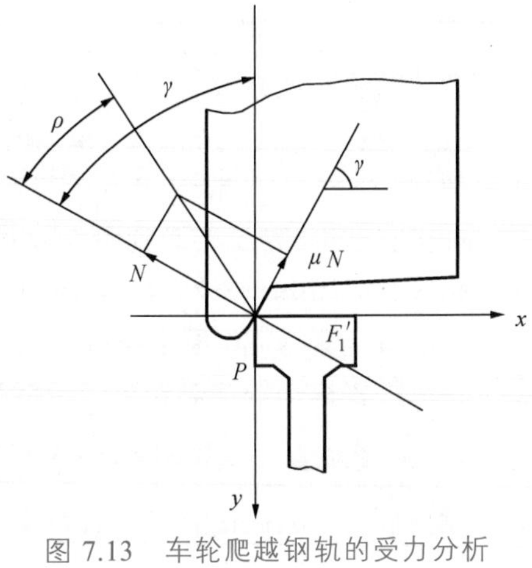

图 7.13　车轮爬越钢轨的受力分析

$$\frac{F'_{1\max}}{P} \leqslant \tan(\gamma-\rho) \tag{7.15}$$

式中 $F'_{1\max}$——第一轴外轮不爬越钢轨的最大侧压力，kN；

P——轴荷重，kN；

γ——轮缘角；

ρ——摩擦角。

由式（7.14）可知，影响车轮爬越钢轨的因素是轮缘角 γ 和摩擦角 ρ。γ 角增大，使 $\frac{F'_{1\max}}{P}$ 值增大，可以减小车轮爬越钢轨的可能性；但 γ 角增大时，机车通过曲线时受到的阻力也大，γ 过大时，机车在非稳态运动的情况下运行在道岔和弯道时，将给钢轨以硬性打击反而容易引起脱轨。摩擦系数的（或摩擦角 ρ）降低，可使 $\frac{F'_{1\max}}{P}$ 值增大，因此对轮缘进行润滑，也可以防止机车爬轨。

我国机车车辆轮箍的轮缘角 $\gamma = 60°$，取 μ 值为 0.25 时，摩擦角 $\rho = 14°$，则车轮不爬越钢轨的条件为

$$\frac{F'_{1\max}}{P} \leqslant 1.23 \tag{7.16}$$

在前面的计算中做了很多简化，不完全反映实际情况；而且在侧压力 F'_1 的作用下，往往在车轮发生爬轨以前，外轨已大量展宽造成机车脱轨。因此，通常取

$$\frac{F'_{1\max}}{P} \leqslant 0.8 \tag{7.17}$$

此值称为安全系数，或称为脱轨系数。对应 $F'_{1\max}$ 值的机车速度，就是该机车通过指定曲线的最高允许速度。

在正常超高情况下，机车最大安全运行速度与曲线半径的关系如表 7.3 所示。

表 7.3　最大安全运行速度与曲线半径的关系

曲线半径/m	125	350	650
最大安全运行速度/(km/h)	35	75	100

（2）轮缘磨耗系数。

机车通过曲线时，轮缘和钢轨侧面的磨损，与摩擦功成正比，也就是与导向力 F_1、轮缘和钢轨侧面的摩擦系数 μ 以及轮缘和钢轨侧面的滑动量 h 三者的乘积成正比，如图 7.12 所示；而其中滑动量 h 又与超前量 S 成正比，S 又与车轮冲角 α 成正比。因此，也可以以 $F_1\alpha$ 值作为轮缘磨耗因数，来判定轮缘在曲线上磨耗的快慢。

一般机车要求 $F_1\alpha$ 值不超过 0.1 t。对于运行于多曲线线路的机车，$F_1\alpha$ 值比较大，轮缘和钢轨磨耗较快，经常对轮缘进行润滑，可以大大减轻磨耗程度，延长轮缘使用寿命。

4. 改善机车动力曲线通过的措施

改善机车动力曲线通过，需要在线路建筑和机车结构两方面采取相应措施。

线路建筑方面的措施主要是外轨超高和放大曲线半径。

如前所述，外轨超高可以减轻离心力的影响，但是超高高度值究竟取多大？超高不足时，不能有效克服离心力的影响，使导向轮对受到的侧压力显著增加，超高过剩时，会使内轨受到的压力过大，甚至压坏内轨。我国铁路都是客货混流的线路，对客货列车要双方兼顾，但是总难免对高速的旅客列车超高不足，对速度较低的货物列车超高过剩。

我国铁路按 $h_{\max}=8\dfrac{v_{\max}^2}{R}$ 确定超高度，同时也按此式确定列车通过的最高速度。

我国铁路目前即使在干线上，也往往曲线半径过小，不能适应 160 km/h 的行车速度的需要。旧线改造成新修线路时，都应有计划地放大曲线半径。例如，取 $R=\left(\dfrac{v_{\max}}{4.87}\right)^2$ 或更大一些的曲线半径。

在机车结构方面，改善动力曲线通过的措施很多，主要有：

（1）提高轮缘的耐磨性，降低轮缘钢轨间的摩擦系数，如加装轮缘喷油器或轮缘喷脂器等润滑装置。

（2）轴端设弹性横动装置及轴箱弹性定位，这样可使机车通过曲线时转向架的转极后移，从而使第一轴的导向力减小 20%～25%。

（3）采用弹性摆式支承，车体和转向架可以弹性横动，能缓和曲线不平顺时的冲击作用，减小导向力的数值。

（4）给三轴转向架中间轴以较大的自由横动量，机车在曲线上运行时，可使该轴在横向不贴靠转向架构架，而使其贴靠外轨，起一定的导向作用。中间轴参与导向，可使第一轴的导向力减少 20%～30%。

（5）两转向架之间进行横向连接。

【任务实施】

提出问题：在本任务中，我们共同学习了两种不同的曲线通过情况。讲解了曲线通过的概念，并通过数学公式向大家阐述了参数变化的影响。现在请同学们回顾本任务，进一步通过对比，明确两种不同的曲线通过情况。

具体方案：开展头脑风暴和小组研讨或抢答模式。构建积分卡与课堂奖励加分互通的激励模式，增强学习兴趣。

【任务拓展】

线下反思，两人一组互相提问，完成课后作业，查漏补缺，复习巩固；线上互动，与老师在线交流，完成线上考核，师生互促，共同提高。

任务二 轴重转移研究

【任务导入】

轴重转移是机车运行时的常见现象之一。在牵引力的作用下，机车各轴的轴重会发生一定程度变化。如何通过合理设计降低轴重转移的影响，是本任务要解决的问题之一。

在掌握曲线通过的概念和一般原理后，依托于前述各项目各任务中图文辨识能力，让我们以严肃认真、一丝不苟的态度进入到轴重转移任务的学习。

【知识储备】

一、基本概念

（1）轴重。轴重是指机车在静止状态时每个轮对加于钢轨的重力。

（2）轴重转移。当机车发挥牵引力运行时，各轴的轴重要发生变化：有的轴重增大，有的轴重减小，这就是在牵引力作用下的轴重转移，或者叫牵引力作用下的轴重再分配。当然，机车总的黏着重力仍保持常数，既不会增加，也不会减少。

（3）牵引力是发生轴重转移的根本原因。轴重转移只发生在牵引运行中，而且轴重转移的数值随牵引力的增大而增大。当机车起动或爬坡时，发挥的牵引力最大，此时轴重转移也最大。在某些情况下，轴载荷增减量，可以达到静轴重的 20% 或更多。

（4）转向架的结构形式，传动装置的布置情况，走行部的尺寸数据等等因素，都将影响到轴重转移。所以在研究轴重转移时，必须根据机车的具体结构进行分析，才能得出正确的结果。

（5）轴重转移的危害。对单独驱动的机车，轴重减少最大的轮对，将首先发生空转。这样机车黏着牵引力的最大值，必然受到这个轮对空转的限制。空转发生后，牵引力立即下降；机车走行部、传动装置的正常工作受到影响；牵引电机也有可能遭到损坏；轮对和钢轨增加了额外的非正常磨耗。

个别轮对的轴重增加，也将对钢轨造成破坏，使机车运行中的动作用力更加严重。

（6）随着机车功率的不断加大，机车重量与功率的比值越来越小，黏着重力的充分利用问题，就显得比较突出。

（7）黏着重力利用率是说明机车机械部分设计、制造水平反映在机车使用中的一项重要指标。黏着重量利用率越高，说明在牵引力作用下轴重转移越小，机车所能发挥的黏着牵引力越大；反之，黏着重力利用率越低，说明在牵引力作用下轴重转移越大，机车所能发挥的黏着牵引力越小。

对单独驱动的机车，黏着重力利用率可用下式进行计算

$$\eta = \frac{U_i - \Delta U_i}{U_i} \tag{7.18}$$

式中 U_i——轴重，kN；

ΔU_i——减载最大的一根轴的减载量，kN。

二、轴重转移的发生及影响因素

当机车牵引列车时，由于作用于机车上的外力——轮周牵引力和车钩牵引力不是作用在同一高度，因而形成力偶，使前后转向架各轴载荷发生变化。此外，牵引电动机把力矩传给轮对的过程中，在某些结构中，内力也影响轴重的转移。下面以 SS_{4G} 型电力机车为例，定性分析机车的轴重转移。

1. 牵引力传递过程中的轴重转移

牵引力传递过程中的轴重转移如图 7.14 所示。

设机车的车钩高度为 H；推挽式牵引杆传力点的高度为 h，车轴中心高度为 $D/2$。

轮周牵引力经轴箱传给转向架构架，其传力点高度即为车轴中心高度，为动轮直径之半即 $D/2$；转向架构架将牵引力传给车体底架，其传力点按推挽式牵引杆的牵引座来考虑，传力点高度为 h，车体底架将牵引力传给车钩，车钩高度为 H。

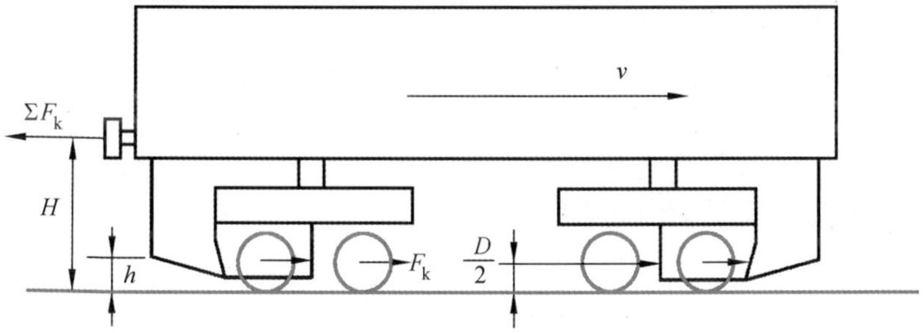

图 7.14 牵引力传递过程中轴重转移

由于上述各传力点不同，在传递牵引力时，将分别引起车体底架和转向架构架的附加力矩。

（1）车体底架附加力矩引起前后转向架之间的轴重转移，如图 7.15 所示。

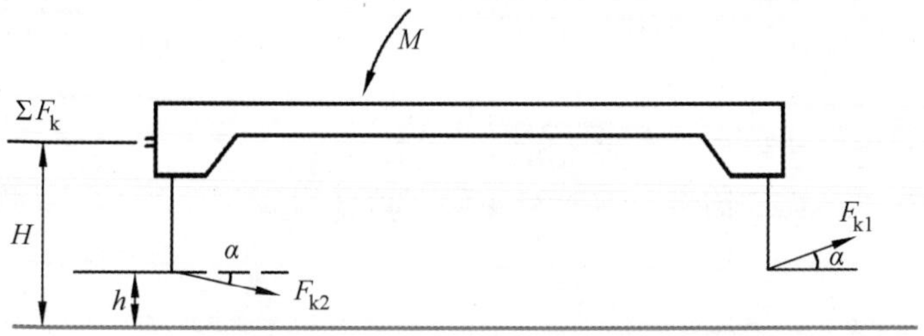

图 7.15 底架附加力矩引起转向架间轴重转移

车体底架两个牵引座的牵引力分别为 F_{k1}、F_{k2}，列车车钩给机车车钩的反力等于牵引力 $\sum F_k$，显然

$$\sum F_k = F_{k1}\cos\alpha + F_{k2}\cos\alpha \tag{7.19}$$

底架产生的附加力矩为

$$M_1 = \sum F_k (H-h) \tag{7.20}$$

如果 $H=h$，则此项附加力矩不存在，前后转向架也不会因此发生轴重转移。

如果 $H>h$，此项附加力矩使底架按逆时针方向做刚体转动。这样，前转向架将减载，后转向架将增载。

如果 $H<h$，此项附加力矩的方向与上述相反，引起的轴重转移也相反，即前转向架将增载，后转向架将减载。

对 SS_{4G} 型机车来说，$H>h$，前转向架将减载，后转向架将增载。

F_{k1}、F_{k2} 的垂向分力 $F_{k1}\sin\alpha$、$F_{k2}\sin\alpha$ 也使前转向架将减载，后转向架将增载。

（2）转向架构架附加力矩引起转向架内部各轴的轴重转移，如图 7.16 所示。

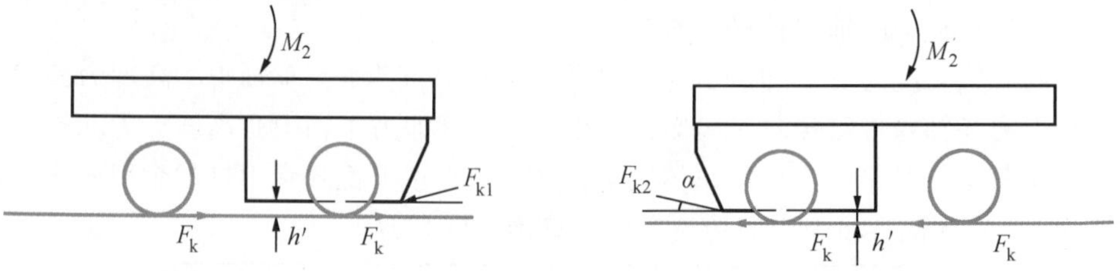

图 7.16　转向架构架附加力矩引起转向架内部各轴的轴重转移

前后转向架的情况相同。轮轨接触面传递的牵引力分别为 F_k，构架牵引梁的牵引座受到底架给予的牵引力为 $F_{k1}\cos\alpha$、$F_{k2}\cos\alpha$，显然

$$F_{k1}\cos\alpha + F_{k2}\cos\alpha = \sum F_k \tag{7.21}$$

转向架构架产生的附加力矩为

$$M_2 = \sum F_k h' \tag{7.22}$$

如果 $h'=0$，则此项附加力矩不存在，转向架内各轴不会因此发生轴重转移。

如果 $h'>0$，则此项附加力矩将使转向架按逆时针方向作刚体转动。结果，前轴减载，后轴增载。SS_{4G} 型机车就属于这种情况。SS_{4G} 型机车的 $h'=12$ mm，所以引起的轴重转移较小。

如果 $h'<0$，则与上述相反，即前轴增载，后轴减载。

F_{k1} 的垂向分力 $F_{k1}\sin\alpha$ 使前转向架前轴增载，后轴减载。

2. 传动装置工作时引起的轴重转移

由于机车运行方向可以改变，电机悬挂在转向架上，就出现电机前导（轮对随行）和电机随行（轮对前导）两种不同的情形。齿轮传动引起的轴重转移，也就有所不同，必须分别进行研究。

（1）电机随行时的轴重转移，电机随行时力的分析，如图 7.17 所示。

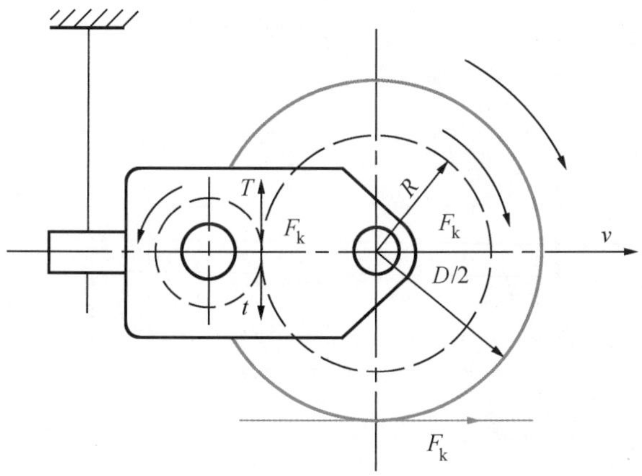

图 7.17　电机随行时力的分析

设机车匀速前进，则轮对具有均匀的角速度，作用于轮对上的转矩应当平衡。

将轮轨接触点产生的轮周牵引力 F_k 平移至轴心，得

一对力偶所形成的力矩 $F_k\dfrac{D}{2}$（它恰好与大齿轮的转矩相平衡）。

其中　D——为动轮直径。

F_k——作用于轴心的牵引力。

在齿轮齿啮合处的啮合力，是一对内力，大小相等，方向相反。T 是小齿轮作用于大齿轮的啮合力；t 是大齿轮作用于小齿轮的啮合力，可知

$$T=t$$

根据上述力矩平衡的原理，得

$$TR=F_k\frac{D}{2} \tag{7.23}$$

式中　R——大齿轮半径；

D——动轮直径。

由式（7.23），可求得大小齿轮间啮合力的数值为

$$T=t=\frac{F_kD}{2R} \tag{7.24}$$

下面分别分析齿轮啮合力引起的轴重转移。

① T 力引起的轴重转移。T 力作用于在大齿轮上，如图 7.18 所示。将 T 力平移至车轴中心，得到一个力和一对力偶。

$T=\dfrac{F_kD}{2R}$——作用于轴心，方向向上，使轮对减载；

$TR=F_k\dfrac{D}{2}$——即已被平衡的大齿轮转矩。

② t 力引起的轴重转移。t 力作用于在小齿轮上，如图 7.19 所示。该力通过小齿轮刚性地作用在牵引电机上，并将按杠杆原理分别通过电机悬挂端与抱轴端作用于构架上和车轴上。

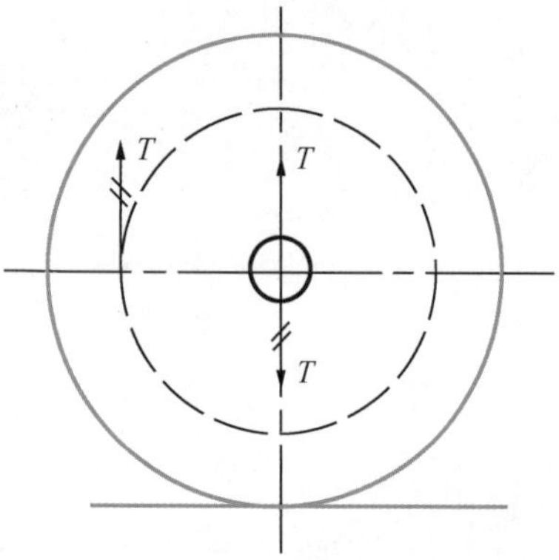

图 7.18　大齿轮啮合力 T 引起轴重转移

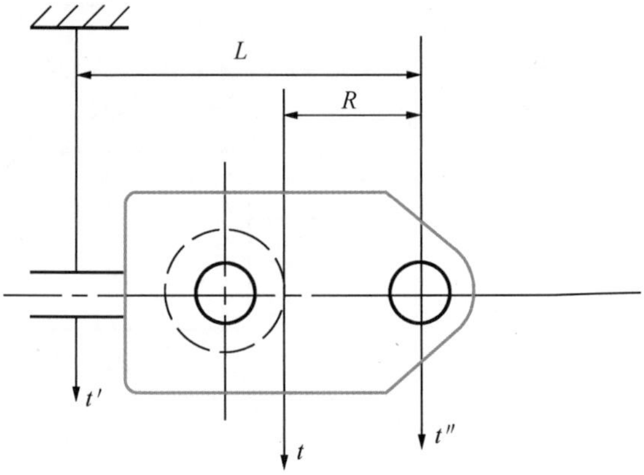

图 7.19　小齿轮啮合力 t 引起轴重转移

作用于悬挂端的力

$$t' = \frac{R}{L}t = \frac{R}{L}\cdot\frac{F_{\mathrm{k}}D}{2R} = \frac{F_{\mathrm{k}}D}{2L} \tag{7.25}$$

式中　L——车轴中心线至电机悬挂吊杆间的距离。

t'力作用在转向架构架上，方向向下。它对机车各轴的轴重转移的影响，后面再进行分析。

作用于抱轴端的力

$$t'' = \left(\frac{L-R}{L}\right)t = \left(1-\frac{R}{L}\right)t = \left(1-\frac{R}{L}\right)\frac{F_{\mathrm{k}}D}{2R} = \frac{F_{\mathrm{k}}D}{2R} - \frac{F_{\mathrm{k}}D}{2L} \tag{7.26}$$

t'' 力作用于轴心，方向向下，使本轴增载。

可知，在 T 和 t'' 力的共同作用下，本轴的净减载为

$$T - t'' = \frac{F_{\mathrm{k}}D}{2R} - \left(1-\frac{R}{L}\right)\frac{F_{\mathrm{k}}D}{2R} = \frac{F_{\mathrm{k}}D}{2L} \tag{7.27}$$

（2）电机前导时的轴重转移。电机前导时力的分析如图 7.20 所示。

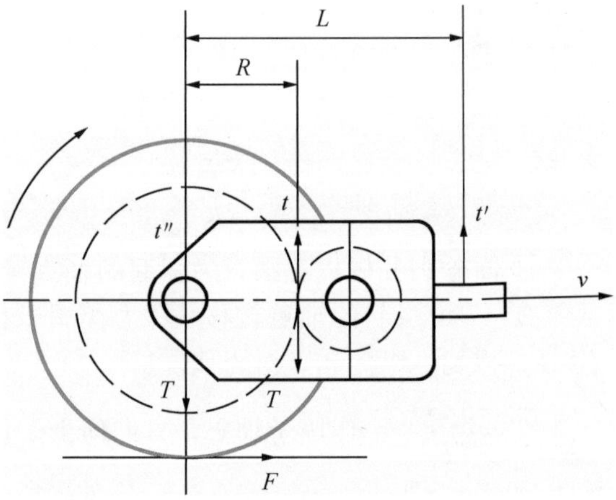

图 7.20　电机前导时力的分析

电机前导时轴重转移的分析方法和步骤，与电机随行时的分析方法步骤相同。各项受力的大小在数值上也都一样，但方向恰好相反。

分析结果，轴重转移的情况如下：

$T = \dfrac{F_{\mathrm{k}}D}{2R}$——方向向下，使轮对增载；

$t'' = \left(1-\dfrac{R}{L}\right)\dfrac{F_{\mathrm{k}}D}{2R}$——方向向上，使轮对减载。

以上两力，使轮对的净增载为

$$T - t'' = \frac{F_{\mathrm{k}}D}{2L} \tag{7.28}$$

此外，在转向架构架上，将受到一个向上的作用力 $t' = \dfrac{F_{\mathrm{k}}D}{2R}$，也将对机车各轴的轴重转

移产生影响，下面结合牵引电机的布置方式进行简单的分析。

（3）牵引电机内顺置布置有利于改善转向架内的轴重转移。根据前面的分析，不论电机前导还是电机随行，在牵引电机悬挂端的吊杆处，转向架构架都将受到一个 t' 力的作用。即

$$t' = \frac{F_k D}{2L} \tag{7.29}$$

当电机前导时，t' 的方向向上；当电机随行时，t' 的方向向下。

因而，当电机顺置时，各电机悬挂端的 t' 力方向相同，当电机反置时，各电机悬挂端的 t' 力方向相反。这样，电机顺置时，各 t' 力引起的构架附加力矩小，由此而引起的转向架内各轴的轴重转移也小；电机反置时，各 t' 力引起的构架附加力矩大，由此而引起的转向架内各轴的轴重转移也大。

至于采取内顺置还是外顺置的布置方式，还要考虑到牵引力传递过程中车体底架附加力矩（即前面分析中的 M_1）的影响：底架附加力矩 M_1 为逆时针方向时，应采取内顺置；M_1 为顺时针方向时，应采取外顺置。因为这种布置方式，可以在一定程度上抵消底架附加力矩 M_1 引起的前后转向架内各轴的轴重转移。

综上所述，可以看出，牵引力是轴重转移的决定性因素。另外机车走行部的结构、尺寸，如车钩高度、牵引点高度、转向架轴距、轴数以及两转向架间的距离等等，对轴重转移也有很大影响。牵引电机的布置方式，也必然影响到轴重转移。

三、提高机车黏着重量利用率的措施

提高机车黏着重量利用率，就是要设法减小牵引运行中的轴重转移。根据前面分析，影响机车轴重转移的因素，归纳起来主要有一系、二系弹簧悬挂方式；牵引电机的布置方式；轴式、轴距、牵引点高度等。上述结构或参数，都是需要合理选择的。不过必须明确：在设计机车时，影响轴重转移的不少结构参数，有些无法任意改变，有些则要根据其他条件来决定，能选择的范围并不大。例如车钩高度是标准的，不能改变；其他如轴距、轴数、最大牵引力等等，或是设计要求，或是动力学性能、总体设计的决定，往往很少有选择的余地。只有牵引点的高度是可以合理选择的。

（1）降低牵引点高度，是通常减小轴重转移的设计措施之一。不论是采用牵引杆结构，还是牵引销装置来传递牵引力，其牵引传力点的高度都比较低。甚至采用斜牵引拉杆，使牵引力通过轨面，传力点高度为零。SS_{4G} 型电力机车的牵引点高度为 12 mm。

（2）安装防空转的电气装置。

（3）检修机车时，注意保持相同的轮径，各牵引电机要有尽可能一致的特性，发挥牵引力要尽可能相同，等等。

【任务实施】

提出问题：在本任务中，我们共同学习了轴重转移。讲解了轴重转移的概念，并通过数学公式向大家阐述轴重转移的原理。现在请同学们回顾本任务所学，进一步明确降低轴重转移的手段和措施。

具体方案：开展头脑风暴和小组研讨或抢答模式。构建积分卡与课堂奖励加分互通的激励模式，增强学习兴趣。

【任务拓展】

线下反思，两人一组互相提问，完成课后作业，查漏补缺，复习巩固；线上互动，与老师在线交流，完成线上考核，师生互促，共同提高。

小　结

电力机车曲线通过的研究对象是，几何曲线通过和动力曲线通过。研究的目的是使轮轨的侧压力足够小，从而保证车轮不爬越钢轨，钢轨不致受到严重挤压。

解决机车通过几何曲线采取的主要措施是加宽曲线的轨距；增加轮对的横动量。通过机车曲线上的 3 种位置和转向架转极、轮对极距的确定，为动力曲线通过提供依据。

动力曲线通过研究所要达到的目标是通过分析机车在曲线上的受力，确定机车通过曲线的安全条件。

轴重转移，是机车牵引运行中发生的，对机车黏着重量利用率有严重影响的现象。牵引力的传递过程、牵引电机的传动以及牵引电机的布置方式都对轴重转移产生重要影响。

减小轴重转移，提高机车黏着重量利用率采取的主要措施是：降低牵引点高度，安装防空转的电气装置，以及检修机车时注意保持相同的轮径。

复习思考题

1. 什么是几何曲线通过和动力曲线通过？说明二者的研究内容和相互关系。
2. 铁路曲线内轨加宽、外轨超高的目的是什么？
3. 解释转极、极距、转角、冲角的概念。
4. 改善机车动力曲线通过的措施有哪些？
5. 什么是轴重转移？什么情况下会发生轴重转移？有什么危害？
6. 什么因素会引起转向架之间的轴重转移？
7. 什么因素会引起转向架内部的轴重转移？
8. 电机前导和电机随行两种情况下，轴重转移有何不同？
9. 提高机车黏着重量利用率的措施有哪些？

项目八 常用工量具

为保证机车车辆正常工作，延长其使用年限，对零部件进行日常保养和检修是十分必要的，本项目我们学习检修常用工量具。

知识目标：

1. 掌握机车车钩中心高度测量尺的用途和构造和使用方法；
2. 掌握机车车辆轮对内距尺结构的用途和构造和使用方法；
3. 掌握 JLJ-4C 型机车车轮检查器的用途和构造和使用方法；
4. 掌握车轮轮径测量尺的用途和构造和使用方法。

能力目标：

1. 能正确标记和测量车钩中心线高度；
2. 能正确测量轮对内距；
3. 能正确测量车轮踏面圆周磨耗、轮缘厚度、轮缘高度、轮箍厚度、轮箍宽度、轮缘垂直磨耗、踏面擦伤深度和长度、踏面剥离深度和长度、车轮碾宽等参数；
4. 能正确测量车轮直径。

素养目标：

1. 培养安全责任意识；
2. 培养精益求精的工匠精神；
3. 培养热爱劳动的品质。

任务一 认识机车车辆车钩中心高度测量尺

【任务导入】

火车跑得快，全靠车头带，车钩是连接机车车辆的主要部件，也是机车牵引列车的主要传力部件，为保证牵引力的可靠传递，要求相互连挂的车钩需处于同一水平范围，确认的办法便是测量车钩中心线高度。

【知识储备】

一、简　述

机车车辆车钩中心高度测量尺（以下简称钩高尺）是铁道机车和车辆部门用来检测车钩中心高度的铁路专用量具。车钩中心高度是指车钩中心线到轨面的垂直距离。

车钩是机车车辆的主要部件之一，起连挂车列或机车、传递牵引力和制动力的作用。一般机车车辆通常使用各型自动非刚性车钩，该类车钩允许两个相互连接的车钩在垂直方向上有相对位移；当两个车钩的纵轴线存在高度差时，两个车钩呈阶梯状，并且各自保持水平位置。

车辆不仅在牵引或连挂时发生互相碰撞冲击，在运行中因速度的增减也会产生冲击现象，这些冲击所产生的动能由车钩缓冲器部分或全部吸收。因此，车钩在调车作业和运行中经常受到牵引力和冲击力的作用，致使各部产生磨耗、裂损甚至引起车钩三态作用不良等故障，所以除对车钩进行日常维修保养外，还必须进行定期检修，以便保证车钩质量和作用性能良好。

为便于车辆连挂并保障行车安全，必须规定车钩中心高度在一定的范围内，一般规定车钩中心高度为 815 ~ 890 mm，相互连接的车钩中心线高度之差不得超过 75 mm。若超过该限度，两连接车钩部分受力过大易裂损。同时，由于线路的不平顺、轨缝等原因，使两车钩搭载量减少，有导致脱钩的危险。因此，必须将车钩中心高度调整到规定的范围内。

在机车检修时，由于转向架和车钩缓冲装置进行分解检修，配件的更换会直接影响到车钩中心高度的变化，如果车钩中心高度测量不准，将直接影响车体检修时的计算和装配，势必造成落车后车钩中心高度不符合规定而返工。因此，准确测量车钩中心高度也非常重要。

二、结构组成

GF206-KH 型钩高尺主要由横尺、竖尺、左侧座、右侧座、夹板、钩舌测板、划针、游框、棘爪、游框锁紧螺钉等组成，其结构如图 8.1 所示。

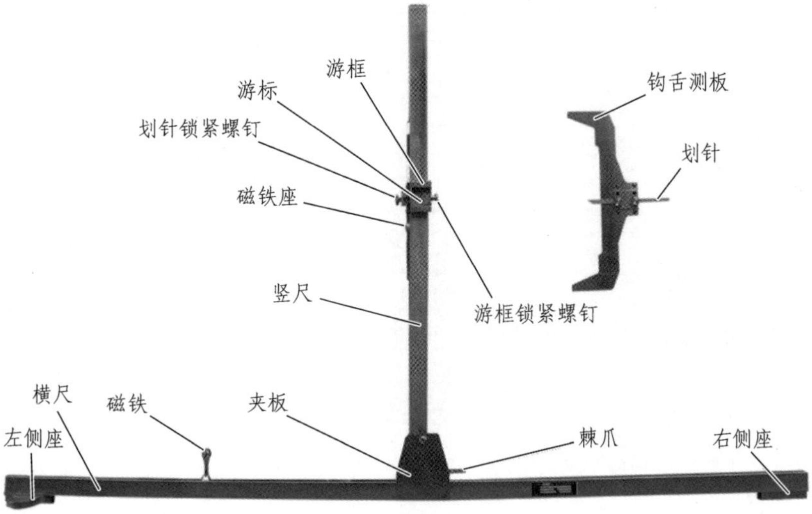

图 8.1　GF206-KH 钩高尺结构

三、技术参数及特点

（1）测量范围：650 ~ 950 mm；分度值：0.2 mm；精度：±1 mm。

（2）测量方便，迅速可靠，尺身用不锈钢型材，质量小。

（3）对于钩舌外框中心线已脱落的车钩，可直接找出钩舌中心，以便划线。

四、使用方法

（1）打开竖尺，使棘爪复位后固定。

（2）将钩高尺置于两钢轨上，移动钩舌测板至正好卡住钩舌的上下边缘，通过游标直接可以读出车钩中心高度值。

（3）拧紧游框锁紧螺钉，推动划针，所指位置即为钩舌中心位置。

（4）测量完毕后，拉起棘爪，合上竖尺，使磁铁嵌入磁铁座中。

五、使用注意事项与保养

（1）钩高尺严禁摔碰，以免影响测量准确性。

（2）钩高尺使用后要妥善保管。

（3）坚持周期检尺，检定周期为 6 个月。

【任务实施】

提出问题：在本任务中，我们认识了机车车辆车钩中心高度测量尺，现在请同学们利用工具找出中心线并测量车钩中心线高度。

具体方案：分组测量，组间对比竞赛。

【任务拓展】

讨论一下，如果车钩中心线高度不符合运用要求，应如何处理。

任务二 认识机车车辆轮对内距尺

【任务导入】

同学们，大家有没有觉得钢轨就那么窄一点，火车在上面高速运行时总感觉一不小心会掉下来呢？这就和轮对及钢轨的形状有关了，通过前面的学习都知道，同一轮对的两车轮内距为 1 353 mm，在日常检修时，则需要轮对内距进行定期测量，为检修提供可靠的数据参考。

【知识储备】

一、结构组成

机车车辆轮对内距尺用于测量铁路机车车辆轮对内侧距离，按读数方式分为刻线式和电子数显两种。一般由活动测头、限位卡钩、读数装置、锁紧螺钉、尺身和固定测头等组成，其结构如图 8.2 所示。

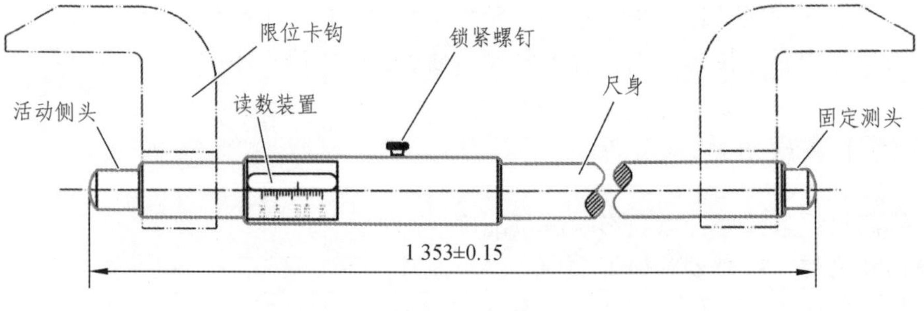

（a）刻线读数式

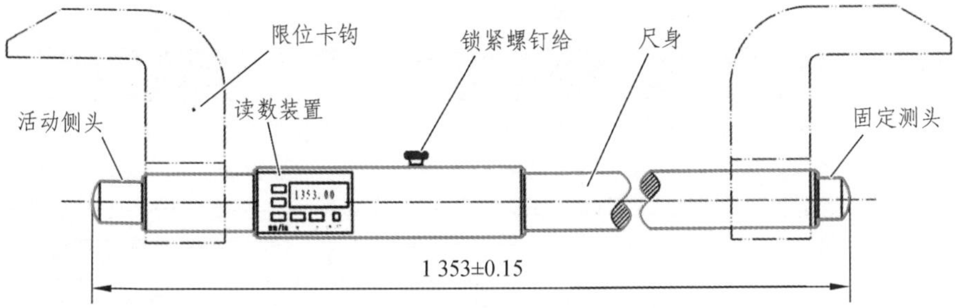

（b）数字显示式

图 8.2　机车车辆轮对内距尺结构

二、主要技术参数

各型机车车辆轮对内距尺的主要技术参数如表 8.1 所示。

表 8.1　机车车辆轮对内距尺主要技术参数

型　号	测量范围/mm	分度值/mm	示值误差/mm	读数及结构
GF218	1 345～1 365	0.1	≤0.15	刻线一体式
GF218-ZD				刻线组合式
GF982S		0.01		数显一体式
GF982S-ZD				数显组合式

三、数显读数装置操作键简介

ON/OFF（开关键）：打开或关闭电源；
SET（预置键）：将显示数值预先设定在某一值上；
▲（数值增大键）：将显示数值增大；
▼（数值减小键）：将显示数值减小；
ABS/INC（相对测量键）：设置相对测量功能；
mm/in（公英制转换键）：使指示表既可显示公制（mm）也可显示英制（in）。

数显轮对内距尺指示表操作键简介如表 8.2 所示。数显读书装置异常现象及其纠正方法如表 8.3 所示。

表 8.2　数显轮对内距尺指示表操作键简介

操作键名称	用途及操作方法维修方法
预置数键	用途：将指示表读书预先设置在某一个值。 操作方法：首先按住“SET”键，液晶屏出现“SET”符号并闪动，这时再按▲或▼键（▲增大，▼减小），一旦数值开始变化则可松开“SET”键，预置时数值变化将越来越快，调到预置值时松开▲或▼键，最后再按“SET”键使“SET”字符消失为止

续表

操作键名称	用途及操作方法维修方法
公英制转换键	用途：使指示表即可显示公制（mm）也可显示英制（in）。 操作方法：按此键，公、英制循环出现。 标志：公制时，屏幕有“mm”出现；英制时，屏幕有“in”出现。国内使用时，一般用公制
相对测量键	用途：设置相对测量功能。 操作方法：不管测头伸缩至任何位置，只要按一下“ABS/INC”键即显示为零，且出现“INC”字符，此时再移动测头，其读书显示的将是相对按“ABS/INC”键位置时的相对长度（距离）。要取消相对测量状态，按“ABS/INC”键使“INC”字符消失即可

表 8.3　异常现象及其纠正方法

现象	原因	维修方法
液晶显示屏无显示或显示的数字笔画不全或只显示小数点	1. 电池接触不良。 2. 电池电压过低。 3. 电路受潮	1. 取下电池盖，取出电池，清理或微弯与电池正负极相接触的簧片，使电池保持良好接触。 2. 更换新电池。 3. 卸下塑料前盖，使电路组件（连尺身）置于 100 W 白炽灯下烘烤至显示正常为止，一般时间不大于 30 min。或电吹风低温挡吹干
显示数字处于数据保持状态（不能计数、不能清零，也不能作公英制转换）	1. 电路偶然现象。 2. 电路受潮	1. 卸下电池盖，取出电池，等 30 s 后重新装入，则可恢复正常显示。 2. 卸下塑料前盖，使电路组件（连尺身）置于 100 W 白炽灯下烘烤至显示正常为止，一般时间不大于 30 min。或电吹风低温挡吹干
显示的数字全部出现闪耀	电池电压过低	更换新电池

四、刻线读数式轮对内距尺操作使用方法

（1）将内距尺锁紧螺钉松开，使活动测杆处于自由状态。

（2）两手握住内距尺，将其放置于两车轮内侧，使两限位钩落在两车轮轮缘最高部位。在圆周方向移动内距尺活动测头端，找到最小的读数，即为轮对内距。

五、数显一体式轮对内距尺操作使用方法

（1）校准零位：松开锁紧螺钉（这时活动测头在弹簧作用下伸至最长位置），打开电源开关（使之处于“ON”位置），使用预置数功能。将显示数字预置到“置 0 数”（“置 0 数”刻在尺身上）。

（2）测量操作：同刻线 G WSG 式轮对内距尺。

（3）如每天都要使用，可不关电源，这样可免去“校准零位”操作，而耗电甚微。

六、组合式轮对内距尺操作使用方法

使用前先将拆成两段放置箱内的内距尺通过螺纹连接为一体（注意：务必拧紧），其余操作步骤同刻线读数式内距尺。

【任务实施】

提出问题：在本任务中，我们认识了机车车辆轮对内距尺，现在请同学们利用工具测量机车或动车轮对内距。

具体方案：分组测量，组间对比竞赛。

【任务拓展】

讨论一下：同一轮对，不同位置测量的轮对内距差异较大，说明什么，应如何处理。

任务三 认识 JLJ-4C 型机车车轮检查器

【任务导入】

轮缘与踏面是保障轮对与钢轨良好配合的关键，也是机车能够平稳运行在钢轨上的关键，机车车轮检查器（以下简称为“车轮检查器”）用于测量各种型号机车和车辆车轮踏面圆周磨耗、轮缘厚度、轮缘高度、轮箍厚度、轮箍宽度、轮缘垂直磨耗、踏面擦伤深度和长度、踏面剥离深度和长度、车轮碾宽等参数。

【知识储备】

一、简　述

机车车辆轮对一般由车轴、车轮和大齿轮组成，车轮又由轮箍和轮心组装而成，它们之间，都采用过盈配合，用热套装、冷压装或注油压装的方式紧紧地装配在一起。轮心是车轮的主体，它的外周装设轮箍，中心安设车轴。轮心上和车轴压装的部分，称为轮毂，轮心上和轮箍套装的部分，称为轮辋，轮毂和轮辋之间的部分，称为轮辐（或辐板、辐条）。轮箍的外形，是一个带凸缘的圆环，它是与钢轨直接接触的部分，由轮缘和踏面两部分组成，其外表面与钢轨顶面接触的部分称为踏面，与钢轨内侧面（轨肩）接触的凸缘部分，称为轮缘，轮缘起着导向和防止脱轨的作用。

二、结　构

JLJ-4C 型机车车轮检查器主要由尺身、轮缘高度及踏面磨耗测尺、轮缘厚度测尺、垂直磨耗测尺、轮箍宽度测尺、碾宽测量刻线、定位角铁、定位销、踏面磨耗及轮缘高度测尺锁紧螺钉、轮箍宽度测尺锁紧螺钉、轮缘厚度测尺锁紧螺钉、轮箍宽度测尺尺框、轮箍厚度测尺等组成，如图 8.3 所示。

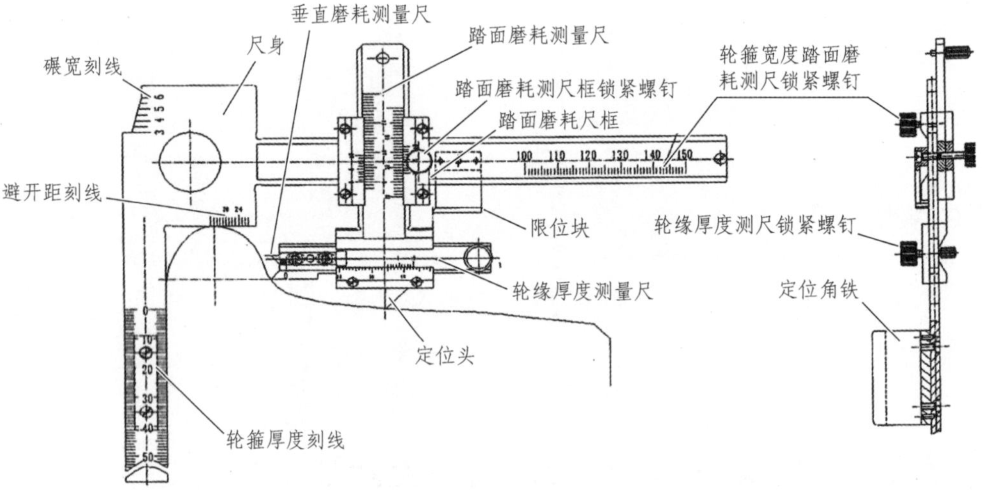

图 8.3　JLJ-4C 型机车车轮检查器

三、主要技术参数

车轮检查器主要技术参数如表 8.4 所示。

表 8.4　JLJ-4C 型车轮检查器主要技术参数

型号	测量范围/mm		分度值/mm	示值误差/mm
JLJ-4C	轮缘厚度	22 ~ 36	0.1	− 0.2 ~ 0
	轮缘高度	25 ~ 40		
	踏面磨耗	− 2 ~ 20		
	轮箍宽度	70 ~ 145		
	踏面擦伤深度	0 ~ 6		
	踏面剥离深度	0 ~ 6		
	踏面擦伤及剥离长度	0 ~ 90	1	± 0.2
	轮箍厚度	0 ~ 90		
	避开距	15 ~ 24		
	轮箍宽度	110 ~ 150		
	碾宽	3 ~ 6	0.5	

四、操作使用方法

1. 测量踏面圆周磨耗及轮缘高度

（1）移动轮箍宽度测尺尺框，使定位销落入销孔内，然后锁紧其锁紧螺钉。

（2）将定位角铁与车轮内侧面密贴，并使轮箍宽度测头与车轮踏面接触。

（3）推动踏面磨耗测尺使其测量面与车轮轮缘接触，以左边游标读取踏面磨耗值，从右边游标读取轮缘高度值。

操作如图 8.4 所示。

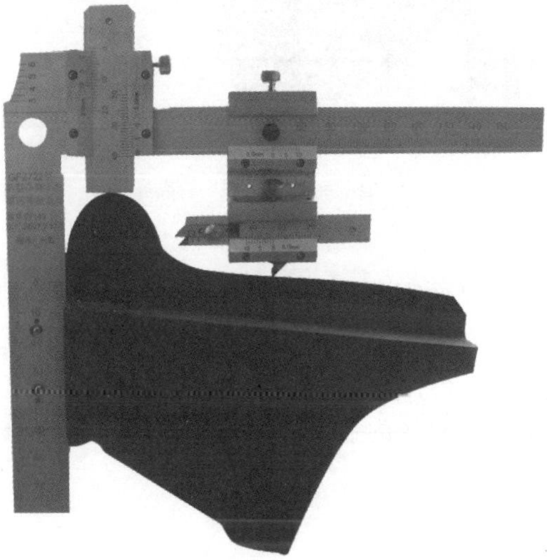

图 8.4　测量轮缘高度

2. 测量轮缘厚度及垂直磨耗

（1）将踏面磨耗测尺向上拉到极限位置，移动踏面磨耗尺框至限位块处，此时背面定位游标刻线应与尺身 70 刻线对齐，拧紧踏面磨耗尺框锁紧螺钉。

（2）将定位角铁与车轮内侧面密贴，并使避开距刻线台与车轮轮缘顶部接触，向下推动踏面磨耗测尺，使其定位头与车轮滚动圆点接触。

（3）推动轮缘厚度测尺使其测量头与轮缘接触，从游标中读取轮缘厚度值。

（4）推动垂直磨耗测尺使其测量头与轮缘接触，如果轮缘厚度测尺上的“0”刻线与垂直磨耗测尺的“0”刻线对齐，则说明轮缘垂直磨耗到限了。

操作如图 8.5 所示。

3. 测量轮箍厚度

（1）将踏面磨耗测尺向上拉到极限位置，移动踏面磨耗尺框至限位块处，此时背面定位游标刻线应与尺身 70 刻线对齐，拧紧踏面磨耗尺框锁紧螺钉。

（2）将定位角铁与车轮内侧面密贴，并使避开距刻线台与车轮轮缘顶部接触，向下推动踏面磨耗测尺，使其定位头与车轮滚动圆点接触。

（3）从轮箍厚度测尺与轮辋内径密贴处读出数值，即为 A，轮箍厚度等于 A 减去踏面磨耗值。

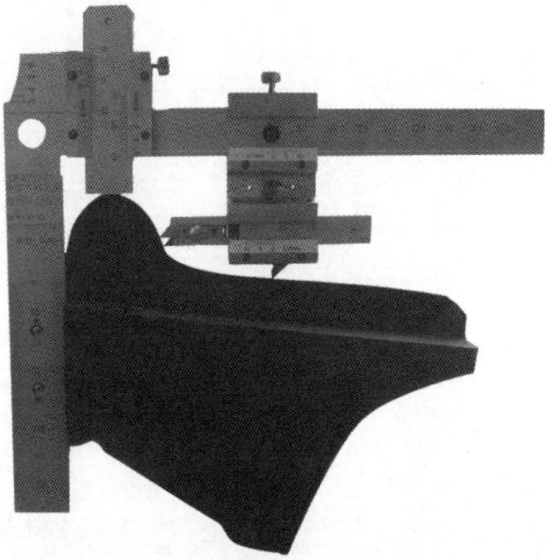

图 8.5　测量轮缘厚度及垂直磨耗

4. 测量轮箍宽度

（1）将定位角铁与车轮内侧面密贴，并使避开距刻线台与车轮轮缘顶部接触，移动踏面磨耗测尺尺框到大于被测轮箍宽度，向下推动踏面磨耗尺并推动踏面磨耗尺框，使其定位头测量面与轮箍外侧面接触。

（2）踏面磨耗尺框右边缘所对齐的数值即为被测轮箍宽度，如果踏面有碾宽，应减去碾宽值。

操作如图 8.6 所示。

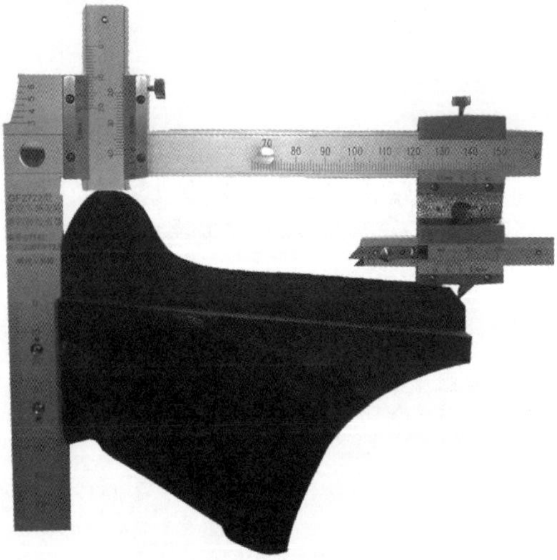

图 8.6　测量轮箍宽度

5. 测量踏面擦伤深度

（1）将定位角铁与车轮内侧面密贴，并使避开距刻线台与车轮轮缘顶部接触。

（2）移动尺框，使其测头落入擦伤最深处，测量此处踏面磨耗值记作 h_1。

（3）测量同一圆周未擦伤处，踏面磨耗值记作 h_2，则踏面擦伤深度为 h_1-h_2 的差值。

6. 测量踏面擦伤长度

测量踏面擦伤长度是采用检查器的轮箍厚度测尺的外刻线，沿车轮圆周方向测量擦伤部位的长度。

7. 测量踏面剥离深度

测量踏面剥离深度的测量方法同踏面擦伤深度的测量。

8. 测量踏面剥离长度

测量踏面剥离长度的测量方法同踏面擦伤长度的测量。

9. 测量车轮碾宽

测量车轮碾宽是将尺身垂直外边贴紧轮箍外侧面，用碾宽测量刻线测量碾宽，读取碾宽最宽处所对准刻线数值，即为车轮碾宽值，如图 8.7 所示。

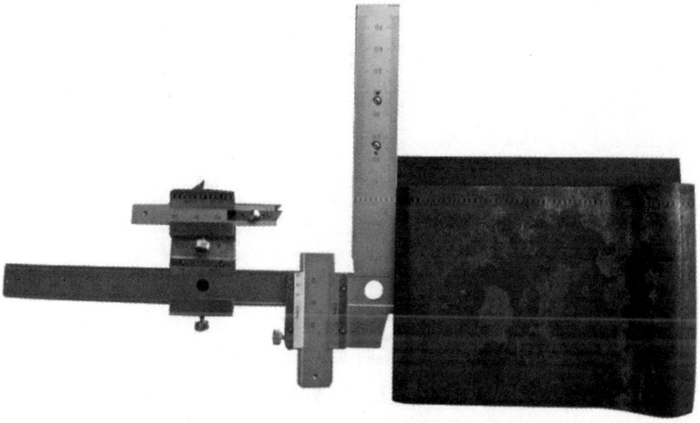

图 8.7 测量车轮碾宽度

10. 测量避开距

当检查器放在轮箍上测量踏面圆周磨耗时，避开距刻线部分正好与轮缘顶尖点接触，则读取接触点处所指示的数值即为避开距。

五、使用注意事项与保养

（1）使用和搬运过程中，应避免对各部件的剧烈摔碰，以免损坏和变形。

（2）使用后应擦拭油污等放回包装盒内存放。

【任务实施】

提出问题：在本任务中，我们认识了机车车轮检查器，现在请同学们利用工具分别测量车轮踏面圆周磨耗、轮缘厚度、轮缘高度、轮箍厚度、轮箍宽度、轮缘垂直磨耗、踏面擦伤深度和长度、踏面剥离深度和长度、车轮碾宽。

具体方案：分组测量，组间对比竞赛。

【任务拓展】

讨论一下，第四种检查器和第三种检查器有和异同，分别使用它们对同一轮对进行测量，试试看有什么结果。

任务四 认识机车车辆车轮轮缘踏面检验样板

【任务导入】

火车车轮的踏面就像鞋子一样，是它在钢轨上行走时与轨道接触的部分，其形状和汽车等车辆与路面的接触面有何不同？如何确保踏面与钢轨始终正确接触呢？来看一看列车医生们使用了什么办法和工具给踏面体检的。

【知识储备】

一、简 述

轮箍的外形和尺寸，各国不尽一致，各有其标准，加工后用标准样板进行如下检查：

轮缘高度为 28 mm；

轮缘厚度（从距轮缘顶部 18 mm 处测量）为 33 mm；

轮缘外侧面与水平面成 65° 角，称为轮缘角；

轮缘内侧有 $R=16$ mm 的倒角，以便引导车轮顺利通过护轮轨；

踏面有 1∶20 及 1∶10 两段斜面；

整个轮箍宽度为 140 mm。

距轮箍内侧面 73 mm 处的圆周，称为轮对的滚动圆，滚动圆的直径即为车轮的名义直径。电力机车车轮直径新轮为 1 250 mm，半磨耗为 1 200 mm。

机车车辆车轮轮缘踏面样板分为检查样板、校验样板。检查样板用于检查机车车辆轮缘踏面形状；校验样板用于检查样板线轮廓度。

二、类型和结构

铁路机车车辆车轮用轮缘踏面外形有 5 种类型，型号分别为 LM、LM_A、JM、JM_2 和 JM_3。机车车辆车轮轮缘踏面检验样板按不同形式的车轮可分为 LM-30、LM-28、LM-26、JM_2-30、JM_2-27、JM_2-25、JM_3-30、JM_3-27、JM_3-25 等几种型号，均有检查样板和校验样板，各样板含有基准面和工作面，结构如图 8.8 所示。

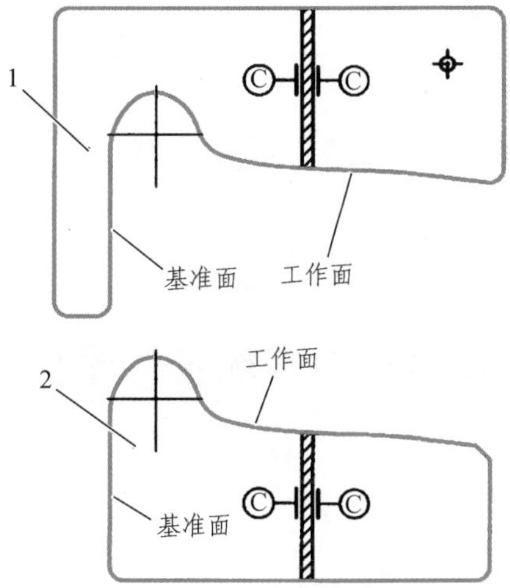

1—轮缘检查样板；2—轮缘效验样板。

图 8.8　电力机车车轮轮缘踏面检验样板

三、使用方法

1. 检查样板

（1）将样板置于被测车轮上，其基准边与轮（箍）辋内侧面靠紧，踏面曲线边与轮缘或踏面上一点接触，样板平面应与车轴轴向剖面方向一致。

（2）用光隙法检查样板轮缘踏面曲线边与车轮轮缘踏面之间的间隙，也可以用塞尺测量间隙的大小。

2. 校验样板

（1）将检查样板与校验样板的基准边贴紧，移动校验样板或检查样板，使轮缘踏面曲线边上一点接触。

（2）用二级塞尺检查检查样板与校验样板之间的间隙。

四、使用注意事项与保养

（1）样板严禁摔碰，以免影响测量的准确性。

（2）样板使用后要放回包装盒内保管。

【任务实施】

提出问题：在本任务中，我们认识了机车车辆车轮轮缘踏面检验样板，现在请同学们利用工具检验一个车轮的踏面。

具体方案：分组测量，组间对比竞赛。

【任务拓展】

讨论一下，可否使用同一个样板检验机车车轮、车辆车轮、地铁车轮、动车车轮。

任务五 认识机车车辆轮径测量仪

【任务导入】

对于圆形零件来说，最重要的参数莫过于直径，那如何测量圆形零件的直径呢，你能想出哪些办法？如果不拆下火车的车轮，你的办法是否还能精确测量出它的直径。

【知识储备】

一、简　述

机车车辆轮径测量仪用于测量各种机车车辆车轮滚动圆直径，采用机械指示表读数方式，可以直接读出直径值。CF922 系列轮径测量仪（以下简称测量仪）采用 V 形三点式间接测量直接读数原理，放大比为 1∶10，测量误差小，示值稳定性好，可直接读出直径值，体量小，操作方便。

二、结　构

测量仪由定位架、构架、指示表、锁紧螺钉和测量块等组成，标准圆是用于校对测量仪“零位”的一段圆弧，如图 8.9 所示。

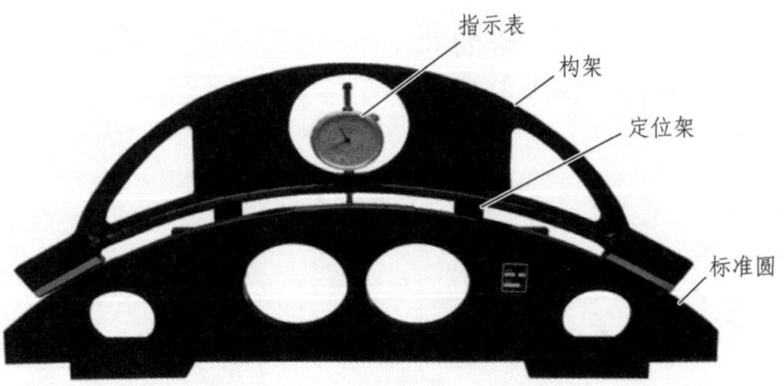

图 8.9　机车车辆轮径测量仪

三、主要技术参数

CF922 系列轮径测量仪各型号和具体参数见表 8.5 所示。

表 8.5　CF922 系列机车车辆轮径测量仪主要技术参数

型号	测量范围	分度值/mm	相对误差	绝对误差/mm	质量/kg	长度/mm	标准圆名义直径/mm
GF922-1050	960 ~ 1060	0.1	不大于 0.15	− 0.5 ~ 0	1.6	650	1000
GF922-1250	1 160 ~ 1 260				1.7	750	1200
GF922-L-860	760 ~ 860				1.5	505	810/840
GF922-L-960	860 ~ 960				1.5	505	890

四、使用方法

1．“零位”校对方法

（1）拧紧指示表测头和测量仪测头，以免校对“零位”或测量时测头松动而带来测量误差。

（2）在测量仪上装好指示表。

（3）将测量仪放置在标准圆上，保证两测量块均与标准圆弧面接触良好，定位架与标准圆定位端面密贴，然后通过上下移动指示表，如标准圆直径为 850.50 mm 短指针指到“85”，长指针大约指到外表盘的“0”的左右边方向均可，将指示表锁紧（如长指针未对准外表盘 0 线左边第 5 根，则可旋转外表盘使其对准，再将外表盘锁紧）。

2．测量轮径

（1）测量轮径时，两手握住测量仪两端的构架部位，放置在被测车轮上，使定位架与车轮内侧面靠紧（因为有磁性，只要一接触就能保证密贴），两手轻轻压一压，使两测量块均与车轮踏面接触到位，这时即可从指示表中读出车轮直径值。

（2）机械指示表表盘有两种形式，如图 8.10 所示，指示表中短指针指示的是 10 mm 以上的数值，长指针指示的是 10 mm 以下的数值，分度值为 0.1 mm，可估读到 0.01 mm。图中轮径读数分别为 1053.10 mm 和 863.10 mm。

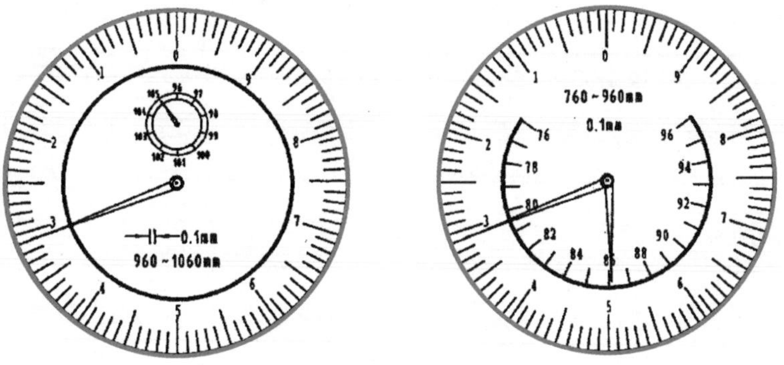

图 8.10　机械指示表表盘

五、保养与注意事项

（1）使用过程中，应防止对各部件的剧烈摔碰，以免损坏和变形。

（2）两测量块是测量仪的关键部位，不得拆动，以免影响测量准确度。

（3）标准圆使用后要涂机油，以防生锈。较长时间不用时，测头、测量块应擦上机油。

（4）相对运动部件应经常滴少量洁净润滑油。

（5）在拆装指示表时，如指示表测杆稍长些时（指示表不能顺利放入安装孔内）勿强行拆装，否则容易将测杆折弯和测头折断，正确方法是安装时将指示表的测头拆下先安装好指示表，然后再安装测头，拆下时则先将测头拆下，然后再拆下指示表。

（6）在使用指示表过程中，请注意勿使其受到圆周方向的冲击力，否则测杆容易弯曲，测头容易折断。

（7）在安装指示表测头时勿用过大的力拧紧，只需用手稍用力拧紧而不需要借用其他工具，否则容易折断测头。

（8）指示表失灵可送计量部门比照百分表进行检修。

【任务实施】

提出问题：在本任务中，我们认识了机车车辆轮径测量仪，现在请同学们利用工具测量机车车轮的轮径。

具体方案：分组测量，组间对比竞赛。

【任务拓展】

轮径测量仪有哪些型号，分别有什么用途？

任务六 认识车轮踏面跳动测量器

【任务导入】

本应是圆形的车轮如果“不圆”了，行走起来会怎么样呢？试着想一些办法来检测某一车轮踏面，看它是否有跳动量。

【知识储备】

一、简　述

GF2508 型车辆车轮踏面跳动测量器（以下简称“测量器”）是用于测量轮对车轮踏面基

线（滚动圆）相对于轴颈面的跳动量的仪器。测量时转动轮对即可对不同点进行测量。

二、结　构

测量器主要由V形座、轴肩定位横杆、轴肩定位竖杆、定位轴承、竖杆、横杆、可调定位爪、配重块、指示表、指示表锁紧螺钉、轴肩定位竖杆锁紧螺钉、轴肩定位横杆锁紧螺钉、竖杆锁紧螺钉、提手等组成，如图8.11所示。

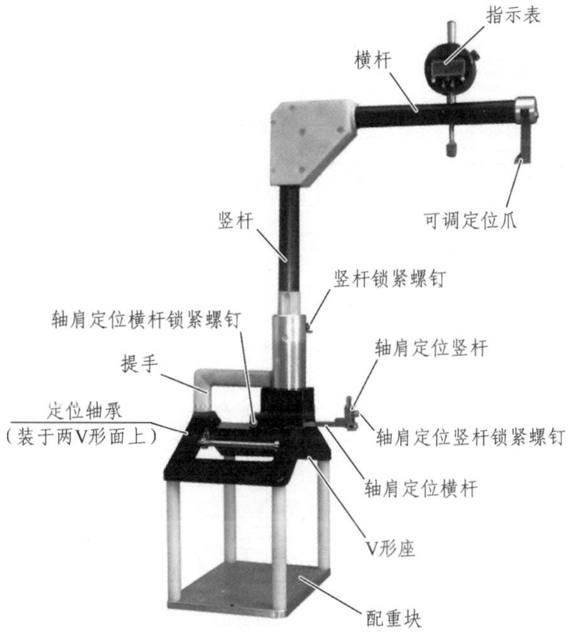

图8.11　车轮踏面跳动测量器

三、主要技术参数

GF2508型车辆车轮踏面跳动测量器测量范围为0～5 mm，分度值为0.01 mm。

四、操作使用方法

（1）将检查器V形座垂直套在被测轮对轴颈上，使定位轴承与轴颈面接触。

（2）移动竖杆使可调定位爪处于合适位置，拧紧竖杆锁紧螺钉。

（3）移动V形座使可调定位爪与车轮内侧面接触。

（4）移动轴肩定位竖杆使其滚轮与车轴轴肩处在同一高度，拧紧其锁紧螺钉。

（5）移动轴肩定位横杆使轴肩定位竖尺滚轮与车轴轴肩接触，拧紧其锁紧螺钉。

（6）在横杆上装上指示表，大约压缩测杆一半行程，拧紧指示表锁紧螺钉。

（7）扳动可调定位爪使其转动90°，按数显表清零键，机械表则调整外表盘，使其0刻线与长指针对齐。

（8）转动被测轮对，记下指示表读数，最大值与最小值之差即为该轮对滚动圆相对轴颈面的跳动量。

五、使用注意事项与保养

（1）使用和搬运过程中应避免对各部位的碰撞，以免损坏。
（2）用后应擦拭干净，放回包装箱内，长期不用时应给定位轴及轴承涂上机油，以防锈蚀。
（3）坚持周期送检。

【任务实施】

提出问题：在本任务中，我们认识了车轮踏面跳动测量器，现在请同学们利用工具测量车轮踏面跳动量。

具体方案：分组测量，组间对比竞赛。

【任务拓展】

讨论一下，车轮踏面的跳动会对机车产生哪些影响。

任务七　认识电力机车从动齿轮相位仪

【任务导入】

有些轮对是有两个大齿轮的，比如 SS_{4G} 型电力机车的轮对，安装或运用时，这两个大齿轮有可能产生一些错位，导致它们出现相位差，请大家找两个齿轮来直观的展示一下相位差。

【知识储备】

一、简　介

GF2628B 型指针式电力机车从动齿轮相位仪（以下简称“相位仪”）是用于测量电力机车两斜齿从动齿轮相位之差的仪器。

电力机车的一对从动斜齿轮在装配和使用中，都可能产生相位差，从而影响齿轮和车轴的受力，对机车运用会产生不利的影响，因此在装配和检修时需要测量同一轴上两个斜齿轮的相位之差。

二、结　构

相位仪结构如图 8.12 所示，其主要由角度表、水准器、调节手柄、定位器手柄、轴向定位板、定位器、相位仪体、测角装置等部件组成。

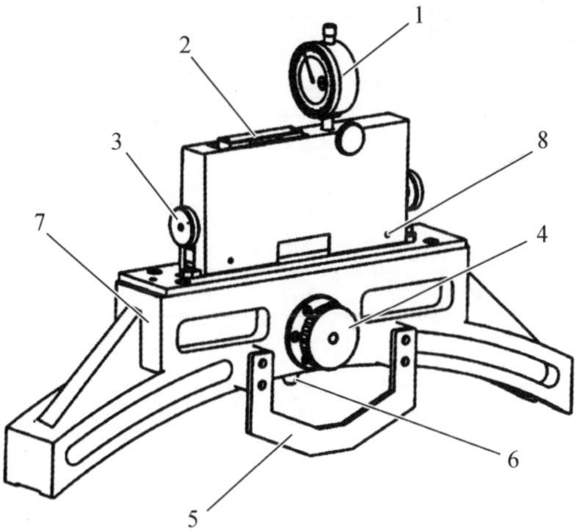

1—角度表；2—水准点；3—调节手柄；4—定位器手柄；5—轴向定位板；6—定位器；7—相位仪体；8—测角装置。

图 8.12　GF2628B 型指针式电力机车从动齿轮相位仪

三、主要技术参数

（1）分度值 0.5′。

（2）准确度不超过一个分度值。

（3）角度测量范围 ± 0.5°。

四、使用方法

（1）旋转定位器手柄，将定位器升到最高位置。

（2）将相位仪体放到待测量的一个齿轮的齿顶圆圆周面上，定位器落入最高齿齿间，使轴向定位板贴紧齿轮的内端面，如图 8.13 所示。

（3）旋转定位器手柄，使定位器插入齿轮的齿间，检查定位器的圆锥面是否与两齿的齿面相切，如不相切应左右摆动相位仪使之相切，将上体放在相位仪体上。

（4）转动调节手柄，使水准器水泡居中，然后调整角度表使之对零。

（5）再将相位仪放置在另一个齿轮上，重复（1）~（3）条所述的操作，如图 8.14 所示。

（6）将测角装置旋转 180°，转动调节手柄，使水准器水泡居中，在角度表上读出角度值，此角度值即是两从动齿轮的相位差。

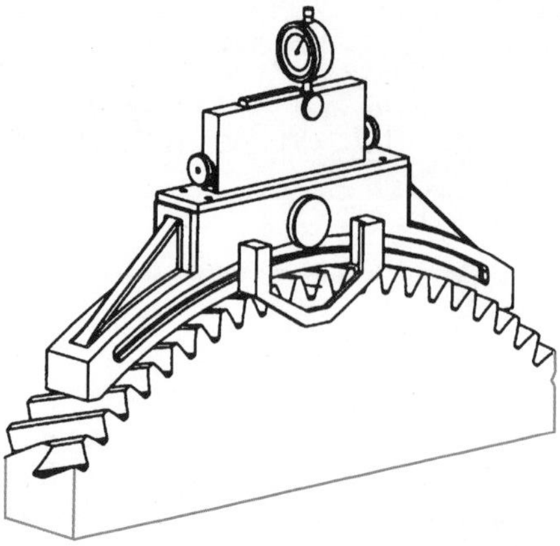

图 8.13　左轮测量

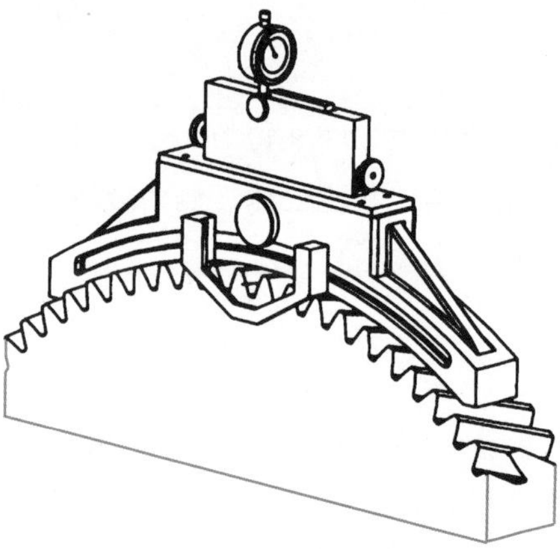

图 8.14　右轮测量

五、注意事项

（1）使用时应保护相位仪体的圆弧面，不要碰伤。
（2）使用结束应将相位仪放置在稳固的工作台上。
（3）定位器体等金属表面涂防锈油。

【任务实施】

提出问题：在本任务中，我们认识了从动齿轮相位仪，现在请同学们利用工具测量轮对大齿轮相位。

具体方案：分组测量，组间对比竞赛。

【任务拓展】

讨论一下，电机端部的小齿轮相位怎么测量。

任务八　认识轮对轮位盘位差测量仪

【任务导入】

为确认轮对组装或运用后，轮位、盘位以及轮辋宽度均符合要求，需要对这些参数精确测量，请大家试一试该怎样测量。

【知识储备】

一、简　介

GF2502-L 型铁道机车车辆轮对轮位盘位差测量仪（以下简称“测量仪”）是用于测量铁路机车车辆轮对轮位差、盘位差和轮辋宽度的仪器。测量仪测量精度高、结构稳定、轻便。

二、结　构

测量仪由游标、横尺测量爪、轮辋宽度测量面、轮位测量面、竖尺、定位爪、横尺锁紧螺钉、数显装置、竖尺框锁紧螺钉、竖尺框、提手、V 形座、横尺和配重块组成，如图 8.15 所示。

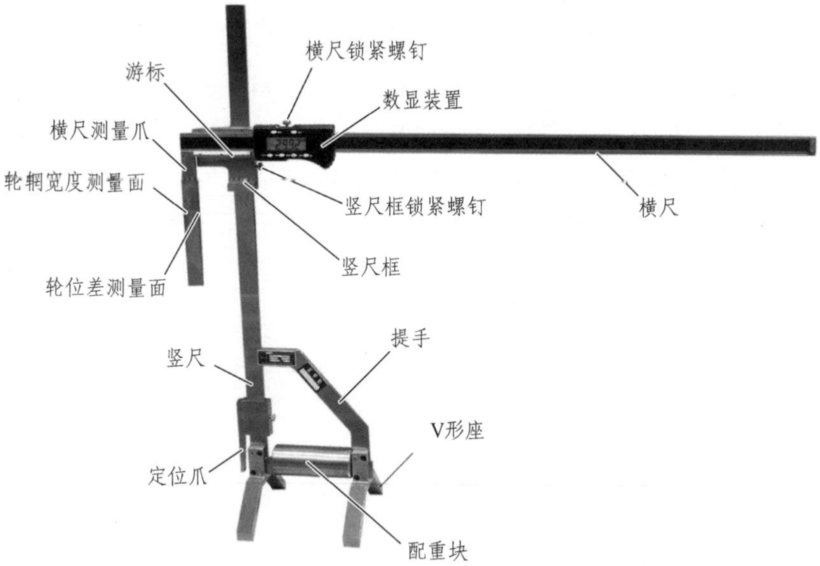

图 8.15　GF2502-L 型铁道机车车辆轮对轮位盘位差测量仪

三、主要技术参数

测量范围为 0 ~ 450 mm；分辨力为 0.01 mm；质量为 3 kg；轮位示值误差不超过 ± 0.1。

四、操作使用方法

1．调置零数

（1）将横尺拉到头，使轮位差测量面与竖尺框侧面密贴。

（2）按“ZERO”键，屏幕上方闪烁“SET”，通过同时按“Pre－”、“Pre+”键，将显示数值调到与标牌置零数相同（注意正负号），再按“ZERO”键，取消“SET”闪烁，此时置零数已调好。

2. 轮位差的测量方法

（1）松开竖尺框锁紧螺钉，将横尺升高到超过车轮轮缘顶部。

（2）将测量仪 V 形坐落在轮对外侧的轴颈上，使定位爪定位面与车轴轴肩密贴。

（3）下移竖尺框到适当的位置，拧紧竖尺框锁紧螺钉，移动横尺使轮位差测量面与车轮内侧面密贴，锁紧横尺；这时即可从游标读数装置或数显读数装置中读取轮位值，记作 L_1。

（4）按（1）~（3）步骤将测量仪置于轮对另一车轮外侧的轴颈上，测量出另一轮位值，记作 L_2。

（5）轮位差 $= L_1 - L_2$（两次游标读数或数显读数之差即为轮位差）。

3. 盘位差的测量方法

盘位差和同轮位差的测量方法基本一致，只是在测量时用盘位差测量面与制动盘外侧面密贴。

4. 轮辋（轮箍）宽度的测量

（1）参见轮位差的测量方法第（1）~（2）步。

（2）松开竖尺锁紧螺钉，将横尺测量爪的高度调整到超过轮缘顶部，往车轮外侧移动横尺，再下移横尺至适当位置，然后移动横尺使其测量爪的轮辋测量面与车轮外侧面密贴。

（3）记下横尺读数。此时读数值的绝对值加 20 mm（或横尺前后两次读数之差的绝对值加 20 mm）即为轮辋（轮箍）宽度。

【任务实施】

提出问题：在本任务中，我们认识了轮对轮位盘位差测量仪，现在请同学们利用工具进行实物测量。

具体方案：分组测量，组间对比竞赛。

【任务拓展】

讨论一下，如果轮位盘位不符合运用要求，应如何处理。

任务九 认识机车车辆车轴轴颈直径测量仪

【任务导入】

车轴轴径是车轴中最“金贵”的部位，是用来安装轴箱轴承的，而且它需要和轴承内圈紧密配合才行，所以就要对其直径进行精确的测量，因此，机车车辆车轴轴颈直径测量仪就应运而生了。

【知识储备】

一、简　介

GF902B 型机车车辆车轴轴颈直径测量仪（以下简称“轴颈仪”）采用小传动比 V 形法测量原理，主要用于测量铁路车轴轴颈及各部位直径，测量准确、示值稳定性好、数字显示、读数直观。

二、结　构

轴颈仪主要由测量块、数显表、V 形体、数显表锁紧螺钉、校准圆等组成，如图 8.16 所示。

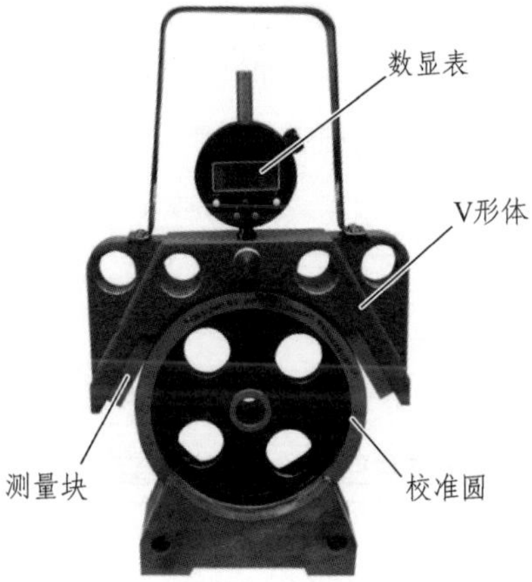

图 8.16　GF902B 型机车车辆车轴轴颈直径测量仪

三、主要技术参数

GF902B 型机车车辆车轴轴颈直径测量仪型号及参数如表 8.6 所示。

表 8.6　GF902B 型轴颈仪技术参数

型号	测量范围/mm	分辨力/mm	示值误差/mm
GF902B-130	ϕ130±0.1	0.001	≤±0.006
GF902B-150	ϕ150±0.1		
GF902B-158	ϕ158±0.1		
GF902B-160	ϕ160±0.1		
GF902B-165	ϕ165±0.1		

四、操作使用方法

（1）将轴颈仪置于校准圆（与轴颈仪配套的校“0”装置）上，装上数显表，将测杆压缩 1 mm 以上时再拧紧其锁紧螺钉，沿校准圆圆周方向摆动 V 形体，使其测量块与校准圆密贴，按数显表预置数键,将显示数值调整到与校准圆直径值相同(校准圆直径值刻印在校准圆上)。

（2）测量轴颈直径。校对好“零位”后，将轴颈仪放置在被测轴颈上，沿车轴径向摆动轴颈仪，在数显表上显示最小值时读取测量值。

在轴颈长度方向的始、中、末 3 部位测量轴颈直径，即可检测轴颈圆柱度（锥度）。

在同一圆周上测量多个直径值即可检测轴颈圆度。

【任务实施】

提出问题：在本任务中，我们认识了机车车辆车轴轴颈直径测量仪，现在请同学们利用工具进行实物测量。

具体方案：分组测量，组间对比竞赛。

【任务拓展】

讨论一下，机车车辆车轴轴颈直径测量仪和机车车辆轮径测量仪有何异同。

任务十　认识制动盘磨耗测量尺

【任务导入】

制动盘的磨耗量和哪些因素有关？如何判定制动盘还能不能继续使用？

【知识储备】

一、简　介

GF2634S 型制动盘磨耗测量尺（以下简称“磨耗尺”）是用于测量制动盘磨耗深度的仪器。

二、结　构

磨耗尺主要由数显装置、横尺、固定定位爪、测头、活动定位爪、活动定位横向尺框、横向尺框锁紧螺钉、爪锁紧螺钉、磨耗测尺锁紧螺钉、磨耗测尺等组成，如图 8.17 所示。

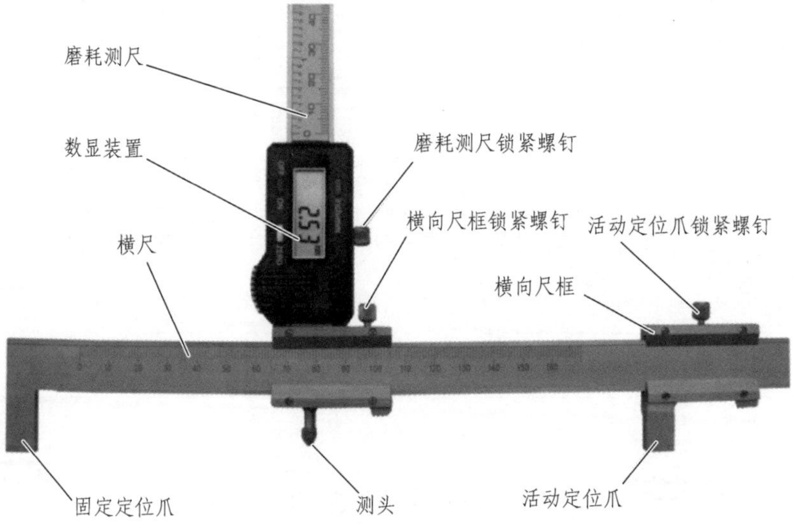

图 8.17　GF2634S 型制动盘磨耗测量尺

三、主要技术参数

测量范围为 0～15 mm；分度值为 0.01 mm；示值误差不大于 ± 0.05 mm。

四、操作使用方法

1. 开　机

按数显装置开、关机键（OFF/ON），将数显装置开机。

2. 校对零位

（1）将磨耗尺落在制动盘上，使固定、活动两定位爪落在制动盘内、外圈边缘，拧紧活动定位爪锁紧螺钉。

（2）移动横尺尺框到制动盘一端，使测头对准制动盘未磨耗部位。

（3）向下推动磨耗测尺，使测头与制动盘接触，按数显装置清零键（ZERO），显示为“0.00 mm”。

3. 测量制动盘磨耗量

（1）上拉磨耗测尺，移动横尺尺框至制动盘需要测量部位。

（2）向下推动磨耗测尺，使测头与被测部位接触，这时数显装置中的数值即为该处的磨耗量。

五、使用注意事项与保养

（1）使用和搬运过程中应避免对各部件的剧烈碰撞，以免损坏和变形。

（2）数显部位应避免油污进入电路板，以免损坏电路。

【任务实施】

提出问题：在本任务中，我们认识了制动盘磨耗测量尺，现在请同学们利用工具进行实物测量。

具体方案：分组测量，组间对比竞赛。

【任务拓展】

试一试更换一个制动盘。

任务十一 认识制动盘厚度测量尺

【任务导入】

制动盘是利用摩擦将动能转化为热能从而使列车制动的关键部件，摩擦也同时会让制动盘越来越薄，到一定限度就必须更换制动盘了，这也是机车整备的一项重要工作，那么如何快速得知制动盘是否需要更换呢？

【知识储备】

一、简　介

GF2634S 型制动盘厚度测量尺（以下简称“测量尺”）是用于测量铁路车辆制动盘厚度的仪器。测量范围 0 ~ 300 mm，分度值 0.01 mm，示值误差不大于 ± 0.1 mm。

二、结构

测量尺主要由数显装置、固定测量爪、活动测量爪、尺身、活动测量爪锁紧螺钉等组成，见图 8.18 所示。

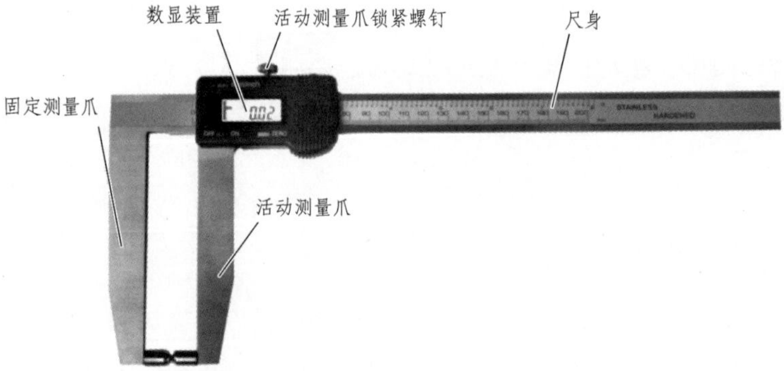

图 8.18　GF2634S 型制动盘厚度测量尺

三、操作使用方法

1. 开　机

按数显装置开、关机键（OFF/ON），将数显装置开机。

2. 校对零位

移动测量尺活动测量爪，使用其与固定测量爪接触，按数显表清零键“ZERO”，使用显示数值为“0.00 mm”。

3. 测量制动盘厚度

（1）移动活动测量爪使其固定测量爪与制动盘一端面接触，活动测量爪与制动盘另一端面接触。

（2）锁紧活动测量爪锁紧螺钉，这时即可从数显装置中读取测量值，此值即为被测部位的厚度。

四、使用注意事项与保养

（1）使用和搬运过程中应避免对各部件的剧烈碰撞，以免损坏和变形。

（2）数显部位应避免油污进入电路板，以免损坏电路。

【任务实施】

提出问题：在本任务中，我们认识了制动盘厚度测量尺，现在请同学们利用工具进行实物测量。

具体方案：分组测量，组间对比竞赛。

【任务拓展】

试一试更换一个制动盘。

参考文献

[1] 张有松，朱龙驹．韶山 4 型电力机车[M]．北京：中国铁道出版社，2001.

[2] 程怀汶．电力机车总体及走行部[M]．北京：中国铁道出版社，2003.

[3] 中国铁路总公司运输局机务部．铁路机车概要：交流传动内燃、电力机车[M]．北京：中国铁道出版社有限公司，2017.

[4] 《和谐型交流传动机车技术丛书》编委会．HXN_5 型内燃机车[M]．北京：中国铁道出版社有限公司，2019.

[5] 《和谐型交流传动机车技术丛书》编委会．HXD_3D 型电力机车[M]．北京：中国铁道出版社有限公司，2021.

[6] 铁道部运输局．CRH_2 型动车组司机手册[M]．北京：中国铁道出版社，2007.

[7] 中国铁路总公司．铁路技术管理规程[M]．北京：中国铁道出版社有限公司，2014.

[8] 董锡明．高速动车组工作原理及结构特点[M]．北京：中国铁道出版社，2007.